REGARDS SUR L'HISTOIRE

HISTOIRE MODERNE
Sous la direction de André CORVISIER

LA SOCIÉTÉ FRANÇAISE AU XVIIIe SIÈCLE

INSTITUTIONS ET SOCIÉTÉ

par
Yves DURAND
Ancien Recteur
Professeur à l'Université de Paris IV-Sorbonne

SEDES
88, boulevard Saint-Germain
PARIS V^{e}

OUVRAGES PARUS DANS LA COLLECTION

1. FOHLEN (CL.) et SURRATEAU (J.-R.), *Textes d'Histoire Contemporaine.*
2. DEVÈZE (M.) et MARX (R.), *Textes et Documents d'Histoire Moderne.*
3. MIÈGE (J.-L.), *L'impérialisme colonial italien de 1870 à nos jours.*
4. LIGOU (D.), *Le Protestantisme en France de 1598 à 1715.*
5. LÉON (P.), *Économies et Sociétés de l'Amérique latine. Essai sur les problèmes du développement à l'époque contemporaine 1815-1967.*
6. CHARLES-PICARD (G.) et ROUGÉ (J.), *Textes et documents relatifs à la vie économique et sociale dans l'Empire Romain (31 avant J.-C.-225 après J.-C.).*
7. BOUVIER (J.), *Initiation au vocabulaire et aux mécanismes économiques contemporains (XIXe et XXe s.). (5e édition).*

8-9. RENOUARD (Y.), *Les Villes d'Italie de la fin du Xe s. au début du XIVe s. (nelle édition par Ph. Braunstein). Tomes 1 et 2.*

10. VIDALENC (J.), *Le Second Conflit Mondial — Mai 1939-Mai 1945.*

11-12. DEVÈZE (M.), *L'Espagne de Philippe IV (1621-1665). Tomes 1 et 2.*

13. ZELLER (G.), *La Réforme — De Luther au Concile de Trente. (épuisé).*
14. GLENISSON (J.) et DAY (J.), *Textes et documents d'Histoire du Moyen Age, XIVe-XVe s.-I. Perspectives d'ensemble : les « crises » et leur cadre.*
15. FAVIER (J.), *Finance et Fiscalité au Bas Moyen Age.*
16. RICHÉ (P.) et TATE (G.), *Textes et documents d'Histoire du Moyen Age, Ve-Xe s.-I. Ve-milieu VIIIe s.*
17. RICHÉ (P.) et TATE (G.), *Textes et documents d'Histoire du Moyen Age, Ve-Xe s.-II. milieu VIIIe-Xe s.*
18. BORDES (M.), *L'administration provinciale et municipale en France au XVIIIe s.*

ISBN 2-7181-3372-4
ISSN 0768-1283

19-20. CHAUNU (P.), *L'Espagne de Charles Quint. Tomes 1 et 2.*

21. PERROY (E.), *La terre et les paysans en France aux* XIIe *et* XIIIe *s.*

22. LE GALL (J.), *La religion romaine de l'époque de Caton l'Ancien au règne de l'empereur Commode. (épuisé).*

23. BOUARD (M. de), *Manuel d'archéologie médiévale. De la fouille à l'histoire. (épuisé).*

24. ARMENGAUD (A.), *La famille et l'enfant en France et en Angleterre du* XVIe *au* XVIIIe *s. (épuisé).*

25. DELORME (J.)., *Le monde hellénistique (323-133 av. J.-C.). Événements et institutions.*

26. VALETTE (J.), *Vie économique et sociale des grands pays de l'Europe occidentale et des États-Unis (début du* XXe *s.-1939).*

27. VALETTE (J.), *État et vie économique dans les grands pays industriels, en U.R.S.S. et en Italie (début du* XXe *s.-1939).*

28. MAURO (F.), *Le Brésil du* XVe *siècle à la fin du* XVIIIe *s.*

29. DEVÈZE (M.), *Antilles, Guyanes, la mer des Caraïbes de 1492 à 1789.*

30. GLÉNISSON (J.) et DAY (J.), *Textes et documents d'Histoire du Moyen Age,* XIVe-XVe *s-II. Les structures agraires et la vie rurale.*

31. CROUZET (F.), *L'économie de la Grande-Bretagne victorienne.*

32. CHARLES-PICARD (G.), *Rome et les villes d'Italie, des Gracques à la mort d'Auguste.*

33. CORVISIER (A.), *La France de Louis XIV (1643-1715). Ordre intérieur et place en Europe. (3e édition).*

34-35. TAVENEAUX (R.), *Le catholicisme dans la France classique (1610-1715). Tomes I et II. (épuisé).*

36. VALETTE (J.), *Problèmes des relations internationales (1918-1949) (épuisé).*

37. PICARD (O.), *Les Grecs devant la menace perse. (épuisé).*

38. CORVISIER (A.), *Sources et méthodes en histoire sociale.*

39. CHAUNU (P.), *Église, culture et société. Essai sur Réforme et Contre-Réforme (1517-1620). (2e édition).*

40-41. VOGLER (B.), *Le Monde germanique et helvétique à l'époque des Réformes (1517-1618). Tome I (épuisé). Tome II.*

42. NOUAILHAT (Y.-H.), *Évolution économique des États-Unis du milieu du* XIXe *s. à 1914.*

43. PIETRI (Mme N.), *Évolution économique de l'Allemagne du milieu du* XIXe *s. à 1914.*

44. ROWLEY (A.), *Évolution économique de la France du milieu du* XIXe *s. à 1914.*

45. ROWLEY (A.), *Évolution économique de la Russie du milieu du* XIXe *s. à 1914.*

46. GUILLAUME (P.), *Individus, familles, nations. Essai d'histoire démographique -* XIXe-XXe *siècles.*

47. CHASTAGNOL (A.), *L'évolution politique, sociale et économique du Monde Romain, de Dioclétien à Julien. (2e édition).*

48. MEYER (J.), *Les villes en Europe occidentale (milieu du XVIIe s. à la veille de la Révolution française). Tome I — Généralités - La France. (épuisé).*

49. POUSSOU (J.-P.), LOTTIN (A.), VAN DER WOUDE (Ad.), SOLY (H.) et VOGLER (B.), *Les villes en Europe occidentale (milieu du XVIIe s. à la veille de la Révolution française). Tome II — Angleterre, Pays-Bas et Provinces Unies et Allemagne rhénane.*

50. BARDET (J.-P.), *Rouen aux XVIIe et XVIIIe s. : les mutations d'un espace social. 2 volumes.*

51. PIÉTRI (Mme N.), *L'Allemagne de l'Ouest (1945-1969). Naissance et développement d'une démocratie.*

52. MOUGEL (F.-Ch.), *Vie politique en Grande-Bretagne (1945-1970).*

53. VATIN (Cl.), *Citoyens et non-citoyens dans le monde grec. Début VIe s-336 av. J.-C. (épuisé).*

54. LORCIN (Mme M. Th.), *Société et cadre de vie (1050-1250) en France, Angleterre et Bourgogne.*

55. BERENGER (J.), BUTEL (P.), CORVISIER (A.), MEYER (J.), POUSSOU (J.-P.), RABREAU (D.), SCHNAPPER (A.), TULARD (J.), WEBER (Mlle E.), *L'Europe à la fin du XVIIIe s. (vers 1780 à 1802).*

56. LOUPES (Ph.), *L'Espagne de 1780 à 1802.*

57. LABOURDETTE (J.-F.), *Le Portugal de 1780 à 1802.*

58-60. VALETTE (J.) et WAHL (A.), *Les Français et la France (1859-1889). Tomes I et II.*

59. LE GLAY (M.), *Villes, temples et sanctuaires de l'Orient romain.*

61. PERNOT (M.), *Les guerres de religion (1559-1598).*

62. BUICAN (D.), *Génétique et pensée évolutionniste.*

63. GEORGELIN (J.), *L'Italie au XVIIIe s.*

64. WAHL (A.), *Cultures et mentalités en Allemagne (1918-1960). (épuisé).*

65. CABANES (P.), *Les Illyriens de Bardylis à Genthios. IVe-IIe s. av. J.-C. (2e édition).*

66. COINTET (Mme M.), *Histoire culturelle de la France (1918-1959). (2e édition).*

67. MOUGEL (F.-Ch.), *Histoire culturelle du Royaume-Uni (1919-1959).*

68. BERCÉ (Y.-M.), DELILLE (G.), SALLMANN (J.-M.), WAQUET (J.-C.), *L'Italie au XVIIe s.*

69. HERMANN (Chr.), MARCADÉ (J.), *La Péninsule ibérique au XVIIe s. (épuisé).*

70. RICHÉ (P.), *L'Europe barbare de 476 à 774.*

71. LEROY (Mme B.), *Pouvoir et société politique dans les royaumes ibériques (début XIVe-milieu XVe siècles).*

72. LADOUS (R.), *De l'État russe à l'État soviétique de 1825 à 1941.*

73. MARTIN (J.-P.), *Les provinces romaines d'Europe centrale et occidentale (31 av. J.-C.-235 ap. J.-C.).*

74. BENSIDOUN (S.), *Alexandre III.*

75. COQUIN (Fr.-X.), *Des pères du peuple au Père des peuples. La Russie de 1825 à 1929.*

76. MARTIN (J.-P.), *Société, économie, religions dans les provinces romaines d'Europe centrale (31 av. J.-C.-325 ap. J.-C).*

77. BÉLY (L.), BÉRENGER (J.) et CORVISIER (A.), *Guerre et paix dans l'Europe du XVIIe siècle (1618-1721), tome I.*

78. BÉLY (L.), BERCÉ (Y.-M.), MEYER (J.) et QUATREFAGES (R.), *Guerre et paix dans l'Europe du XVIIe siècle (1618-1721), tome II.*

79. BÉRENGER (J.), LOUPÈS (Ph.) et KINTZ (J.-P.), *Guerre et paix dans l'Europe du XVIIe siècle (1618-1721) — Textes et documents, tome III.*

80. LOUPÈS (Ph.) et DEDIEU (J.-P.), *La Péninsule Ibérique à l'époque des Habsbourg — Textes et documents.*

81. POUSSOU (J.-P.), *La croissance des villes au XIXe siècle (France, Royaume-Uni, États-Unis et Pays germaniques).*

82. WEIL (Fr.), *Naissance de l'Amérique urbaine (1820-1920).*

83. PIÉTRI (Mme N.), BUFFET (C.) et MICHEL (B.), *Les villes et sociétés urbaines dans les pays germaniques — 1815-1914.*

84. POUSSOU (J.-P.), *Les villes du Royaume-Uni au XIXe siècle.*

85. DURAND (Y.), *La société française au XVIIIe siècle.*

86. JOST (Mme M.), *Aspects de la vie religieuse en Grèce (du début du Ve à la fin du IIIe s. av. J.-C.).*

Abréviations

– H.E.S.	:	Histoire, Economie et Société.
– R.H.	:	Revue historique.
– R.H.M.C.	:	Revue d'histoire moderne et contemporaine.

*
* *

Nous avons signalé par un astérique les ouvrages majeurs, ceux qui sont indispensables à la préparation du CAPES. Par ailleurs, les ouvrages cités sont publiés à Paris, sauf indication contraire.

SOMMAIRE

AVANT-PROPOS

Le programme de l'Agrégation et du CAPES en 1993–1994 comporte l'étude de la France et des Français de la mort de Louis XIV à la veille de la Révolution (1715–1788), dans ses aspects intérieurs, coloniaux et extérieurs. Le présent ouvrage est plus précisément consacré à la société française et aux institutions de la France au XVIIIe siècle, incluant les problèmes coloniaux et les sociétés coloniales.

Nous avons choisi la forme d'une bibliographie commentée, avec des documents relatifs à chaque thème retenu. Il ne s'agit pas ici de fournir au lecteur des exemples types d'explications de textes pour les divers concours, mais de mettre à disposition des documents propres à faire comprendre l'originalité de certains aspects de la civilisation française au dernier siècle de l'ancien régime, afin d'éviter tout à la fois les anachronismes institutionnels et la transposition au coeur du XVIIIe siècle de réalités sociales qui lui sont étrangères.

L'auteur est bien conscient qu'un tel recueil peut faire l'objet d'une critique de subjectivité, pour le choix – fatalement réduit – des travaux présentés, comme pour le classement de ces mêmes travaux. Cependant, il n'existe pas, à l'heure actuelle, de bibliographies d'ensemble pour le XVIIIe siècle français, à l'exception de celles des manuels classiques. Le répertoire de Charles du Peloux – difficile à utiliser – est vieux de plus de soixante ans et l'on ne dispose pas d'une bibliographie critique des mémoires du XVIIIe siècle, comme on peut en consulter pour la Révolution, l'Empire et le Restauration.

Notre contribution ne prétend certes pas remplacer ces instruments de recherche par ailleurs indispensables.

Puisse–t–elle faciliter la préparation des concours – en particulier celle des épreuves orales – , et servir à tous ceux qu'intéressent les institutions et la société française au XVIIIe siècle…

BIBLIOGRAPHIE

1

GÉNÉRALITÉS

L'étude des manuels et des grandes collections est un préalable indispensable. Les ouvrages sont nombreux. On doit retenir : Corvisier (André), **Précis d'Histoire Moderne*, PUF, 1992. Et de même : Cabourdin (Guy) et Viard (Georges), *Lexique historique de la France d'Ancien Régime*, Colin éd., 1992. Avec quelques précautions de nécessaire mise à jour : Marion (Marcel), *Dictionnaire des institutions de la France aux XVIIe et XVIIIe siècles* (1923), 1968.

Hubert Méthivier a publié plusieurs synthèses très utiles : **Le siècle de Louis XV*, coll. Que sais-je ?, 1991. – **La fin de l'Ancien Régime*, même collection, 1992. – Plus élaborés, de Pierre Chaunu, **La civilisation de l'Europe des Lumières*, 1982. Mousnier (Roland) et Labrousse (Ernest), **Le XVIIIe siècle. L'époque des Lumières (1715–1815)*, 1985. Dans la collection Nouvelle Clio, Godechot (Jacques), *Les Révolutions , 1770–1790*, PUF, 1965 et Mandrou (Robert), *La France aux XVIIe et XVIIIe siècles*, 1967. Ces volumes renferment une abondante bibliographie. Pierre Goubert et Daniel Roche ont donné : *Les Français et l'Ancien Régime, t.1. La société et l'Etat, t.2. Culture et société*, 1991, comportant des textes. Burguière (André) et Revel (Jacques) dir., *Histoire de France*, t.I et II, 1989.

Il existe des *collections classiques où l'on doit rechercher tout ce qui concerne le XVIIIe siècle, comme l'*Histoire de la France urbaine*, dir. Georges Duby. Il s'agit ici du t.III, 1981. De même l'*Histoire de la France rurale*, même direction, au t.II, 1975 et l'*Histoire des femmes*, t.3, dir. Georges Duby et Michelle Perrot, 1991.

Des ouvrages anciens, très divers, peuvent être mis à contribution, comme Lavisse (E.), *Histoire de France*, t.9 et

10, 1909–1910. Sagnac (P.), *La fin de l'Ancien Régime et la Révolution américaine (1763–1789)*, coll. Peuples et Civilisations, t.12, 1952 ; ainsi que l'*Histoire de la régence pendant la minorité de Louis XV*, 3 vol., 1921, par Dom Henri Leclercq. Ces livres peuvent servir à fixer commodément la suite des événements et les mutations du personnel gouvernemental. De Pierre Gaxotte, *Le siècle de Louis XV*, 1933, plusieurs rééditions. Ne pas négliger les cours de Sorbonne publiés par le CDU, comme celui d'Alphonse Dupront, *Les lettres, les sciences, la religion et les arts dans la société française de la deuxième moitié du XVIIIe siècle*, 4 fasc., 1964.

Les mémorialistes doivent être connus par extraits. Il s'agit surtout de Bachaumont, *Mémoires secrets pour servir à l'histoire de la république des Lettres...*, Londres, 36 vol., 1777–1789 ; Barbier (Edmond), *Chronique de la Régence et du règne de Louis XV (1718–1763)*, 8 vol., 1857 ; Buvat (Jean), *Journal de la Régence (1715– 1723)*, 2 vol., 1865 ; Dufort de Cheverny (J.– N.), *Mémoires sur les règnes de Louis XV et de Louis XVI et sur la Révolution*, 2 vol., 1886 ; Frénilly (baron de), *Souvenirs...*, 1908 ; Hardy (S.–P.), *Mes loisirs (1764–1789)*, 1912 (en fait il ne s'agit que d'une très petite partie de ces mémoires manuscrits à la Bibl. nat.) ; Luynes (duc de), *Mémoires (1735–1758)*, 17 vol., 1860–1867 ; Marais (Mathieu), *Journal et mémoires (1715–1735)*, 4 vol., 1863–1868 ; Véri (abbé de), *Journal*, 2 vol., 1930.

Bachaumont transmet l'opinion des milieux philosophiques ; Barbier, avocat, continue Buvat et Marais et représente la bourgeoisie parisienne ; Buvat, plus modeste, est employé à la bibliothèque du Roi ; Frénilly, issu de la finance parisienne, défend l'Ancien Régime ; Hardy est un libraire aux sympathies jansénistes ; Luynes, d'un tout autre milieu – celui des ducs et pairs –, décrit la vie de cour en ses moindres détails.

On peut toujours recourir aux livres de Charles Aubertin, *L'esprit public au XVIIIe siècle. Etude sur les mémoires et les correspondances politiques des contemporains (1715–1789)*, 1873, de L. Ducros, *La société française au XVIIIe siècle, d'après les mémoires et les correspondances du temps*, 1933, ou d'A. Samouillan, *La société française au XVIIIe siècle, d'après les mémoires*, 1913. Ne pas négliger, malgré son titre, la *Bibliographie critique des mémoires sur la Révolution écrits ou traduits en français*, par A. Fierro,

1988, car bon nombre des ouvrages concernent l'Ancien Régime. Des documents d'histoire moderne ont été publiés par F. Billacois, J.–Cl. Hervé, R. Robin et A. Zink, en 2 vol., 1970, éd. Colin. – Michel Devèze et Roland Marx : *Textes et documents d'Histoire moderne...* 1967, Sedes éd. Marcel Larchiver a réuni de très nombreux documents, avec de solides présentations dans : *Histoire de Meulan et de sa région par les textes*, Meulan, 1965.

La critique des mémorialistes a été menée par Arnaud de Maurepas dans deux articles récents : « Les méthodes documentaires d'un historien méconnu : l'abbé Soulavie », in *R.H.M.C.*, oct.– déc. 1991, pp.626–648 et « L'oeil, l'oreille et la plume : la sensibilité testimoniale dans le Journal de Barbier » (1717–1762), in *HES*, 1991, n°4, pp.491–503. Le même auteur et Florent Brayard préparent une anthologie des mémorialistes du XVIIIe siècle, à paraître en 1993, coll. Bouquins, Laffont éd.

Ont été réédités récemment les mémoires de Bernis, du président de Brosses, de l'abbé Morellet, de Mme Roland (Mercure de France), dans la coll. 10/18 des extraits de Louis–Sébastien Mercier, (*Tableau de Paris*, publié par Jeffry Kaplow, 1985) et de Restif de la Bretonne (*Les Nuits de Paris*, éd. par Patrice Broussel, 1963). Isabelle et Jean–Louis Vissière ont publié une anthologie des *Lettres juives du marquis d'Argens*, Aix–en–Provence, 1990 ; Jean Grassien et Franz Durif, le *Journal du marquis de Bombelle*, t.1 et 2, Genève, 1978–1982 ; Elisabeth Badinter, la *Correspondance de Condorcet et de Madame Suard (1771–1791)* en 1988 ; G. Dulac et D. Maggetti, celle de l'abbé Galiani et de Louise d'Epinay, t.1, 1769–1770, en 1992 (4 volumes attendus) ; Raymond Trousson, Les *Lettres et pensées du prince de Ligne*, éd. Taillandier, 1989.

La correspondance de Marmontel (1744–1789) a été éditée par John Renwick, 2 vol., Aurillac, 1974. Daniel Roche a publié le *Journal de ma vie de Jacques–Louis Ménètra, compagnon vitrier au XVIIIe siècle*, 1982, suivi d'une étude sur Ménètra, le tour de France, etc. Relèvent davantage de l'analyse politique : Sénac de Meilhan, *Des principes et des causes de la Révolution*, suivis d'extraits du *Gouvernement, des moeurs et des conditions en France avant la Révolution*, éd. en 1987, ou la *Correspondance politique secrète*, publiée par Lescure en 1866 (2 vol.), complétée par Cécile Douxchamps–Lefèvre (Association Louis XVI, 1992).

On dispose de plusieurs éditions des *Voyages en France* d'Arthur Young (1787–1789) ; celle d'Henri Sée (1931) a été rééditée en 1976. Ulla Kölving a entamé l'édition critique de l'immense *Correspondance littéraire* de Grimm, par l'année 1761 (Uppsala, 2 vol., 1978).

Nous arrêterons ici cette trop brève liste des mémoires du XVIIIe siècle. On en trouvera des énoncés beaucoup plus complets dans les bibliographies de toutes les thèses d'histoire sociale propres au XVIIIe siècle français.

2

LES HOMMES ET L'ESPACE

2.1. DÉMOGRAPHIE

On trouvera tout ce qui concerne la population française au XVIIIe siècle grâce à la *Bibliographie internationale de la démographie historique,* annuelle et publiée par la Société de démographie historique. Des volumes des *Annales de démographie historique* ont été consacrés aux villes (1969, 1982, 1990), aux migrations (1970–1971), à l'enfance (1973, 1983), à l'habitat et à l'hygiène (1975), à la vieillesse (1985), aux abandons d'enfants (1983), à la restriction des naissances (1988), au déclin de la mortalité (1989), aux grands–parents (1991), etc.

On commencera par des traités, comme celui de P. Guillaume et de J.P. Poussou, **Démographie historique,* Colin éd., 1970. Indispensable : Dupâquier (Jacques) dir., **Histoire de la population française,* t.2, 1991. Dans la coll. Que sais–je ? du même auteur, *La population française aux XVIIe et XVIIIe siècles,* 1979. Sur les rapports entre population et économie : Spengler (Joseph), *Economie et population. Les doctrines françaises avant 1800. De Budé à Condorcet,* INED, cahier n° 21, 1954.

Travaux, enquêtes et thèses de doctorat relatifs à la population dans un cadre local ou régional : Bardet (Jean–Pierre), Blayo (Y.) et Henry (L.), « Données démographiques sur la Bretagne et l'Anjou de 1740 à 1829 », in *Annales de démog. hist.*, 1967, pp.91–171. Bouchard (Gérard), *Le village immobile, Sénnely–en–Sologne au XVIIIe siècle,* 1972. Ganiage (Jean), *Trois villages d'Ile–de–France au XVIIIe siècle,* 1963. Valmary (Pierre), *Familles paysannes au XVIIIe siècle en Bas–Quercy,* 1965. Voir aussi d'Emm. Le

Ròy Ladurie, *Histoire du climat depuis l'an mil*, 1967. Des ouvrages majeurs : Bardet (Jean–Pierre), **Rouen aux XVIIe et XVIIIe siècles. Les mutations d'un espace social*, 2 vol., 1983. Dupâquier (Jacques), *La population rurale du Bassin parisien à l'époque de Louis XIV*, Lille–Paris, 1979. Lachiver (Marcel), *La population de Meulan du XVIIe au XIXe siècle (vers 1600–1870). Etude de démographie historique*, 1969. Poussou (Jean–Pierre), *Bordeaux et le Sud–Ouest au XVIIIe siècle. Croissance économique et attraction urbaine*, 1983 ; ces derniers ouvrages dépassant souvent l'aire de la seule démographie. De même, on trouvera dans toutes les grandes thèses d'histoire économique et sociale des études sur la population des régions considérées, par exemple celle de Pierre Goubert sur le Beauvaisis ou de Maurice Garden sur Lyon.

Sur les migrations, on fera appel à J.–P. Poussou, *« Les mouvements migratoires en France et à partir de la France de la fin du XVe siècle au début du XIXe siècle : approches pour une synthèse », in *Annales de démog. hist.*, 1970, pp.11–78. François (Etienne), dir., *Immigration et société urbaine en Europe occidentale (XVIe–XXe siècles)*, 1985. Poitrineau (Abel), *Remues d'hommes. Essai sur les migrations montagnardes en France aux XVIIe–XVIIIe siècles*, 1983.

Sur la formation du couple : Fillon (Anne), **Les Trois Bagues aux doigts. Amours villageoises au XVIIIe siècle*, 1989. Flandrin (Jean–Louis), *Les amours paysannes (XVIe–XIXe siècles)*, Coll. Archives, 1975. Lebrun (François), *La vie conjugale sous l'Ancien Régime*, 1975.

La limitation et l'apparition de la restriction volontaire des naissances ont fait l'objet de nombreuses études, parmi lesquelles : Ariès (Philippe), *Histoire des populations françaises et de leurs attitudes devant la vie depuis le XVIIIe siècle*, 1948, un livre fondateur. Flandrin (Jean–Louis), *L'Eglise et le contrôle des naissances*, 1970. Beauvalet–Boutouyrie (S.), « La limitation des naissances : l'exemple de Verdun dans la deuxième moitié du XVIIIe siècle », in *Annales de démog. hist.* 1990, pp.199–215. Lachiver (M.), « Fécondité légitime et contraception dans la région parisienne », *ibid.*, 1973, n° spécial, pp.383 suiv. L'enquête bien connue de Moheau, *Recherches et considérations sur la population de la France* (1778) a été publiée par René Gonnard en 1912. Sur accoucheurs et sages–femmes : Gélis (Jacques),

La sage–femme ou le médecin. Une nouvelle conception de la vie, 1988. Du même, *L'arbre et le fruit. La naissance dans l'Occident moderne*, 1984, et « La formation des accoucheurs et des sages–femmes aux XVIIe et XVIIIe siècles. Evolution d'un matériel et d'une pédagogie », in *Annales de démog. hist.*, 1977, pp.153–180.

L'enfance et l'enfance abandonnée ont fait l'objet de beaucoup d'études : Bardet (Jean–Pierre), « La société et l'abandon », in **Enfance abandonnée et Société en Europe, XIVe–XXe siècles*, actes du colloque de Rome, 30–31 janvier 1987, Rome 1991, pp.3–26, et les contributions concernant le XVIIIe siècle dans ces mêmes actes. Ariès (Philippe), *L'enfant et la vie familiale sous l'Ancien Régime*, 1973. « L'enfant abandonné », in *H.E.S.*, 1987, n°3, mars 1988. Delaselle (Claude), « Les enfants abandonnés à Paris au XVIIIe siècle », in *Annales E.S.C.*, janv.–fév. 1975, pp.187–218. Dinet–Lecomte (Marie–Claude), « Les enfants de la misère à l'hôpital. Les 5–25 ans à l'Hôpital général de Blois de 1752 à 1812 », in *Annales de démog. hist.*, 1991, pp.203–213 (avec bibliographie sur l'enfance abandonnée). Lottin (Alain), « Naissance illégitime et filles–mères à Lille au XVIIIe siècle », in *R.H.M.C.*, avril–juin 1970, pp. 278–332. Peyronnet (Jean–Claude), « Les enfants abandonnés et leurs nourrices à Limoges au XVIIIe siècle », in *R.H.M.C.*, juill.– sept. 1976, pp.418–441. Robin (M.) et Walch (A.), « Géographie des enfants trouvés de Paris aux XVIIe et XVIIIe siècles », in *H.E.S.*, 1987, n°3, pp.343 suiv., et les articles de Jacques Depauw, *infra*.

La vieillesse est un sujet d'enquête : Gutton (Jean–Pierre), *Naissance du vieillard. Essai sur l'histoire des rapports entre les vieillards et la société en France*, 1988 ; et Bois (Jean–Pierre), *Les Vieux de Montaigne aux premières retraites*, 1989.

Les crises de subsistance et les épidémies ont leur place dans les ouvrages consacrés aux études urbaines et régionales. On pourra également se reporter aux études signalées pour l'histoire des prix, *infra*. Retenons ici : Biraben (Jean–Noël), *Les hommes et la peste en France et dans les pays méditerranéens*, Paris–La Haye, 2 vol., 1975–1976. Bricourt (M.), Lachiver (M.), Quéruel (J.), « La crise de subsistance des années 1740 dans le ressort du Parlement de Paris (d'après le fonds Joly de Fleury de la Bibliothèque nationale de Paris) », in *Annales de démog.*

hist., 1974, pp.281–333. Delumeau (Jean) et Lequin (Yves), *Les malheurs des temps. Histoire des fléaux et des calamités en France*, 1987. Desaive (Jean–Pierre) *et alii*, *Médecins, climat et épidémies à la fin du XVIIIe siècle*, 1972. Goubert (Jean–Pierre), *Malades et médecins en Bretagne*, 1770–1790, 1974. Lebrun (François), **Les hommes et la mort en Anjou aux XVIIe et XVIIIe siècles : essai de démographie et de psychologie historique*, 1971. Du même, « Les épidémies en Haute–Bretagne à la fin de l'Ancien Régime (1770–1789). Présentation d'une enquête collective », in *Annales démog. hist.*, 1977, pp.181–206.

Exemplaire, l'histoire de la dernière peste en France, celle de 1720 : Carrière (Ch.), Courdurié (M.), Rebuffat (F.), **Marseille, ville morte. La peste de 1720,* Marseille, 1968.

2.2. ESPACE ET COMMUNICATIONS

On aura ici tout intérêt à feuilleter des géographies de l'époque, en particulier le *Dictionnaire géographique de l'abbé Expilly*, 6 vol., 1762–1770.

Sur la cartographie : Dainville (P. François de), *Le langage des géographes..., 1500–1800,* 1964, et de nombreux articles depuis sa thèse de doctorat : *La géographie des humanistes,* 1940. Voir bibliographie dans **L'éducation des jésuites, XVIe–XVIIIe siècles,* 1978, *in fine.*

Arbellot (Guy), Goubert (Jean–Pierre), Mallet (Jacques), Palazot (Yvette), **Carte des généralités, subdélégations et élections en France à la veille de la Révolution de 1789,* CNRS, 1986 (avec bibliographie). Bonin (Serge) et Langlois (Claude) dir., **Atlas de la Révolution française, le territoire (I),* par Daniel Nordmann et Marie–Vic Ozouf–Marignier, 1989. Ces ouvrages renferment d'abondantes bibliographies. Il existe plusieurs atlas historiques régionaux, dont Baratier (E.), Duby (G.), Hildesheimer (E.) dir., *Atlas historique. Provence, Comtat Venaissin, principauté de Monaco, principauté d'Orange, comté de Nice*, 1969. Autres travaux : Broc (N.), *La géographie des philosophes. Géographes et voyageurs français au XVIIIe siècle*, Lille, 1972. Dubois (J.), « La carte des diocèses de France avant la Révolution », in *Annales E.S.C.*, juillet–août 1965, pp.680–691. Beaucoup à glaner dans le catalogue de l'exposition des Archives nationales, sept. 1987–janv. 1988 : *Espa-*

ce français. Vision et aménagement, XVIe–XIXe siècles. Dans la revue *XVIIIe siècle* : « L'oeil expert : Voyager, explorer », n°22, 1990.

Le concept et la réalité des « pays » sous l'ancien régime, c'est–à–dire du « pagus », de la micro–région où les trois–quarts des Français passaient la presque totalité de leur vie, peuvent être abordés avec les articles et ouvrages de Chambredon (Jean–Claude), « Carte, désignations territoriales, sens commun géographique : les « noms de pays » selon Lucien Gallois », in *Etudes rurales,* n°109, janv.–mars 1988, pp.5–53. De même : Durand (Yves), **Vivre au pays au XVIIIe siècle. Essai sur la notion de pays dans l'Ouest de la France,* 1984 (avec bibliographie). J'ai présenté dans ce livre divers aspects des pays de l'Ouest : définition, limites, caractères linguistiques, d'habitat, importance des communications, des économies locales, enfin la défense des pays. La notion de « pays » est très en rapport avec celle de privilège, voir à ce sujet : Gutton (Jean–Pierre), « Privilège, assemblées et syndics du Franc–Lyonnais au XVIIIe siècle », in *Mélanges d'histoire lyonnaise,* 1990, pp.213–217. Ne pas négliger d'anciens ouvrages de géographie, tel celui de René Musset, *Le Bas–Maine. Etude géographique,* 1917.

Sur les communications, on dispose de : Arbellot (Guy), « La grande mutation des routes de France au milieu du XVIIIe siècle », in *Annales E.S.C.,* mai–juin 1973, pp.765–791. Arbellot (Guy), Lepetit (Bernard), Bertrand (Jacques), **Atlas de la Révolution française, Routes et communications,* 1987 (avec bibliographie). Cavaillès (Henri), *La route française. Son histoire. Sa fonction,* 1946. Imberdis (Franck), *Le réseau routier de l'Auvergne au XVIIIe siècle : ses origines et son évolution,* 1967. Lepetit (Bernard), *Chemins de terres et voies d'eau. Réseaux de transports. Organisation de l'espace en France, 1740–1840,* 1984. Reverdy (Georges), *Les routes de France,* 1987. Deux colloques ont été l'occasion de mises au point indispensables : *Les routes et la civilisation française,* Sarrebrück (1958), 1959 et *Colloque de Flaran, 2. L'homme et la route en Europe occidentale au Moyen Age et aux temps modernes,* Auch, 1980 ; avec dans ce dernier l'apport de Georges Livet : « Les routes françaises aux XVIe et XVIIe siècles. Etat des questions et directions de recherches ».

La circulation par voie d'eau, encore essentielle au XVIIIe siècle, fait l'objet de divers chapitres dans plusieurs histoires des fleuves, par exemple Ayçoberry (Pierre) et Ferro (Marc) dir., *Une histoire du Rhin,* 1981. Garrisson–Estèbe (Janine) dir., *Une histoire de la Garonne,* 1982. Vigier (Philippe), *Une histoire de la Loire,* 1986. Mise au point d'Abel Poitrineau : *« L'économie du transport fluvial. Une esquisse », in *R.H.*, n°577, janv.–mars 1991, pp.105–120. Consulter également : Durand (Yves), *Vivre au pays, supra,* et se reporter au § Gens de mer et de rivière, en particulier au livre cité de A.–M. Cocula–Vaillières.

Sur les déplacements urbains : Pardailhé–Galabrun (Annick), « Les déplacements des parisiens dans la ville aux XVIIe et XVIIIe siècles : un essai de problématique », in *H.E.S.*, 1983, n°2, pp.205–253.

La notion de temps a été moins étudiée que l'espace, mais on dispose de : Landes (Daniel S.), *L'heure qu'il est. L'horloge, la mesure du temps et la formation du monde moderne,* 1987 ; de même Daniel Roche, « L'Espace et le Temps urbains au XVIIIe siècle. Le témoignage d'un artisan parisien », in *Pouvoir, ville et société en Europe, 1650–1750,* colloque d'oct. 1981, actes réunis par G. Livet et B. Vogler, 1983, pp.615–627.

L'insécurité a fait l'objet d'un article de Ch. Dugas de La Boissony, « Une nécessité de la sécurité des campagnes. La destruction des loups en Franche–Comté (XVIIIe siècle) », in *H.E.S.*, 1991, n°1, pp.113–126.

3

LES INSTITUTIONS

3.1. LA FONCTION ROYALE, LES DROITS DU ROI ET LES LOIS FONDAMENTALES DE LA MONARCHIE ABSOLUE

Sur l'ensemble des institutions, deux traités fondamentaux : Harouel (Jean-Louis), Barbey (Jean), Bournazel (Eric), Thibaud-Payen (Jacqueline), **Histoire des institutions de l'époque franque à la Révolution,* coll. Droit fondamental, 4e éd., 1992 (avec une abondante bibliographie commentée à la fin de chaque chapitre). Mousnier (Roland), **Les institutions de la France sous la monarchie absolue,* 2 vol., 1974-1980. Ce dernier ouvrage établit un rapport permanent entre institutions et société.

Michel Antoine a rassemblé plusieurs articles qu'il faut nécessairement connaître, dans : **Le dur métier de Roi,* 1986. André Lemaire a étudié jadis *Les lois fondamentales de la monarchie française d'après les théoriciens de l'Ancien Régime* (1907), réimp. à Genève (Slatkine) en 1975. Sur les sacres : *Le sacre des rois, actes du colloque de Reims* (1975), 1985. On retiendra particulièrement ici l'article d'Hermann Weber sur le sacre de Louis XVI et l'essai – manqué – de sa laïcisation par Turgot. Sur le même thème : Jackson (Richard A.), *Vivat Rex. Histoire des sacres et couronnements en France,* tr. fr., 1984.

La monarchie absolue a donné lieu à de nombreuses études. Voir l'ouvrage de R. Mousnier cité précédemment. *Les monarchies,* Emm. Le Roy Ladurie dir., 1986. *Ibid.* : Antoine (Michel), « La monarchie française de François Ier à Louis XVI », pp.185-208. Brancourt (Jean-Pierre), *Le duc de Saint-Simon et la monarchie,* 1971. Gallouédec-

Genuys (F.), *Le Prince selon Fénelon*, 1963. On sait quelle fut l'influence de Fénelon, même déformée, jusqu'à la fin de l'Ancien Régime, en particulier sur l'éducation de Louis XVI. Robert Mandrou, dans l'*Europe « absolutiste ». Raison d'Etat (1649–1775)*, 1977, place vers 1740–1750 la rupture du consensus politique dans les élites politiques françaises. Roland Mousnier a beaucoup publié sur la monarchie absolue, par exemple *La monarchie absolue en Europe, du Ve siècle à nos jours*, PUF, 1982. « Quelques remarques pour une comparaison des monarchies absolues en Europe et en Asie », in *R.H.*, n°551, juill.–sept. 1984, pp.29–44 et « Les concepts d'ordres, d'états, de fidélité et de monarchie absolue en France, de la fin du XVe siècle à la fin du XVIIIe », in *R.H.*, n°502, avril– juin 1972, pp.289–312 : l'auteur montre que l'absolutisme est confondu au XVIIIe avec le « despotisme ministériel » ; de même le concept d'ordre est remplacé par celui de profession ou de classe.

Sur les valeurs politiques et la symbolique du pouvoir : *La monarchie absolutiste et l'histoire en France. Théories du pouvoir, propagandes monarchiques et mythologies nationales*, colloque de Sorbonne (mars 1986), 1987. La philosophie politique de la monarchie et son expression bénéficient des travaux de Denis Richet, **La France moderne. L'Esprit des institutions*, éd. Flammarion, 1973. De même Baker (K.M.), *The political culture of the old regime*, Oxford, 1987. Barret–Kriegel (Blandine), *Les chemins de l'Etat*, 1986. Madden (Sarah H.), *Le lit de justice des Rois de France*, 1991. De la même, « L'idéologie constitutionnelle en France : le Lit de justice », in *Annales E.S.C.*, janv.–fév. 1982, pp.32–63. Sur Daguesseau, longtemps chancelier de France : Mousnier (Roland), « D'Aguesseau et le tournant des ordres aux classes sociales », in *Revue d'hist. écon. et sociale*, 1971, n°4, pp.449–464. Storez (Isabelle), « La philosophie politique du chancelier Daguesseau », in *R.H.*, n° 540, oct.– déc. 1981, pp.381–400. Le cartésianisme et le stoïcisme de Daguesseau l'ont conduit à des conceptions égalitaires difficiles à concilier avec société d'ordres et monarchie absolue.

Louis XV, de roi bien–aimé à roi contesté : Retat (Pierre) dir., *L'attentat de Damiens. Discours sur l'événement au XVIIIe siècle*, Paris–Lyon, 1979 et Van Kley (Dale K.), *The Damiens Affair and the Unraveling of the Ancien Regime (1750–1730)*, Princeton U.P., 1984.

3.2. LES SOUVERAINS, LA COUR

Paris et ses Rois, catalogue de l'exposition de l'Hôtel de Ville de Paris, janv.–fév. 1988. Sur le Régent, on dispose de l'ouvrage de Jean Meyer, publié en 1985. Sur Louis XV, le monumental **Louis XV* de Michel Antoine, publié chez Fayard en 1989, avec bibliog., repris dans la coll. Pluriel, avec bibl. renouvelée. Pour Louis XVI : Girault de Coursac (P.), *L'éducation d'un roi, Louis XVI,* 1972. Le dauphin, fils de Louis XV, a été étudié par Abel Dechene en 1931 ; Bernard Hours, en 1987, a publié un ouvrage sur Madame Louise ; Simone Poignant, en 1966, sur Mesdames, filles de Louis XV, comme jadis, en 1902, Casimir Stryienski.

Pour la Cour, on se reportera au § la concernant dans le chapitre consacré aux groupes sociaux, plus particulièrement à Elias (Norbert), *La Société de Cour,* tr. fr. 1974 et à Solnon (Jean–François), **La Cour de France,* Fayard éd., 1987. La lecture des mémoires du duc de Luynes est encore la meilleure des introductions à l'étude de la Cour. Des précisions sur la composition de la Cour, dans Labourdette (J.–F.), « Vergennes et la Cour », in *Revue d'Hist. Diplomatique,* 1988, pp.289–321.

Les intrigues de Cour ne doivent pas être négligées par l'historien. Elles sont inhérentes à ce type de gouvernement monarchique ; leur but est souvent de pousser quelqu'un au ministère, de faire attribuer places et honneurs. On consultera les mémorialistes, Besenval, Croÿ, Luynes, Saint–Simon, etc. Voir Antoine (Michel), « En marge ou au coeur de « L'affaire de Bretagne » ? Intrigues et cabales de M. de La Chalotais », in *Le dur métier de Roi,* 1986, pp.239–275, pour les tentatives de Quesnay, des physiocrates et des parlementaires afin d'installer La Chalotais au contrôle général ; M. Antoine, *ibid.*, pp.274–275, montre comment la Cour, dans le monde complexe des petits officiers, se prêtait à ce genre d'intrigues et de cabales. Egalement, Y. Durand, *Les fermiers généraux au XVIIIe siècle,* 1971, ch.2 du livre 1 : les moyens de parvenir, le jeu des clientèles à la Cour afin d'obtenir des emplois de finance.

3.3. LES CONSEILS, LES INSTITUTIONS CENTRALES, LES MINISTRES

Sur les conseils de gouvernement, on dispose de plusieurs ouvrages et articles de Michel Antoine : **Le Conseil du Roi sous le règne de Louis XV*, Genève–Paris, 1970. Dans un guide comme *Le fonds du Conseil d'Etat du Roi aux Archives nationales*, par le même auteur, 1955, on trouvera la structure des conseils au milieu du règne de Louis XV, leur travail, la nature des actes produits, avec un développement spécial sur la polysynodie. Le personnel des conseils, de la haute administration et les secrétaires d'Etat eux–mêmes ont fait l'objet d'une remarquable étude prosopographique du même auteur : *Le Gouvernement et l'administration de Louis XV, Dictionnaire biographique*, CNRS, 1978. François Bluche a fourni les résultats d'une enquête sur « Les 444 agents de la monarchie (1715) », dans *L'Europe, l'Alsace et la France. Problèmes intérieurs et relations internationales à l'époque moderne. Etudes en l'honneur du doyen Georges Livet*, Strasbourg–Colmar, 1986, pp.120–125.

Sur des aspects plus particuliers : Phytilis (Jacques), *Justice administrative et justice déléguée au XVIIIe siècle. L'exemple des commissions extraordinaires de jugement à la suite du Conseil*, 1977. Samoyault (Jean–Pierre), *Les bureaux du secrétaire d'Etat des Affaires étrangères sous Louis XV*, 1971. On peut toujours consulter l'ouvrage ancien d'Hélion de Luçay, *Les origines du pouvoir ministériel en France, les secrétaires d'Etat depuis leur institution jusqu'à la mort de Louis XV*, 1881 ; réimp. Slatkine, Genève.

Beaucoup d'ouvrages sur les ministres, de qualité inégale. On peut retenir : Butler (Rohan), *Choiseul, Father and Son*, Oxford, 1980. Laugier (Lucien), *Un ministère réformateur sous Louis XV. Le triumvirat (1770–1774)*, 1975. Faure (Edgar), **La banqueroute de Law, 17 juillet 1720*, 1977 et **La disgrâce de Turgot, 12 mai 1766*, 1961. Sur Necker : Egret (Jean), *Necker, ministre de Louis XVI*, 1975. Grange (H.), *Les idées de Necker*, 1974. Bosher (J.), « Jacques Necker et l'Etat moderne », in *Soc. hist. du Canada*, Rapport 1963, pp.162–175. Labourdette (Jean–François), **Vergennes, ministre principal de Louis XVI*, 1990. Antoine Boulant et Arnaud de Maurepas préparent une histoire et un dictionnaire des ministres du XVIIIe siècle, publication prévue pour 1993.

3.4. JUSTICE ET FINANCE

Sur l'organisation de la justice, les traités généraux déjà cités de J.–L. Harouel et R. Mousnier, également de F. Olivier–Martin, *Histoire du droit français des origines à la Révolution*, 1951. De même, la thèse de doctorat de F. Bluche sur le parlement de Paris et ses nombreuses études sur les cours souveraines, *infra*. Villers (Robert), *L'organisation du parlement de Paris et des conseils supérieurs d'après la réforme de Maupeou (1771–1774)*, 1937. Sur les finances : Marion (Marcel), **Histoire financière de la France, t.1 (1715–1789)*, 1914. Du même, *Machault d'Arnouville. Etude sur le contrôle général des finances de 1749 à 1754* (1891) et *Les impôts directs sous l'Ancien Régime, principalement au XVIIIe siècle*, 1910 (réimp. Slatkine, Genève). Aline Logette a étudié *Le comité contentieux des finances près le Conseil du Roi (1777–1791)*, Nancy, s.d. et a donné des « Eléments pour une bibliographie critique du Contrôle général des Finances (1665–1790) », dans *Etudes et Documents*, vol.1 de *l'Histoire économique et financière de la France*, 1989, pp.353–388.

La difficile question des budgets de l'Ancien Régime, objet de bien des controverses entre historiens, a été traitée par Jean Meyer dans **Le Poids de l'Etat*, 1983 (1ère partie) ; et Alain Guéry, « Les finances de la monarchie française sous l'Ancien Régime », in *Annales E.S.C.*, 1976, pp.216–239. Michel Morineau, « Budgets de l'Etat et gestion des finances royales en France au XVIIIe siècle », in *R.H.*, oct.–déc. 1980, n° 536, pp.289–336. Claude Michaud, *L'Eglise et l'Argent sous l'Ancien Régime. Les receveurs généraux du Clergé*, Fayard éd., 1991 et du même, « La participation du clergé de France aux dépenses de la Monarchie à la fin de l'Ancien Régime », in *Etat, finances et économie pendant la Révolution française*, colloque de Bercy, 12–14 octobre 1989, pub. par le Comité pour l'Histoire économique et financière de la France, 1991, pp.3 suiv. Le même Comité a publié « Les dépenses de la monarchie », in *Etudes et Documents*, vol.1 de l'*Histoire économique et financière de la France*, 1989, pp.417–423.

Pour la question fiscale se reporter aux ouvrages précédents de Marcel Marion, auxquels on peut ajouter : *L'impôt sur le revenu au XVIIIe siècle, principalement en Guyenne*, Toulouse, 1901 ; réimp. Slatkine, Genève. Vilain

(Jean), *Le recouvrement des impôts sous l'Ancien Régime,* 1952. J.–F. Bosher a étudié les projets de réforme dans : *The single duty project. A study of the movement for a French Customs Union in the Eighteenth Century,* Londres, 1964. Du même, *French Finances, 1770–1795. From Business to Bureaucracy,* Cambridge, U.P., 1970. Clère (Jean–Jacques), « La critique de la fiscalité de la monarchie absolue dans le discours des physiocrates : l'exemple de Le Trosne », dans les actes du *Colloque de Bercy,* 1991, pp.81 suiv. Et dans le même recueil : Péron (Michel), « Théories prérévolutionnaires de l'impôt : Mirabeau, Les Encyclopédistes et Adam Smith », pp.53 suiv.

Sur les impôts indirects, voir le § sur les manieurs d'argent, en particulier les premiers chapitres des *Fermiers généraux au XVIIIe siècle,* par Yves Durand, 1971.

Egalement : Matthews (George T.), *The Royal General Farms in the Eighteenth Century France,* New York, 1958 ; et Boy (Jean–Claude), *L'administration des douanes en France sous l'Ancien Régime,* Neuilly–sur–Seine, 1976.

A plusieurs reprises, aux XVIe et XVIIe siècles, les souverains ont soumis les financiers au contrôle des chambres de justice, pour faire rendre gorge aux prévaricateurs. La dernière fut réunie en 1716–1717. Voir sur ce sujet : Ravel (Pierre), *La Chambre de justice de 1716,* 1928 et Bosher (J.F.), « Chambres de Justice » in the French monarchy », in *French Government and Society, 1500–1850. Essays in Memory of Alfred Cobban,* Londres, 1973, pp.19–40.

3.5. OFFICIERS, COMMISSAIRES, COMMIS ET FERMIERS

Sur les officiers et les commissaires, agents de la monarchie, voir les traités cités *supra* : J.–L. Harouel *et alii* et R. Mousnier. De ce dernier : « La vénalité des offices et la mobilité sociale en France au XVIIe et au XVIIIe siècles », in *Aspekte Sozialer Mobilität im Europäischen Vergleich (17. und 18 Jahrundert),* Colloque de Berlin, nov. 1978, Berlin, 1980, pp.33–52. Du même, **La plume, la faucille et le marteau,* 1970, *passim,* et « La fonction publique du début du XVIe siècle à la fin du XVIIIe siècle », in *R.H.,* n° 530, avril–juin 1979, pp.321–335. Pour les officiers, voir § consacré à la Robe. Bluche (François), « Les magistrats des cours souveraines », in *Revue d'hist. du droit* *français et étranger,* 4e série, 52e année, 1974, pp.87–106. Sur les commissaires, on se reportera aux divers travaux concernant les intendants de provinces, au § suivant ; en particulier à Gruder (Vivian R.), *The royal provincial intendant,* Ithaca, Cornell U.P., 1968.

Pour le personnel – nombreux – des fermes et régies : voir Durand (Yves), *Les fermiers généraux au XVIIIe siècle,* 1971 (les premiers chapitres) et Matthews (George T.), *The Royal general Farms in Eighteenth Century France,* New York, 1958. La « modernité » de ce type de personnel et sa gestion ont été mis en lumière par Azimi (Vida), *Un modèle administratif de l'Ancien Régime, les commis de la ferme générale et de la régie générale des aides,* 1987, et Logette (Aline), « Prévoyance sociale ou charité ? Les retraites des employés de la Régie générale (1777–1786) », in *XVIIIe siècle,* 1984, n°16, pp.253–259. Pour les commis qui annoncent les fonctionnaires des deux siècles à venir : Bosher (J.F.), « The « Premier Commis des Finances » in the reign of Louis XVI », in *French Historical Studies,* 1964, III, n° 4, pp.475–494. Petot (Jean), *Histoire de l'administration des Ponts et Chaussées (1599–1815),* 1958.

Pour éclairer le débat entre officiers et commissaires tout au long du XVIIe et XVIIIe siècles, on consultera avec profit dans *Les Institutions de la France sous la Monarchie absolue,* par Roland Mousnier, le livre 3 du t.2, 1980, plus particulièrement le ch.5.

3.6. L'ADMINISTRATION PROVINCIALE

Maurice Bordes a publié un manuel par lequel on peut commencer l'étude : *L'administration provinciale et municipale en France au XVIIIe siècle,* SEDES éd., 1972. On poursuivra par les ouvrages de François–Xavier Emmanuelli, **Pouvoir et vie régionale en Provence au déclin de la monarchie...*, Lille, 2 vol., 1974 et *Un mythe de l'absolutisme bourbonien : l'intendance du milieu du XVIIe siècle à la fin du XVIIIe siècle (France, Espagne, Amérique),* Aix–en–Provence, 1981. Sur l'administration locale : « L'administration locale en Ile–de–France », in *Paris et Ile–de–France, Mémoires,* t.38, 1987. La représentation politique des gouvernés a fait l'objet de nombreux travaux, dont : Derlange (Michel), voir *infra* au § Villes et communautés. Emmanuelli (F.–X.), « Pour une réhabilitation de l'histoire politique provinciale : l'exemple de l'assemblée des communautés de Provence », in *Revue hist. de droit français et étranger,* 1981, vol.59, pp.431–450. Du même, « Pouvoir royal et représentation provençale du XVIIe au XVIIIe siècle », in *Parliaments, Estates and Representation,* vol.4, n°1, juin 1984, pp.45–50. Important : Mousnier (Roland), « La participation des Gouvernés à l'activité des Gouvernants dans la France des XVIIe et XVIIIe siècles », in *La plume, la faucille et le marteau,* 1970, pp.231–262. Roels (Jean), « Le concept de représentation politique au XVIIIe siècle français », in *Anciens pays et Assemblées d'Etats,* Louvain–Paris, 1969.

Sur les Etats provinciaux, quelques travaux : *Etudes sur l'histoire des Assemblées d'Etats,* préface de François Dumont, 1966. Rébillon (Armand), *Les Etats de Bretagne de 1661 à 1789. Leur organisation, l'évolution de leurs pouvoirs, leur administration financière,* 1939. Desplats (Christian), « Règlements et principes de la vie politique dans les pays d'Etats des Pyrénées occidentales », in *Annales de la Fac. Lettres et Sc. hum. de Nice,* n°45, pp.25–39.

Sur les parlements de province : Egret (Jean), *Le parlement de Dauphiné et les affaires publiques dans la deuxième moitié du XVIIIe siècle,* Grenoble, 2 vol., 1942 ; rééd. 1970. Le Moy (A.), *Le Parlement de Bretagne et le pouvoir royal au XVIIIe siècle,* Rennes, 1909. Sueur (Philippe), *Le Conseil provincial d'Artois (1640–1790). Une cour provinciale à la recherche de sa souveraineté,* Arras, 2 vol., 1978–1982.

A l'extrême fin de l'Ancien Régime, l'assemblée des notables et les assemblées provinciales ont été étudiées par Gruder (Vivian), « Les notables, à la fin de l'Ancien Régime », in *XVIIIe siècle,* 1982, n° 14, pp.45–56, et Renouvin (Pierre), *Les assemblées provinciales de 1787...,* 1921.

Les intendants et leurs fonctions ont été très étudiés. Citons : Gruder (Vivian), **The royal provincial intendants,* Ithaca, 1968. Des thèses de doctorat d'Etat : Bordes (Maurice), *D'Etigny et l'administration de l'intendance d'Auch (1751–1767),* Auch, 2 vol., 1959. Emmanuelli (F.–X.), *Pouvoir royal et vie régionale en Provence...,* ouv. cité, qui tend à minorer l'oeuvre des intendants pour réévaluer celle des institutions locales et provinciales. Lhéritier (Michel), *Tourny, intendant de Bordeaux,* 1920. Livet (Georges), *L'intendance d'Alsace sous Louis XIV, 1648–1715,* Strasbourg, 1956. Musset (J.), *L'intendance de Caen.*

Structure, fonctionnement et administration sous l'intendant Esmangart (1775–1783), 1985.

J. Ricommard a consacré plusieurs articles aux subdélégués des intendants, mais il faut surtout consulter les deux mémoires de Michel Antoine sur la notion de subdélégation dans la monarchie d'Ancien Régime et les subdélégués généraux des intendances, publiés dans *Le dur métier de Roi*, ouv. cité.

D'autres institutions : les lieutenances générales de police : Ricommard (J.), *La lieutenance générale de police à Troyes au XVIIIe siècle*, thèse, Troyes, 1934. Pillorget (Suzanne), *Claude–Henri Feydeau de Marville, lieutenant général de police de Paris...*, 1978. Chagniot (Jean), « La lieutenance générale de police de Paris à la fin de l'Ancien Régime », in **Les institutions parisiennes à la fin de l'Ancien Régime et sous la Révolution française*, Colloque de l'Hôtel de Ville de Paris, oct. 1989, pp.13–28. Dans ce même volume, Françoise Martin a traité de l'Intendance de Paris (pp.29–58) à la fin de l'Ancien Régime. Sur les nouvelles institutions du XVIIIe siècle : Brunot (A.) et Coquand (R.), *Le Corps des Ponts et Chaussées*, 1982 (ch.1–5).

3.7. VILLES ET COMMUNAUTÉS

On commencera par des histoires urbaines, comme Meyer (Jean), *Etudes sur les villes en Europe occidentale (milieu du XVIIe siècle à la veille de la Révolution française)*, CDU–SEDES, 2 vol., 1983–1984, et par les histoires des villes publiées dans la collection Privat, par exemple Mollat (Michel) dir., *Histoire de l'Ile–de–France et de Paris*, Toulouse, 1971. Livet (Georges) et Rapp (Francis), *Histoire de Strasbourg*, 1987, etc. Chez le même éditeur, nombreuses histoires des provinces. Pariset (François–Georges), « Bordeaux au XVIIIe siècle », in *Histoire de Bordeaux* pub. sous dir. de Ch. Higounet, t.V., Bordeaux, 1968. Dans la coll. *Nouvelle Histoire de Paris* : Chagniot (Jean), *Paris au XVIIIe siècle*, 1988.

Sans oublier les actes du *Colloque sur les Institutions parisiennes*, Hôtel de Ville de Paris, 1989, cités précédemment, en particulier les excellentes synthèses du Recteur Jean Gay et de François Monnier.

L'administration des villes a été présentée par M. Bordes, voir *supra*. Du même, *La Réforme municipale du Con-*

trôleur général Laverdy et son application, Toulouse, 1968. Egalement : Boulet–Sautel (Marguerite), « Police et administration en France à la fin de l'Ancien Régime », in *Histoire comparée de l'administration (IVe–XVIIIe siècle)*, Munich, 1980, pp.47–51. Garnot (Benoit), « Administrer une ville au XVIIIe siècle : Chartres », in *H.E.S.*, 1988, n°2, pp.169–185. Guignet (Philippe), *Le Pouvoir dans la ville au XVIIIe siècle. Pratiques politiques, notabilité et éthique de part et d'autre de la frontière franco–belge*, EHESS, 1990.

Les actes du Colloque **Pouvoir, ville et société en Europe, 1650–1750*, oct. 1981, pub. par G. Livet et B. Vogler en 1983, renferment plusieurs contributions à l'histoire administrative des villes : M. Garden (Lyon en 1721), M. Guignet (Les oligarchies à Lille et Valenciennes), J.P. Gutton (Les députés de Lyon en Cour), Y. Le Moigne (Hommes du roi et pouvoir municipal à Metz), C. Nières (Le poids financier des transformations urbaines en Bretagne). R. Taveneaux (Le roi Stanislas et la ville), G. Viard (Langres de 1650 à 1750).

Les institutions municipales peuvent être abordées également par les ouvrages consacrés aux grands administrateurs, comme les recherches de Suzanne Pillorget sur Claude–Henri Feydeau de Marville (*supra*) et Sartine : « L'ascension de la famille d'Antoine de Sartine », in *Lyon et l'Europe, Mélanges Richard Gascon*, t.2, Lyon, 1980, pp.147–166.

Sur les élections municipales, la représentativité des assemblées de ville et des élus, les « constitutions municipales » très diverses à travers le royaume, les statuts variables selon les époques considérées : Temple (Nora), « Municipal elections and municipal oligarchies in eighteenth–century France », in *Essays in memory of Alfred Cobban*, Londres, 1973, pp.70–91.

En attendant la publication de la thèse de doctorat de Guy Saupin sur la vie municipale nantaise, trois articles essentiels par le même auteur : « Les élections municipales à Nantes sous l'Ancien Régime, 1565–1789 », in *Annales de Bretagne et des Pays de l'Ouest*, t.90, 1983, n° 3, pp. 429–450. « Les habitants et l'élaboration de la politique municipale à Nantes sous l'Ancien Régime », *ibid.*, t.91, 1984, n°4, pp.319–350. « Les assemblées municipales en Bretagne sous l'Ancien Régime : Quelle participation des habitants ? », in *Actes du Colloque de la Société d'Etudes du*

XVIIe siècle, éd. par D. Aris, Rennes, 1986 ; Vannes, 1991, pp.165–259.

Sur les rapports villes–campagnes :Emmanuelli (F.–X.), « Ville et campagne en Provence aux XVIIe et XVIIIe siècles, trois sondages », in *Pouvoir, ville et société en Europe (supra),* pp.331–351. Vovelle (Michel), *Villes et campagnes au XVIIIe siècle (Chartres et la Beauce)*, 1980.

Pour les communautés d'habitants, le vieil ouvrage de Henri Babeau, *Les assemblées générales des communautés d'habitants, en France, du XVIIIe siècle à la Révolution,* 1883 ; mais surtout : Derlange (Michel), **Les communautés d'habitants en Provence au dernier siècle de l'Ancien Régime,* Toulouse, 1987, et les travaux et les ouvrages de F.–X. Emmanuelli sur la Provence. Pour les communautés rurales, se reporter aux grandes thèses d'histoire rurale, au § 6.12, par exemple celle de Pierre de Saint Jacob sur la Bourgogne du Nord. Egalement : Zink (Anne), *Azereix : la vie d'une communauté rurale à la fin du XVIIIe siècle,* 1969. Les petites villes ont fait l'objet d'un recueil : *Les petites villes du Moyen Age à nos jours,* CNRS, 1987, J.–P. Poussou et Ph. Loupès dir.

Un ouvrage ancien, mais toujours utile : Perraud (André), *Essai sur le Général de la Paroisse en Bretagne,* Rennes, 1926.

3.8. L'ASSISTANCE

Jean Imbert a dirigé une **Histoire des Hôpitaux en France,* Privat éd., 1982, qui servira de point de départ obligé. Du même, une synthèse : « Les institutions d'assistance à la fin de l'Ancien Régime et sous la Révolution française », in *Les institutions parisiennes à la fin de l'Ancien Régime et sous la Révolution française,* colloque de l'Hôtel de Ville de Paris, 1989, pp.59–75, avec bibliographie. Sans négliger pour autant des études anciennes : Bloch (Camille), *L'assistance et l'Etat en France à la veille de la Révolution. Généralités de Paris, Rouen, Alençon, Orléans, Châlons, Soissons, Amiens (1764–1790),* 1908 ; réimp. Slatkine, Genève. Lallemand (Léon), *Histoire de la charité,* 4 vol., 1902–1912. Maître (Léon), *L'assistance publique dans la Loire–Inférieure avant 1789,* Nantes, 1879.

Parmi des travaux plus récents : Bolotte (Jean–Paul), *Les Hôpitaux et l'assistance dans la province de Bourgogne,*

Dijon, 1968. Desaive (Jean–Paul) et *alii, Médecins, climats et épidémies à la fin du XVIIIe siècle,* Paris–La Haye, 1972. Dinet–Lecomte (M.–C.), « La clientèle hospitalière aux XVIIe et XVIIIe siècles : l'exemple de Blois », in *R.H.M.C.*, juill.–sept. 1986, pp.345–373. Favier (R.), « L'Eglise et l'assistance en Dauphiné sous l'Ancien Régime : la vingt–quatrième des pauvres », in *R.H.M.C.*, juill.–sept.1984, pp.448–464. Higgs (David), « Politics and charity at Toulouse, 1750–1850 », in *Essays in memory of Alfred Cobban*, Londres, 1973, pp.191–207. Mc Cloy (Shelby T.), *Government Assistance in Eighteenth–Century France,* Philadelphie (1946), 1977. Merle (Dr Louis), *L'Hôpital du Saint–Esprit de Niort (1665–1790),* Fontenay–le–Comte, 1966.

Voir nécessairement le § 6.14 sur les pauvres et la pauvreté.

3.9. LE MAINTIEN DE L'ORDRE

Pour connaître au plus près les problèmes de police et les agents du maintien de l'ordre, consulter les mémoires du temps. Ainsi, Argenson (Marc René de Voyer d'), *Notes... intéressantes pour l'histoire des moeurs et de la police à la fin du règne de Louis XIV,* pub. par Larcher et Mabille, 1866. Dubuisson (Simon), *Mémoires secrets du XVIIIe siècle. Lettres du commissaire Dubuisson au marquis de Caumont (1735–1741),* 1882. Feydeau de Marville (Claude–Henri), *Lettres au ministre Maurepas (1742–1747)*, 3 vol.,1896–1905.

Important : Carbasse (Jean–Marie), *Introduction historique au droit pénal,* coll. Droit fondamental, PUF, 1990 (avec bibliographie et directions de recherche).

La délinquance et la criminalité ont fait l'objet d'études récentes. Cameron (Iain A.), *Crime and repression in the Auvergne and the Guyenne, 1720–1790,* Cambridge, 1981. Castan (Nicole), **Justice et répression en Languedoc à l'époque des Lumières*, 1980. De la même, *Les criminels du Languedoc. Les exigences et les voies du ressentiment dans une société prérévolutionnaire (1750–1790),* Toulouse, 1980. Voir également le § 6.15, Les délinquants.

Sur l'arbitraire du juge : Durand (Bernard), « Arbitraire du juge et droit de la torture : l'exemple du Conseil souverain de Roussillon (1660–1790) », in *Recueil de Mémoi-*

res... Soc. d'hist. du droit et des anciens pays de droit écrit, X, Montpellier, 1979. Schnapper (B.), « Les peines arbitraires du XIIIe au XVIIIe siècle (doctrines savantes et usages français) », in *T.R.G.*, 1973, pp.237–277 et 1974, pp.81–112.

Les lettres de cachet et l'emprisonnement : beaucoup d'écrits polémiques et mal documentés. Préférer : Emmanuelli (F.–X.), « Ordres du Roi » et lettres de cachets en Provence à la fin de l'Ancien Régime. Contribution à l'étude du climat social et politique, in *R.H.*, 1974, pp.357–392. Funck–Brentano (Frantz), *Les lettres de cachet à Paris, étude suivie d'une liste des prisonniers de la Bastille (1659–1789)*, 1903. Quetel (Claude), *De par le Roy. Essai sur les lettres de cachet*, Toulouse, 1981. Sur les prisons, du même : *La Bastille. Histoire vraie d'une prison légendaire*, 1989. Sans oublier : Funck–Brentano (F.), *La Bastille des Comédiens. Le For l'Evêque*, 1910, qui montre les liens entre incarcération et société de dignité. Un ouvrage célébré et contesté : Foucault (Michel), *Surveiller et punir. Naissance de la prison*, 1975. Du même, *Histoire de la folie à l'âge classique*, 1961. Une vue d'ensemble : Delumeau (Jean), *Rassurer et protéger. Le sentiment de sécurité dans l'Occident d'autrefois*, Fayard, 1989.

Les moyens du maintien de l'ordre sont mieux connus depuis les publications de Jean Chagniot, **Paris et l'armée au XVIIIe siècle. Etude politique et sociale*, 1985, et « La lieutenance générale de Paris à la fin de l'Ancien Régime », in *Colloque de l'Hôtel de Ville de Paris*, 1989, déjà cité. Emsley (C.), « La maréchaussée à la fin de l'Ancien Régime », in *R.H.M.C.*, oct.– déc. 1986, pp.622–644. Très utile, pour l'étude des sources : Hervé (J.–C.), *« L'ordre à Paris au XVIIIe siècle : le « Recueil de règlement de police » du commissaire Dupré », in *R.H.M.C.*, avril–juin 1987, pp.185–214. Kaplan (Steven), *« Notes sur les commissaires de police à Paris au XVIIIe siècle », in *R.H.M.C.*, 1981, oct.–déc., pp.669–686. Pillorget (Suzanne), *Claude–Henry Feydeau de Marville, lieutenant général de police...*, cité *supra*.

Doit–on rappeler que, sous l'Ancien Régime, le mot « police » signifie beaucoup plus que le simple maintien de l'ordre ? Il recouvre tous les sens de notre administration. Pour s'en convaincre, voir Nicolas Delamare, *Traité de la police*, 3 vol., 1722 ; un 4e vol. par Le Clerc du Brillet, 1738.

4

LES STRUCTURES SOCIALES

4.1. ORDRE DU MONDE ET RÉVOLUTION INDIVIDUELLE

Avant le XVIIIe siècle, la représentation – et la réalité – de la société sont de type holiste, c'est–à–dire que l'individu compte moins que le groupe auquel il appartient et qui lui procure la plupart des avantages dont il peut disposer, en particulier les privilèges et dignités qui caractérisent cette forme de société. L'image de l'édifice social et sa justification relèvent de métaphores organiques : complémentarité hiérarchique des organes et des membres du corps humain, corps mystique de l'Eglise dirigé et vivifié par le Christ. Dans une telle société, le Roi prend naturellement la tête du corps social et politique, par représentation de la divinité. Monarchie et société de dignités sont peu contestées. Lorsqu'on se révolte, c'est surtout contre un manque présumé de justice et contre les perturbations apportées par des nouveautés à l'ordre idéal des gens et des choses qu'il convient de restaurer. On cherche surtout à recréer un d'or situé dans le passé, plus qu'à innover.

Les idées et les choses basculent au XVIIIe siècle dans certains secteurs de la société. L'ordre du monde n'est plus celui de la Providence chrétienne, menant l'humanité vers le Royaume, il est régi par la loi naturelle, forme laïcisée de l'ordre biblique, puis par la Nature, c'est–à–dire par le déterminisme des forces physiques du cosmos. Le Progrès et l'Utilité deviennent les valeurs clés, remplaçant pour certains l'Honneur, la Gloire de Dieu et le Service du Roi. Un abîme sépare la *Politique* et le *Discours sur l'Histoire universelle* de Bossuet du *Système de la Nature* de d'Holbach.

Parmi beaucoup d'ouvrages sur la « révolution individuelle », dont les racines sont évidemment bien en amont du XVIIIe siècle : Attuel (Josiane), *L'individualisme, permanence et métamorphose*, PUF, 1988. Castan (Y.), *Honnêteté et relations sociales en Languedoc* (1715–1780), 1974. Surtout, Dumont (Louis), *Essai sur l'individualisme. Une perspective anthropologique sur l'idéologie moderne*, 1983. A comparer avec, du même auteur, *Homo hierarchicus ; le système des castes et ses implications* (1967), 1979 et *Homo aequalis, I ; Genèse et Epanouissement de l'idéologie économique*, 1977. Elias (Norbert), *La société des individus* (1987) tr. fr., Fayard éd., 1987. Simone Meyssonnier, dans **La balance et l'horloge. La genèse de la pensée libérale en France au XVIIIe siècle*, 1989, a montré ce qu'était le libéralisme égalitaire des Lumières. Il y a beaucoup à glaner dans *L'individu face au pouvoir*, vol.48 et 50 de la Société Jean Bodin, 1988.

Des textes sur l'individualisme dans : Alain Laurent, *L'Individu et ses ennemis*, coll. Pluriel, 1987, en particulier pp.12, 20– 21 et la première partie.

4.2. HIÉRARCHIES ET CLASSIFICATIONS SOCIALES

Le XVIIIe siècle est la grande époque de la classification pour les sciences de la nature. Voir Daudin (Henri), *De Linné à Lamarck. Méthodes de la classification et idée de série en botanique et en zoologie (1740–1790)*, 1989 et *Cuvier et Lamarck. Les classes zoologiques et l'idée de série animale (1790–1830)*, 2 vol., 1983. On a bâti, à la même époque, de nombreuses classifications de la société française, voir dans *Les fermiers généraux au XVIIIe siècle*, par Yves Durand, livre 2, ch. 1. Sur les classifications et les hiérarchies sociales, voir Lousse (Emile), *La société d'Ancien Régime : organisation et représentation corporative*, Louvain, 1943. Castan (Yves), « Procédure judiciaire et signes de différenciation sociale en Languedoc au XVIIIe siècle », in *Bull. Soc. Hist. moderne*, n°3, 1977. Galey (Jean-Claude), *Différences, valeurs, hiérarchies. Textes offerts à Louis Dumont*, E.H.E.S.S., 1984.

Textes et théoriciens commentés dans : Cornu (Roger) et Lagneau (Janina), *Hiérarchies et classes sociales*, 1969. Egalement, Mendieta y Nunez (Lucio), *Théorie des groupements sociaux*, 1957. Mendras (Henri), *Eléments de sociologie. Textes*, éd. Colin, 1968. Sur les classes sociales, Raymond Aron, *La lutte des classes. Nouvelles leçons sur les sociétés industrielles*, coll. Idées, 1964 et Philippe Bènéton, *Les classes sociales*, coll. Que sais–je ?, 1991.

De 1962–1963 à 1984, les historiens ont beaucoup débattu et se sont beaucoup divisés à propos des catégories socio–professionnelles et des notions d'ordres et de classes. Grossièrement, on peut résumer la polémique en attribuant à Ernest Labrousse et à ses disciples l'idée qu'il existe – suivant le modèle marxiste – des classes sociales à travers l'histoire, définies par la place des hommes dans le processus de production des biens matériels et qu'on peut s'inspirer des catégories socio–professionnelles du XXe siècle pour rendre compte des réalités sociales de l'Ancien Régime. Roland Mousnier s'est élevé contre cette conception, en défendant la spécificité de la société ancienne, composée d'ordres dont la définition relève de la dignité et non d'un a priori économique. La société d'ordre est donc fondamentalement différente des sociétés de castes et de classes. Il a présenté ses conclusions dans **Les hiérarchies sociales de 1450 à nos jours*, 1969.

Voici les principales étapes de ce débat qui a beaucoup marqué l'historiographie française, non seulement sur le strict plan de l'histoire sociale, mais dans le domaine, voisin, de l'étude des soulèvements populaires.

– 1955 : E. Labrousse publie ses directions de recherche : « Voies nouvelles vers une histoire de la bourgeoisie occidentale aux XVIIIe et XIXe siècles (1700–1850) », *X Congresso Internazionale di Scienze Storiche*, Roma, 1955, t.IV, pp.365–396.

– François Furet et Adeline Daumard livrent les résultats d'enquêtes réalisés dans l'esprit des thèses précédentes : Furet (F.), « Structures sociales parisiennes », in *Annales E.S.C.*, 1961, n°5, pp.939–958. Daumard (A.) et Furet (F.), *Structures sociales et relations sociales à Paris au XVIIIe siècle*, in Cahier des Annales n°18, 1961. Il s'agit de l'utilisation de quelque 2600 contrats de mariage parisiens pour l'année 1749. Daumard (A.), « Structures sociales et classement socio–professionnel. L'apport des archives nationales au XVIIIe et au XIXe siècles », in *R.H.*, 1962, pp.139– 154.

– Jean–Yves Tirat conteste la méthode suivie comme négligeant les facteurs d'estime sociale et de dignité, pour ne retenir que les aspects strictement économiques dans la détermination des strates sociales : « Problèmes de méthode en histoire sociale », in *R.H.M.C.*, juill.–sept.1963, pp.211–218.

– Exposé d'A. Daumard : « Une référence pour l'étude des sociétés urbaines en France aux XVIIIe et XIXe siècles. Projet de code socio– professionnel » *ibid.*, pp.184–210, et Daumard (A.) et Furet (F.), « Problèmes de méthode en Histoire Sociale. Réflexions sur une note critique », in *R.H.M.C.*, oct.–déc. 1964, pp.291–298.

– Réponses de Roland Mousnier : « Problemas de metodo en el estudio de las estructuras sociales de los siglos XVI, XVII y XVIII, Instituto de Estudios Politicos, Madrid, 1964 et dans *Spiegel der Geschichte festgabe für Max Braubach*, Munster, 1964. – Introduction de R. Mousnier à *Problèmes de stratification sociale. Deux cahiers de la noblesse (1649–1651)*, 1965 (publié avec J.P. Labatut et Y. Durand). Du même, « Les concepts d'ordres, d'états, de fidèlités et de monarchie absolue en France de la fin du XVe siècle à la fin du XVIIIe siècles », in *R.H.*, avril–juin 1972, pp.289–312.

– Pierre Goubert a défendu les conceptions d'E. Labrousse dans *L'Histoire sociale, sources et méthodes*, 1967 et dans *Clio parmi les hommes*, 1976 (en particulier, pp.281 suiv.). Dans le même sens : Durand (Georges), « Préséance, cohésion, hiérarchie sociale à Lyon en 1789. Contribution au débat sur société d'ordre et société de classes », in *R.H.M.C.*, 1976, pp.442–459.

– Le débat a rebondi en 1983–1984 avec la publication par F. Bluche et J.–F. Solnon de *La véritable hiérarchie sociale de l'ancienne France. Le tarif de la première capitation (1695)*, Genève, 1983. Cet ouvrage a fait l'objet d'une critique par R. Mousnier : « Compte rendu critique... », in *R.H.*, n°550, avril–juin 1984, pp.446–449.

4.3. LES STRUCTURES FAMILIALES

Les discussions entre historiens ont ici porté, suivant les

époques, sur la structure même de la famille : généralisation possible ou non en Europe occidentale du modèle de la famille–noyau remplaçant les structures complexes, sur la nature du pouvoir et le gouvernement dans la famille, sur le statut de la femme, la place de l'enfant.

Des classiques : Ariès (Philippe), *L'enfant et la vie familiale sous l'Ancien Régime* (1960), 1973. Bertin (Ernest), *Les mariages dans l'ancienne société française* (1879), réimp. Slatkine, Genève. Flandrin (Jean–Louis), *Famille, parenté, maison, sexualité dans l'ancienne société*, 1976. « Famille et société », n° spécial *Annales E.S.C.*, juill.–oct. 1972. Gaudemet (Jean), *Le mariage en Occident. Les moeurs et le droit*, 1987. Fauve–Chamoux (Antoinette) et Lebrun (François), « Le mariage et la famille », in *Histoire de la population française*, t.2.

Sur les structures de la famille : Burguière (A.), « Pour une typologie des formes d'organisation domestique de l'Europe moderne (XVIe–XIXe siècles) », in *Annales E.S.C.*, mai–juin 1986, pp.639–655. Collomp (Alain), **La maison du père, Famille et village en Haute–Provence aux XVIIe et XVIIIe siècles*, 1983 (à lire absolument). Du même, « Famille nucléaire et famille élargie en Haute–Provence au XVIIIe siècle », in *Annales E.S.C.*, juill.–oct. 1972, pp.969–975. Du même, « Ménage et famille ; études comparatives sur la dimension et la structure du groupe domestique », in *Annales E.S.C.*, mai–juin 1974, pp.777–786. Fauve–Chamoux (Antoinette), « Le fonctionnement de la famille–souche dans les baronnies des Pyrénées », in *Annales de démog. hist.*, 1987, pp.241–262 (sur la transmission inégalitaire du patrimoine foncier et de la « maison » facilitée par le célibat et l'émigration des cadets). De la même, « Les structures familiales au royaume des familles–souches : Esparros », in *Annales E.S.C.*, mai–juin 1984, pp.514–528. Assier–Andrieu (L.), « Le Play et la famille–souche », *ibid.*, pp.495–512.

On lira nécessairement : Laslett (Peter), **Un monde que nous avons perdu. Les structures sociales pré–industrielles*, éd.fr., 1969. Plusieurs mises au point ont nuancé la généralisation de la famille–noyau, sans en contester naturellement l'existence dans la France du Nord, par exemple Burguière (A.) et Collomp (A.), *supra*.

A propos du mariage, des obligations légales et coutumières, lire : Lelièvre (Jacques), *La pratique des contrats de mariage chez les notaires au Châtelet de Paris de 1769 à 1804*, 1959 (donne des exemples précis de contrats pour tous les groupes sociaux).

Sur les tensions familiales, voir les travaux d'A. Collomp, *supra.* Daumas (Maurice), *Valeurs et pouvoirs ; essai sur les conflits familiaux en France, au XVIIIe siècle*, E.H.E.S.S., 1986. Du même, « Les conflits familiaux dans les milieux dominants au XVIIIe siècle », in *Annales E.S.C.*, juill.–août 1987, pp.901–923 (enquête réalisée à partir des factums). Farge (Arlette), *Le désordre des familles. Lettres de cachet des archives de la Bastille* (avec Michel Foucault), 1982. Lottin (Alain), « Vie et mort du couple ; difficultés conjugales et divorces dans le nord de la France aux XVIIe et XVIIIe siècles », in *XVIIe siècle*, 1974, n°102–103, pp. 59–78. Du même et *alii*, *La désunion du couple sous l'Ancien Régime. L'exemple du Nord*, Lille et Paris, 1975.

La place de la femme, ses droits, son pouvoir dans la famille ou dans les affaires : Lespagnol (André), « Femmes négociantes sous Louis XIV. Les conditions complexes d'une promotion provisoire », in *Populations et Cultures. Etudes réunies en l'honneur de F. Lebrun*, Rennes, 1989, pp.463–470. Portemer (Jean), « Le statut de la femme en France depuis la réformation des coutumes jusqu'à la rédaction du Code civil », in *Recueil de la Société Jean Bodin*, XII, La Femme, 2e partie, Bruxelles, 1962, pp.447–497. Duby (Georges) et Perrot (Michelle), *Histoire des femmes*, ouv. cité.

L'enfant a fait l'objet de beaucoup d'études, parmi lesquelles : Mercier (R.), *L'enfant dans la société du XVIIIe siècle, avant l'Emile*, Dakar, 1961. Voir aussi les § 8.1 et 2 sur l'école et l'éducation, comme 2.1 : démographie.

La transmission des biens, l'égalité ou l'inégalité dans l'héritage ont été étudiés par Augustin (Jean–Marie), *Famille et société, les substitutions fideicommissaires à Toulouse et en Haut–Languedoc au XVIIIe siècle*, 1980. Fauve–Chamoux (A.), *supra.* Poumarède (Jacques), «Famille et tenure dans les Pyrénées du Moyen Age au XIXe siècle », in *Annales de démog. hist.*, 1979, pp.347–360. Le même a publié un ouvrage sur les successions dans le Sud–Ouest au Moyen Age en 1972. Martin (Xavier), *Le principe d'égalité dans les successions roturières en Anjou et dans le*

Maine, 1972. Surtout, il convient de lire l'ouvrage difficile, mais très riche de J. Yver, *Egalité entre héritiers et exclusion des enfants dotés. Essai de géographie coutumière,* 1966.

Pour la pratique quotidienne, on peut se reporter à certaines thèses de doctorat, comme celle de Jean Meyer pour les modes de succession nobiliaire, d'Yves Durand pour les financiers, de François Bluche pour les parlementaires parisiens, etc.

4.4. CORPS ET PRIVILEGES

Commencer par Olivier–Martin (François), *L'organisation corporative de la France d'Ancien Régime,* 1938 et l'ouvrage d'Emile Lousse, *La société d'Ancien Régime : organisation et représentation corporative,* Louvain, 1943. De même : « Corps et communautés d'Ancien Régime », *Annales E.S.C.*, mars–avril 1988.

Georges Espinas a publié les privilèges des villes d'Artois : *Recueil de documents relatifs à l'histoire du droit municipal en France des origines à la Révolution, Artois,* 3 vol., 1934–1943. Durand (Yves), *« Les privilèges selon Sieyès ou le triomphe de la désinformation », in *H.E.S.*, 1992, n°2 : les privilèges concernent presque tous les Français, c'est–à– dire le Tiers Etat autant que la Noblesse et le Clergé. David D. Bien a étudié cette même question dans *« Les offices, les corps et le crédit d'Etat : l'utilisation des privilèges sous l'Ancien Régime », in *Annales E.S.C.*, mars–avril 1988, pp.379–404. Georges Livet a consacré un article aux privilèges des Suisses en France : « Croissance économique et privilèges commerciaux des Suisses sous l'Ancien Régime. Note sur les commerçants suisses établis en France au XVIIIe siècle », in *Lyon et l'Europe. Hommes et Sociétés. Mélanges Richard Gascon,* Lyon, 2 vol., 1980 ; t.II, pp.43–63.

Les lieux privilégiés dans Paris ont été paradoxalement, à l'origine d'une pratique libérale du travail, hors du cadre corporatif, voir § 6.10. Pour les corporations de métier, voir au même §.

4.5. LA SEIGNEURIE AU XVIIIe SIECLE

La seigneurie existe dans les villes : Jean Gay a donné

une bibliographie sur ce sujet, à propos de Paris, dans *Les institutions parisiennes à la fin de l'Ancien Régime* in Colloque de l'Hôtel de Ville, 1989, déjà cité. De même Lemercier (Pierre), *Les justices seigneuriales dans la région parisienne de 1580 à 1789*, 1933. Nagle (Jean), « Un aspect de la propriété seigneuriale à Paris aux XVIIe et XVIIIe siècles : les lods et ventes », in *R.H.M.C.*, juill.– sept.1977, pp.570–581. Noël (J.–F.), « Seigneurie et propriété urbaine sous l'Ancien Régime. La maison de Bernard d'Argentré à Vitré », in *R.H.M.C.*, avril–juin 1991, pp.377–404.

Mais la seigneurie a surtout été étudiée en milieu rural. On se reportera aux grandes thèses d'histoire rurale ou d'histoire sociale : Paul Bois (*Les paysans de l'Ouest*), Pierre Goubert (*Beauvais et le Beauvaisis*), Jean Meyer (*La noblesse bretonne*), Louis Merle (*La métairie... de la Gâtine poitevine*), Abel Poitrineau (*La vie rurale en Basse–Auvergne*), Pierre de Saint Jacob (*Les paysans de la Bourgogne du Nord*).

Autres travaux : Dontenwill (Serge), *Une seigneurie sous l'Ancien Régime : L'Etoile–en–Brionnais du XVIe au XVIIIe siècle (1575–1778)*, Roanne, 1973. Deux ouvrages essentiels de Jean Gallet : *La seigneurie bretonne (1450–1680)*, 1963. L'auteur, à propos du Vannetais, décrit l'évolution des seigneuries sur plusieurs siècles. Il met en évidence l'existence de « sieuries », c'est–à–dire de domaines très nombreux possédés par nobles et roturiers, mais qui ne sont pas des seigneuries au sens strict. Du même : *Le bon plaisir du baron de Fénétrange*, Nancy, 1990 (une seigneurie lorraine qui connaît très tardivement le servage). Voir également Mousnier (Roland), *Les institutions de la France...*, 1974, t.1, ch.11. Peret (Jacques), *Seigneurs et seigneuries en Gâtine Poitevine : le duché de La Meilleraye, XIIIe–XVIIIe siècles*, Poitiers, 1976.

Sur le réseau des seigneuries, on peut consulter : Guillotin de Corson (Abbé Amédée), *Les grandes seigneuries de Haute–Bretagne*, Rennes, 3 vol., 1897–1899 et du même : *Petites seigneuries de Haute–Bretagne, Rennes, 1907.*

Les justices seigneuriales, pièce fondamentale du dispositif de la seigneurie, ont donné lieu à plusieurs recherches. Bataillon (Jacques–Henri), *Les justices seigneuriales du baillage de Pontoise à la fin de l'Ancien Régime*, 1942. Lauranson (Christian), « Les justices seigneuriales en Forez à la fin de l'Ancien Régime », in *Etudes d'Histoire*, Univ. de

Saint-Etienne, 1988-1989, pp.37-66 (avec bibl. sur ce sujet). Lemercier (Pierre), *supra*. Noël (J.- F.), « Une justice seigneuriale en Haute-Bretagne à la fin de l'Ancien Régime : la châtellerie de La Motte-de-Gennes », in *Annales de Bretagne et des Pays de l'Ouest*, 1976, n°1, pp.127-166. Cette excellente étude montre bien l'efficacité et l'activité des justices seigneuriales à la fin du XVIIIe siècle. Villard (Pierre), **Les justices seigneuriales dans la Marche, Recherches sur les institutions judiciaires de l'Ancien Régime*, 1964.

Il suffit de comparer les travaux de Jean Gallet et de Pierre Villard pour se rendre compte de l'hétérogénéité des seigneuries et de leurs justices. En Bretagne, prévaut l'adage « Point de fief sans justice », ailleurs « Fief et justice n'ont rien de commun ».

Pour ce qui concerne les privilèges des seigneurs, le *Traité des droits honorifiques des seigneurs es églises*, de 1615, est encore réédité en 1724. On en était déjà à la 6e édition en 1631.

4.6. SOLIDARITÉS ET FIDÉLITÉS

Les fidélités et les clientèles constituent – avec la seigneurie, les corps et les privilèges –, les grandes structures fondamentales de la société d'Ancien Régime. Les fidélités sont plus discernables au XVIIe qu'au XVIIIe siècle, mais elles se maintiennent pourtant, et au delà même de la Révolution. Quant aux clientèles, elles sont de toutes les époques.

On commencera l'étude par : Durand (Yves) dir., *Clientèles et fidélités en Europe à l'époque moderne. Hommage à Roland Mousnier*, PUF, 1981 ; et du même, **Les solidarités dans les sociétés humaines*, PUF, 1987 ; *Fidélités, solidarités et clientèles*, dir. Yves Durand, Colloque (1983), Centre de Recherche sur l'Histoire du Monde Atlantique, Nantes, 1985.

Sur les diverses formes de la sociabilité : *Sociabilité, pouvoirs et société*, actes du colloque de Rouen, nov.1983, sous la dir. de Françoise Thélamon, Rouen, 1987. Même s'ils portent principalement sur le XIXe siècle, on ne saurait ignorer les ouvrages de Maurice Agulhon, surtout *La sociabilité méridionale*, Aix, 2 vol., 1966 et *Pénitents et* *francs–maçons de l'ancienne Provence*, 1968. Concernent davantage notre période : Gaudemet (J.), *Les communautés familiales*, 1963. Gutton (Jean–Pierre), **La sociabilité villageoise dans l'ancienne France. Solidarités et voisinages du XVIe au XVIIIe siècles*, 1979. Ségalen (Martine), *Les confréries dans la France contemporaine. Les Charités*, 1975.

La réalité des « maisons » a été étudiée pour le monde paysan dans les livres déjà cités de A. Collomp et J.–L. Flandrin. Sans omettre de René Pillorget, *La tige et le rameau. Familles anglaises et françaises, XVIe–XVIIIe s.*, 1979.

Pour les lignages et les maisons nobles, se reporter aux § 6.2 et 6.5. Pour une définition de la « maison », par rapport à la famille, outre R. Pillorget *supra*, voir Yves Durand, *Les solidarités dans les sociétés humaines*, ouv. cité, pp.114–141.

5

CADRE ET DÉCOR DE LA VIE

5.1. ARCHITECTURE ET URBANISME. LE DÉCOR DE LA VIE URBAINE

Les villes françaises, les demeures, se sont beaucoup transformées au XVIIIe siècle, en raison de la croissance démographique, mais également par suite de l'évolution du paysage urbain. Les formes architecturales, les rues et les places ont changé. Les murailles ont souvent disparu. Le décor et le cadre de la vie quotidienne, la distribution même des pièces dans les maisons et les logements, le confort, les objets usuels connaissent d'importantes modifications. Nous nous bornerons à signaler les travaux les plus importants en la matière.

Hautecoeur (Louis), *Histoire de l'Architecture classique en France*, t.III, *Le style Louis XV* et t.IV, *Le style Louis XVI*, 1950–1952. Blunt (A.), *Art and architecture in France 1500 to 1800*, Harmondsnorth, 1973. Kaufmann (Emile), *L'architecture au siècle des Lumières*, 1963. Pérouse de Montclos (Jean–Marie), **L'architecture à la française, XVIe, XVIIe, XVIIIe siècles*, 1982 et *Histoire de l'architecture française de la Renaissance à la Révolution*, 1989. Szambien (Werner), *Symétrie, goût, caractère. Théorie et terminologie de l'architecture à l'âge classique, 1500–1800*, 1983.

Sur la demeure : Bardet (Jean–Pierre), Chaunu (Pierre), Désert (Gabriel), Gouhier (Pierre) et Neveux (Hugues), *Le Bâtiment. Enquête d'histoire économique, XIVe–XIXe siècles*, t.1, Paris–La Haye, 1971. Gallet (Michel), *Demeures parisiennes. L'époque de Louis XVI*, 1964. Pardailhé–

Galabrun (Annick), **La naissance de l'intime. 3000 foyers parisiens, XVIIe–XVIIIe siècles*, 1988.

Toutes les thèses d'histoire urbaine, par exemple J.-P. Bardet (Rouen) et M. Garden (Lyon). Jean Meyer : *Etudes sur les villes en Europe occidentale (milieu du XVIIe siècle à la veille de la Révolution française)*, éd. SEDES, 2 vol., 1983.

Sur les quartiers : Boudon (Françoise), Chastel (André), Couzy (Hélène), Hamon (Françoise), *Système de l'architecture urbaine, le quartier des Halles à Paris*, C.N.R.S., 1977. Chastel (André), *« L'ilôt de la rue du Roule et ses abords », in *Mém. Paris et Ile–de–France*, t.XVI–XVI (1965–1966), 1967. Pardailhé–Galabrun (Annick), « Une contribution à l'histoire de l'habitat parisien, l'exemple de la rue d'Anjou », in *H.E.S.*, 1987, n°4, pp.469 suiv.

Sur quelques grands architectes du XVIIIe siècle : *Boffrand (Germain), 1667–1754, L'aventure d'un architecte indépendant,* Michel Gallet et Jorg Garms dir., 1986. Boullée, *Essai sur l'art*, textes présentés par J.M. Pérouse de Montclos, 1968. Kauffmann (Emile), « Three Revolutionary Architects : Boullée, Ledoux and Lequeu », in *Transactions of the American Philosophical Society,* vol.2, 1952. « Brongniart (1739–1813), et Hittorf (1792–1867), Architecture et art urbain », in *Cahiers du CREPIF,* n°18, mars 1987. Bottineau (Yves), *L'art d'Ange–Jacques Gabriel à Fontainebleau,* 1962. – *Construire des ponts au XVIIIe siècle, l'oeuvre de J.R. Perronet,* 1988. – *Crucy (Mathurin), Architecte nantais néo–classique,* catalogue d'exposition, Nantes, 1986. Gallet (Michel), *Claude–Nicolas Ledoux,* 1736–1806, 1980, et « Ledoux et sa clientèle parisienne », in *Bull. Soc. Hist. Paris et de l'Ile–de–France,* 101e et 102e années, 1974–1975. **Les Gabriel,* ouvrage collectif présenté par Michel Gallet et Yves Bottineau, 1982. *Soufflot et l'Architecture des Lumières,* colloque de l'Institut d'Hist. de l'Art de l'Univ. de Lyon II, juin 1980.

L'urbanisation a donné lieu à divers travaux : Lavedan (Pierre), *Histoire de l'urbanisme à Paris,* in coll. *Nouvelle histoire de Paris,* 1975. Histoire et Urbanisation, n° spécial *Annales E.S.C.*, juill.–août 1970. Lelièvre (Pierre), *Nantes au XVIIIe siècle. Urbanisme et architecture* (1942), nouv. éd., 1988. Lepetit (Bernard), « Pouvoir municipal et urbanisme (1650–1750). Source et problématique », in *Pouvoirs, ville et société en Europe, 1650–1750,* actes du colloque d'oct. 1981, réunis par G. Livet et B. Vogler, 1983, pp.35–49. Nières (Claude), *La reconstruction d'une ville au XVIIIe siècle, Rennes (1720–1760)*, 1972. Du même, « Le poids financier des transformations urbaines : l'exemple breton au XVIIIe siècle », in *Pouvoir, ville et société en Europe, supra*, pp.347–354. Rabreau (Daniel) et Mosser (Monique), « Paris en 1778 : L'architecture en question », in *XVIIIe siècle*, 1979, n°11, pp.141–164. Vries (Jean de), *European Urbanization (1500–1800)*, Londres, 1984.

Autour des villes de ports, la noblesse et la bourgeoisie commerçantes ont multiplié folies, bastides, chartreuses. Willemin (V.) et Langlois (G.A.), *Les sept folies capitales*, 1986. – *Les malouinières*, in Commission de l'Inventaire, s.d. – Coste (J.-P.), *Aix-en-Provence et le pays d'Aix*, Aix, 1981. Pariset (F.-G.) dir., *Bordeaux au XVIIIe siècle*, Bordeaux, 1968.

L'art des jardins se modifie beaucoup au XVIIIe siècle, avec l'anglomanie et le goût pour la Chine : Adams (William), *Jardins de France, 1500–1800. Le rêve et le pouvoir*, trad. fr., 1980. Mosser (Monique) et Teyssot (Georges), *Histoire des jardins de la Renaissance à nos jours*, 1991. Wiebenson (Dora), *The picturesques gardens in France*, Princeton, 1978. Egalement : Cayeux (Jean de), *Hubert Robert et les Jardins*, 1987. – *Jardins et vergers en Europe occidentale (VIIIe–XVIIIe siècles)*, 9e journées inter. d'histoire de Flaran, sept. 1987, Auch, 1989.

5.2. DE LA FERME AU MANOIR

Voir Durand (Yves), *Vivre au Pays au XVIIIe siècle, supra*, pp.46–53. Trochet (Jean-René) et Le Couédic (Daniel), *L'architecture rurale française*, Bretagne, 1985. Brier (Max-André), Jean (Suzanne), Trochet (Jean-René), *L'architecture rurale française, Maine, Anjou, Touraine*, Lyon, 1991. Ménil (Alain), *La maison rurale dans le Maine et le Haut-Anjou*, 1982. Dans la même collection (*Cahiers de construction traditionnelle*), plusieurs études sur l'Auvergne, la Normandie, les Landes, etc. Sarazin (André), *Fermes et logis du bocage de l'Ouest*, Anjou, Maine, Vendée, Ivry, 1975 (ouvrage très documenté, plans et iconographie). Du même, *Manoirs et gentilshommes de l'ancienne France*, 1980. Gaillard-Bans (P.) et Bans (J.-C.), « Maisons et bâtiments agricoles en Vannetais sous l'Ancien Régime : un problème d'histoire économique », in *R.H.M.C.*, janv.–mars 1984, pp.3 suiv. Se reporter aussi à des thèses d'histoire régionale, comme celle de Jean Gallet, *La seigneurie bretonne.*

Sur le mobilier paysan, outre Yves Durand, *supra,* voir Fillon (Anne), « Comme on fait son lit, on se couche. 300 ans d'histoire du lit villageois », in *Populations et Cultures, Mélanges François Lebrun,* Rennes, 1989, pp.153–164. Plessix (René), « L'outillage des fermes du Maine et du Perche de Louis XIV à Napoléon III », in *Inventaires après décès et ventes de meubles. Apports à une histoire de la vie économique et quotidienne, XVIIe–XIXe siècles,* s.l., 1988, pp.291–302.

5.3. LA VIE QUOTIDIENNE

La vie de société a fait l'objet de nombreux travaux, de qualité inégale. On doit retenir : **Histoire de la vie privée,* sous la dir. de Philippe Ariès et Georges Duby, t.III, De la Renaissance aux Lumières, dir. Roger Chartier, 1986. *Ibid* : Les usages de la civilité, par J. Revel, pp.192–203. Bluche (François), *La vie quotidienne au temps de Louis XVI,* 1989. Butel (Paul) et Poussou (Jean–Pierre), *La vie quotidienne à Bordeaux au XVIIIe siècle,* 1980. Meyer (Jean), *La vie quotidienne au temps de la Régence,* 1975. Mongrédien (Georges), *La vie de société aux XVIIe et XVIIIe siècles,* 1950.

Sur les salons : Glotz (Marguerite) et Maire (Madeleine), *Salons du XVIIIe siècle,* 1949. Plus général : *Sociabilité et société bourgeoise en France, en Allemagne et en Suisse (1750–1850),* dir. Etienne François, 1987. Sur les fêtes : Gruber (A.C.), *Les grandes fêtes et leurs décors à l'époque de Louis XVI,* Genève et Paris, 1972. Pardailhé–Galabrun (Annick), « Les déplacements des parisiens dans la ville aux XVIIe et XVIIIe siècles : un essai de problématique », in *H.E.S.*, 1983, n°2, pp.205–253. Le costume a été étudié par Daniel Roche : *La culture des apparences. Une histoire du vêtement (XVIIe–XVIIIe siècles)*, Fayard éd., 1989.

Sur l'alimentation : « Aliments et cuisine », in *XVIIIe siècle,* 1983, n°15. *L'approvisionnement des villes de l'Europe occidentale au Moyen Age et aux Temps Modernes,* 5e journées inter. d'histoire de Flaran, sept.1983, Auch, 1985.

Beaumont–Maillet (Laure), *Histoire de l'eau à Paris*, 1991. Butel (Paul), *Histoire du thé*, 1989. Franklin (A.), *La vie privée d'autrefois : café, thé, chocolat*, 1893. Hémardinquer (Jean–Jacques), *Pour une histoire de l'alimentation*, 1970. Kaplan (Steven A.), *Les ventres de Paris. Pouvoir et approvisionnement dans la France d'Ancien Régime* (1984), Fayard éd., 1988 (sur le commerce des grains, la meunerie, le pain à Paris). Mauro (Frédéric), *Histoire du café*, 1991. Meyer (Jean), *Histoire du sucre*, 1989. – « Histoire de la consommation », in *Annales E.S.C.*, mars–juin 1975.

6

LES GROUPES SOCIAUX

PROSOPOGRAPHIE

Il existe un guide de recherches publié en 1980 : *Prosopographie des élites françaises (XVIe–XXe siècles)*, par Christophe Charle, Jean Nagle, Marc Perrichet, Michel Richard et Denis Woronoff. De même, plusieurs guides des recherches édités par les Archives nationales, comme celui de Gildas Bernard (*Généalogie*, 1981), fournissent d'utiles renseignements pour des travaux d'histoire familiale.

Quelques exemples relatifs à certains corps ou à la haute administration : Antoine (Michel), *Le Gouvernement et l'administration sous Louis XV. Dictionnaire biographique*, CNRS, 1978. Blanchard (Anne), *Dictionnaire des ingénieurs militaires (1691–1791)*, Montpellier, 1981. Bluche (François), *L'origine des magistrats du parlement de Paris au XVIIIe siècle. Dictionnaire généalogique*, 1953–1954. Favre-Lejeune (Christine), *Les Secrétaires du Roi de la grande chancellerie de France. Dictionnaire biographique et généalogique, 1672–1789*, 2 vol., 1986. Félix (Joël), *Les magistrats du parlement de Paris, 1770–1790. Dictionnaire biographique et généalogique*, 1990. Lemay (Edna H.) *et alii*, *Dictionnaire des Constituants (1789–1791)*, 2 vol., 1991.

ÉTUDES SOCIALES GLOBALES

Toutes les thèses d'histoire sociale urbaine ou régionale concernent l'ensemble des groupes sociaux dans les aires étudiées. Ainsi : Bardet (Jean-Pierre), **Rouen aux XVIIe et XVIIIe siècles. Les mutations d'un espace social*, 2 vol.,

1983. Couturier (Marcel), *Recherches sur les structures sociales de Châteaudun (1525–1789)*, 1969. Garden (Maurice), **Lyon et les lyonnais au XVIIIe siècle*, 1970. Goubert (Pierre), *Beauvais et le Beauvaisis*, ouv.cité. Lefebvre (Georges), *Etudes orléanaises*, I, 1962. Le Goff (T.J.A.), *Vannes et sa région : ville et campagne dans la France du XVIIIe siècle* (1981), tr. fr. Loudéac, 1989. Nicolas (Jean), *La Savoie au XVIIIe siècle, noblesse et bourgeoisie*, 1978. Poitrineau (Abel), **La vie rurale en Basse–Auvergne au XVIIIe siècle* (1965), rééd. 1979. Pontet (Josette), *Bayonne : un destin de ville à l'époque moderne, fin du XVIIe–milieu du XIXe siècle*, 1990. Robin (Régine), *La Société française en 1789 : Semur–en– Auxois*, 1970. Un article de synthèse : Meyer (Jean), « Structure sociale des villes bretonnes à la fin de l'Ancien Régime », in *Actes du 96e congrès national des Sociétés Savantes*, Toulouse, 1971 ; t.II, 1976. Autre étude globale : Hufton (Olwen H.), *Bayeux in the late eighteenth century. A social study*, Oxford, 1967.

On aurait garde d'oublier le livre pionnier de Gaston Roupnel, *La ville et la campagne au XVIIe siècle. Etude sur les populations du pays dijonnais* (1922), rééd. 1955.

SUR LES ÉLITES

Chaussinand–Nogaret (Guy), *Une histoire des élites*, 1975. Decoufle (André), « L'aristocratie française devant l'opinion publique à la veille de la Révolution (1767–1789) », in *Etudes d'histoire économique et sociale du XVIIIe siècle*, par André Decoufle, François Boulanger et Bernard–André Pierrelle, 1966. Guignet (Philippe), *Le pouvoir dans la ville au XVIIIe siècle. Pratiques politiques, notabilité et éthique sociale de part et d'autre de la frontière franco–belge*, 1990. Lespagnol (A.), « A propos des élites urbaines dans l'Ancien Régime : l'exemple de Saint–Malo au XVIIIe siècle », in *Bull. Soc. d'Hist. Moderne*, 1974, n°4.

6.1. LE CLERGÉ

Le premier ordre a naturellement fait l'objet de très nombreux travaux, surtout à l'échelle locale ou diocésaine. On n'omettra pas de consulter les volumes publiés chez Beauchesne sur les diocèses de France, par exemple Aix (dir. J.–R. Palanque), Bordeaux (dir. B. Guillemain), Montpellier (dir. G. Cholvy), Nantes (dir. Y. Durand), Paris (le t.l. dir. B. Plongeron), Rouen (dir. N. Chaline), etc. Chacun renferme des développements sur le clergé et les ordres religieux propres au diocèse considéré.

Une étude exemplaire, Berthelot du Chesnay (Charles), **Les prêtres séculiers de Haute–Bretagne au XVIIIe siècle*, Rennes, 1974 : origines sociales, revenus, processus complexe des nominations, formation du Clergé. Pour un diocèse voisin : Mc Manners (John), *French Ecclesiastical Society under the Ancien Regime. A study of Angers in the Eighteenth Century*, Manchester U.P., 1968 et les pages relatives au clergé dans F. Lebrun, *La mort en Anjou*, ouv.cité. Voir également Fracard (M.L.), *La fin de l'Ancien Régime à Niort. Essai de sociologie religieuse*, 1956.

Sur les chapitres, on dispose de Loupès (Philippe), **Chapitres et chanoines de Guyenne au XVIIe et au XVIIIe siècles*, Bordeaux, 1985, et Vovelle (Michel), « Un des plus grands chapitres de France à la fin de l'Ancien Régime : le chapitre cathédral de Chartres », in *Actes du 85e Congrès National des Soc. Sav.*, Chambéry–Annecy, 1960, pp.235–277.

Sur les évêques de France au XVIIIe siècle : Péronnet (Michel), *Les évêques de l'ancienne France (1516–1789)*, Lille, 2 vol., 1977 et « L'évêque dans l'histoire de l'Eglise », actes de la *7e rencontre d'Histoire religieuse de Fontevraud*, 14–15 oct. 1983, Angers, 1984.

Le recrutement du clergé, ses revenus, les serments prêtés ou non sous la Révolution, le tout régionalisé : Tackett (Timothy), *Priest and Parish in Eighteenth–Century France. A Social and Political Study of the Curés in a Diocese of Dauphiné*, Princeton, 1977. Du même, **La Révolution, l'Eglise, la France, le serment de 1791*, 1986. Du même, « Le recrutement du clergé dans le diocèse de Gap au XVIIIe siècle », in *R.H.M.C.*, juill.–sept. 1973, pp.497–522. Julia (Dominique), « Le clergé paroissial dans le diocèse de Reims à la fin du XVIIIe siècle », *ibid.*, juill.–sept.1986, pp.159–195. Gutton (J.–P.), « Note sur le recrutement du Clergé séculier dans l'archidiocèse de Lyon (1589–1789) », in *Bull. Centre d'hist. écon. et soc. de la région lyonnaise*, 1971, n°2.

Pour les réguliers : Dinet (Dominique), **Vocation et fidélité*, 1988 (concerne les diocèses d'Auxerre, Langres et

Dijon), à lire absolument pour le recrutement, l'influence janséniste, les revenus des maisons, les taux de persévérance, les différences de comportement entre les couvents d'hommes et de femmes, etc. Egalement : Lemaire (Suzanne), *La commission des Réguliers (1766–1790)*, 1926 : sur le regroupement et la fermeture de beaucoup de couvents, bien avant la Révolution.

Sur les biens et les revenus du clergé, outre Charles Berthelot du Chesnay et T. Tackett, se reporter à certaines thèses d'histoire régionale comme celles de Paul Bois (*Paysans de l'Ouest*, pour le Haut–Maine) ou de Claude Michaud, *L'Eglise et l'argent.*

Très documenté, un article de Patrice Fournier, « Fortune » et « modernité » : les recteurs du Castelbriantais au XVIIIe siècle, *in Bull. Soc. arch. et hist. de Nantes et de Loire–Atlantique*, t.124, 1989, pp.47–59. Concerne les revenus, mais aussi le cadre de vie, les presbytères, etc. Les inventaires après décès se situent autour de 1200 livres, les plus importants peuvent dépasser 6000 l. dans une région pourtant pauvre de Haute–Bretagne. On trouvera des points de comparaison entre diverses régions de l'Ouest, en ce qui concerne les biens du Clergé et des autres groupes sociaux (noblesse, bourgeoisie, paysans), dans Yves Durand, *Vivre au pays au XVIIIe* siècle, ouv.cité, pp.154 et suiv. Dinet (Dominique), « Les réguliers des diocèses d'Auxerre, Langres et Dijon face à la richesse (XVIIe–XVIIIe siècles) », in *Bull. Centre rég. interuniv. d'hist. religieuse*, Centre André Latreille, n°5, 1987, pp.44–63.

De même : *L'Eglise et l'argent*, actes du Colloque de 1988, Association des Historiens Modernistes des Universités, bulletin n°13, Paris, 1989. Dinet (Dominique), « Les dots de religion en France aux XVIIe et XVIIIe siècles », *ibid.*, pp.37–65. Lepointe (G.), *L'organisation et la politique financière du Clergé de France sous le règne de Louis XV*, 1924.

La formation des prêtres est connue grâce à Degert (A.), *Histoire des séminaires français jusqu'à la Révolution*, 1912. Surtout : Darricau (Raymond), *La formation des professeurs de séminaire au début du XVIIIe siècle d'après un directoire de M. Jean Bonnet (1664–1735)*, supérieur général de la Congrégation de la Mission, Piacenza, 1966. Sur la vocation religieuse, outre Dinet (D.), *Vocation et fidélité, supra*, voir les *Actes de la 2e rencontre de Fontevraud*, 9 oct. 1978, consacrés à la Vocation et Jean de Viguerie, « Y a-t-il une crise de l'observance régulière entre 1660 et 1715 ? », in *Sous la règle de saint Benoît, Structures monastiques et sociétés en France du Moyen Age à l'époque moderne*, Sainte-Marie de Paris, oct.1980, Paris-Genève 1982, pp.135-147.

Sur les rapports entre l'administration du Royaume et l'Eglise : Péronnet (Michel), « Pouvoir monarchique et épiscopat : le Roi et les évêques députés nés des Etats de Languedoc à l'époque moderne », in *Parlements, Etats et Représentation*, déc.1983, vol.3, part.2. Suaudeau (René), *L'évêque, inspecteur administratif sous la monarchie absolue, d'après les archives du Centre de la France*, 2 vol., 1940.

Les agents généraux du Clergé ont été plusieurs fois étudiés : Besnier (E.), *Les agents généraux du Clergé de France, spécialement de 1780 à 1785*, 1939. Claverie (M.), *Le rapport des agents généraux du clergé de France à l'assemblée de 1765*, 1976. Sans oublier naturellement les travaux du P. Pierre Blet sur les assemblées du Clergé, même s'ils concernent le siècle précédent ; voir aussi G. Lepointe, *L'organisation et la politique financière du clergé de France, sous le règne de Louis XV*, 1924.

On se reportera aussi au § 10, La Religion des Français. Ainsi, l'ouvrage de Jean de Viguerie, **Le catholicisme des Français dans l'ancienne France*, 1988, concerne à l'évidence le clergé comme la piété des fidèles.

6.2. LA NOBLESSE FRANÇAISE AU XVIIIe SIECLE

Le nombre des nobles en France : la question a été posée par A. Dauvergne, « Le problème du nombre des nobles en France au XVIIIe siècle », in *Annales de démog.hist.*, 1973, pp.181 suiv. Pour la Champagne, on trouvera une représentation cartographique dans : Arbellot (Guy), *La cartographie statistique automatique appliquée à l'Histoire*, 1970.

Ouvrages généraux sur la noblesse française : *L'anoblissement en France, XVe-XVIIIe siècles*, colloque de Bordeaux (1982), 1985. Bluche (François), **La vie quotidienne de la noblesse française au XVIIIe siècle*, 1973. Chaussinand-Nogaret (Guy), *La noblesse au XVIIIe siècle, de la féodalité aux Lumières* (1976), 1984. Ford (F.-L.), *Robe and Sword : the Regrouping of the French Aristocracy* *after Louis XIV*, Cambridge Mass., 1953. Vaissière (Pierre de), *Gentilshommes campagnards de l'ancienne France. Etude sur la condition, l'état social et les moeurs de la noblesse de province du XVIe au XVIIIe siècle*, 1925.

Pour des comparaisons à l'échelle européenne : Labatut (Jean-Pierre), *Les noblesses européennes de la fin du XVe siècle à la fin du XVIIIe siècle*, PUF, 1978. Meyer (Jean), *Noblesses et pouvoirs dans l'Europe d'ancien régime*, 1973. Sur la représentation nobiliaire : Lassaigne (Jean-Dominique), *Les assemblées de la noblesse de France aux XVIIe et XVIIIe siècles*, 1966.

Des études d'ordre général déjà citées renferment des chapitres entiers sur la noblesse de plusieurs provinces, par exemple les livres de Paul Bois, Pierre Goubert, Jean Nicolas, Jean-François Solnon, etc. D'autres, plus anciens, comme celui de Gaston Roupnel, *La ville et la campagne au XVIIe siècle. Etude sur les populations du Pays Dijonnais* (1922), 1955, peuvent être mis aussi à contribution.

Autres exemples provinciaux : Forster (R.), *The nobility of Toulouse in the XVIII century. A social and economic study*, Baltimore, 1960. Meyer (Jean), *La noblesse bretonne au XVIIIe siècle*, 1966 ; *éd. Flammarion, 1972. Du même, « Un problème mal posé : la noblesse pauvre : l'exemple breton au XVIIIe siècle », in *R.H.M.C.*, avril-juin 1971, pp.161-188. Nassiet (M.), « Une étude de mobilité géographique à l'époque moderne : la petite noblesse de Haute-Bretagne », in *Annales de démog. hist.*, 1986, pp.235-250. Du même, « Histoire sociale et méthode lignagère. L'exemple de la petite noblesse de Haute-Bretagne, Epoque moderne », in *H.E.S.*, 1990, n°4, pp.545 suiv. - Paysac (Gontran du Mas de), « Approche du renouvellement de la noblesse en Périgord (époque moderne) », in *Bull. Soc. Hist. et Arch. du Périgord*, t.CXV, 1988, pp.237-248.

Pour Paris, Roche (Daniel), « Recherches sur la noblesse parisienne au milieu du XVIIIe siècle : la noblesse du Marais », in *86e Congrès des Soc. Savantes*, 1961.

Sur les investissements de la noblesse : Meyer (Jean), *L'armement nantais dans la deuxième moitié du XVIIIe siècle*, 1969. Richard (G.), « Un essai d'adaptation sociale à une nouvelle structure économique. La noblesse de France et les sociétés par actions à la fin du XVIIIe siècle », in *Rev. d'hist. écon. et soc.*, 1962, pp.484-523. Du même, *Noblesses d'affaires au XVIIIe siècle*, 1974.

Quelques études de lignages et de maisons : Boisnard (Luc), *Les Phélypeaux. Une famille de ministres sous l'Ancien Régime*, 1986. Dion (Marie–Pierre), *Emmanuel de Croÿ, 1718–1784 : itinéraire intellectuel et réussite nobiliaire au siècle des Lumières*, Bruxelles, 1987. Durand (Yves), *La maison de Durfort à l'époque moderne*, Fontenay–le–Comte, 1975. Forster (Robert), *The House of Saulx–Tavanes, Versailles and Burgundy, 1700–1830*, Baltimore, 1971. Stavan (Henry–A.), *Jacques–Pierre Alexandre, comte de Tilly, sa vie, son oeuvre*, 1965.

La gestion des grandes terres est un aspect fondamental des recherches sur la noblesse française : Duma (Jean), « Les Bourbon–Penthièvre à Rambouillet : la constitution d'un duché–pairie au XVIIIe siècle », in *R.H.M.C.*, avril–juin 1982, pp.291–304. Hyslop (Béatrice F.), *L'apanage de Philippe–Egalité, duc d'Orléans (1785–1791)*, 1965. Plusieurs recherches de Jean–François Labourdette : « Fortune et administration des biens des La Trémoille au XVIIIe siècle », in *Annales de Bretagne et des Pays de l'Ouest*, 1975, n°2, pp.163–177 ; « Etude comparative de quatre fortunes ducales françaises au XVIIIe siècle », in *Actes du colloque sur le XVIIIe siècle*, Angers, 1978, pp.19–34 ; « L'administration d'une grande terre au XVIIIe siècle : le comté de Laval », in *Bull. Comm. Hist. et Arch. de la Mayenne*, oct.–déc. 1977, Mayenne, 1978, pp.53–169. Michel (Marie–José), « La gestion seigneuriale des Phélypeaux », in *XVIIIe siècle*, 1983, n°15, pp.213–231. Mougel (François–Charles), « La fortune des princes de Bourbon–Conty : revenus et gestion, 1655–1791 », in *R.H.M.C.*, janv.–mars 1971, pp.30–49. Roche (Daniel), « Aperçus sur la fortune et les revenus des princes de Condé à l'aube du XVIIIe siècle », in *R.H.M.C.*, juill.–sept.1967, pp.217–243.

Les propriétés de l'ordre de Malte ont été étudiées par Gérard Gangneux : *Economie et société en France méridionale, XVIIe–XVIIIe siècle. Les grands prieurés de Saint–Gilles et de Toulouse de l'Ordre de Malte*, Lille, 2 vol., 1973 ; et *L'Ordre de Malte en Camargue au XVIIIe siècle*, Grenoble, 1979.

Il est bien évident qu'on ne saurait négliger des ouvrages qui ne coïncident pas exactement avec notre période, mais qui sont indispensables pour comprendre les réalités sociales du XVIIIe siècle, ainsi : Labatut (Jean-Pierre), *Les ducs et pairs de France au XVIIe siècle*, PUF, 1972 et du même, un recueil d'articles, *Noblesse, pouvoir et société en France au XVIIe siècle*, Limoges, 1987.

6.3. LA COUR

Un grand classique : Elias (Norbert), *La Société de Cour*, 1974. La lecture des mémoires de Luynes est une source quasiment inépuisable sur le monde de la cour au XVIIIe siècle, comme d'autres mémorialistes déjà cités (Besenval, Croÿ, etc.). De même, lire des ouvrages sur des personnes ou des lignages de cour, par exemple Dion (Marie-Pierre), sur Emmanuel de Croÿ, *supra*.

Versailles et la cour ont été amplement traités. On retiendra : Breillat (Pierre), *Ville nouvelle, capitale modèle, Versailles*, 1986. Lepetit (Bernard), « Une création urbaine : Versailles de 1661 à 1772 », in *R.H.M.C.*, oct.- déc. 1978, pp.604-618. Le Roy Ladurie (Emm.), « Auprès du roi, la Cour », in *Annales E.S.C.*, janv.-fév. 1983, pp.21-41. Nombreux travaux de Pierre de Nolhac, dont : *Versailles au XVIIIe siècle*, 1926. *Versailles et la Cour de France*, 10 vol., 1925-1930. Verlet (Pierre), *Versailles*, 1961. Sur le palais : Champigneulle (Bernard), *Versailles dans l'art et l'histoire*, 1954. Surtout : Solnon (Jean-François), *La Cour de France*, 1987. Jean-François Labourdette a défini la cour, l'homme de cour à la fin du XVIIIe siècle et la place qu'y tiennent les ministres dans : « Vergennes et la Cour », in *Revue d'Histoire diplomatique, Bicentenaire de Vergennes (1787-1987)*, 1988, pp.289-321.

A Paris, pour le palais des princes d'Orléans : *Le Palais Royal*, catalogue de l'exposition du Musée Carnavalet, mai-sept.1988. Egalement : *Paris et ses rois*, catalogue par Jean-Pierre Babelon, Robert-Henri Bautier, etc., de l'exposition de l'Hôtel de Ville, janvier-février 1988.

6.4. ARMÉE ET MARINE

Sur l'armée, on commencera par **L'Histoire militaire de la France*, dir. André Corvisier ; t.2, 1715 à 1871, sous la dir. de Jean Delmas, 1992 (avec bibliographie).

Sur divers aspects : Bois (Jean–Pierre), *Les anciens soldats dans la société française au XVIIIe siècle,* 1990. Chagniot (Jean), *Paris et l'armée au XVIIIe siècle. Etude politique et sociale,* 1985.

Très nombreux travaux d'André Corvisier, parmi lesquels : **L'armée française de la fin du XVIIe siècle au ministère de Choiseul. Le soldat,* 2 vol., 1964 ; **Armée et société en Europe de 1494 à 1789,* 1976.

Autres enquêtes : Blanchard (Anne), *Les ingénieurs du Roy de Louis XIV à Louis XVI. Etude du corps des fortifications,* Montpellier, 1979. Léonard (Emile G.), *L'armée et ses problèmes au XVIIIe siècle,* 1958. Tuetey (Louis), *Les officiers sous l'Ancien Régime. Nobles et roturiers,* 1908.

De même : Bien (D.D.), « La réaction aristocratique avant 1789. L'exemple de l'armée », in *Annales E.S.C.* janv.–fév. 1974, pp.23–48 et mars–avril 1974, pp.505–534. Corvisier (André), « Le pouvoir militaire et les villes », in *Pouvoir, ville et société en Europe, 1650–1750,* actes du colloque d'oct. 1981, réunis par G.Livet et B.Vogler, 1983, pp.11–20. Emsley (Claude), « La maréchaussée à la fin de l'Ancien Régime. Note sur la composition du corps », in *R.H.M.C.*, oct.–déc. 1986, pp.622–644. – *Le soldat, la stratégie, la mort. Mélanges André Corvisier,* 1989 (avec bibl. des travaux d'A. Corvisier, indispensable à consulter).

MARINE

La Roncière (Charles de), *Histoire de la marine française,* 6 vol., 1932. Sur les techniques, plus que sur les hommes, deux ouvrages anciens : Lacour–Gayet (Georges), *La marine militaire sous le règne de Louis XV,* 1902, et *La marine militaire de la France sous le règne de Louis XVI,* 1905. Meyer (Jean) et Acerra (Martine), *La grande époque de la marine à voile,* 1988.

Sur les gens de mer : Le Goff (T.J.A.), *« Problèmes de recrutement de la marine française pendant la Guerre de Sept Ans », in *R.H.*, avril–juin 1990, pp.205 suiv. Perrichet (Marc), « Plume ou épée : problèmes de carrière dans quelques familles d'officiers d'administration de la marine au XVIIIe siècle », in *Actes du 91e congrès nat. des soc. savantes,* 1966, t.II, pp.145–181. Du même, « Les gens de mer dans la France de l'Ancien Régime », in *Actes du* *colloque de l'Assoc. des historiens modernistes des universités* (1980), 1981.

Michel Vergé–Franceschi a publié de nombreux travaux sur les officiers de marine du XVIIIe siècle. Retenons : *La Royale au temps de l'Amiral d'Estaing*, 1977 ; **Les officiers généraux de la marine royale (1715–1774). Origines, condition, services*, 1990 ; *Marine et éducation sous l'Ancien Régime*, 1991 ; « Les officiers généraux de la marine royale en 1715 », in *R.H.*, n°553, janv.– mars 1985, pp.131–157 ; « Les officiers de marine en 1789 », in *Actes du colloque de Toulon*, 1789–1799, Toulon, 1989, pp.10–23 ; « Les officiers généraux de la marine royale : leur évolution de 1669 à 1774 », in *R.H.*, n°564, oct.–déc.1987, pp.355–361.

Villiers (Patrick), *Marine royale, corsaire et trafic dans l'Atlantique de Louis XIV à Louis XVI*, Lille, 2 vol., 1991.

6.5. LA ROBE AU XVIIIe SIECLE

Se reporter au § Prosopographie. Les ouvrages fondamentaux en la matière sont ceux de François Bluche : **Les magistrats du parlement de Paris au XVIIIe (1715–1771)*, 1960 ; rééd. éd. Economica, 1986. Du même, « Les magistrats des cours parisiennes au XVIIIe siècle. Hiérarchie et situation sociale », in *Revue hist. de droit fr. et étranger*, 1974, n° 1, pp.87–106 (avec la hiérarchie des compagnies parisiennes, le prix des offices, etc.).

Sur les différentes cours parisiennes, du même auteur : *Les magistrats du Grand Conseil au XVIIIe siècle (1690–1791)*, 1966 ; « Les officiers du Bureau des finances de Paris au XVIIIe siècle (1693– 1791) », in *Bull. Soc. d'hist. de Paris et de l'Ile–de–France*, 1970, 97e année ; « La connétablie de France. Prosopographie d'un tribunal (1715–1790) », *ibid.*, 1974–1975, 101–102e années ; « Les officiers du grenier à sel de Paris au XVIIIe siècle », in *Mémoires Paris et Ile–de–France* (Féd. des Soc. hist. et arch. de Paris et de l'Ile–de–France), 1970, t.21 ; « Le personnel de l'élection de Paris », *ibid.*, 1975–1976, t.26–27.

Joël Félix a continué l'étude de F. Bluche sur le parlement de Paris jusqu'à la fin de l'Ancien Régime : *Les Magistrats du Parlement de Paris, 1770–1790. Dictionnaire biographique et généalogique*, 1990.

Les problèmes politiques engendrés par l'opposition des

cours souveraines ont été analysés par Jean Egret : *Louis XV et l'opposition parlementaire,* 1970. Il a également publié : « L'aristocratie parlementaire à la fin de l'Ancien Régime », in *R.H.*, n°208, 1952, pp.1–14 ; et « Malesherbes, premier président de la cour des aides (1750–1775) », in *R.H.M.C.*, janv.–fév.1956, pp.97–119.

Autre étude concernant des cours et compagnies provinciales : Cubells (Monique), *La Provence des Lumières. Les parlementaires d'Aix au XVIIIe siècle,* 1984. De la même, « Le recrutement de la Cour des Comptes, Aides et Finances de Provence au XVIIIe siècle », in *R.H.*, n°521, janv.–mars 1977, pp.3–25. Gresset (Maurice), **Gens de justice à Besançon, 1674–1789*, 2 vol., 1978. Rosset (Philippe), *Les officiers du Bureau des finances de Lille (1691–1790),* Genève, 1991. Saulnier (Frédéric), *Le parlement de Bretagne (1554–1790),* rééd. Mayenne, 1991. Saulnier de La Pinelais (G.), *Les gens du roi au Parlement de Bretagne, 1553–1790,* 1902. Solnon (Jean–François), *215 bourgeois gentilshommes au XVIIIe siècle. Les secrétaires du roi à Besançon,* Besançon, 1980. Waquet (Jean–Claude), *Les Grands Maîtres des Eaux et Forêts de France de 1689 à la Révolution,* suivi d'un dictionnaire des Grands Maîtres, Genève–Paris, 1978.

On peut compléter par diverses contributions : Hardy (James D.), *Judicial Politics in the Old Regime. The parlement of Paris during the Regency,* Baton Rouge, 1967. Lemay (E.H.), « La composition de l'Assemblée Constituante : les hommes de la continuité », in *R.H.M.C.*, juill.–sept.1977, pp.341–363. Pillorget (Suzanne), « L'ascension de la famille d'Antoine de Sartine (XVIIe–XVIIIe siècles) », in *Lyon et l'Europe. Hommes et Sociétés. Mélanges Richard Gascon,* Lyon, 2 vol., 1980 ; t.2, pp.147–166. Stone (Bailey), *The Parlement of Paris, 1774–1789,* Chapel Hill, 1981.

6.6. AVOCATS ET NOTAIRES

Sur le monde des avocats, si important socialement et politiquement au XVIIIe siècle, consulter les mémoires de Barbier et de Marais, comme les *Souvenirs* de Pierre–Nicolas Berryer (1774–1783), 2 vol., 1839.

On dispose de plusieurs études : Bell (A.), « Des stratégies d'opposition sous Louis XV : L'affaire des avocats,

1730–1731 », in *H.E.S.*, 1990, n°4, pp.567 suiv. Berlanstein (L.), *The barristers of Toulouse in the Eighteenth Century (1740–1783)*, Baltimore and London, 1975. Fitzsimmons (Michael P.), *The Parisian order of Barristers and the French Revolution*, Cambridge Mass., 1987 (C.R. in *Annales E.S.C.*, mars–avril 1991, n°2, pp.305–307). Kagan (R.L.), « Law students and legal careers in Eighteenth Century France », in *Past and Present*, n°68, 1975. Poirot (Albert), « Le milieu socio– professionnel des avocats au Parlement de Paris à la veille de la Révolution (1760–1790) », *Ecole nat. des Chartes, Positions de thèses*, 1977, pp.113–122. Saulnier de La Pinelais (G.), *Le barreau du Parlement de Bretagne, 1553–1790. Les procureurs, les avocats*, Rennes, 1896.

Il faut absolument lire l'excellente mise au point de Maurice Gresset : *« Le barreau, de Louis XIV à la Restauration », in *R.H.M.C.*, juill.– sept.1989, pp.486–496. Sur un avocat qui ne peut prétendre représenter l'ensemble de ses confrères, Linguet : Baruch (Daniel), *Simon Nicolas Henri Linguet ou l'irrécupérable*, 1991.

Les notaires jouent un rôle essentiel dans la société du XVIIIe siècle, pour établir tous les actes relatifs au droit familial et au droit des contrats, mais ils exercent aussi une fonction, au plan économique, que tiennent les banques dans les pays de l'Europe du Nord : placement d'emprunts, de rentes, d'actions, etc. Sébastien Mercier écrit d'eux : « Les notaires sont devenus de véritables Protées dans les affaires (...) Remueurs d'argent, agioteurs, ils étudient tous les moyens d'emprunter à ceux–ci, de prêter à ceux–là. Ils sont intéressés dans tous les prêts un peu considérables. Leurs fortunes sont rapides ». Encore faut–il préciser qu'il s'agit ici des notaires parisiens.

L'ouvrage essentiel est de Jean–Paul Poisson, *Notaires et société. Travaux d'histoire et de sociologie notariales*, 2 vol., 1985–1990. Du même, « Le notariat parisien à la fin du XVIIIe siècle », in *XVIIIe siècle*, 1975, n° 7, pp.105–127. Sur un aspect, parmi beaucoup d'autres de l'activité notariale : Lelièvre (Jacques), *La pratique des contrats de mariage chez les notaires au Châtelet de Paris de 1769 à 1804*, 1959. En province : « Le notaire royal à Cuisery aux XVIIIe et XIXe siècles », in *Bull. Centre d'hist. écon. et soc. de la région lyonnaise*, 1986, n° 1–2, pp.11 suiv.

La meilleure manière d'appréhender le travail des notaires, c'est encore de consulter les livres anciens de Claude–Joseph de Ferrière, *La science parfaite des notaires ou le parfait notaire,* éd. en 1728 et 1761, et *Nouvelle introduction à la pratique,* 2 vol., 1758. Cela permettra de bien distinguer le vocabulaire et les fonctions des divers métiers de la basoche et des auxiliaires de la justice : simple sergent, huissier, praticien, procureur, avocat en parlement et avocat au parlement (à ne pas confondre évidemment avec les avocats du Roi et les avocats généraux...), tabellions et notaires, etc.

La place de ces professions dans la société locale est à étudier dans les ouvrages déjà cités, par exemple ceux de Gaston Roupnel (Dijon), Marcel Couturier (Châteaudun), Maurice Garden (Lyon), Pierre Goubert (Beauvais), etc.

6.7. BOURGEOIS ET NÉGOCIANTS

Il convient, avant toute chose, de définir ce que l'on entend par bourgeois et bourgeoisie. Ces mots ont présenté bien des sens différents aux XVIIIe et au XIXe siècles. On se reportera avec profit à Roland Mousnier, *Les institutions de la France sous la monarchie absolue*, ouv.cité, t.1, pp.188–201, comme à Adeline Daumard, *Les bourgeois et la bourgeoisie en France depuis 1815,* 1987, pp.27–68 (« Que signifie être bourgeois ? », « Qu'est–ce qu'un bourgeois ? ». Cela pour le XIXe siècle). On verra aussi dans les *Recherches sur les structures sociales de Châteaudun,* par Marcel Couturier, que le sens du mot « bourgeois » a pu varier au cours des temps (pp.217 suiv.).

Essentiels sont également les travaux d'Alfred Cobban, **Le sens de la Révolution française,* 1984 (mais publié 20 ans auparavant en anglais...) et de George V. Taylor, « Non–capitalist wealth and the origins of the French Revolution », in *American Historical Review,* janv. 1967, pour identifier l'existence au XVIIIe siècle d'une bourgeoisie non–capitaliste, c'est–à–dire qui ne se définissait pas par la possession de moyens de production industrielle ou par le commerce, mais par la possession de la terre, la propriété de maisons dans les villes, d'offices et de rentes : des bourgeois vivant « noblement ».

Pour situer économiquement et socialement les divers types de bourgeois, on devra recourir aux travaux généraux d'histoire sociale, portant sur des régions ou des villes, déjà cités, sans oublier certaines études anciennes de Georges Lefebvre sur Orléans ou de Gaston Roupnel sur Dijon, et d'autres plus récentes, comme celle de T. Le Goff sur Vannes.

De même, pour situer la ou les bourgeoisies dans l'ensemble social : A. Daumard et F. Furet, *Structures et relations sociales à Paris au milieu du XVIIIe siècle,* 1961, ou Paul Bois, « Structure socio–professionnelle du Mans à la fin du XVIIIe siècle. Problèmes de méthode et résultats », in *Actes du 87e congrès des Soc. Savantes,* Poitiers, 1962, pp.679 suiv.

Les ouvrages qui suivent concernent principalement la bourgeoisie négociante. La bourgeoisie non–capitaliste a été peu étudiée.

Butel (Paul), **Les négociants bordelais, l'Europe et les Iles au XVIIIe siècle,* 1974. Carrière (Charles), *Négociants marseillais au XVIIIe siècle. Contribution à l'étude des économies maritimes,* Marseille, 2 vol., 1973. Cavignac (J.), *Jean Pellet, commerçant de gros, 1694–1772. Contribution à l'étude du négoce bordelais au XVIIIe siècle,* 1967. Dardel (Pierre), *Commerce, industrie et navigation à Rouen et au Havre au XVIIIe siècle,* Rouen, 1966. Lespagnol (André), **Messieurs de Saint–Malo. Une élite négociante au temps de Louis XIV,* Saint–Malo, 1990. Pfister–Langanay (Christian), *Ports, navires et négociants à Dunkerque (1662–1792),* Dunkerque, 1985.

On complètera par divers articles, parmi lesquels : Bouvet–Bensimon (E.), « L'ascension sociale d'un marchand de bois au XVIIIe siècle », in *R.H.M.C.,* avril–juin 1987, pp.282–304. Bruguière (André), « La mémoire familiale du bourgeois gentilhomme : généalogies domestiques en France aux XVIIe et XVIIIe siècles », in *Annales E.S.C.,* juill.–août 1991, pp.771–787. Chassagne (Serge), « Comment pouvait–on être juge–consul à Angers au XVIIIe siècle », in *Annales de Bretagne,* juin–sept.1969. Camboulives (Catherine), « Jean–Baptiste Midy de Mauléon, ou l'esprit d'entreprise à la veille de la Révolution », in *R.H.M.C.,* avril–juin 1980, pp.258–269. Corvisier (André), « Quelques aspects sociaux des milices bourgeoises au XVIIIe siècle », in *Annales Fac.Lettres et Sc.hum. de Nice,* 1969, n°9–10, pp.242–277 (important pour connaître l'expression politique et sociale de la bourgeoisie urbaine). Le Goff (T.J.A.), « An eighteenth–century grain merchant : Ignace Advise Desruisseaux », in *Essays in memory of Alfred Cobban*, Londres, 1973, pp.93–122.

Sur les rapports entre bourgeoisie et municipalité, voir les travaux de Guy Saupin, déjà cité au § 3.7 et Guignet (Philippe), « Permanences et renouvellement des oligarchies municipales à Lille et à Valenciennes...», in Colloque *Pouvoirs, ville et société en Europe, 1650–1750,* dir. G.Livet et B.Vogler, 1983, pp.203–216. Gutton (J.–P.), « Les députés de la ville de Lyon en Cour », *ibid.*, pp.183–190.

Le bicentenaire de la Révolution a donné lieu à beaucoup de publications, dont *Bourgeoisie de province et Révolution, Bicentenaire de la Révolution française en Dauphiné,* colloque de Vizille, 1984, P.U. de Grenoble, 1987.

La bourgeoisie rurale trouve sa place dans toutes les thèses d'histoire rurale. Le milieu des laboureurs, des coqs de village et des sieurs, qui fait transition entre paysannerie et bourgeoisie, peut être étudié grâce à la thèse de Jean Gallet sur la *Seigneurie bretonne,* à celle de Paul Bois (*Paysans de l'Ouest*). On ajoutera : Bossis (Philippe), « Le milieu paysan aux confins de l'Anjou, du Poitou et de la Bretagne (1771–1789) », in *Etudes rurales,* 1972, n°47. Surtout : Moriceau (Jean–Marc), « Les gros fermiers en 1789 : vice–rois de la plaine de France », in *Les paysans et la Révolution en Pays de France,* Actes du colloque de Tremblay–les–Gonesse, 15–16 octobre 1988, 1989, pp. 35–63 ; et « Une nouvelle donne économique ? Les adjudications de fermes autour de Paris (districts de Corbeil, Gonesse, Meaux et Versailles) », in La Révolution en Ile–de–France, *Paris et Ile–de–France, Mémoires,* t.41, 1990, pp.409–528.

Une très belle enquête : Moriceau (Jean–Marc) et Postel–Vinay (Gilles), *Ferme entreprise familiale. Grande exploitation et changements agricoles, XVIIe–XIXe siècles,* EHESS, 1992. Une dynastie d'exploitants agricoles au nord de Paris : les Chartier, au plan social, démographique, économique, etc.

Un groupe économique et social charnière est celui des fermiers généraux de seigneuries. Voir les articles de J.F. Labourdette à propos des terres des La Trémoille, déjà cités, le livre bien connu du Dr Louis Merle, *La métairie et l'évolution agraire de la Gâtine poitevine de la fin du Moyen Age à la Révolution,* 1958, pp.186–193. Serge Dontenwill,

«. Un type social dans les campagnes brionnaises au XVIIe siècle : le Procureur fiscal, fermier de seigneurie et crédi-rentier », in *Bull. Centre d'hist. écon. et soc. région lyonnaise*, 1974, n°4.

Pour les officiers et juges de seigneuries, voir au § 4.5. La bourgeoisie et la propriété de la terre : Soboul (Albert), *Les campagnes montpellieraines à la fin de l'Ancien Régime*, 1958 ; et tous les ouvrages consacrés à l'histoire rurale ou régionale. On trouvera une synthèse pour les provinces de l'Ouest, dans Yves Durand, *Vivre au pays au XVIIIe siècle.*

Pour les bourgeoisies et l'industrie, voir au §7 : Les activités économiques, *passim*.

6.8. LES MANIEURS D'ARGENT

Travaux généraux : Bouchary (J.), *Les Manieurs d'argent à Paris à la fin du XVIIIe siècle*, 3 vol., 1939–1943. Carrière (Charles), Courdurié (Marcel), Gutsatz (Michel), Squarzoni (René), *Banque et capitalisme commercial. La lettre de change au XVIIIe siècle*, Marseille, 1976. Harsin (Pierre), *Crédit public et banque d'Etat en France du XVIe au XVIIIe siècle*, Louvain–Paris, 1933.

Les chambres de justice, terreur des financiers, ont été étudiées par J.–F. Bosher, « Chambres de justice in the French monarchy », in *French government and society. Essays in memory of Alfred Cobban*, Londres, 1973, pp.19–40.

Il convient avant tout de distinguer entre banque et finance. Voir Yves Durand, *Les fermiers généraux au XVIIIe siècle*, 1971, pp.46–48 ; être financier consiste à prendre à ferme les revenus du Roi, alors que la banque souvent d'origine étrangère et protestante, fait partie du monde commerçant.

Sur la banque, ainsi définie : Antonetti (Guy), *Greffulhe, Montz et Cie ; une maison de banque à Paris, au XVIIIe siècle*, 1963. Le grand livre d'Herbert Lüthy, souvent difficile parce que très riche, est à lire nécessairement : *La banque protestante en France de la Révocation de l'Edit de Nantes à la Révolution* ; t.1, *Dispersion et regroupement (1685– 1730)* ; t.2, *De la banque aux finances (1730–1794)*, 1959–1961. Egalement : Plessis (Alain), « De la Caisse d'escompte à la Banque de France », in *Etat, finance et économie, pendant la Révolution française,* colloque de Bercy, oct.1989, pub. par le Comité pour l'hist.écon.et fin. de la France, 1991, pp.253 suiv. et Hincker (François), *Expériences bancaires sous l'Ancien Régime,* 1974.

La banque de la Cour n'est pas analogue à une banque d'affaires moderne. Elle est destinée, à l'époque, à faire passer des subsides aux ambassadeurs à l'étranger et à pratiquer l'escompte des anticipations des receveurs généraux. Voir Yves Durand, « Mémoires de Jean–Joseph de Laborde banquier de la Cour et fermier général », in *Annuaire–Bulletin de la Soc. de l'Histoire de France* (1968–1969), 1971.

Sur les financiers, au sens de l'Ancien Régime, il faut connaître en amont de notre période, les ouvrages de Françoise Bayard, *Le monde des financiers au XVIIe siècle,* 1988, et de Daniel Dessert, *Argent, pouvoir et société au Grand Siècle,* 1984. Saint–Germain (Jacques), *Les financiers sous Louis XIV. Paul Poison de Bourvalais,* 1950 ; et *Samuel Bernard, le banquier des Rois,* 1960. De même, en aval : Aftalion (Florin), *L'économie de la Révolution française,* coll. Pluriel, 1987 ; et Bergeron (Louis), *Banquiers, négociants et manufacturiers parisiens du Directoire à l'Empire,* 1978.

Pour le XVIIIe siècle proprement dit : Bouchary (Jean), *Les compagnies financières à Paris à la fin du XVIIIe siècle,* 3 vol., 1940–1942. Bruguière (Michel), *Gestionnaire et profiteurs de la Révolution,* 1986 (lecture indispensable). Du même, « Les receveurs généraux de Louis XVI : fossiles ou précurseurs », in *Etudes et Documents,* coll. Histoire écon. et financière de la France, vol.1, 1989, pp.99–120. Chaussinand–Nogaret (Guy), **Les financiers de Languedoc au XVIIIe siècle,* 1970. Du même, *Gens de finance au XVIIIe siècle,* 1972. Durand (Yves), **Les fermiers généraux au XVIIIe siècle,* PUF, 1971 (l'institution de la Ferme générale, la Ferme et le budget de l'Etat, l'origine et le recrutement des fermiers généraux, finance et financiers dans la société du XVIIIe siècle, la Ferme comme groupe de pression, etc.). Du même, *Finance et Mécénat. Les fermiers généraux au XVIIIe siècle,* 1976. Hincker (François), *Les Français devant l'impôt sous l'Ancien Régime,* 1971. Lévy (Cl.–Fr.), *Capitalistes et Pouvoir au siècle des Lumières,* 3 vol., 1969–1980. Ozanam (Denise), *Claude Baudard de Saint–*

James, trésorier général de la Marine et brasseur d'affaires (1738–1787), Genève–Paris, 1969.

Sur Beaumarchais, munitionnaire, homme d'argent : Pomeau (René), *Beaumarchais ou la bizarre destinée*, 1987.

Les intendants des finances : Mosser (Françoise), *Les intendants des finances au XVIIIe siècle : les Lefevre d'Ormesson et le « Département des impositions » (1715–1777)*, Genève–Paris, 1978.

Sur le personnel des fermes et régies : voir au § 3.5 (les commis).

Les fermes d'impôts provinciales ont donné lieu à quelques articles, dont Meyer (Jean), « Etats de Bretagne, impôts provinciaux et fermes d'impôts au début du XVIIIe siècle », in *Actes du 93e congrès nat. des soc. sav.*, Tours, 1968, pp.45–57.

Pour la place des financiers dans la société du XVIIIe siècle, ajouter à Yves Durand, *Les fermiers généraux au XVIIIe siècle* : Bronne (Carlo), *Financiers et comédiens au XVIIIe siècle*, Bruxelles, 1969 et Tsonev (Stoyan), *Le financier dans la comédie française sous l'Ancien Régime*, 1977. Norbert Elias, dans *La société de cour*, ouv. cité, montre (ch.1 et 2) que les fermiers généraux étaient animés par des soucis d'honneur et de prestige et pas seulement par l'accumulation des profits.

Sur les amputations réalisées par Necker à l'encontre de la Ferme générale : Logette (Aline), « La Régie générale au temps de Necker et de ses successeurs (1777–1786) », in *R. hist. Droit*, 1982, n°3, pp.415–445.

6.9. MÉDECINS ET CHIRURGIENS

Encore un problème essentiel de vocabulaire : il importe de définir très exactement les fonctions et la dignité différentes, dans la société, des médecins et des chirurgiens, voire des empiriques. Il existe des ouvrages anciens, toujours utiles : Delaunay (Paul), *Le monde médical parisien au XVIIIe siècle*, 2e éd., 1906, et Franklin (Alfred), *La vie privée d'autrefois. Les médecins*, 1892.

Deux recueils de travaux sur la médecine et les personnels de santé : « Médecins, médecine et société en

France aux XVIIIe et XIXe siècles », n° spécial des *Annales E.S.C.*, sept.–oct.1977. « Physiologie et médecine », in *XVIIIe siècle*, 1991, n° 23.

Chaussinand–Nogaret (Guy), « Nobles médecins et médecins de cour au XVIIIe siècle », in *Annales E.S.C.*, *supra*, pp.851–857. Roche (Daniel), « Talents, raison et sacrifice : l'image du médecin des Lumières d'après les Eloges de la Société royale de médecine (1776–1789) », *ibid.*, pp. 866–886.

Sur les médecins : Goubert (J.–P.), **Malades et médecins en Bretagne (1770–1790)*, Rennes, 1974. Lebrun (François), *Se soigner autrefois. Médecins, saints et sorciers aux XVIIe et XVIIIe siècles*, 1983. Pluchon (Pierre), dir., *Histoire des médecins et pharmaciens de la marine et des colonies*, Toulouse, 1985.

Les rapports médecins–société dans David–Peyre (Yvonne) éd., *Littérature, Médecine, Société*, Nantes, 1983.

Concernent davantage la médecine que les médecins envisagés comme groupe social : Duchesneau (F.), *La physiologie des Lumières. Empirisme, modèle et théories*, La Haye, 1987. Foucault (Michel), *Naissance de la clinique*, 1963. Jeorger (Muriel), « La structure hospitalière de la France sous l'Ancien Régime », in *Annales E.S.C.*, cité supra, pp.1025–1051. Peter (Jean–Pierre), « Aux sources de la médicalisation, le regard et le mot : le travail des topographies médicales », in *Population et Cultures, Mélanges François Lebrun*, Rennes, 1989, pp.103–112. Goubert (Jean–Pierre), « L'art de guérir. Médecine savante et médecine populaire dans la France de 1790 », in *Annales E.S.C.*, *supra*, pp.908–926.

Sur les chirurgiens : Goubert (Jean–Pierre), « Entre Ancien Régime et Révolution : les chirurgiens vus par eux–mêmes (1790–1791) », in *XVIIIe siècle*, 1991, n° 23, pp.119 suiv. Le docteur Georges Sauvé a publié un ouvrage de biographie familiale intéressant pour mieux connaître le monde des chirurgiens provinciaux : *Les fils de Saint–Côme. Une dynastie médico–chirurgicale de quatre siècles*, Mayenne, 1987. Les *Mémoires de Charles Boucher, La Flèche sous la Révolution*, publiés par Alain de Dieuleveult, La Flèche, 1982, sont une mine de renseignements sur le monde chirurgical en province, complétant l'ouvrage du Dr Paul Delaunay, *La communauté des chirurgiens de La Flèche*, Laval, 1919.

On ne négligera naturellement pas dans le « réseau » médical, les sages–femmes, accoucheurs, religieuses soignantes et chirurgiens navigants. Ces derniers, fort nombreux dans l'Ouest, se fixant ensuite à terre, constituent le plus grand nombre des praticiens au XVIIIe siècle. Le Doyen Kernéis a beaucoup publié sur les chirurgiens–navigants.

Sur les sages–femmes : Gélis (Jacques), « Sages–femmes et accoucheurs : l'obstétrique populaire aux XVIIe et XVIIIe siècles », in *Annales E.S.C.*, *supra*, pp.927–957.

Le monde médical et para–médical est également étudié dans beaucoup de thèses et d'ouvrages de démographie ou d'histoire régionale, pensons à François Lebrun, *Les hommes et la mort en Anjou aux XVIIe et XVIIIe siècles...*, 1971. Sans oublier, hors de notre période, des travaux comme ceux de J. Léonard, *Les médecins de l'Ouest au XIXe siècle,* Lille, 3 vol., 1978.

6.10. CORPORATIONS, COMPAGNONS ET OUVRIERS

L'organisation des métiers en corporations, métiers jurés, est loin d'englober toutes les professions. La structuration varie beaucoup selon les villes, encore faut–il tenir compte des lieux privilégiés hors du contrôle des jurés des métiers. Sur les corporations, les métiers réglés et les métiers privilégiés des manufactures ou des artisans et commerçants suivant la cour, on commencera par consulter les traités d'histoire des institutions puis les ouvrages classiques suivants.

Olivier–Martin (François), *L'organisation corporative de la France d'Ancien Régime,* 1938. Martin–Saint–Léon (Etienne), *Histoire des corporations de métier depuis leurs origines jusqu'à leur suppression en 1791...*, 1922 ; réimp. Slatkine, Genève.

Jean–Louis Bourgeon, dans « Colbert et les corporations : l'exemple de Paris », in *Un nouveau Colbert,* 1985, pp.241–253, propose de nuancer l'idée traditionnelle d'un Colbert farouche défenseur des corporations. La lecture de Jacques Savary, *Le parfait négociant,* éd. de 1753, 2 vol., et du *Dictionnaire de Commerce* de Savary des Bruslons, éd. 1759–1762, constitue une excellente initiation à la structure des Six–Corps, comme l'*Histoire de Paris,* de Henri Sauval, 3 vol., 1724.

De même, René de Lespinasse, *Les métiers et les corporations de la ville de Paris, XIVe–XVIIIe siècles*, 3 vol., 1886–1887.

Sur le compagnonnage, l'ouvrage bien connu d'Emile Coornaert, **Les compagnons en France*, 1967.

Quelques types d'artisans et d'ouvriers très différents : Bruleaux (Anne–Marie), « Les maîtres serruriers parisiens et leurs travaux de grande serrurerie (1715–1730) », in *Positions de thèses de l'Ecole nat. des Chartes*, 1981. Dewerpe (Alain) et Gaulupeau (Yves), *La fabrique des prolétaires. Les ouvriers de la manufacture d'Oberkampf à Jouy–en–Josas (1760–1815)*, 1990. Guignet (Philippe), *Mines, manufactures et ouvriers du Valenciennois au XVIIIe siècle*, New–York, 1977.

Dans les métiers du meuble, il convient de traiter séparément menuisiers et ébénistes parisiens, voir : Pierre Verlet, **Les meubles français du XVIIIe siècle*, nouv. éd. 1982.

Un exemple dans le textile rural : Fillon (Anne), *Louis Simon, étaminier 1741–1820, dans son village du Haut–Maine au siècle des Lumières*, Le Mans, 2 vol., 1985. Des thèses comme celles de R. Musset (*Le Bas–Maine*), Paul Bois (la *Sarthe*), le livre d'Andrews sur les Mauges, renseignent sur les artisans du textile dans l'Ouest, qui exercent, souvent, plusieurs activités complémentaires.

Sur les salaires : Baulant (Micheline), « Le salaire des ouvriers du bâtiment à Paris de 1400 à 1726 », in *Annales E.S.C.*, 1971, pp.463–483. Durand (Yves), « Recherches sur les salaires des maçons à Paris au XVIIIe siècle », in *Revue d'hist. écon. et soc.*, 1966, n°4, pp.469–480. Sur les conditions de vie, le logement, le vêtement, etc., Roche (Daniel), **Le peuple de Paris, essai sur la culture populaire au XVIIIe siècle*, 1981 et du même, l'édition des mémoires de Ménètra, compagnon vitrier. Garnot (B.), « Le logement populaire au XVIIIe siècle : l'exemple de Chartres », in *R.H.M.C.*, avril–juin 1989, pp.185–210.

Le contrôle du monde du travail a été étudié par Steven Kaplan : « Réflexions sur la police du monde du travail, 1700–1815 », in *R.H.*, n°529, janv.–mars 1979, pp.17–77 ; « La lutte pour le contrôle du monde du travail à Paris au XVIIIe siècle », in *R.H.M.C.*, juill.–sept. 1989, pp.361–412 ; et « Les corporations, les « faux–ouvriers » et le faubourg Saint–Antoine au XVIIIe siècle », in *Annales E.S.C.*, mars–avril 1988, pp.353–378.

Les ouvriers migrants saisonniers sont connus grâce à Moulin (Anne–Marie), *Les maçons de la Haute–Marche au XVIIIe siècle,* Clermont–Ferrand, 1986. De la même, un article dans les *Annales de démog. hist.*, 1986, pp.227 suiv. Pérouas (Louis) et Lapeyre (Marie–Claude), « L'émigration des « maçons creusois », avant le XIXe siècle », in *R.H.M.C.*, juill.–sept. 1976, pp.369–393. Poitrineau (Abel), « Aspects de l'émigration temporaire et saisonnière en Auvergne à la fin du XVIIIe et au début du XIXe siècle », in *R.H.M.C.*, janv.–mars 1962, pp.5 suiv. Du même, « Les chaudronniers migrants auvergnats dans la société traditionnelle », in *Lyon et l'Europe, Mélanges Richard Gascon,* t.II, Lyon, 1980, pp.187 suiv. Sans oublier la thèse d'Abel Poitrineau sur la Basse–Auvergne au XVIIIe siècle.

Terminons par un n° spécial de la *Revue d'Histoire du Livre,* Bordeaux, ler et 2e trimestre 1990 : « Peuple, plèbe, populace. Idées, représentations, quotidien. De l'Ancien Régime au temps des Girondins », qui traite du vocabulaire signalétique des milieux populaires.

6.11. LE MONDE DES DOMESTIQUES

Daniel Roche, dans le Peuple de Paris, comme Annick Pardailhé–Galabrun, *La naissance de l'intime,* traitent *passim* du monde des domestiques. Pour Nantes, Yves Durand, dans l'*Histoire de Nantes,* dir. Paul Bois, Toulouse, 1977, p.196.

Plus spécifiquement : Gutton (Jean–Pierre), **Domestiques et serviteurs en France sous l'Ancien Régime,* Paris, 1981. Petitfrère (Claude), *L'oeil du maître, Maîtres et serviteurs, de l'époque classique au romantisme*, Bruxelles, 1986. Sabattier (Jacqueline), *Figaro et son maître. Maîtres et domestiques à Paris au XVIIIe siècle,* 1984.

On pensera aussi à mettre à profit les chapitres des thèses d'histoire sociale sur les parlementaires et les financiers, les articles publiés sur les maisons princières et ducales, etc. qui font un sort à la « maison » c'est–à–dire à un ensemble de commis, secrétaires et domestiques de toute espèce.

6.12. LES PAYSANS FRANÇAIS

Ouvrages généraux : **Histoire de la France rurale*, dir. Emm. Le Roy Ladurie, 1975. Plus anciens, mais toujours à relire : Gaston Roupnel, *Histoire de la campagne française*, 1932, et Marc Bloch, *Les caractères originaux de l'histoire rurale française* (1931), 1952.

La forêt et les rapports de l'homme avec la forêt ont été étudiés par Andrée Corvol, *L'homme et l'arbre sous l'Ancien Régime*, 1984 et *L'Homme aux bois. Histoire des relations de l'homme et de la forêt, XVIIe–XXe siècles*, 1987, ainsi que par Michel Devèze, *La Forêt et les Communautés rurales, XVIe–XVIIIe siècles*, 1982 et Michel Duval, *Economie forestière et civilisation dans l'Ouest au XVIIIe siècle*, Rennes, 1959.

Parmi beaucoup d'ouvrages sur les paysans français au XVIIIe siècle, nous proposons de retenir :

Andrews (R.H.), *Les Paysans des Mauges au XVIIIe siècle. Etude sur la vie rurale dans une région de l'Anjou*, Tours, 1935. Bois (Paul), **Paysans de l'Ouest. Des structures économiques et sociales aux options politiques depuis l'époque révolutionnaire dans la Sarthe, Le Mans, 1960 ;* rééd. abrégée Flammarion, 1971. Brunet (Pierre), *Structure agraire et Economie rurale des Plateaux tertiaires entre la Seine et l'Oise*, Caen, 1960 (le travail d'un géographe faisant largement appel à l'histoire agraire). Gérard (Alain), *Bocains et plainauds en Bas–Poitou au XVIIIe siècle*, Poitiers, 2 vol., 1987. Merle (Dr Louis), *La métairie et l'évolution agraire de la Gâtine poitevine de la fin du Moyen Age à la Révolution*, 1958. Poitrineau (Abel), **La vie rurale en Basse–Auvergne au XVIIIe siècle* (1726–1789), Aurillac, 2 vol., (1965), 1979. Saint–Jacob (Pierre de), **Les paysans de la Bourgogne du Nord au dernier siècle de l'Ancien Régime*, Dijon, 2 vol., 1960 (le second volume est un recueil de textes de grand intérêt).

Il est évident que beaucoup de livres consacrés à la noblesse ou au clergé, aux justices seigneuriales et aux seigneuries, voire aux intendants de province, aux impôts, etc. concernent également les paysans au XVIIIe siècle.

Sur le monde des vignerons, on mettra à contribution : Dion (René), *Histoire de la vigne et du vin en France des origines au XIXe siècle*, 1959. Durand (Georges), *Vin, vigne et vignerons en Lyonnais et Beaujolais*, Lyon, 1979. *Lachiver (Marcel), *Vin, vigne et vignerons en région parisienne du XVIIe au XVIIIe siècle,* Pontoise, 1982. Voir aussi : « La vigne et le vin en Ile–de–France », *Actes du 4e colloque de la Féd. des soc. hist. et arch. de Paris et de l'Ile–de–France, Mémoires,* t.35, 1984.

Deux ouvrages généraux : « Les communautés villageoises en Europe occidentale du Moyen Age aux Temps modernes », *4e journées intern. d'hist. de Flaran,* sept.1982, Auch, 1984 et Rigaudière (Albert), Zylberman (Evelyne) et Mantel (René), *Etudes d'histoire économique rurale au XVIIIe siècle,* 1965.

Diverses études sur la propriété paysanne, les communautés taisibles, les genres de vie, etc. : Baulant (Micheline), « Niveaux de vie paysans autour de Meaux en 1700 et 1750 », in *Annales E.S.C.,* 1975, pp.505 suiv. De la même, « La Calabre de père en fils. Un siècle de la vie d'une ferme (1655–1761) », in *Annales E.S.C.,* janv.–fév. 1985, pp.35–53. Bossis (Philippe), « Le milieu paysan aux confins de l'Anjou, du Poitou et de la Bretagne, 1771–1789 », in *Etudes rurales,* 1972, n°47 (concerne en particulier les « métairies » et la structure familiale complexe qui s'y rapporte). Chéreau (C.), « Baux ruraux et dissimulation fiscale en Anjou au XVIIIe siècle », in *Annales de Bretagne et des pays de l'Ouest,* 1976, n°1, pp.109–125 (intéressant au plan méthodologique). *Derouet (Bernard), « Pratiques successorales et rapport à la terre : les sociétés paysannes d'Ancien Régime », in *Annales E.S.C.,* janv.–fév. 1989, pp.173 suiv. – Jarriot (Jacques), « Communautés familiales en Haut–Nivernais au dernier siècle de l'Ancien Régime », in *Revue d'Auvergne,* Clermont–Ferrand, 1986, fasc. 504, pp.141–158. *Moriceau (Jean–Marc), « Les gros fermiers en 1789 : vice– rois de la plaine de France ? », in *Les paysans et la Révolution en Pays de France, actes du colloque de Tremblay–les–Gonesse,* oct. 1988, 1989, pp.35– 63, et du même, « Une nouvelle donne économique ? Les adjudications de fermes autour de Paris (districts de Corbeil, Gonesse, Meaux et Versailles) », in *La Révolution en Ile–de–France, Mémoires Paris et Ile–de–France,* t.41, 1990, pp.409–528. – « Pouvoir et Patrimoine au village », in *Etudes rurales,* n°63–65, juill.–déc. 1976 et janv.–mars 1977.

On ne peut, non plus, ignorer l'existence d'ouvrages qui, sans entrer spécifiquement dans les limites du XVIIIe siècle, n'en sont pas moins indispensables pour situer et comprendre les réalités de notre période, par exemple la thèse de Jean Jacquart sur les paysans de l'Ile-de-France au XVIIe siècle ou celle de Jean-Claude Farcy sur ceux de Beauce au XIXe siècle. Voir également l'analyse d'A. Corbin portant sur la seconde moitié du XIXe : « Regards croisés sur la société rurale (1860-1900) », in *Bul. Soc. hist. moderne,* 1986, n°1.

6.13. GENS DE MER ET DE RIVIERE

On se reportera d'abord au § consacré aux communications, par exemple à l'histoire des fleuves.

Cabantous (Alain), *La Mer et les Hommes. Pêcheurs et matelots dunkerquois de Louis XIV à la Révolution,* Dunkerque, 1981 et **Dix mille marins face à l'Océan. Les populations maritimes de Dunkerque au Havre aux XVIIe et XVIIIe siècles (vers 1660-1794). Etude sociale,* 1990. Henry (Jean-François), *Des marins au siècle du Roi-Soleil. L'île d'Yeu sous le règne de Louis XIV,* Janzé, 1982. Le Goff (T.J.A.), « Les origines sociales des gens de mer français au XVIIIe siècle », in *La France d'Ancien Régime, Mélanges Pierre Goubert,* t.II, 1984, pp.367-380. Du même, « Le recrutement géographique et social des gens de mer bretons à la fin de l'Ancien Régime », in colloque *La Bretagne, une province à l'aube de la Révolution,* Brest, sept.1988 ; Brest-Quimper, 1989.

Sur la pêche : Mollat (Michel) dir., *Histoire des pêches maritimes en France,* Toulouse, 1987. La Morandière (Charles de), *Histoire de la pêche française de la morue dans l'Amérique septentrionale,* 3 vol., 1962-1966. Bosher (J.-F.), « A fishing company of Louisbourg, Les Sables d'Olonne, and Paris : la société du baron d'Huart, 1750-1775 », in *French Historical Studies,* automne 1975, vol.IX, pp.263-277.

Sur les gens de rivière, outre les histoires du Rhin, de la Garonne et de la Loire, cités précédemment, la très bonne étude d'Anne-Marie Cocula-Vaillières, **Un fleuve et des hommes. Les gens de la Dordogne au XVIIIe siècle,* 1981.

6.14. PAUVRES, ERRANTS ET MARGINAUX

Faut-il rappeler que les premiers des pauvres, ce sont

les enfants abandonnés, légitimes ou illégitimes. Voir le § consacré à la démographie.

Pour les pauvres et la pauvreté, plusieurs articles fondamentaux de Jacques Depauw, dont : *« Amour illégitime et société à Nantes au XVIIIe siècle », in *Annales E.S.C.*, juill.–oct. 1972, pp.1155–1182, résultat d'une large enquête sur les filles-mères dont beaucoup venaient à Nantes rechercher du travail. Du même, « Pauvres, pauvres mendiants, mendiants valides ou vagabonds ? Les hésitations de la législation royale », in *R.H.M.C.*, juill.–sept. 1974, pp.401–418. Engrand (C.), « Paupérisme et condition ouvrière au XVIIIe siècle : Amiens », in *R.H.M.C.*, juill.–sept. 1982, pp.376–410.

Gutton (Jean-Pierre), **La société et les pauvres. L'exemple de la généralité de Lyon (1534–1789)*, 1971 ; du même : *La société et les pauvres en Europe (XVIe–XVIIIe siècles)*, 1974 ; *L'Etat et la mendicité dans la première moitié du XVIIIe siècle : Auvergne, Beaujolais, Forez, Lyonnais*, Saint-Etienne, 1973 ; « Enfermement et charité dans la France de l'Ancien Régime », in *H.E.S.*, n° 3, pp.353–358, 1991. Jones (Colin), *Charity and Bienfaisance. The treatment of the poor in the Montpellier region*, 1740–1815, Cambridge, 1982. Kaplow (Jeffry), *Les Noms des Rois : les pauvres de Paris à la veille de la Révolution* (1972), 1974.

Trois travaux de Christian Romon : *Mendiants et vagabonds à Paris d'après les archives des commissaires du Châtelet (1700–1784)*, EHESS, 1978 ; « Mendiants et policiers à Paris au XVIIIe siècle », in *H.E.S.*, 1982, n°2, pp.259–295 ; « Le monde des pauvres à Paris au XVIIIe siècle », in *Annales E.S.C.*, juill.–août 1982, pp.729–763. Sassier (Philippe), *Du bon usage des pauvres. Histoire d'un thème politique (XVIe–XXe siècle)*, Fayard, 1990.

Sur la prostitution : Benabou (E.M.), *La prostitution et la police des moeurs au XVIIIe siècle*, 1987.

Les exclus : Zink (Anne), « L'indifférence à la différence : les forains dans la France du Sud-Ouest », in *Annales E.S.C.*, janv.–fév. 1988, pp.149–172. Bériac (Françoise), « Une minorité marginale du Sud-Ouest : les Cagots », in *H.E.S.*, 1987, n° 1, pp.17 suiv. Foucault (Michel), *Histoire de la folie à l'âge classique*, coll. 10–18, 1961.

6.15. LES DÉLINQUANTS, LE MONDE CARCÉRAL

Il est évident qu'il ne s'agit pas d'un groupe social au sens des « états », des ordres ou des corps, dont on a présenté la bibliographie dans les sections précédentes, mais, issus de tous ces groupes, les détenus et les condamnés n'en partagent pas moins les mêmes conditions de vie et le même destin. Il a paru logique de rassembler ici la documentation les concernant.

Il est nécessaire de connaître le droit pénal de l'époque, en se reportant à : Carbasse (Jean–Marie), *Introduction historique au droit pénal,* coll. Droit fondamental, P.U.F., 1990 (avec bibliographie).

Abbiateci (A.), Billacois (F.), Castan (N. et Y.), Petrovitch (P.), Bongert (Y.), *Crimes et criminalité en France, XVIIe–XVIIIe,* 1971. Castan (Nicole), **Justice et répression en Languedoc à l'époque des Lumières,* 1980 ; et de la même, *L'impossible prison* (en collab.), 1980 ; *Les criminels de Languedoc (1750–1790),* 1981 ; *Vivre ensemble. Ordre et désordre en Languedoc* (en collab.), 1981. Farge (Arlette), *La vie fragile. Violence, pouvoirs et solidarités à Paris au XVIIIe siècle,* 1986. Foucault (Michel), *Surveiller et punir, naissance de la prison,* 1975. Garnot (B.), « La délinquance an Anjou au XVIIIe siècle », in *R.H.*, n°554, avril–juin 1985, pp.305–315. Guilleminot (Solange), « La Justice d'Ancien Régime au XVIIIe siècle, 11 000 cas dans le Présidial de Caen », in *H.E.S.*, 1988, n°2, pp.187–208. *Mer (L.B.), « La procédure criminelle au XVIIIe siècle : l'enseignement des archives bretonnes », in *R.H.*, n°555, juill.–sept. 1985, pp.9–42. Poussou (J.P.), « Les jurats de Bordeaux, la criminalité et l'illégitimité (fin XVIIe–fin XVIIIe siècles) », in *Pouvoir, ville et société en Europe, 1650–1750,* actes du colloque, oct.1981, réunis par G. Livet et B. Vogler, 1983, pp.217–238. Zysberg (A.), **Les Galériens. Vies et destins de 60 000 forçats sur les galères de France, 1680–1748*, 1987. Du même, « La société des Galériens au milieu du XVIIIe siècle », in *Annales E.S.C.*, 1977, pp.43 suiv.

Les contrebandiers constituent une fraction importante de la population carcérale, faux sauniers et passeurs de tabac. Dans la période 1716–1748, ils représentent près de 45 % des galériens, près de 10.000 personnes...

Voir sur ce problème majeur dans certaines provinces

françaises : Bourquin (Marie–Hélène) et Hepp (Emmanuel), *Aspects de la contrebande au XVIIIe siècle,* 1969. Clause (Georges), « La contrebande du sel dans le ressort du grenier à sel de Chaumont dans la seconde moitié du XVIIIe », in *La Haute–Marne, pays de confins, pays de carrefours,* 1984, pp.65–80. Durand (Yves), « La contrebande du sel au XVIIIe siècle aux frontières de Bretagne, du Maine et de l'Anjou », in *Histoire sociale* (Université d'Ottaw wa), 1974, vol.7, n° 14, pp.227–269. Hussenet (Jacques), « Les procès–verbaux des fermiers généraux sur la Champ pagne au XVIIIe siècle », in *Mém. Soc. d'agric., comm., sc. et arts du dép. de la Marne,* t.100, 1985, pp.81–95. *Huvet–Martinet (Micheline), « La répression du faux–saunage dans la France de l'Ouest et du Centre à la fin de l'Ancien Régime (1764– 1789) », in *Annales de Bretagne,* 1977, t.84, n°3, pp.424–443 ; t.85, n°3, pp.377– 400 et n°4, pp.673–694. Racineux (A.), « Du faux–saunage à la chouannerie au sud–est de la Bretagne », in *Mém. soc. hist. et arch. de Bretagne,* 1989.

7

LES ACTIVITÉS ÉCONOMIQUES

7.1. GÉNÉRALITÉS ET HISTOIRE DES PRIX

Quelques ouvrages généraux : Aftalion (Florin), *L'économie de la Révolution française,* coll. Pluriel, 1987 (les deux premiers chapitres). Braudel (Fernand), *Civilisation matérielle. Economie et capitalisme, XVe–XVIIe siècles,* 1988. Chaunu (Pierre), *Le grand déclassement. A propos d'une commémoration,* 1989. Crouzet (François), **De la supériorité de l'Angleterre sur la France. L'économique et l'imaginaire, XVIIe–XXe siècle,* 1985. Léon (Pierre) dir., *Histoire économique et sociale du monde,* t.II et III, 1977–1978. Labrousse (Ernest), *La crise de l'économie française à la fin de l'Ancien Régime et au début de la Révolution,* 1944. Meyer (Jean), **Les Capitalismes,* PUF, 1981. Patault (A.–M.), *Introduction historique au droit des biens,* coll. Droit fondamental, 1989.

Des grands textes : Lavoisier, *De la richesse territoriale du royaume de France* (1791), éd. par Jean–Claude Perrot, Comité des Travaux historiques et scientifiques, 1988. Turgot, *Ecrits économiques,* préface de Bernard Cazes, coll. « Perspectives de l'économique », 1970.

La science de l'économie au XVIIIe siècle : May (L.–Ph.), *Le Mercier de La Rivière (1719–1801). Aux origines de la science économique,* 1976. Meyssonnier (Simone), *La balance et l'horloge. La genèse de la pensée libérale en France au XVIIIe siècle,* 1989. Murphy (A.), « Le développement des idées économiques en France (1750–1756) », in

R.H.M.C., oct. – déc. 1986, pp.521–541. Perrot (Jean–Claude), « Les dictionnaires de commerce au XVIIIe siècle », in *R.H.M.C*, janv.–mars 1981, pp.36–67. Spengler (Joseph J.), *Economie et population. Les doctrines françaises avant 1800. De Budé à Condorcet*, 1954.

Sur l'histoire des prix : Grenier (Jean–Yves), *Séries économiques françaises (XVIe–XVIIIe siècles)*, EHESS, 1985 (avec bibl. d'hist. économique). Dupâquier (Jacques), Lachiver (Marcel) et Meuvret (Jean), *Mercuriales du Pays de France et du Vexin français (1640–1792)*, 1968. Labrousse (Ernest), *supra.* Baulant (Micheline), « Les prix des grains à Paris de 1431 à 1788 », in *Annales E.S.C.*, 1968, pp.520–540. Fourastié (Jean), *Documents pour l'histoire et la théorie des prix*, avec la collaboration de Claude Fontaine, Paris, s.d. (1957). Frèche (Georges et Geneviève), *Les prix des grains, des vins et des légumes à Toulouse (1486–1868)*, 1967. Goy (J.) et Le Roy Ladurie (Emm.), *Les fluctuations du produit de la dîme. Conjoncture décimale et domaniale de la fin du Moyen Age au XVIIIe siècle*, Paris–La Haye, 1972. Labrousse (Ernest), **Esquisse du mouvement des prix et des revenus en France au XVIIIe siècle* (1933), 2 vol.; rééd. 1989. Labrousse (E.), Romano (R.) et Dreyfus (F.–G.), *Les prix du froment en France au temps de la monnaie stable (1726–1913)*, 1972. Romano (Ruggiero), *Commerce et prix du blé à Marseille au XVIIIe siècle*, 1956.

L'évolution de la propriété foncière a été étudiée dans toutes les thèses et travaux d'histoire rurale et régionale. On peut compléter par : Béaur (Gérard), « Le centième denier et les mouvements de propriété. Deux exemples beaucerons (1761–1790) », in *Annales E.S.C.*, 1976, pp.1010–1033. Bois (Paul), « Répartition sociale de la propriété foncière rurale dans les pays de la Basse–Loire. Son évolution dans la seconde moitié du XVIIIe siècle », in *Enquêtes et Documents*, Univ. de Nantes, 1978, t.IV, pp.30 suiv. et t.V, 1980, pp.93 suiv. – Chianéa (Gérard), *La condition juridique des terres en Dauphiné au XVIIIe siècle (1700–1789)*, Paris–La Haye, 1969. Dupâquier (Jacques), *La propriété et l'exploitation foncière à la fin de l'Ancien Régime dans le Gâtinais septentrional*, 1956. Garnier (Josette), *Bourgeoisie et propriété immobilière en Forez aux XVIIe et XVIIIe siècles*,

Saint–Etienne, 1982. Moriceau (Jean–Marc), voir articles signalés au § 6.12.

7.2. LES PRODUCTIONS AGRICOLES

Un ouvrage bien connu : Baehrel (René), *Une croissance : la Basse– Provence rurale de la fin du XVIe siècle à 1789. Essai d'économie historique statistique* (1961) ; rééd. 2 vol., 1988 (voir CR in *R.H.*, n°578, avril–juin 1991, pp.418–419). Brunet (Pierre), *Structure agraire et Economie rurale des Plateaux tertiaires entre la Seine et l'Oise*, Caen, 1960. Frèche (Georges), *Toulouse et la région Midi–Pyrénées au siècle des Lumières (vers 1670–1789)*, 1974. Goy (Joseph) et Le Roy Ladurie (Emmanuel), **Les fluctuations du produit de la dîme*, Paris–La Haye, 1972 et *Prestations paysannes, dîmes, rente foncière et mouvement de la production agricole à l'époque préindustrielle*, Paris–La Haye–New York, 1982. Letaconnoux (J.), *Les subsistances et le commerce des grains en Bretagne au XVIIIe siècle. Essai de monographie économique*, Rennes, 1909. Molinier (Alain), *Stagnation et croissance. Le Vivarais aux XVIIe–XVIIIe siècles*, 1985. *Morineau (J.), *Les faux–semblants d'un démarrage économique : agriculture et démographie en France au XVIIIe siècle*, 1971 (important : l'auteur a osé mettre en cause la prétendue révolution agricole du XVIIIe siècle français...). Perrot (Jean–Claude), « La comptabilité des entreprises agricoles dans l'économie physiocratique », in *Annales E.S.C.*, mai–juin 1978, pp. 559–579.

Les actes de deux colloques : « La Forêt en Ile–de–France et les utilisateurs du bois », actes du *2e colloque de la Féd. des sc. hist. et arch. de Paris et de l'Ile–de–France*, t.28 (1977), Paris, 1978. « Les techniques de conservation des grains à la campagne et à la ville », colloque du CNRS, 1981.

Se reporter évidemment au § 6.12 sur *Les paysans français*.

7.3. MINES ET INDUSTRIES

Travaux d'ensemble sur les mines et la métallurgie : Gille (Bertrand), *Les origines de la grande métallurgie en*

France, 1947. Du même, *Les forges françaises en 1772*, 1960. Rouff (Marcel), *Les mines de charbon en France au XVIIIe siècle*, 1922. Quelques travaux concernant diverses régions : Dornic (François), *Le fer contre la forêt*, Rennes, 1984. Guignet (Philippe), *Mines, manufactures et ouvriers du Valenciennois au XVIIIe siècle*, New York, 1977. – *« Les Forges du Pays de Chateaubriant », in *Cahiers de l'Inventaire* 3, Loire–Atlantique, 1984 (en tous points excellent, qualité des enquêtes et de l'iconographie, nombreuses précisions sur les techniques utilisées, le rapport avec la forêt, le monde des directeurs et des ouvriers permanents ou saisonniers, etc.). Vidalenc (Jean), *La petite métallurgie rurale en Haute–Normandie sous l'Ancien Régime*, 1946.

Les autres industries et les techniques : Landes (Daniel S.), *L'Europe technicienne*, 1975. Léon (Pierre), *La naissance de la grande industrie en Dauphiné*, 2 vol., 1954. Payen (Jacques), *Capital et machine à vapeur au XVIIIe siècle. Les frères Périer et l'introduction en France de la machine à vapeur de Watt*, Paris–La Haye, 1969.

Sur les industries textiles, beaucoup de travaux. On peut retenir : Bois (Paul), *Les Paysans de l'Ouest*, ouv.cité, car les artisans ruraux du textile sont souvent des paysans tisserands, même s'ils constituent des groupes numériquement importants dans certaines régions. Dornic (François), *L'industrie textile dans le Maine et ses débouchés internationaux, 1650–1815*, Le Mans, 1955. Egalement, Fillon (Anne), *Louis Simon étaminier, 1741–1820, dans son village du Haut Maine au siècle des Lumières*, 2 vol., 1985. – « Les industries textiles dans l'Ouest, XVIIIe–XIXe siècles », n° spécial des *Annales de Bretagne*, 1990, n°3.

Les manufactures textiles : Chassagne (Serge), *La manufacture de toile imprimée de Tournemine–les–Angers (1752–1820). Etude d'une entreprise et d'une industrie au XVIIIe siècle*, Angers, 1971. Du même : *Oberkampf. Un entrepreneur capitaliste au Siècle des Lumières*, 1980 ; et Le *Coton et ses patrons. France, 1760–1840*, 1991. Dardel (Pierre), *Les manufactures de toiles peintes et de serges imprimées à Rouen et à Bolbec aux XVIIe et XVIIIe siècles*, Rouen, 1940. Pour la laine : Markovitch (Tihomir J.), *Les industries lainières de Colbert à la Révolution*, Genève, 1976. Sur le sel : Hocquet (Jean–Claude), *Le Sel et le Pouvoir. De l'an mil à la Révolution*, 1985 (les ch. 12 à 15 pour le XVIIIe siècle). Le sucre et son industrie : Meyer (Jean), *Histoire du sucre*, 1989. Le verre et les glaces : Pris (Claude), *La manufacture royale des glaces de Saint-Gobain (1665-1830). Une grande entreprise sous l'Ancien Régime*, thèse Lille, 3 vol., 1975.

Voir également le § 6.10 : *Corporations, compagnons et ouvriers.*

7.4. MONNAIE ET INSTRUMENTS DE CRÉDIT

Se reporter au § 6.8. *Manieurs d'argent et financiers.* Pour la monnaie, un catalogue ancien des frappes monétaires est toujours utile : Ciani (Louis), *Les monnaies royales françaises de Hugues Capet à Louis XVI*, 1926. Egalement : « Les monnaies » par Jean Lafaurie, in catalogue de l'exposition *Louis XV*, à l'Hôtel de la Monnaie, 1974, pp.473-519.

Vilar (Pierre), **Or et monnaie dans l'histoire, 1450-1920*, Flammarion éd., 1974. Dermigny (L.), « Une carte monétaire de la France à la fin de l'Ancien Régime », in *Annales E.S.C.*, 1955, pp.488 et suiv. Morineau (Michel), « Monnaie, monnayage, monétisation », in *Etudes et Documents*, coll. Histoire économique et financière de la France, t.2, 1990, pp.395 suiv.

Sur les instruments de crédit : Bouchary (Jean), *Le marché des changes de Paris à la fin du XVIIIe siècle (1778-1800)*, 1937. Carrière (Ch.), Courdurié (M.), Gutsatz (M.) et Squarzoni (R.), *Banque et capitalisme. La lettre de change au XVIIIe siècle*, Aix-en-Provence, 1976. Butel (Paul), « Contribution à l'étude de la circulation de l'argent en Aquitaine au XVIIIe siècle. Le commerce des rescriptions sur les recettes des finances » in *Revue d'hist. écon. et soc.*, 1974, n°1, pp.83-109. Dermigny (L.), « Circuits de l'argent et milieux d'affaires en France au XVIIIe siècle », in *R.H.*, oct.-déc. 1954. Goubert (Pierre), « Les rentes constituées et le crédit : Nature et rôle économique des constitutions de rentes dans la France du Nord au XVIIIe siècle », in *La Documentacion Notarial y la Historia*, Actas del II Coloquio de Metodologia Historica Aplicada, Santiago de Compostela, 1984, pp.246-251. Harsin (P.), *Crédit public et banque d'Etat en France du XVIIe au XVIIIe siècle*, 1933. Roover (R. de), *L'évolution de la lettre de change, XIVe-XVIIIe siècle*, 1953.

Les crises économiques et bancaires ont été étudiées

par : Antonetti (Guy), « La crise économique de 1729–1731 à Paris, d'après les règlements de faillite », in *Etudes et Documents*, coll. Histoire économique et financière de la France, t.2, 1990, pp.35 suiv. – Chassagne (Pierre), « Faillis en Anjou au XVIIIe siècle », in *Annales E.S.C.*, mars–avril 1970, pp.477–497. Emmanuelli (F.–X.), *La crise marseillaise de 1774*, Marseille, 1979. Surtout, consulter sur la crise de Law : Faure (Edgar), **La banqueroute de Law (17 juillet 1720)*, 1977 et Abbad (Fabrice), « La crise de Law à Nantes », in *Annales de Bretagne et des Pays de l'Ouest*, 1985, t.82, pp.297–316.

7.5. APPROVISIONNEMENT ET COMMERCE

Voir nécessairement § 5.3. (L'alimentation) et 6.7. (Bourgeois et négociants). On complètera la bibliographie par :

Ouvrages et travaux d'intérêt général. Léon (Pierre) dir., *Aires et structures du commerce français au XVIIIe siècle,* actes du colloque nat. de l'Assoc. des historiens économistes, 1973. Butel (P.), « Le commerce atlantique français sous le règne de Louis XVI », *actes du coll. inter. de Sorèze,* 1976. Crouzet (François), *De la supériorité de l'Angleterre sur la France,* ouv. cité, 1985. Chaussinand–Nogaret (Guy), « De l'exil religieux aux affaires : les Jacobites au XVIIIe siècle », in *Annales E.S.C.*, sept.–oct. 1973, pp.1097–1122. Dermigny (L.), *Cargaisons indiennes. Solier et Cie (1781–1793),* 2 vol., 1960. Du même, *La Chine et l'Occident. Le commerce à Canton au XVIIIe siècle (1719–1833),* 4 vol., 1964. Haudrère (Philippe), *La Compagnie française des Indes, 1719–1795,* 4 vol., 1987. Perrot (Jean–Claude), « Les dictionnaires de commerce au XVIIIe siècle », in *R.H.M.C.*, janv.–mars 1981, pp.36–67.

Ouvrages relatifs à des villes et ports divers. Sur Marseille : Baulant (Micheline), *Lettres de négociants marseillais : les frères Hermitte,* 1953. Carrière (Charles), *Richesse du Passé Marseillais. Le Port mondial au XVIIIe siècle,* Marseille, 1979. Rambert (Gaston) dir., *Histoire du commerce de Marseille,* t.V–VII, 1957, 1959, 1966. Pour Bordeaux : Butel (Paul), *La croissance commerciale bordelaise* *dans la seconde moitié du XVIIIe siècle,* Lille, 2 vol., 1973. Cavignac (J.), *Jean Pellet, commerçant de gros (1694–1772). Contribution à l'étude du négoce bordelais au XVIIIe siècle,* 1967. Huetz de Lemps (Ch.), *Géographie du commerce de Bordeaux à la fin du règne de Louis XIV,* 1975.

Autres villes : Dardel (Pierre), *Navires et marchandises dans les ports de Rouen et du Havre au XVIIIe siècle,* 1963. Deveau (Jean–Michel), *La traite rochelaise,* 1990. Hirsch (Jean–Pierre), *Les deux rêves du commerce. Entreprise et institution dans la région lilloise (1780–1860),* 1991 (concerne en particulier les types de sociétés, les privilèges, les lignages du négoce). Meyer (Jean), *L'armement nantais dans la deuxième moitié du XVIIIe siècle,* 1969. Piuz (Anne– Marie), Motte–Weber (Liliane), et *alii*, *L'économie genevoise de la Réforme à la fin de l'Ancien Régime, XVIe–XVIIIe siècles,* Genève, 1991.

8

ÉDUCATION ET CULTURE

8.1. ALPHABÉTISATION ET NIVEAUX DE CULTURE

Une partie des Français parle, au XVIIIe siècle, des *dialectes* et des *langues régionales.* On prendra connaissance de cette géographie linguistique : Brunot (F.), *Histoire de la langue française des origines à 1900,* plus. vol., 1905 et années suiv. – Certeau (Michel de), Julia (Dominique), Revel (Jacques), « Une ethnographie de la langue : l'enquête de Grégoire sur les patois », in *Annales E.S.C.*, janv.–fév. 1975, pp.3 suiv. Nordmann (Daniel), « Langues et territoires en France aux XVIIe et XVIIIe siècles », in *Actes du colloque de 1990, Assoc. des Historiens Modernistes des Universités,* pp.9 suiv. Une synthèse pour l'ouest de la France, dans Durand (Yves), *Vivre au pays au XVIIIe siècle,* ouv.cité, pp.35–39. Les réponses à l'enquête de l'abbé Grégoire dans : Gazier (A.), *Lettres à Grégoire sur les patois de France...*, 1880 ; rééd. 1969.

Pour l'alphabétisation, faut–il rappeler les très grandes différences régionales ? En Haute–Normandie, dès la fin du XVIIe siècle, les populations sont alphabétisées à environ 40 % pour les hommes, mais à quelques lieues de Nantes, seulement 10 à 12 % des hommes et 5 % des femmes savent signer leur nom tout au long du XVIIIe siècle ; avec de sensibles améliorations à la fin de l'Ancien Régime, il est vrai, le taux passant à 30 % pour les hommes. A Paris, les choses sont tout à fait différentes, près de 70 % des habitants du faubourg Saint–Marcel, un quartier ouvrier, savent signer à la veille de la Révolution.

On consultera : Furet (F.) et Ozouf (J.), **Lire et écrire :*

l'alphabétisation des Français de Calvin à Jules Ferry, 2 vol., 1977. Furet (F.) et Sachs (W.), « La croissance de l'alphabétisation en France (XVIIIe–XIXe siècle) », in *Annales E.S.C.*, mai–juin 1974, pp.714–737. Quéniart (Jean), *Culture et société urbaine dans la France de l'Ouest au XVIIIe siècle,* 1978 ; et du même, «Les apprentissages scolaires élémentaires au XVIIIe siècle : faut–il reformer Maggiolo ?», in *R.H.M.C.*, janv. – mars 1977, pp.3–27.

Sur **l'information** : Fogel (Michèle), *Les cérémonies de l'information dans la France du XVIe au milieu du XVIIIe siècle,* Fayard éd., 1989.

La littérature populaire a fait l'objet de nombreux travaux : « Littératures populaires », in *XVIIIe siècle,* 1986, n°16. Mandrou (Robert), *De la culture populaire aux XVIIe et XVIIIe siècles. La Bibliothèque bleue de Troyes,* 1964. Muchembled (Robert), *Culture populaire et culture des élites dans la France moderne,* 1977. Vovelle (Michel), « Y a–t–il eu une révolution culturelle au XVIIIe siècle ? A propos de l'éducation populaire en Provence », in *R.H.M.C.*, janv.– mars 1975, pp.89–141.

La pédagogie

Voir les ouvrages du P. François de Dainville dont : **L'éducation des Jésuites, XVIe– XVIIIe siècles,* 1978 (avec bibliographie des ouvrages et articles de l'auteur) et les autres travaux sur les ordres et congrégations voués à l'enseignement. Bély (Lucien) « L'élève et le monde, Essai sur l'éducation des Lumières d'après les mémoires autobiographiques du temps », in *R.H.M.C.*, janv.–mars 1981, pp.3–35. Grandière (M.), « L'éducation en France à la fin du XVIIIe siècle : les « maisons d'éducation, 1760–1790 », in *R.H.M.C.*, juill.–sept. 1986, pp.440–462. Sonnet (M.), *L'éducation des filles au temps des Lumières,* 1987. Snyders (Georges), *La pédagogie en France aux XVIIe et XVIIIe siècles,* 1965. Trénard (Louis), « Culture, alphabétisation et enseignement au XVIIIe siècle », in *XVIIIe siècle,* 1973, n°5, pp.139–150. Vergé–Franceschi (Michel), *Marine et éducation sous l'Ancien Régime,* 1991. Du même, « Un enseignement éclairé au XVIIIe siècle : l'enseignement maritime dispensé aux gardes (1689–1782) », in *R.H.*, n°559, juill.– sept. 1986, pp.29–55.

8.2. ÉCOLES, COLLEGES ET UNIVERSITÉS

Ouvrages généraux

Julia (Dominique), Bertrand (Huguette), Bonin (Serge) et Laclau (Alexandra), *Atlas de la Révolution française, 2. L'enseignement (1760–1815)*, EHESS, 1987 (avec bibliographie détaillée). Chartier (R.), Compère (M.–M.), Julia (D.), *L'éducation en France du XVIe au XVIIIe siècles*, CDU–SEDES, 1976. Compère (Marie– Madeleine) et Julia (Dominique), *Les collèges français, XVIe–XVIIIe siècles*, CNRS et INRP. Répertoires France du midi, 1984 ; France du Nord et de l'Ouest, 1988 ; France de l'Est. Parias (Louis–Henri) dir., *Histoire générale de l'enseignement et de l'éducation en France*, t.2, 1981. Verger (Jacques) dir., *Histoire des universités en France*, Toulouse, 1986. Viguerie (Jean de), **L'institution des enfants. L'éducation en France, XVIe–XVIIIe siècles*, 1978.

Les petites écoles

Blanc (Dominique), « Les saisonniers de l'éducation. Régents de villages en Languedoc au XVIIIe siècle », in *Annales E.S.C.*, juill.–août 1988, pp.867 suiv. – Grosperrin (Bernard), *Les petites écoles sous l'Ancien Régime*, Rennes, 1984. « Les religieuses enseignantes », actes de la *4e rencontre d'hist. religieuse de Fontevraud*, oct.1980, Angers, 1981. Loget (Mireille), « Petites écoles en Languedoc au XVIIIe siècle », in *Annales E.S.C.*, nov.–déc. 1971, pp.1398–1418. Ménard (J.–L.), « Les petites écoles dans les Mauges au XVIIIe siècle », in *Annales de Bretagne et des pays de l'Ouest*, 1976, n°1, pp.69–91.

Ordres enseignants et collèges

Dainville (François de), *L'éducation des Jésuites, XVIe–XVIIIe siècles*, 1978 (Fondamental, avec bibliographie in fine des oeuvres du P. de Dainville). Frijhoff (W.) et Julia (D.), *Ecole et société dans la France d'Ancien Régime. Quatre exemples : Auch, Avallon, Condom et Gisors*, 1975. Lallemand (Paul), *Essai sur l'histoire de l'éducation dans l'ancien Oratoire de France* (1887), réimp. Genève. Quéniart

(Jean), « Autour du collège d'Ancien Régime : enjeux et conflits de pouvoirs », in *Pouvoirs, ville et société,* actes du colloque, supra, pp.369–380. Targe (Maxime), *Professeurs et régents de collège dans l'ancienne Université de Paris, XVIIe– XVIIIe siècles,* 1902. Viguerie (Jean de), *Une oeuvre d'éducation sous l'Ancien Régime : les Pères de la Doctrine chrétienne en France et en Italie, 1592–1792,* Avrillé, 1976.

Universités

Voir Verger (Jacques), ouv. cité. Julia (D.) et Revel (J.), *Les universités européennes du XVIe au XVIIIe siècle. Histoire sociale des populations étudiantes,* t.2 : France, 1988. Sur la question – controversée – de la crise des universités au XVIIIe siècle : Viguerie (Jean de), « Quelques remarques sur les universités françaises au XVIIIe siècle », in *R.H.*, juill.–sept. 1979, pp.29–49 et Portemer (Jean), « La politique royale de l'enseignement du droit en France au XVIIIe siècle. Ses survivances dans le régime moderne », in *Revue d'hist. des Fac. de Droit et de la Science juridique,* 1988, n°7, pp.15–43.

8.3. LE LIVRE ET LA PRESSE

Martin (Henri–Jean) et Chartier (Roger), **Histoire de l'édition française,* t.2, *1660–1830,* 1984. Martin (H.– J.), *Le livre français sous l'Ancien Régime,* 1987. Berger (G.), « Littérature et lecteurs à Grenoble aux XVIIe et XVIIIe siècles : le public littéraire dans une capitale provinciale », in *R.H.M.C.*, janv.–mars 1986, pp.114–132. Chartier (R.), *Lecture et société dans la France d'Ancien Régime,* 1987. Martin (H.–J.), « La librairie française en 1777–1778 », in *XVIIIe siècle,* 1978, n°11, pp.87–112. Du même, « Lecture et société dans la ville française (1650–1789) », in *Pouvoirs, ville et société en Europe, 1650–1750,* actes du colloque cité, pp.241–250. Quéniart (Jean), *L'imprimerie et la librairie à Rouen au XVIIIe siècle,* 1969. Trénard (L.), « D'une culture régionale à une culture française : Lille de 1667 à 1715 », *ibid.*, pp.381–394. Du même, *Commerce et culture : le livre à Lyon au XVIIIe siècle,* Lyon, 1953.

Sur les **bibliothèques** : voir les chapitres correspondants dans les thèses d'histoire sociale. « Les bibliothèques au XVIIIe siècle », n° spécial de la *Revue fr. d'hist. du livre,* sous la dir. de Louis Trénard, 1989. Marion (Michel), *Recherches sur les bibliothèques privées à Paris au milieu du XVIIIe siècle (1750–1759),* 1978.

La presse : Bellanger (C.), Godechot (J.), Guiral (P.) et Terrou (F.), *Histoire générale de la Presse française, t.l. Des origines à 1814,* PUF, 1969. Feyel (G.), « La presse provinciale du XVIIIe siècle : géographie d'un réseau », in *R.H.*, n° 552, oct.–déc. 1984, pp.353–374. Sgard (Jean), Gilot (Michel) et Weil (Françoise), *Dictionnaire des journalistes* (1600–1789), Grenoble, 1976. Sgard (Jean) dir., *Dictionnaire de la presse : 1600–1789,* 1991.

Varloot (Jean) et Jansen (Paule), *L'année 1768 à travers la presse traitée par ordinateur,* 1981. Jansen (Paule) et *alii*, *L'année 1778 à travers la presse traitée par ordinateur,* 1982. *Etudes sur la presse au XVIIIe siècle : les Mémoires de Trévoux,* Centre d'Etudes du XVIIIe siècle, Univ. Lyon I ; 1973, n°1 et 1975, n°2.

8.4. LA RÉPUBLIQUE DES LETTRES : ACADÉMIES ET SOCIÉTÉS SAVANTES

Desplat (Christian), *L'académie royale de Pau au XVIIIe siècle,* Pau, 1971. Roche (Daniel), **Le siècle des Lumières en province. Académies et académiciens provinciaux, 1680–1789,* Paris–La Haye, 2 vol., 1978. Du même, *Les Républicains des lettres. Gens de culture et Lumières, au XVIIIe siècle,* Fayard éd., 1988 (recueil d'articles). Chartier (Roger), « L'Académie de Lyon au XVIIIe siècle, 1700–1793, étude de sociologie culturelle », in *Nouvelles études lyonnaises,* par R. Chartier et *alii*, Genève–Paris, 1969, pp.131–248. Taillefer (Michel), *Une académie interprète des Lumières. L'Académie des Sciences, Inscriptions et Belles–Lettres de Toulouse au XVIIIe siècle,* 1984.

Sur l'Académie des sciences : Hahn (Roger), *The anatomy of a scientific Institution. The Paris Academy of Sciences, 1663–1803,* Berkeley–Los Angeles–London, 1971. Roche (Daniel), « Sciences et pouvoirs dans la France du XVIIIe siècle (1666–1803) », in *Annales E.S.C.*, mai–juin 1974, pp.738–748.

Sur les sociétés d'agriculture, voir Bourde (André), *Agronomie et agronomes en France au XVIIIe siècle*, 3 vol., 1967.

Sur les sociétés de lecture, société de pensée, etc. : § 8.6. (Les Lumières), § 12 (L'opinion publique) ; notamment : Cochin (A.), *Les sociétés de pensée et la démocratie moderne*, rééd. 1978 ; et du même, *Les Sociétés de pensée et la Révolution en Bretagne*, 2 vol., 1925, ouvrages qui ont suscité de larges débats.

8.5. LA RÉCEPTION DES AUTEURS

Quel est le destin des oeuvres ? Comment les nouvelles générations réinterprètent et assimilent les thèmes et les messages des auteurs ? Le XVIIIe siècle est largement tributaire de la période de la « crise européenne » à la fin du XVIIe. De même, quelle fut l'audience en France des grandes oeuvres contemporaines, pour quel public ?

Chérel (Albert), *Fénelon au XVIIIe siècle en France (1715–1820). Son prestige, son influence*, 1907. Cottret (B.), *Le Christ des Lumières, Jésus de Newton à Voltaire, 1660–1760*, 1990. Retat (Pierre), *Le Dictionnaire de Bayle et la lutte philosophique au XVIIIe siècle*, 1971. Vernière (P.), *Spinoza et la pensée française avant la Révolution*, 2 vol., 1954.

On portera particulièrement attention à l'assimilation, plus ou moins fidèle, des oeuvres de Grotius, Locke, Mandeville. Sur ce dernier : Carrive (Paulette), *Bernard Mandeville. Passions, vices, vertus*, 1980. De même, Casimi (Paolo), « Le newtonianisme au siècle des Lumières », in *XVIIIe siècle*, 1969, n°1, pp.139–159.

Pour les oeuvres du XVIIIe siècle : Proust (J.), *L'Encyclopédie dans le Bas–Languedoc au XVIIIe siècle*, Montpellier, 1968. Tatin–Gourier (J.–J.), *Le Contrat social en question. Echo et interprétation du « Contrat social » de 1762 à la Révolution*, Lille, 1989. Conlon (P.M.), *Ouvrages français relatifs à Jean–Jacques Rousseau (1751–1799). Bibliographie chronologique*, Genève, 1981. La consultation, même rapide, des *Mémoires secrets* de Bachaumont, de la *Correspondance littéraire* de Grimm, de la *Correspondance secrète* de Métra, montrera l'accueil fait aux ouvrages, pamphlets, pièces de théâtre, etc., avec naturellement la prudence nécessaire quant à la vision – toujours engagée – des chroniqueurs.

Sur la littérature clandestine et sa diffusion, voir en particulier les travaux de R. Darnton, § 8.6.

8.6. LES LUMIERES

Un thème pour lequel la bibliographie est gigantesque et les choix particulièrement délicats. On commencera par proposer des ouvrages classiques, déjà anciens, mais dont la connaissance demeure toujours indispensable.

Gusdorf (Georges), *Les sciences humaines et la pensée occidentale*, 8 vol. publiés de 1966 à 1978. Hazard (Paul), *La crise de la conscience européenne (1680–1715)*, 1935. Du même, *La pensée européenne au XVIIIe siècle*, 3 vol., 1946. Mornet (Daniel), *Le sentiment de la nature en France de J.–J. Rousseau à Bernardin de Saint–Pierre* (1907), rééd. 1980. Du même, les ouvrages suivants : *Le romantisme en France au XVIIIe siècle*, 1912 ; *La pensée française au XVIIIe siècle* (1926), 1969 ; *Les origines intellectuelles de la Révolution française, 1715–1787,* (1933), 6 éd. 1967 – Wade (Ira O.), *The Intellectual Origins of the French Enlightenment*, Princeton, 1971 ; et *The Structure and Form of the Enlightenment, ibid.*, 2 vol., 1977.

Dans la revue **XVIIIe siècle* : « Qu'est–ce que les Lumières », 1978, n°10 ; « Le monde des Lumières en 1778 », 1979, n°11 ; « Au tournant des Lumières, 1780–1820 », 1982, n°14 ; « D'Alembert », 1984, n°16.

Il est impossible de dissocier les Lumières françaises des Lumières européennes : Cassirer (Ernst), *La philosophie des Lumières* (1932), 1966. Gershoy (Léo), *L'Europe des princes éclairés, 1763–1789* (1944), 1966. Pomeau (René), *L'Europe des Lumières. Cosmopolitisme et unité européenne au XVIIIe siècle*, 1966. Réau (Louis), *L'Europe française au siècle des Lumières*, 1938. Venturi (Franco), *Europe des Lumières. Recherches sur le XVIIIe siècle*, Paris–La Haye, 1971.

Dans le même sens, on ne doit pas négliger l'influence des modèles anglais, puis américain : Nordmann (Claude), « Anglomanie et anglophobie en France au XVIIIe siècle », in *Revue du Nord*, t.LVI, n°261–262, avril–sept. 1984, pp.787–803. Faÿ (Bernard), *L'esprit révolutionnaire en*

France et aux Etats–Unis, 1925. Le même a publié une bibliographie critique.

L'influence de la Chine, via les récits des voyageurs et surtout des jésuites, est capitale, sur les arts, les lettres, les modèles politiques et économiques, en particulier ceux des physiocrates : Etiemble, *L'Europe chinoise,* 2 vol., 1988–1989 (le tome 2). Elisseeff–Poisle (Danielle), *Nicolas Fréret (1688–1749), Réflexions d'un humaniste du XVIIIe siècle sur la Chine,* 1978. Pinot (V.), *La Chine et la formation de l'esprit philosophique en France (1640–1740),* 1932 ; et *Documents inédits relatifs à la connaissance de la Chine en France de 1685 à 1740,* 1932. Martino (P.), *L'Orient dans la littérature française au XVIIe et au XVIIIe siècle,* 1906.

Le statut de l'écrivain dans la société du XVIIIe siècle, les auteurs connus et fêtés, comme ceux du second rayon et les anonymes les plus subversifs :

Bénichou (Paul), *Le sacre de l'écrivain, 1750–1830. Essai sur l'avènement d'un pouvoir spirituel laïque dans la France moderne,* 1973. Darnton (Robert), « Dossiers secrets sur les écrivains des Lumières », in *L'Histoire,* 1984, n°64. Du même, *Bohème littéraire et Révolution,* 1983.

Sur la diffusion officielle ou clandestine : Bruguière (André), « Société et culture à Reims à la fin du XVIIIe siècle : la diffusion des Lumières analysée à travers les cahiers de doléances », in *Annales E.S.C.,* mars–avril 1967, pp.303–339. *Chartier (Roger), *Les origines culturelles de la Révolution française,* 1990. Darnton (Robert), *L'Aventure de l'Encyclopédie* (1979), 1982. Du même, **Edition et sédition,* 1991. *Gens de lettres, gens du livre,* 1992 (sur les écrivains mineurs des Lumières). Trénard (Louis), *Lyon, de l'Encyclopédie au romantisme,* 1958. Tucoo–Chala (Suzanne), « La diffusion des Lumières dans la seconde moitié du XVIIIe siècle : Ch. J. Panckouke, libraire éclairé (1760–1789) », in *XVIIIe siècle,* 1974, n°6, pp.115–128. De la même, *Charles–Joseph Panckouke et la librairie française : 1736–1798,* 1977. Voir aussi au § 8.5 : La réception des auteurs.

Les études sur les auteurs et leurs oeuvres sont innombrables. Le choix est ici encore plus difficile et fatalement aléatoire. Sur Buffon : Roger (Jacques), *Buffon, un philosophe au jardin du Roi,* Fayard éd., 1989. Condorcet : « Condorcet, mathématicien, économiste, philosophe, homme politique », colloque intern. sous la dir. de P. Crepel et Ch. Gilain, 1989 ; et Baker (Keith M.), *Condorcet, Raison et Politique* (1975), 1988. Diderot : Proust (Jean), *Diderot et l'Encyclopédie* (1962), 1982. Fontenelle : Niderst (Alain), *Fontenelle*, 1991 ; et les *actes du colloque de Rouen*, oct.1987, publié par le même, 1989. Montesquieu : Ehrard (Jean), *Politique de Montesquieu*, coll. Colin, avec textes, 1965. Vernière (Paul), *Montesquieu et l'esprit des lois ou la raison impure*, SEDES éd., 1977. Rousseau : Derathé (Robert), *Jean–Jacques Rousseau et la science politique de son temps* (1950), 1979. Fabre (Jean), *Lumières et romantisme. Réalité et utopie dans la pensée politique de Rousseau*, 1963. Launay (Michel), *Jean–Jacques Rousseau et son temps. Politique et littérature au XVIIIe siècle* (1969), 1989. Talmon (J.–L.), **Les origines de la démocratie totalitaire*, 1968. Voltaire : Pomeau (René), **La religion de Voltaire* (1956), 1969. Du même, *Politique de Voltaire*, coll. Colin, avec textes, 1963. Et les très nombreux ouvrages publiés dans les *Voltaire's Studies*.

Sur d'autres philosophes : Helvétius : Keim (A.), *Helvétius, sa vie, son oeuvre...* (1907), 1970. D'Holbach : Kors (A.Ch.), *D'Holbach's Coterie. An Enlightenment in Paris*, Princeton U.P., 1976, et Naville (P.), *D'Holbach et la philosophie scientifique au XVIIIe siècle*, 1967.

Sur un certain nombre d'idées–clés du XVIIIe siècle et de valeurs nouvelles substituées à celles des siècles antérieurs : Delaporte (André), *L'idée d'égalité en France au XVIIIe siècle*, PUF, 1987. Du même, « Idée d'égalité, thème et mythe de l'âge d'or en France au XVIIIe siècle », in *History of European Ideas*, vol.14, n°1, pp.115–136. Delon (M.), *L'idée d'énergie au tournant des Lumières (1770–1820)*, 1988. Deprun (Jean), *La philosophie de l'inquiétude au XVIIIe siècle*, 1979. Ehrard (Jean), *L'idée de nature en France dans la première moitié du XVIIIe siècle*, 1963, et rééd. Flammarion, 1970. Mercier (A.), *La réhabilitation de la nature humaine (1700–1750)*, Villemomble, 1960. Francastel (P.), *Utopie et institutions au XVIIIe siècle* (textes), 1963. Gusdorf (G.), *Naissance de la conscience romantique au siècle des Lumières*, 1976. Starobinski (J.), *Invention de la liberté : 1700–1789*, nouv. éd. Paris–Genève, 1987. Trahard (P.), *Les maîtres de la sensibilité française au XVIIIe siècle (1715–1789)*, 4 vol. (1931–1933), Genève, 1967. Rihs (Ch.), *Les philosophes utopistes. Le mythe de la cité communautaire en France au*

XVIIIe siècle, 1970. Vincent–Buffault (Anne), *Histoire des larmes (XVIIIe–XIXe siècles)*, Marseille, 1986.

On complètera par Quentin (J.–L.), « Sur l'histoire religieuse du mot « Révolution » au XVIIIe siècle », in *H.E.S.*, 1991, n°1, pp.79–111. « Les Religions du paganisme antique dans l'Europe chrétienne, XVIe–XVIIIe siècles », *actes du colloque de la Sorbonne,* mai 1987, 1988. Grell (Chantal), *Herculanum et Pompei dans les récits des voyageurs français du XVIIIe siècle,* Naples, 1982.

La **franc–maçonnerie** a suscité de nombreuses recherches : Cubells (M.), « Franc–maçonnerie et société : le recrutement des loges à Aix–en–Provence dans la deuxième moitié du XVIIIe siècle », in *R.H.M.C.*, juill.–sept. 1986, pp.463–484. Faÿ (B.), *La franc–maçonnerie et la révolution intellectuelle du XVIIIe siècle,* 1961. Halevi (Ran), *Les loges maçonniques dans la France d'Ancien Régime aux origines de la sociabilité démocratique,* EHESS, 1984. « La Franc–Maçonnerie », in *XVIIIe siècle,* 1987, n°19. Le Bihan (Alain), *Francs–maçons parisiens du grand Orient de France (fin du XVIIIe siècle),* 1966 ; et *Loges et chapitres de la Grande Loge et du Grand Orient de France (2e moitié du XVIIIe siècle),* 1967. Ligou (D.) dir., *Histoire des Francs–maçons en France,* Toulouse, 1981. Quoy–Bodin (Jean–Luc), *L'armée et la franc–maçonnerie au déclin de la Monarchie, sous la Révolution et l'Empire,* 1987.

8.7. LES ANTIPHILOSOPHES ET LA FIN DES LUMIERES

L'ouvrage d'Albert Monod, *De Pascal à Chateaubriand. Les défenseurs français du christianisme de 1670 à 1862,* 1916, n'a pas été remplacé. Bien que très analytique, il peut rendre encore d'appréciables services.

Balcou (Jean), *Fréron contre les philosophes,* Genève, 1975, et le *Dossier Fréron, Correspondance et Documents,* Genève et Saint–Brieuc, 1975. Bernard (A.), *Le sermon au XVIIIe siècle (1715–1789),* 1901. Braun (Théodore), *Un ennemi de Voltaire, Le Franc de Pompignan, sa vie, ses oeuvres, ses rapports avec Voltaire,* 1972. *Darnton (Robert), *La Fin des Lumières* (1968), 1983. Sur La Harpe, d'abord fervent disciple de Voltaire, puis apologète chrétien : Jovicevich (Alexandre), *Jean–François de La Harpe, adepte et renégat des Lumières,* Seton Hall U.P., 1973 ; et Todd (Christophe), *Voltaire's disciple : Jean–François de La*

Harpe, Londres, 1972. Marx (Jacques), *Charles Bonnet contre les Lumières (1738–1850)*, Bambury, 1976. Rausky (F.), *Mesmer ou la révolution thérapeutique*, 1977 (avec bibliographie). – *Un théologien au siècle des Lumières : Bergier. Correspondance présentée par Ambroise Jobert*, Lyon, 1987. « Ein antiphilosophisches Experiment im 18. Jahrundert : F.–J. Terrasse Desbillons », recueil d'articles, in *Mannheim Analytika*, 1986/5.

8.8. SCIENCES ET TECHNIQUES

Daumas (Maurice), *Lavoisier, théoricien et expérimentateur*, 1955. Du même, *Les instruments scientifiques aux XVIIe et XVIIIe siècles*, 1953. Dujarric de La Rivière (R.), et Chabrier (M.), *La vie et l'oeuvre de Lavoisier d'après ses écrits*, 1959. Hahn (R.) et Taton (R.), *Les écoles techniques et militaires au XVIIIe siècle*, 1906. Landes (Daniel S.), *L'Europe technicienne, supra*. Lavoisier, *Oeuvres*, 6 vol., 1863–1893, et *Correspondance*, en cours de publication. Mousnier (Roland), *Progrès scientifique et technique au XVIIIe siècle*, 1958. Taton (R.) dir., **Enseignement et diffusion des sciences en France au XVIIIe siècle* (1964), 1986.

8.9. LES ARTS

Ouvrages généraux

Corvisier (André), *Arts et société dans l'Europe du XVIIIe siècle*, PUF, 1978. Etiemble (R.), *L'Europe chinoise*, 2 vol., 1988–1989. **Louis XV. Un moment de perfection dans l'art français*, catalogue de l'exposition de l'Hôtel de la Monnaie, 1974 (très riche documentation sur tous les arts, avec bibliographie). Tapié (Victor–Lucien), **Baroque et classicisme* (1957), 1972. Du même, *Le Baroque*, coll. Que sais–je ? (1961), 1968. – *Itinéraires du Baroque*, Documentation photographique n°6027, février 1977.

8.9.1. Le mécénat

Il continue celui du XVIIe siècle, mais la part des financiers devient très importante au regard des parlementaires et du monde de la cour. On se reportera aux travaux et thèses d'histoire sociale, qui renferment souvent des développements sur le mécénat des conseillers au Parlement, des fermiers généraux, etc.

Bonfait (Olivier), « Les collections des parlementaires parisiens du XVIIIe siècle », in *Revue de l'Art*, n°733, 1986, pp.28–42. Cucuel (G.), *La Popelinière et la musique de chambre au XVIIIe siècle*, Paris, 1913. Durand (Yves), *Finance et mécénat. Les fermiers généraux au XVIIIe siècle*, 1976. Pomian (Krzysztof), *Collectionneurs, amateurs et curieux, Paris, Venise : XVIe–XVIIIe siècle*, 1987. Du même, « Marchands, connaisseurs, curieux à Paris au XVIIIe siècle », in *Revue de l'Art*, n°43, 1979. Poulot (Dominique), « L'Académie saisie par la modernité ? Sur l'espace public de la peinture en France au XVIIIe siècle », in *R.H.M.C.*, janv.–mars 1990, pp.108–127. Verlet (Pierre), *Le mobilier royal français, L'art du meuble à Paris au XVIIIe siècle*, 1958 et *Les meubles français du XVIIIe siècle* (1955), 1982.

Voir § 6.10, pour l'artisanat d'art. Pour la commande, il existe des ouvrages anciens très utiles, comme le *Livre–journal de Lazare Duvaux, marchand–bijoutier ordinaire du Roy (1748–1758)...*, publ. par Louis Courajod, 2 vol., 1873. Aussi : Swarte (Victor de), *Les financiers amateurs d'art aux XVIe, XVIIe et XVIIIe siècle*, 1890.

8.9.2. **Peinture et sculpture**

Sur l'esthétique : Crow (Thomas), *L'honnête homme et la critique du goût. Esthétique et société au XVIIIe siècle*, Lexington, 1981. – *Diderot et l'art de Boucher à David*, catalogue d'exposition, 1985. Diderot, *Salons*, éd. par S. Seznec et J. Adhémar, Oxford, 4 vol., 1957–1967. Diderot, **Sur l'art et les artistes*, textes réunis par J. Seznec, 1967.

Pour les artistes, nous avons privilégié les catalogues d'expositions récentes, qui, outre l'iconographie, présentent de riches bibliographies.

François Boucher, 1702–1770, exposition du Grand Palais, sept. 1986–janv. 1987. *Chardin, 1699–1779*, exp. du Grand Palais, janv.–avril 1979. *Clodion, sculpteur*, exp. du Musée du Louvre, 1992. *Fragonard*, exp. du Grand Palais, catalogue par Pierre Rosenberg, sept. 1987–janv.1988. *Victor Louis, 1731–1800. Dessins et gravures*, catalogue par François–Georges Pariset, n° hors série, 1980, de la Revue de Bordeaux et du dép. de la Gironde. *J.–B. Oudry, 1686–1755,* exp. du Grand Palais, oct. 1982–janv. 1983. *Subleyras, 1699–1749,* exp. du Musée du Luxembourg, fév.–avril 1987. *Watteau, 1684–1721,* exp. du Grand Palais, oct.1984–janv.1985. *Les Amours des Dieux, La peinture mythologique de Watteau à David,* exp. du Grand Palais, 1991.

On complètera par divers ouvrages : Cayeux (Jean de), *Hubert Robert, 1733–1808,* 1989. Garnier (Nicole), *Antoine Coypel, 1661–1722,* 1989. Jarry (M.), *Chinoiseries. Le rayonnement du goût chinois sur les arts décoratifs des XVIIe et XVIIIe siècles,* 1981. Sandoz (Marc), *Les Lagrenée, 1. Louis–Jean–François Lagrenée,* 1983. Souchal (François), *Les Slodtz, sculpteurs et décorateurs du Roi, 1685–1764,* 1967.

Pour l'art religieux des retables : Tapié (V.–L.), *supra.* Ménard (Michèle), **Une histoire des mentalités religieuses au XVIIe et au XVIIIe siècles : mille retables de l'ancien diocèse du Mans,* 1980. Salbert (Jacques), *Les ateliers de retabliers lavallois aux XVIIe et XVIIIe siècles : Etude historique et artistique,* 1976.

8.9.3. Théâtre et Musique

Deux éléments fondamentaux de la vie de société pour les élites françaises du XVIIIe siècle, il suffit pour s'en rendre compte de feuilleter les mémoires et les correspondances du temps.

Aborder le théâtre, le nouveau genre dramatique, la « sensibilité », l'embourgeoisement de la scène, la satire politique et sociale, par Larthomas (Pierre), *Le théâtre en France au XVIIIe siècle,* coll. Que sais–je ?, 1980. « Le théâtre en Europe à l'époque de la Guerre de Sept Ans (1756– 1763) », in *XVIIIe siècle,* 1981, n°13. « La mise en scène des spectacles de cour », in *XVIIIe siècle,* 1985, n°17. Fuchs (Max), *La vie théâtrale en province au XVIIIe siècle. Personnel et répertoire,* 1986. Rougemont (Martine de), *La vie théâtrale en France au XVIIIe siècle,* Paris–Genève, 1988.

La musique, ouvrages généraux : Beltrando–Patier (Marie–Claire), **Histoire de la musique* (1982), 2e éd., 1989. Roland–Manuel dir., *Histoire de la Musique,* Encyclopédie de la Pléiade, t.2, 1977. Anthony (James R.), *La Musique en France à l'époque baroque de Beaujoyeux à Rameau,* 1981. Champigneulle (Bernard), *L'âge classique de la musique française,* 1946. Dukofzer (Manfred), *La musique baroque (1600–1750) de Monteverdi à Bach (1947),* 1982. Paillard (Jean–François), *La musique française classique,* coll. Que sais–je ? (1960), 1973.

Sur des secteurs particuliers : Benoit (Marcelle), *Versailles et les musiciens du roi, 1661–1733,* 2 vol., 1971 ; et *Les musiciens du roi de France (1661–1733),* coll. Que sais–je ?, 1982. Boyer (Noël), *La Guerre des Bouffons et la musique française (1752–1754),* 1945. Brenet (Michel), *Les concerts en France sous l'Ancien Régime* (1900), New York, 1970. Constant (Pierre), *Histoire du concert spirituel, 1725–1790,* 1975. Desnoiresterres (Gustave), *Gluck et Piccini, 1774–1800,* 1872. Dufourcq (Norbert), *Le clavecin,* coll. Que sais–je ? (1948), 1949. Dumesnil (René), *L'Opéra et l'Opéra– comique,* coll. Que sais–je ? (1947), 1956. La Laurencie (Lionel de), *L'Académie de Musique et le Concert de Nantes à l'Hôtel de la Bourse (1727–1767),* (1906), rééd. Genève 1972. Du même, *La Musique dans la vie parisienne au XVIIIe siècle,* 1914. *Mozart en France,* catalogue de l'exposition de la Bibl. nat., 1956. « L'Opéra au XVIIIe siècle », actes du colloque du Centre aixois d'Etudes et de Recherches sur le XVIIIe siècle, 1977, Aix–en–Provence, 1982. « *Deux siècles d'Opéra français* », cat. de la Bibl. nat., Musée de l'Opéra, 1972.

Sur Couperin : Citron (Pierre), *Couperin,* coll. Solfèges, 1958.

Sur Rameau : *Rameau,* actes du colloque intern. de Dijon (sept.1983) réunis par Jérôme de La Gorce, Paris–Genève, 1986. *Jean–Philippe Rameau, 1683–1764,* cat. de l'exp. de la Bibl. nat., 1964. Malignon (Jean), *Rameau,* coll. Solfèges, 1960.

Le mécénat, surtout en matière musicale, est à étudier grâce au § 8.9.1., par exemple G. Cucuel sur la Popelinière et Rameau, mais également dans les travaux d'histoire sociale sur les corps et compagnies.

9

LES GRANDS DÉBATS DE SOCIÉTÉ

Nous avons choisi, il est vrai, pour intitulé de ce chapitre, une expression sans doute trop contemporaine, mais elle rassemble assez logiquement les disputes économiques, sociales et politiques d'un long XVIIIe siècle.

9.1. LES MYTHES DES ORIGINES

Les Français descendent-ils des Gaulois, des Francs ou des Romains et, parmi les Français, les nobles et les roturiers ont-ils des ancêtres différents ? La querelle n'est pas secondaire, car si les nobles ont les Germains conquérants pour aïeux, cela légitime leur prééminence dans la société d'Ancien Régime.

Delaporte (André), **L'idée d'égalité en France au XVIIIe siècle*, PUF, 1987. Sur l'égalité et la méritocratie, à propos du marquis d'Argenson et de d'Entraigues : Chaussinand-Nogaret (Guy), « Un aspect de la pensée nobiliaire au XVIIIe siècle : l'antinobilisme », in *R.H.M.C.*, juill.-sept.1982, pp.442-452. Devyver (A.), *Le sang épuré. Préjugés de race chez les gentilshommes français de l'Ancien Régime (1560-1720)*, Bruxelles, 1974. Furet (François) et Ozouf (Mona), « Deux légitimations historiques de la société française au XVIIIe siècle : Mably et Boulainvilliers », in *Annales E.S.C.*, 1979, pp.438-450. Pluchon (Pierre), **Nègres et Juifs au XVIIIe siècle. Le racisme au siècle des Lumières*, 1984. « Primitivisme et mythe des origines dans la France des Lumières, 1680-1820 », colloque de la Sorbonne, mai 1988, textes réunis par Chantal Grell et Christian Michel, 1989.

9.2. BONHEUR, UTILITÉ, NATURE

Trois concepts clés des Lumières. Mieux vaudrait placer la nature en tête de la trilogie, car l'expansion des thèses de la loi naturelle et l'exaltation de la Nature comme universel agent sont à la source de la laïcisation, voire de l'antichristianisme de beaucoup de raisonnements au XVIIIe siècle. Ces nouvelles valeurs remplacent progressivement celles de l'ancienne société d'ordre chrétienne : la Providence, le service de Dieu et du prince, l'honneur, etc.

Sur la loi naturelle et le droit naturel : réflexions et bibliographie dans un ouvrage très riche, où le dix-huitiémiste trouvera de nombreuses références commentées : Stéphane Rials, *La déclaration des droits de l'homme et du citoyen*, coll. Pluriel, 1988, pp.378–382, 402, 425, 427, 456. L'ouvrage fondamental est sans doute en la matière : Le Mercier de La Rivière, *L'ordre naturel et essentiel des sociétés politiques*, 1767. La Physiocratie va s'appuyer sur cet « ordre naturel ».

Sur le même thème de la Nature : Ehrard (Jean), *L'idée de Nature en France dans la première moitié du XVIIIe siècle*, 1963, et *L'idée de nature en France à l'aube des Lumières*, 1970. Lenoble (R.), *Histoire de l'idée de nature*, 1969. Mercier (Roger), *La réhabilitation de la nature humaine (1700–1750)*, Villemomble, 1960.

Sur la notion de Bonheur : Mauzi (R.), *L'idée de bonheur dans la littérature et la pensée française au XVIIIe siècle* (1960), rééd. Genève, 1979.

Autre thème : Delon (Michel), *L'idée d'énergie au tournant des Lumières (1770–1820)*, PUF, 1988.

9.3. AUTOUR DU LIBÉRALISME

Au plan philosophique, c'est l'ensemble des Lumières qui sont ici présentes. On ne négligera pas le rôle emblématique de Franklin, voir les ouvrages de B. Faÿ, *supra*.

Se reporter au § 8.5. (La réception des auteurs) : Bayle, Locke, Spinoza, leur influence sur le XVIIIe français. On pense naturellement à l'influence de Locke sur les écrits de Voltaire.

Au plan économique, la bataille du libéralisme, c'est

Necker, apologiste de Colbert contre Turgot, mais avant cela tous les combats pour la liberté du commerce des grains, contre l'interdiction de fabriquer des indiennes en France, contre le monopole de la compagnie des Indes, etc.

On relira d'Edgar Faure, *La disgrâce de Turgot (supra)*, Suzanne Meyssonnier, *La Balance et l'Horloge. La genèse de la pensée libérale en France au XVIIIe siècle*, 1989, mais également : Steven L. Kaplan, *Le complot de famine : histoire d'une rumeur au XVIIIe siècle*, 1982. Du même, **Le Pain, le peuple et le roi : la bataille du libéralisme sous Louis XV*, 1986.

9.4. LE LUXE : APOLOGISTES ET DÉTRACTEURS

Un autre grand débat, avec comme champions Voltaire qui, dans le Mondain, à la suite du Mandeville de la *Fable des Abeilles*, souligne le rôle bénéfique du luxe, et Rousseau défenseur de l'idéal spartiate contre le luxe corrupteur.

Durand (Yves), *Les fermiers généraux au XVIIIe siècle*, ouv.cité, pp.490 suiv. Galliani (Renato), **Rousseau, le luxe et l'idéologie nobiliaire. Etude socio-critique*, Oxford, 1989. Morize (A.), *L'Apologie du luxe au XVIIIe siècle*, 1909.

Egalement : Delaporte (André), *L'idée d'égalité en France au XVIIIe siècle, supra*.

9.5. USURE ET PRET À INTÉRET

La condamnation par l'Eglise, non seulement des taux excessifs imposés à l'emprunteur, mais du prêt à intérêt en soi, à quelques exceptions, est maintenue au XVIIIe siècle. Les théologiens n'admettent que les prêts de société, les constitutions de rente, les prêts qui sont absous par le « luxe cessant » et le « dommage naissant ».

Certains auteurs, comme B. Groethuysen en ont déduit que la bourgeoisie d'affaires avait préféré Mammon à Dieu et que ces condamnations religieuses avaient facilité la déchristianisation des négociants.

Tout au long du siècle s'entrecroisent les ouvrages polémiques des théologiens : condamnations drastiques du prêt ou tolérances de casuistes aussitôt dénoncés comme pactisant avec la Réforme qui avait depuis longtemps autorisé le prêt, pour ne condamner que les taux scandaleusement élevés.

Les antécédents médiévaux sont très importants, puisque les auteurs catholiques se réfèrent toujours à Saint-Thomas : Le Goff (Jacques), *La bourse et la vie. Economie et religion au Moyen Age*, 1986.

Pour le XVIIIe siècle, excellent exposé des problèmes par Courdurié (Marcel), **La dette des collectivités politiques de Marseille au XVIIIe siècle : du débat sur le prêt à intérêt au financement par l'emprunt*, Marseille, 1974.

Un résumé des positions affrontées : Durand (Yves), *Les fermiers généraux au XVIIIe siècle,* pp.387–397. Voir Schnapper (B.), « La répression de l'usure et l'évolution économique », in *R.H.D.*, 1969, pp.47–75. Taveneaux (René), *Jansénisme et prêt à intérêt...*, 1977.

On lira dans les Oeuvres de Turgot, son plaidoyer (contre le traité de Bossuet condamnant le prêt à intérêt) en faveur des négociants d'Angoulême pratiquant le prêt.

Sur les origines et les conséquences de ces polémiques : Lüthy (Hubert), *Le passé présent. Combat d'idées de Calvin à Rousseau,* Monaco, 1965. Philippe Besnard, dans *Protestantisme et capitalisme. La controverse post-wébérienne,* Colin éd., 1970, a recueilli des textes de sociologues contemporains commentant les thèses de Marc Weber sur l'éthique protestante et le capitalisme.

9.6. PHYSIOCRATIE ET SOCIÉTÉ

La physiocratie ne constitue pas seulement un corps de réflexions économiques, mais une philosophie globale de la société, où prennent place la loi naturelle, l'organisation des rapports entre les hommes, des valeurs nouvelles, avec le relais des sociétés d'agriculture à travers le pays et de retentissantes conversions à la doctrine. Le thème est à rapprocher, bien sûr, du libéralisme, via le commerce des grains. Voir en particulier : Steven Kaplan : *Le Pain, le peuple et le roi : la bataille du libéralisme sous Louis XV,* 1986.

Bourde (André), *Agronomie et agronomes en France au XVIIIe siècle,* 3 vol., 1967. Fox- Genovese (L.), *The origins of Physiocracy. Economic Revolution and social order in eighteenth- century France,* Ithaca and London, 1976.

Les oeuvres du « maître » ont été publiées : *François Quesnay et la Physiocratie*, 2 vol., INED, 1958. Daire (E.), *Physiocrates. Quesnay, Dupont de Nemours, Mercier de La Rivière, l'abbé Beaudeau, Le Trosne*, 1846.

Les ouvrages de base sur la physiocratie sont de G. Weulersse, *Le mouvement physiocratique en France de 1756 à 1770*, 2 vol., 1910–1968 ; *La physiocratie à la fin du règne de Louis XV, 1770–1774*, 1959 ; *La physiocratie sous les ministères de Turgot et de Necker, 1774–1781*, 1950 ; *La physiocratie à l'aube de la Révolution (1781–1792)*, éd. EHESS, 1985.

9.7. COMMERCE ET DÉROGEANCE

Le débat opposa le chevalier d'Arcq défenseur de la vocation militaire de la noblesse exclusive de tout commerce dérogeant et l'abbé Coyer soutenant que la noblesse devait largement participer aux affaires. Le chevalier d'Arcq répondit par *La Noblesse militaire, ou le Patriote français*, 1756, à l'abbé Coyer : *La Noblesse commerçante...*, Londres et Paris, 1756, mais bien d'autres participèrent à la polémique : voir *Economie et population. Les doctrines françaises avant 1800. Bibliographie générale commentée*, INED, cahier n°28, 1956, p.152.

Voir Brancourt (Jean–Pierre), « Un théoricien de la société au XVIIIe siècle : le chevalier d'Arcq », in *R.H.*, n° 508, oct.–déc. 1973, pp.337–362. Egalement E.G. Léonard, *L'armée et ses problèmes au XVIIIe siècle*, 1958, et G. Richard, *Noblesse d'affaires au XVIIIe siècle*, 1974.

9.8. L'ASSIETTE DE L'IMPOT

Autre thème permanent de discussions au XVIIIe siècle, surtout évidemment à l'époque des essais, plus ou moins réussis, de réformes ou de création de nouveaux impôts. On se reportera au § 3.4., ouvrages de J.–F. Bosher, J. Egret, M. Marion.

Les deux livres d'E. Faure, *La crise de Law* et *La disgrâce de Turgot*, traitent largement des problèmes fiscaux et des polémiques les concernant.

Dans Y. Durand, *Les fermiers généraux au XVIIIe siècle*, pp.47, 432 et suiv., les remises en cause de la Ferme générale et des impôts indirects. H. Lüthy, *La banque protestante en France*, 1959, t.2, pp.774–776. Egalement, § 9.6, car la réflexion physiocratique est très largement consacrée à l'impôt.

Mais, par l'impôt et son assiette, on touche de près à la structure même de la société d'ordres : l'égalité devant l'impôt détruit inmanquablement la spécificité des ordres. Le processus est largement entamé au XVIIIe siècle et s'accélère sous le règne de Louis XVI.

10

LA RELIGION DES FRANÇAIS

Etudes générales

Préclin (F.) et Jarry (E.), *Histoire de l'Eglise* (Fliche et Martin). **Les luttes politiques et doctrinales aux XVIIe et XVIIIe siècles*, t.19 (1–2), 1955–1956. Le Goff (J.) et Rémond (R.) dir., **Histoire de la France religieuse*, t.2 et 3, 1988 et 1991. Delumeau (Jean), *Le catholicisme entre Luther et Voltaire*, coll. Nouvelle Clio, 3e éd. 1985 (avec bibliographie). *Actes des rencontres d'histoire religieuse de Fontevraud*, par exemple « La vocation religieuse et sacerdotale en France, XVIIIe–XIXe siècles » (1978), « Histoire de la messe » (1979), « L'évêque dans l'histoire de l'Eglise » (1983). *Viguerie (Jean de), *Le catholicisme des Français dans l'ancienne France*, 1988.

Des thèses et des enquêtes sur des diocèses, ainsi : Louis Pérouas, *Le diocèse de La Rochelle de 1648 à 1724, sociologie et pastorale*, 1964. Playous–Chaussis (Arlette), *La vie religieuse dans le diocèse de Boulogne au XVIIIe siècle*, Arras, 1976. Tackett (Timothy), *Priest and Parish in Eighteenth Century France*, Princeton, 1977. Des histoires diocèsaines, éd. par Beauchesne, par exemple *Le diocèse de Rouen* (dir. N.J. Chaline), de Bordeaux (B. Guillemain), de Nantes (Y. Durand), de Paris (B. Plongeron), etc. Sur d'autres circonscriptions ecclésiastiques : Dinet (Dominique), « Administration épiscopale et vie religieuse au milieu du XVIIIe siècle : le bureau pour le Gouvernement du diocèse de Langres de Gilbert de Montmorin », in *Revue d'Histoire Ecclésiastique* (Louvain), t.78, 1983, pp.721–774 (Important, concerne le jansénisme, comme l'érémitisme, la catéchèse, les confréries, etc.). Du même, « Les visites pastorales du diocèse de Sens aux XVIIe et XVIIIe siècles », in *Annales de Bourgogne,* t.59, 1987, pp.20–55. Schmitt (Thérèse–Jean), *L'organisation ecclésiastique et la pratique religieuse dans l'archidiaconé d'Autun de 1650 à 1750,* Autun, 1957.

Croix (Alain), *et alii, Les Bretons et Dieu. Atlas d'histoire religieuse, 1300–1800,* Rennes, 1986. Froeschle (M.–H.) et Chopard (M.), *Atlas de la réforme pastorale en France, de 1550 à 1790,* CNRS, 1986. Sans oublier les études de démographie et d'histoire des mentalités qui recoupent l'histoire religieuse, par exemple Alain Croix, ou François Lebrun, *Les hommes et la mort en Anjou aux XVIIe et XVIIIe siècles...*, 1971, et Pierre Chaunu, *La mort à Paris...*, 1978.

Pour connaître l'organisation administrative et financière de l'Eglise de France, voir les travaux du P. Pierre Blet sur les assemblées du Clergé au XVIIe siècle.

Pour la gestion financière : Claude Michaud, *L'Eglise et l'argent,* déjà cité.

On consultera le *Dictionnaire de Théologie catholique,* le *Dictionnaire d'histoire et de géographie ecclésiastiques* et le *Dictionnaire de spiritualité ascétique et mystique* pour tous les sujets, sur les personnes comme sur les thèmes concernés par la recherche.

10.1. LA VIE PAROISSIALE

Sur l'histoire (compliquée) et la géographie paroissiales, un excellent ouvrage : Friedmann (abbé Adrien), *Paris, ses rues, ses paroisses, du Moyen Age à la Révolution. Origine et évolution des circonscriptions paroissiales,* 1959. Deux bonnes études anciennes sur deux paroisses parisiennes : Brochard (L.), *Histoire de la paroisse et de l'Eglise Saint–Laurent à Paris,* 1923, et *Saint–Gervais, Histoire de la paroisse,* 1950. De même, Fracard (M.–L.), *La fin de l'Ancien Régime à Niort. Essai de sociologie religieuse,* 1956. Maillet (Paul), *Les images des confréries parisiennes aux XVIIe et XVIIIe siècles,* EHESS, 1984. Vernus (Michel), *Le presbytère et la chaumière,* 1986.

Voir également les histoires diocésaines, *supra.*

Pour le clergé séculier, son recrutement social, ses revenus, son genre de vie, voir § 6.1.

10.2. LES ORDRES RELIGIEUX

Nombreuses monographies de valeur inégale, auxquelles on préfèrera : Biver (Paul et Marie-Louise), *Abbayes, monastères et couvents de Paris des origines à la fin du XVIIIe siècle (communautés d'hommes)*, 1970, et des mêmes, un ouvrage parallèle pour les couvents féminins de Paris, 1975. Surtout l'excellent travail de Dominique Dinet, **Vocation et fidélité. Le recrutement des Réguliers dans les diocèses d'Auxerre, Langres et Dijon (XVIIe-XVIIIe siècles)*, 1988.

La Commission des Réguliers préfigure la politique de suppression des maisons religieuses qui sera celle de la Révolution. Voir : Chevallier (Pierre), *Loménie de Brienne et l'ordre monastique*, 2 vol., 1959-1960. Lemaire (Suzanne), *La Commission des Réguliers*, 1926.

Sur la vie dans les couvents : *Sous la règle de Saint Benoît*, colloque, Genève, 1982. Chaussy (Dom Yves), *Les Bénédictins de Saint Maur*, 1989. Dinet (Dominique), « Les bibliothèques monastiques de Bourgogne et de Champagne au XVIIIe siècle », in *H.E.S.*, 1983, pp.281-302. Du même, « Mourir en religion », in *R.H.*, n°525, janv.-mars 1978, pp.29-54.

Pour les ordres féminins : Chantal-Gueudré (Marie de), *Histoire de l'ordre des Ursulines en France*, t.2 (1612-1788), 1960, et Hours (Bernard), « Les Carmélites françaises et la vie mystique », in *Revue Mabillon*, 1990, pp.297-318.

L'histoire des ordres religieux est certainement l'un des secteurs les plus controversé. L'image de la Religieuse de Diderot fausse très certainement la vérité, les résultats obtenus par D. Dinet le montrent sans contredit possible. Il suffit de constater l'importance de la fidélité, surtout des femmes, au moment de la Révolution.

Sur les ordres religieux, au plan du recrutement social, voir § 6.1.

10.3. FERVEUR OU DÉCHRISTIANISATION

C'est l'objet, ici encore, d'un grand débat entre historiens, même si l'on s'accorde à penser que le recrutement sacerdotal et les marques testimoniales de la piété diminuent au cours du siècle. Dans certains diocèses, comme la

Bourgogne du Nord, la déchristianisation est largement commencée, ce n'est pas le cas des diocèses de l'Ouest où l'engagement contre-révolutionnaire après 1792 est largement d'origine religieuse et apparaît comme un phénomène massif. Autre signal de force variable : les serments prêtés pendant la Révolution, leur taux départemental varie considérablement, de 10 à 80 %.

Ouvrages et articles généraux : Chatellier (Louis), **Tradition chrétienne et renouveau catholique dans l'ancien diocèse de Strasbourg (1650–1770)*, 1981. Du même, **L'Europe des dévots*, 1987. Delumeau (Jean), *La Peur en Occident (XIVe–XVIIIe siècles). Une cité assiégée*, rééd. coll. Pluriel, 1980. Du même, *L'aveu et le pardon. Les difficultés de la confession, XIIIe–XVIIIe siècle*, 1990. Plongeron (Bernard), *Théologie et Politique au siècle des Lumières (1770–1720)*, Genève, 1973. Viguerie (Jean de), *Le catholicisme des Français dans l'ancienne France*, 1988. Du même, « Quelques aspects du catholicisme des Français au XVIIIe siècle », in *R.H.*, n°538, avril–juin 1981, pp. 337–370. Chatellier (Louis), « De la « crise de la conscience européenne » aux missions rurales », in *H.E.S.*, 1989, pp.237–248.

Sur les missions au XVIIIe siècle : Pérouas (Louis), *Mémoires des missions des Montfortains dans l'Ouest rédigés par F. Hacquet*, Fontenay–le–Comte, 1964. Viguerie (Jean de), « Les missions des Montfortains dans l'Ouest au XVIIIe siècle. Quelques informations nouvelles », in *Enquêtes et Documents*, Univ. de Nantes, t.V, 1980, pp.79–92, et du même, *Le catholicisme des Français, supra*.

La religion populaire a été très étudiée : *La religion populaire*, actes du colloque de Paris, oct.1977, CNRS, 1979. Fournée (Dr J.), *Enquête sur le culte populaire de Saint–Martin en Normandie*, Nogent–sur–Marne, 1963. Froeschlé–Chopard (M.–H.), *La religion populaire en Provence orientale au XVIIIe siècle*, 1980. Les spécialistes du baroque ont analysé les messages transmis par les retables, voir Ménard (M.) (diocèse du Mans, *supra*) ; Tapié (V.– L.), Le Flem (J.–P.) et Pardailhé–Galabrun (A.), *Retables baroques de Bretagne et spiritualité du XVIIIe siècle ; étude sémiologique et religieuse*, 1972. Salbert (J.), *Les ateliers de retabliers lavallois aux XVIIe et XVIIIe siècles : étude historique et artistique*, 1976.

Sans oublier les ex–voto : Cousin (Bernard), *Le miracle

et le quotidien. Les ex–voto provençaux images d'une société, Aix, 1983.

Sur les témoignages de la ferveur : Viguerie (Jean de), « Les fondations et la foi du peuple chrétien. Les fondations de messes en Anjou aux XVIIe et XVIIIe siècles », in *R.H.*, oct. – déc.1976, pp.289–320. « Histoire des miracles », *actes de la 6e rencontre d'hist. religieuse de Fontevraud*, oct.1982, Angers, 1983. « Prière et charité sous l'Ancien Régime » in *H.E.S.*, n°3, 1991. Darricau (Raymond), « Les préoccupations pastorales des assemblées du Clergé de France à la veille de la Révolution (1775–1789) » in *actes du colloque inter. de Sorèze*, 1976, pp.249–297.

Sur la déchristianisation, un processus inverse à découvrir en lisant : Cottret (Bernard), *Le Christ des Lumières. Jésus de Newton à Voltaire (1660–1760)*, 1990. « Christianisation et déchristianisation », *actes de la 9e rencontre de Fontevraud*, oct.1985, Angers, 1986. Dinet (Dominique), *« Une déchristianisation provinciale au XVIIIe siècle : Le diocèse d'Auxerre », in *H.E.S.*, 1991, n°4, pp.467–489. Dyonnet (N.), « Impiétés provinciales au XVIIIe siècle », *ibid.*, 1990, n°3, pp.391 suiv. Pomeau (René), *La religion de Voltaire*, rééd., 1969. Vovelle (Michel), *Piété baroque et déchristianisation en Provence au XVIIIe siècle. Les attitudes devant la mort d'après les clauses des testaments*, 1973. Du même, « Etude quantitative de la déchristianisation au XVIIIe siècle : débat ouvert, tabou ou dépassé ? », in *XVIIIe siècle*, 1973, n°5, pp.163–172.

Enquêtes sur les attitudes devant la mort : Ariès (Philippe), *Essais sur l'histoire de la mort en Occident du Moyen Age à nos jours*, 1975. Bourgeon (Jean–Louis), « La peur d'être enterré vivant au XVIIIe siècle : mythe ou réalité », in *R.H.M.C.*, janv.–mars 1983, pp.139–153. Chaunu (Pierre), **La mort à Paris, XVIe, XVIIe et XVIIIe siècles*, 1978. Favre (Robert), *La Mort au siècle des Lumières*, P.U. de Lyon, 1978. Foisil (Madeleine), « Les attitudes devant la mort au XVIIIe siècle : sépultures et suppressions de sépultures dans le cimetière parisien des Saints–Innocents », in *R.H.*, n°510, avril–juin 1974, pp.303–330. Hannaway (Owen et Caroline), « La fermeture du cimetière des Innocents », in *XVIIIe siècle*, n°9, pp.181–191. Roche (Daniel), « La Mémoire de la Mort » : recherche sur la place des arts de mourir dans la Librairie et la lecture en France aux XVIIe et XVIIIe siècles, in *Annales E.S.C.*, janv.–fév. 1976, pp.76–119. Vovelle

(Michel) et Vovelle (Gaby), *Vision de la mort et de l'au-delà en Provence du XVe au XXe siècle,* Cahier des Annales, 1970. *Mourir autrefois. Attitudes collectives devant la mort aux XVIIe et XVIIIe siècles,* pub. par M. Vovelle, coll. Archives, 1974 (avec textes).

Sur la magie, la sorcellerie : Denier (Marie-Claude), « Sorciers, présages et croyances magiques en Mayenne aux XVIIIe et XIXe siècles », in *Annales de Bretagne,* 1990, n°2, pp.116-132. Muchembled (Robert), *La Sorcière au village (XVe-XVIIIe siècle),* 1979. Tramond (Bernard), *Le pouvoir de la maladie. Magie et politique dans les Landes de Gascogne, 1750-1826,* Bordeaux, 1988.

10.4. LES MOEURS

Il convient de rassembler ici des éléments dispersés dans plusieurs thèmes : les rapports de police, la violence, les attitudes devant la naissance et l'enfant, le mariage, la civilité, etc. Se reporter aux thèses d'histoire sociale déjà mentionnées. Elles comportent des chapitres relatifs aux attitudes devant les règles morales, le mariage, etc.

D'anciens ouvrages, comme ceux de M. Franklin (La vie privée d'autrefois), et la collection « La vie quotidienne » (Hachette), sont à mettre à contribution, mais dans l'optique générale, c'est-à-dire les rapports des « moeurs » avec la morale religieuse, son respect ou l'indifférence quant à ses préceptes.

Voir les ouvrages précités sur les sermons au XVIIIe siècle, les recherches sur l'illégitimité, la prostitution, par exemple § 6.14 et 6.15.

Poirier (Jean) dir., *Histoire des Moeurs,* coll. La Pléiade, 3 vol., 1990-1991. *Histoire de la vie privée,* sous la dir. de Georges Duby, cité au § Généralités. Desplat (Christian), *Charivaris en Gascogne. La « morale des peuples » du XVIe au XXe siècle,* 1982. Muchembled (Robert), *L'Invention de l'homme moderne. Sensibilités, moeurs et comportements collectifs sous l'Ancien Régime,* 1988. Et Norbert Elias, *La société de cour,* ouv.cité, ainsi que *La civilisation des moeurs,* tr. fr., 1973.

10.5. LES GRANDS CONFLITS : GALLICANISME, JANSÉNISME, DISPARITION DE LA COMPAGNIE DE JÉSUS

On aura présent à l'esprit que les grands auteurs gallicans de la fin du XVIe et du XVIIe siècle sont toujours imprimés au XVIIIe. Durand de Maillane réédite *Les Libertés de l'Eglise gallicane* de Pierre Pithou, déjà commentées par Pierre Dupuy, à Lyon, en 5 volumes, en 1771. Il est aussi nécessaire d'examiner les prises de position des cours souveraines au XVIIIe siècle en fonction de ce gallicanisme permanent, souvent associé au jansénisme.

Quant à ce dernier, mieux vaudrait écrire « les jansénismes », tant les facettes en sont diverses, à la fois dans le temps et dans l'espace. Retenons : Appolis (Emile), *Le jansénisme dans le diocèse de Lodève au XVIIIe siècle,* Albi, 1952. Coignet (Louis), **Le jansénisme,* coll. Que sais-je ?, 6e éd., 1991. Préclin (Edmond), *Les jansénistes au XVIIIe siècle,* 1929. Taveneaux (René), *Le jansénisme en Lorraine (1640-1789),* 1960. Du même, **Jansénisme et politique,* Colin éd., 1965 (textes). Ajoutons : « Jansénisme et Révolution », Chroniques de Port-Royal (1990), 1991. Maire (Catherine), « L'Eglise et la nation : du dépôt de la vérité au dépôt des lois, la trajectoire janséniste au XVIIIe siècle », in *Annales E.S.C.*, n°5, 1991, pp.1177-1205.

Le jansénisme a fait l'objet de bien d'autres recherches, dans le cadre diocésain, par exemple Bachelier (A.), *Le jansénisme à Nantes,* 1934, mais on doit ici se limiter à fournir les éléments de sa cartographie : Dainville (F. de), « La carte du jansénisme à Paris en 1739 d'après les papiers de la nonciature », in *Bull. soc. de l'hist. de Paris et de l'Ile-de-France,* 1969 ; et Dinet (Dominique et Marie-Claude), « Les appelants contre la bulle Unigenitus d'après Gabriel-Nicolas Nivelle », in *H.E.S.*, 1990, n°3, pp.365-389.

Le journal janséniste clandestin a fait l'objet de plusieurs recherches : Albaric (Michel), « Une page d'histoire de la presse clandestine : les Nouvelles Ecclésiastiques, 1728-1803 », in *Revue française d'Histoire du Livre,* 1980, pp.319-332. Bontoux (Françoise), « Paris janséniste au XVIIIe siècle. Les « Nouvelles Ecclésiastiques » in *Paris et Ile-de-France,* t.VII, 1955, pp.205-220. Foisil (M.), Noirfontaine (F. de), Flandrois (I.), « Un journal de polémique et de propagande, les Nouvelles ecclésiastiques », in *H.E.S.*, 1991, n°3, pp.399-420. Voir aussi : Michel (M.-J.),

« Clergé et pastorale janséniste à Paris, 1660–1730 », in *R.H.M.C.*, avril– juin 1979, pp.177–197. Sur les convulsionnaires : Maire (C.–L.), *Les convulsionnaires de Saint-Médard. Convulsions et prophéties à Paris au XVIIIe siècle*, 1985. Vital (D.), *Miracles et convulsions jansénistes au XVIIIe siècle : le mal et sa connaissance*, 1987.

La *destruction des jésuites*, pour reprendre le mot de d'Alembert, est certainement l'un des grands tournants du siècle, en 1761–1764. Après cela, les barrages sautent, les jansénistes croient triompher, alors que les Encyclopédistes tirent le seul vrai profit de l'opération.

L'enseignement des collèges va s'en trouver fortement perturbé pendant des décennies, oratoriens et doctrinaires ne parvenant pas à colmater la brèche.

Les Jésuites parmi les hommes aux XVIIe et XVIIIe siècles, actes du colloque de Clermont-Ferrand, dir. G. Demerson, A. Regond, 1988. – « Les Jésuites au XVIIIe siècle », in *XVIIIe siècle*, 1976, n°8. Des histoires de la Compagnie : Bruckner (P. Joseph), *La Compagnie de Jésus, 1521–1773*, 1919. Delattre dir., *Les établissements des Jésuites en France depuis quatre siècles*, Enghien et Wetteren, 5 vol., 1940–1957.

Sur le journal des jésuites : voir au § 8.3. (La presse) et Desautels (Alfred R.), *Les mémoires de Trévoux et le mouvement des idées au XVIIIe siècle (1701–1734)*, 1956. Sur la grande affaire de l'échec de l'inculturation du christianisme en Chine : Etiemble (R.), *Les Jésuites en Chine : la querelle des rites*, 1966.

La fin de la Compagnie et l'expulsion : Van Kley (Dale), *The Jansenists and the expulsion of the Jesuits from France, 1757–1765*, New Haven– Londres, 1975. Egret (Jean), « Le procès des jésuites devant les parlements de France », in *R.H.*, n°204, 1950, pp.1–17.

10.6. LE PROTESTANTISME FRANÇAIS AU XVIIIe SIECLE

On aura naturellement en perspective la Révocation de 1685, comme la guerre des Cévennes et le Refuge.

Sur la guerre des Cévennes, les volumes d'Henri Bosc, *La Guerre des Cévennes : 1702–1710*, 5 vol., Montpellier, 1985–1990.

Sur le refuge : Magdeleine (M.) et Van Thadden (R.), *Le*

Refuge huguenot, 1985 ; et Yardéni (Myriam), *Le Refuge protestant,* 1985.

L'Histoire générale du protestantisme, dir. E.G. Léonard et l'*Histoire politique des protestants français,* t.2, 1715–1794, 1926, pour former la trame générale. Ainsi que « Le protestantisme français en France », in *XVIIIe siècle,* 1985, n°17. Sans oublier le t.3 de l'*Histoire de la France religieuse,* dir. J. Le Goff et R. Rémond, *supra.*

Egalement, les ouvrages d'Herbert Lüthy sur la banque protestante (*supra*), ceux consacrés au commerce des grands ports (§ 6.7 et 7.5 et 6), d'H. Lüthy, un petit livre important : *Le passé présent. Combat d'idées de Calvin à Rousseau,* Monaco, 1965.

10.7. LE JUDAISME EN FRANCE AU XVIIIe SIECLE

Un et divers. Les communautés séfarades du sud–ouest, de Provence et du Comtat ont peu de contacts avec le judaïsme alsacien et lorrain, askénaze.

Ouvrages généraux : *Les familles juives en France, XVIe siècle–1815. Guide des recherches biographiques et généalogiques,* Arch. nat., 1990. – « Juifs et judaïsme », in *XVIIIe siècle,* 1981, n°13. – Blumenkranz (B.) dir., *Histoire des juifs en France,* Toulouse, 1973. Yardéni (Myriam) dir., *Les Juifs dans l'histoire de France,* Leyde, 1980.

Sur diverses communautés : Nahon (Gérard), *Les Nations juives portugaises du Sud–Ouest de la France (1684–1791).* Documents, in *Fontes Documentais Portuguesas,* XV, 1981. Moulinas (R.), *Les Juifs du Pape en France. Les communautés d'Avignon et du Comtat venaissin aux XVIIe et XVIIIe siècles,* Toulouse, 1981. Calmann (Marianne), *The Carriere of Carpentras,* Oxford, 1984.

L'ouvrage de Patrick Girard, *La Révolution française et les Juifs,* 1989, offre un tableau intéressant des communautés juives à la fin de l'Ancien Régime, avec la politique (positive) de Louis XVI à leur égard.

L'antisémitisme existe à l'époque des Lumières. Faut–il rappeler celui de Voltaire et d'autres philosophes : Poliakov (L.), *Histoire de l'antisémitisme, t.3, De Voltaire à Wagner,* 1968 et Pluchon (P.), *Nègres et juifs au XVIIIe siècle. Le racisme au siècle des Lumières,* 1984.

11

LES FRANÇAIS HORS DE FRANCE

Nous pensons nécessaire, même si le présent volume est consacré aux institutions et à la société françaises au XVIIIe siècle, de fournir des éléments bibliographiques sur les relations internationales avant d'aborder les sociétés coloniales et la présence des Français hors de France. Cependant, devant l'abondance de la production historique dans ce domaine, nous nous limiterons aux instruments de recherche les plus utiles pour avancer dans l'étude du XVIIIe siècle diplomatique, militaire et colonial.

11.1. LES RELATIONS INTERNATIONALES

On abordera ce très vaste secteur avec l'ouvrage de Lucien Bély, **Les relations internationales en Europe (XVIIe–XVIIIe siècles)*, PUF, 1992. Du même, *Espions et ambassadeurs au temps de Louis XIV*, Fayard éd., 1990. Livet (Georges), **L'équilibre européen de la fin du XVe à la fin du XVIIIe siècle*, 1976. **Histoire générale de l'Europe*, t.2, PUF, 1980, sous la dir. de Georges Livet et Roland Mousnier, *L'Europe de 1660 à 1789* par Yves Durand.

La place de la France en regard des autres puissances, avec Bérenger (Jean) *et alii*, *L'Europe à la fin du XVIIIe siècle (vers 1780–1802)*, SEDES, 1985. Du même, *Histoire de l'Empire des Habsbourg, 1273–1918*, Fayard éd., 1990. Durand (Yves), *Les Républiques au temps des Monarchies*, PUF, 1973. Mantran (Robert) dir., *Histoire de l'Empire ottoman*, Fayard éd., 1989. Tapié (Victor–Louis), *Monarchie et peuple du Danube*, 1969. Du même, *L'Europe de Marie-Thérèse. Du baroque aux Lumières*, 1973.

Les ministres et le secret du Roi, la diplomatie française : Antoine (Michel) et Ozanam (Didier), *Correspondance secrète du comte de Broglie avec Louis XV (1756-1774)*, 2 vol., 1956- 1961. Ozanam (Didier), « Le marquis d'Argenson, l'abbé de La Ville et le renversement des alliances (janvier-octobre 1756) », in *Etudes européennes, Mélanges V.-L. Tapié*, 1973, pp.459-493. Arneth (Alfred d') et Flammermont (Jules), *Correspondance secrète du comte de Mercy-Argenteau avec l'empereur Joseph II et le prince de Kaunitz*, 2 vol., 1889-1891. Labourdette (Jean-François), **Vergennes, ministre de Louis XVI*, 1990. Perkins (Merle L.), *Voltaire's concept of international order*, 1965. Pimodan (comte de), *Le comte F.C. Mercy d'Argenteau, ambassadeur impérial à Paris, sous Louis XV et sous Louis XVI...*, 1911. Vaucher (Paul), *Robert Walpole et la politique de Fleury, 1731-1742*, 1924. Waddington (Richard), *Louis XV et le renversement des alliances*, 1896.

Pour la banque de la Cour, canal obligé des subsides français aux cours étrangères : Durand (Yves), « Mémoires de Jean-Joseph de Laborde, banquier de la Cour et fermier général », in *Annuaire-Bulletin de la Soc. de l'Histoire de France* (1968-1969), 1971.

Pour les conflits, on se reportera naturellement au § 6.4 (Armée, Marine), pour tout ce qui concerne les faits et les armées, l'armement, etc. La Guerre de Sept Ans a jadis été étudiée par Richard Waddington, *Les guerres de Louis XV par le général Pajol*, 7 vol., 1881-1901. Mais tout est à reprendre à partir de l'*Histoire militaire de la France*, dir. A. Corvisier et J. Delmas, 1715-1871, PUF, 1992 (avec bibliographie).

11.2. LES SOCIÉTÉS COLONIALES

Les « colonies » françaises à l'étranger, ce sont d'abord les négociants et autres commerçants et artisans établis à demeure dans les ports méditerranéens, on lira sur ce sujet : Labourdette (Jean-François), *La nation française à Lisbonne de 1669 à 1790 entre colbertisme et libéralisme*, 1988 (avec bibliographie sur les autres « colonies »). Ozanam (Didier), « La colonie française de Cadix au XVIIIe siècle, d'après un document inédit (1777) », in *Mélanges de la Casa de Velázquez*, t.IV, 1968, pp.259–347. Rambert (G.) *et alii*, *Histoire du commerce de Marseille*, t.VI, *Les colonies de 1660 à 1789*, 1959.

Sur la colonisation française au XVIIIe siècle, on dispose de Meyer (Jean), Tarrade (Jean) *et alii*, *Histoire de la France coloniale. Des origines à 1914*, 1991, et de l'excellent ouvrage de Pierre Pluchon : **Histoire de la colonisation française* t.1, Fayard éd., 1991 (avec bibliographie). Egalement : Meyer (Jean), *Les Européens et les autres. De Cortès à Washington*, 1975. Sur les acteurs, voir *supra*, les ouvrages sur Choiseul, Sartine, etc.

Les moyens du commerce et de la colonisation : Haudrère (Ph.), *La Compagnie des Indes (1719–1795)*, 4 vol., 1989. Du même, *La Bourdonnais : marin et aventurier*, 1992. Tarrade (J.), *Le commerce colonial de la France à la fin de l'Ancien Régime. L'évolution du règne de l'« Exclusif » de 1763 à 1789*, 2 vol., 1972.

En **Afrique** : Delcourt (A.), *La France et les établissements français au Sénégal entre 1713 et 1763*, Dakar, 1952. Jore (Ch.–A.), *Les établissements français de la côte occidentale de l'Afrique de 1758 à 1809*, 1965. Et l'ancien ouvrage de Cultru (P.), *Les origines de l'Afrique occidentale. Histoire du Sénégal du XVe siècle à 1870*, 1910.

Sur la présence française aux **Mascareignes**, l'île Bourbon (La Réunion) et l'île de France (Maurice), aux Seychelles : Houdaille (J.), « La Réunion, des origines à 1766 : étude démographique », in *Annales de démog. hist.*, 1980, pp.213–237. Toussaint (Auguste), *La route des Iles, contributions à l'histoire maritime des Mascareignes*, 1967 ; et du même : *Le mirage des Iles. Le négoce français aux Mascareignes, au XVIIIe siècle*, Aix–en–Provence, 1947. Wanquet (Cl.), *Histoire d'une Révolution : La Réunion (1789–1803)*, 3 vol., Marseille, 1981 ; et *Fragments pour l'histoire des économies et sociétés de plantation à La Réunion*, Saint–Denis, 1989.

Les Français aux **Indes** ont donné lieu à beaucoup de publications. Retenir : Kieffer (J.–L.), *Anquetil–Duperron. L'Inde en France au XVIIIe siècle*, 1983. Martineau (Alfred), *Dupleix, sa vie et son oeuvre*, 1931. Des textes et une bibliographie dans *Les Indes florissantes. Anthologie des voyageurs français (1750–1820)*, par Guy Deleury, coll. Bouquins, 1991.

Les Antilles et la Louisiane

Deux catalogues d'exposition dont la lecture est indispensable : *Naissance de la Louisiane, 1682–1730*, Archives nationales, 1982–1983, et *Voyage aux Iles d'Amérique, ibid.*, avril–juillet 1992 (avec bibliographies). Giraud (M.), *Histoire de la Louisiane française*, 4 vol., 1953–1974. Pluchon (Pierre) dir., *Histoire des Antilles et de la Guyane*, Toulouse, 1982.

Gabriel Debien a publié un très grand nombre d'articles et de travaux sur la traite, l'esclavage, l'économie de plantations, les Antilles au XVIIIe siècle. Nous sommes malheureusement obligés de ne retenir que : *La sucrerie Galbaud du Fort, 1690–1802*, Le Caire, 1941 ; *Etudes antillaises, XVIIIe siècle*, 1956 ; **Les engagés pour les Antilles (1634–1715). La société coloniale aux XVIIe et XVIIIe siècles*, Abbeville, 1951.

Autres ouvrages à consulter : Devèze (Michel), *Antilles, Guyane, la mer des Caraïbes de 1492 à 1789*, SEDES éd., 1977. Frostin (Charles), *Histoire de l'autonomisme colon de la partie française de Saint–Domingue aux XVIIe et XVIIIe siècle. Contribution à l'étude du sentiment américain d'indépendance*, Lille, 1973, et *Les révoltes blanches à Saint–Domingue aux XVIIe et XVIIIe siècles (Haïti avant 1789)*, 1975. Léon (Pierre), *Marchands et spéculateurs dauphinois dans le monde antillais du XVIIIe siècle. Les Dolle et les Raby*, 1963. Thésée (Françoise), *Négociants bordelais et colons de Saint–Domingue. La maison Henry Romberg, Bapst et Cie, 1783–1793*, 1972. Butel (Paul), « Les Antilles pendant les guerres maritimes du XVIIIe siècle », in *L'Europe, l'Alsace et la France. Etudes en l'honneur du doyen Georges Livet*, Strasbourg– Colmar, 1986.

On n'oubliera pas que les travaux relatifs aux négociants et aux grands ports sont ici à utiliser pour la part consacrée aux Antilles ou à toute autre colonie : § 6.7 et 7.5.

La **traite et l'esclavage** ont suscité nombre de recherches. Daget (S.) et Renault (F.), *Les traites négrières en Afrique*, 1985. Daget (Serge) dir., *De la traite à l'esclavage*, Actes du colloque intern. de Nantes sur la traite des noirs, 2 vol., 1989. Deveau (Jean–Michel), *La traite rochelaise*, 1990. Filliot (J.–M.), *La traite des esclaves vers les Mascareignes au XVIIIe siècle*, 1974. Gaston– Martin, *L'ère des négriers, 1714–1774*, 1931. Mettas (Jean), *Répertoire des* *expéditions négrières françaises au XVIIIe siècle*, Nantes, 2 vol., 1978. Rinchon (R.P. Dieudonné), *Les armements négriers au XVIIIe siècle d'après la correspondance des armateurs et des capitaines nantais*, Bruxelles, 1956. Egalement Meyer (Jean), *L'armement nantais, supra*.

Sur l'économie de plantations : Debien (Gabriel), ouvrages précédents, et *Plantations et esclaves à Saint-Domingue*, Dakar, 1961. Du même, **Les esclaves aux Antilles françaises, XVIIe et XVIIIe siècles*, Basse-Terre, 1974.

En attendant la publication de la thèse de Bernard Foubert (*Les Habitations Laborde à Saint-Domingue dans la seconde moitié du XVIIIe siècle*, Paris IV, 4 vol., 1990), du même : « Une habitation à Saint-Domingue à la veille de la guerre d'Amérique : la sucrerie Pimelle au fond des Nègres », in *Enquêtes et documents*, t.VI, Centre de Recherche sur l'Histoire de la France Atlantique, Nantes, 1981 et « Le marronage sur les habitations Laborde à Saint-Domingue dans la deuxième moitié du XVIIIe siècle », in *Annales de Bretagne et des pays de l'Ouest*, 1988, n°3.

Le **Canada** français a donné lieu à une production historique encore plus abondante. Nous retiendrons essentiellement des instruments de recherche.

Atlas historique du Canada, dir. R. Cole Harris, t.1, *Des origines à 1800*, Univ. de Montréal, 1987 (très utile publication, avec bibliographie, cartographie des découvertes, de l'installation, des civilisations indiennes, du commerce, etc.).

Trudel (Marcel), **Initiation à la Nouvelle-France. Histoire et institutions*, Toronto, 1968 : un manuel fort commode, résumant les très nombreux travaux de Marcel Trudel. Bérenger (Jean), Durand (Yves) et Meyer (Jean), **Pionniers et colons en Amérique du Nord*, Colin éd., 1974.

Sur les *antécédents* des XVIe et XVIIe siècles : Trudel (Marcel), *Histoire de la Nouvelle-France*, 3 vol. en 5 t., 1963-1983. Dechêne (Louise), *Habitants et marchands de Montréal au XVIIe siècle*, 1974.

La *population canadienne* : Trudel (Marcel), *supra*, vol.III, t.2 (1983), et Biraben (J.-N.), « Le peuplement du Canada français », in *Annales de démog. hist.*, 1966, pp.105-138. Henripin (J.), *La population canadienne au début du XVIIIe siècle*, INED, 1954. Landry (Yves), « Etude critique du recensement du Canada de 1765 », in *Revue d'hist. de l'Amérique française,* vol.29, déc. 1975, pp. 323–351 ; et « La population militaire au Canada pendant la guerre de Sept Ans », in *Annales de démog. hist.*, 1978, pp.337–352.

Ouvrages spécialisés : Bosher (J.–F.), *The Canada Merchants, 1713–1763,* Oxford U.P., 1987. Dubé (Jean–Claude), *Les intendants de la Nouvelle–France,* Montréal, 1984. Frégault (G.), *La Société canadienne sous le régime français,* Ottawa, 1954. Du même, *La Civilisation de la Nouvelle–France, 1713–1744,* Montréal, 1955 ; et *La Guerre de la conquête,* Montréal, 1955. Lunn (A.J.E.), *Développement économique de la Nouvelle–France, 1713–1760,* Montréal, 1986. Ouellet (Fernand), *Histoire économique et sociale du Québec, 1760–1850,* Montréal, 1966. Rich (Edwin E.), *Hudson's Bay Company, 1670–1870,* 3 vol., Toronto, 1960. Stanley (G.F.G.), *New France : the Last Phase, 1744–1760,* Toronto, 1968.

L'Acadie et le Grand Dérangement ont été étudiés par Griffith (Noami E.S.), *The Acadian Deportation : Deliberate Perfidy or Cruel Necessity ?* Toronto, 1969. Lapierre (J.–W.) et Roy (M.), *Les Acadiens,* PUF, 1983. Lauvrière (Emile), *La Tragédie d'un peuple : histoire du peuple acadien, de ses origines à nos jours,* 2 vol., 1924. Sur le peuplement de l'Acadie et l'installation : Clark (Andrew H.), *Acadia : the Geography of Early Nova Scotia to 1760,* Madison, Wisconsin U.P., 1968.

11.3. LES FRANÇAIS ET L'INDÉPENDANCE AMÉRICAINE

On se bornera aux influences réciproques. Le détail des opérations militaires et diplomatiques est à chercher ailleurs, par exemple § 11.1. Godechot (Jacques), **Les Révolutions, 1770–1799,* coll. Nouvelle Clio, 1986, ch.III. L'importance du modèle américain, transmis par les officiers français engagés chez les insurgents, les voyageurs et les théoriciens politiques, est considérable à la fin de l'Ancien Régime, en particulier pour la formation de la noblesse libérale.

Alsop (Susan Mary), *Les américains à la cour de Louis XVI,* 1983. Bodinier (G.), *Dictionnaire des officiers de l'armée royale qui ont combattu aux Etats–Unis pendant la guerre d'indépendance,* 1982, et *Les Officiers de l'armée royale combattants de la guerre d'indépendance des Etats-Unis, de Yorktown à l'an II*, 1983. Faÿ (B.), *Bibliographie critique des ouvrages français relatifs aux Etats-Unis (1770-1800)*, (1925) rééd. 1967. Du même, *L'esprit révolutionnaire en France et aux Etats-Unis à la fin du XVIIIe siècle*, 1925. Lasseray (A.), *Les Français sous les treize étoiles, 1775-1783*, 2 vol., 1935. Sagnac (Ph.), *La fin de l'Ancien Régime et la révolution américaine (1763-1789)*, 1941.

Sur La Fayette : Taillemite (E.), *La Fayette*, Fayard, éd., 1989.

12

L'OPINION PUBLIQUE

Le développement et l'expression d'une opinion publique ont été mis en lumière, à l'époque même, par les mémorialistes et les responsables de la police parisienne. Des recherches actuelles mettent à profit ces témoignages. Doit-on cependant sacrifier à une vision téléologique de cette fin de l'Ancien Régime, comme débouchant obligatoirement sur la Révolution de 89 ?

12.1. LA NAISSANCE DE L'OPINION PUBLIQUE

Baker (Keith M.), « Politique et opinion publique sous l'Ancien Régime », in *Annales E.S.C.*, janv.-fév. 1987, pp.41-71. Durand (Yves), « Anticléricalisme et vie politique dans l'Ouest de la France à la fin du XVIIIe siècle », in *H.E.S.*, 1990, n°2, pp.243-258. Farge (Arlette), *Dire et mal dire. L'opinion publique au XVIIIe siècle*, 1992. Kaplan (Steven A.), **Le complot de famine : histoire d'une rumeur au XVIIIe siècle*, 1982. Du même, *Le pain, le peuple et le roi : la bataille du libéralisme sous Louis XV*, 1986. Maza (Sarah), « Le Tribunal de la nation : les mémoires judiciaires et l'opinion publique à la fin de l'Ancien Régime », in *Annales E.S.C.*, janv.-fév. 1987, pp.73-90. Viguerie (Jean de), « Le roi et le « public » : l'exemple de Louis XV », in *R.H.*, n°563, juill.-sept. 1987, pp.23-34.

12.2. TENSIONS ET RÉVOLTES

Ouvrages généraux. Egret (Jean), *La Pré-révolution française* (1962), rééd. Genève, 1978. Godechot (Jacques), *Les Révolutions, 1770–1799,* coll. Nouvelle Clio, 1986. **Mouvements populaires et conscience sociale, XVIe–XIXe siècles,* actes du colloque de Paris, mai 1984, présentés par Jean Nicolas, 1985 (en particulier, les articles de A.M. Cocula–Vaillières, A. Farge, M. Gresset, M. Morineau, J.-M. Moriceau, R. Mousnier, M. Péronnet, R. Pillorget, A. Poitrineau, et J. Revel, et les rapports de synthèse). Baudi di Vesme (Carlo), *Studi sul XVIII secolo. Le prime manifestazioni della rivoluzione d'Occidente in Francia e nelle republiche oligarchiche (1748–1775),* Torino, 1972. Castan (Nicole), *Justice et répression en Languedoc à l'époque des Lumières,* 1980. Castan (Nicole et Yves), *Vivre ensemble. Ordre et désordre en Languedoc, XVIIe–XVIIIe siècles,* coll. Archives, 1981. Labrousse (Ernest), **La Crise de l'économie française à la fin de l'ancien régime et au début de la Révolution française,* 1944. Palmer (Robert), *The Age of Democratic Revolution,* 2 vol., 1959–1964. Sur les tensions entre seigneurs et paysans : Vovelle (Michel), *De la cave au grenier. Un itinéraire en Provence au XVIIIe siècle,* Québec, 1980, 2e partie.

Robert Palmer et Jacques Godechot ont posé le problème de la révolution atlantique dépassant les seuls événements européens. Sur la révolution américaine, une mise au point historiographique et méthodologique de Heffer (J.) et Kaspi (A.), « Autour de la Révolution américaine », in *Annales E.S.C.*, janv.–fév. 1975, pp.219–225.

Sur **Paris, tensions, rumeurs, violences et révoltes** : Farge (Arlette), *Vivre dans la rue à Paris au XVIIIe siècle,* 1979. De la même, avec Jacques Revel : *Logiques de la foule. L'affaire des enlèvements d'enfants, Paris 1750,* 1988. Et **La Vie fragile : Violence, pouvoirs et solidarités à Paris au XVIIIe siècle* (1986), 1992. Lecharny (H.), « L'injure à Paris au XVIIIe siècle : un aspect de la violence au quotidien », in *R.H.M.C.*, oct.–déc. 1989, pp.555–585. Rudé (Georges), « The growth of cities and popular revolt, 1750–1850 : with particular reference to Paris », in *Essays in memory of Alfred Cobban,* pp.166–190. Woodbridge (J.), « La conspiration du prince de Conti (1755–1757) », in *XVIIIe siècle,* 1985, n°17, pp.97–109.

L'enceinte fiscale installée autour de Paris par les Fermiers généraux à la fin de l'Ancien Régime a engendré beaucoup de mécontentements. Les premiers événements révolutionnaires provoquent leur destruction. Voir Frémy (E.), « L'enceinte de Paris, construite par les Fermiers généraux et la perception des droits d'octroi de la Ville (1784–1791) », in *Bull. Soc. hist. de Paris et de l'Ile–de–France*, t.39, 1912, pp.115–148. Peyson (J.–P.), « Le mur d'enceinte des fermiers généraux », in *Bull. Soc. hist. de Paris*, 1982, a.109, pp.225–240.

12.3. LES CRISES POLITIQUES, PARLEMENTAIRES ET FISCALES

L'opposition parlementaire, à Paris ou en province, est quasi permanente au XVIIIe siècle. On verra à ce sujet : Antoine (Michel), « Les remontrances des cours supérieures au XVIIIe siècle. Essai de problématique et d'inventaire », in *Bull. de la section d'hist. mod. et contemp., Comité des travaux historiques et scientifiques*, fasc.8, 1971, pp.7–81. Du même, « En marge ou au coeur de l'Affaire de Bretagne ? Intrigues et cabales de M. de La Chalotais » (1970), in *Le dur métier de Roi*, PUF, 1986, pp.239–275. Carré (Henri), *La Chalotais et le duc d'Aiguillon. Correspondance du chevalier de Fontette*, 1893. Egret (Jean), *Louis XV et l'opposition parlementaire*, 1970. Le Moy (Arthur), *Le parlement de Bretagne et le pouvoir royal au XVIIIe siècle*, 1909. Prost (Fr.), *Les remontrances du parlement de Franche–Comté au XVIIIe siècle*, Lyon, 1936. Robert (P.–A.), *Les remontrances et arrêtés du parlement de Provence au XVIIIe siècle, 1715–1790*, 1912.

Sur les **réformes** qui, bien qu'impuissantes à préserver la forme traditionnelle du régime politique, se sont multipliées au XVIIIe siècle, voir les ouvrages consacrés à Machault, Maupeou, Turgot, Necker, Calonne, etc., déjà cités, et Bosher (John), « Guillaume–François Mahy de Cormeré et la réforme officielle sous l'Ancien Régime », in *Annali della Fondazione italiana per la storia administrativa*, Milano, 1966 (3), pp.236–253. Renouvin (Pierre), *Les assemblées provinciales de 1787, origines, développement, résultats*, 1921.

Les acteurs du changement peuvent être connus par des

travaux dont le choix est d'autant plus délicat que les ouvrages surabondent à propos de la pré–révolution. *Bourg geois de province et révolution*, colloque de Vizille, oct.1984, Grenoble, 1987. Bruguière (Michel), **Gestionnaires et profit teurs de la Révolution, l'administration des finances françaises de Louis XVI à la Révolution*, 1986. Chaussinand–Nogaret (Guy), « Aux origines de la Révolution : noblesse et bourgeoisie », in *Annales E.S.C.*, mars–juin 1975, pp.265–278. Du même, *Mirabeau*, Seuil éd., 1982. Chartier (Roger), *Les origines culturelles de la Révolution française*, Seuil éd., 1990. *Cobban (Alfred), *Le sens de la Révolution française* (1963), 1984. Durand (Yves), « Anticléricalisme et politique dans l'Ouest à la fin de l'Ancien Régime », in *H.E.S.*, 1990, n°2, pp.243–258. Faÿ (Bernard), *L'esprit révolutionnaire en France et aux Etats–Unis*, 1925. Du même, *Louis XVI ou la fin d'un monde*, 1955. Fitzsimmons (M.P.), *The Parisian order of Barristers and French Revolution*, Harvard, 1987. Gembicki (Dieter), *Histoire et politique à la fin de l'Ancien Régime. Jacob–Nicolas Moreau (1717–1803)*, 1979. Fleischm mann (Hector), *Les pamphlets libertins contre Marie–Antoin nette...* (1908), réimp. Slatkine, Genève. Marion (Marcel), *La Bretagne et le duc d'Aiguillon*, 1898. Pocquet (Barthélémy), *Le duc d'Aiguillon et La Chalotais*, 3 vol., 1900–1901.

Même s'ils sont en dehors du champ chronologique des programmes, les **cahiers de doléances** constituent un corpus exceptionnel pour connaître les désirs des Français, leur vision de la société, leur système de valeurs : Hyslop (B.), *A Guide to the General Cahiers of 1789 with the texts of unedited cahiers*, New York, 1936. Taylor (G.–V.), « Les cahiers de 1789 : aspects révolutionnaires et non révolutionn naires », in *Annales E.S.C.*, 1973, pp.1495–1514 (important pour distinguer entre les divers courants de pensée, réformiste, révolutionnaire, etc.). La comparaison avec les Etats de 1614 et les doléances du XVIIe siècle s'impose : Chartier (Roger) et Richet (Denis) dir., *Représentation et vouloir politique. Autour des Etats Généraux de 1614*, EHESS, 1982. Durand (Yves), *Cahiers de doléances des paroisses du bailliage de Troyes pour les Etats Généraux de 1614*, PUF, 1966, et « Les Etats Généraux de 1614 et de 1789 : Vie et mort de la monarchie absolue », in *XVIIe siècle*, avril–juin 1989, pp.131–144.

DOCUMENTS

1

LES HOMMES ET L'ESPACE

UNE BELLE FAMILLE

Fillon (Anne), *Louis Simon étaminier, 1741–1820, dans son village du Haut–Maine au Siècle des Lumières*, Thèse, Le Mans, 2 vol., 1985.

« Je place ici la Naissance de tous nos Enfans pour faciliter la recherche de Ceux qui voudront y avoir Recours, je placerai après les Evénement qui nous ont arivés pendant que nous avons Eté ensemble

Le vingt trois novembre 1767 dix mois après notre Mariage Dieu nous donna une fille qui fut nommée Anne par jacques Chapeau grand pere et par Anne Cureau grande mere et comme le Baptême ne lui fut administré que le 24 attendu quelle Etait née a dix heures du Soir le 23 quelqu'uns nous conseillerent de la nommer Catherine par ce que setait la veille de la fête de la Sainte mais la mere dit je veux quelle porte mon nom et celui de Sa maraine M. le conte de Broc sétait offert dêtre le parain de notre premier Enfant si s'étet un garçon mais comme se fut une fille je ne lui en parla pas

Le dix de mai 1769 Dieu nous donna une autre fille qui fut nommée thérêse Louise par le Sieur Noel Morin mon ami et par demoiselle Catherine Bellanger ma Cousine

Le treize de septembre 1770 Dieu nous donna un fils qui fut nommé Louis par jean chapeau oncle et par Marie Turpin

Le dix sept mars 1773 Dieu nous donna un autre fils qui fut nommé Augustin par Louis Lemonnier mon ami et par anne Cônier femme de jean chapeau notre frère

Le vingt neuf août 1775 Dieu nous donna une fille qui fut nommée perrine Louise par philippe Lemercier et par perrine touteins

Le vingt six juillet 1777 Dieu nous donna un fils qui fut nommé paul par Paul Micaux et par marguerite Pageot

Le quatorze avril 1781 Dieu nous donna une fille qui fut nommée Agathe jeanne par M. jean jusseaume prêtre vicaire et par demoiselle jeanne Renée Lelong soeur de M. le curé

qui fut le dernier Enfant que Dieu nous donna

Tous nos Enfans ont Eté Elevés avec tous les soins possible Celon nos moyens, leur mere les a tous nouris de Son propre lait Excepter therêse que nous mîme en nourice a cause quelle tetait si fort quelle faisait seigner le Bout du tetein et que Sa mere ne pouvait plus l'andurer mais elle ni fut pas longtems car voyant quelle perissait plutôt que de profiter on la retira au bout d'un an et ma femme l'éleva avec du lait de Vache

Il n'a jamais Eté de femme avoir plus de Courage et datention pour Elever et pour soigner des Enfans, car dés en les mettant au monde ce quelle faisait grace a dieu assés aisément (Excepté du premier quelle fut 26 heures dans les douleurs) je n'avais que le tems de courir chercher la Sage femme qui Etait dans le bourg souvent en arivant dans la Maison je trouvais l'Enfant né, la bonne femme n'avait pas Beaucoup d'ambaras elle trouvait un paquet tout prêt pour enveloper l'Enfant et les autres linges quil falait pour l'accouchée car elle avait tant de prevenance quelle seignait la poule pour mettre dans le premier pot ce n'est pas quelle aimat Le gras mais elle prenait le Bouillon par Raison et laissait la viande mais Citos quelle Etait Couchée elle demandet une Beurée et deux jours après elle se Relevait et soignait son Enfant, huit jours après elle allait a l'Eglise Rendre grace a Dieu de son heureuse delivrance, des sept Enfant que dieu nous a donné elle n'a jamais voulu que je me sois levé la nuit pour Eux a moins quelle ne fut malade disant que j'avais assés de mal a travailler le jour pour prendre du Repos la nuit, Elle ne les Confiait guère a d'autres Craignant quil ne fussent pas bien c'est pourquoi elle quittait très Rarement Sa maison, Comme nous avions une grande famille nous Crûme bien faire pour les Employer daller demeurer dans la maison qui fait le coin du chemin de Bouquet sétait un bordage de cinq journaux de terre, nous y avions deux mere vache nos filles ainées les gardaient ma femme allait a lherbe pour les nourir dans l'Etable elle me faisait mes trammes avait soin de son menage Rabillet et tenet ces Enfants proprement et nous navions point de servante, nous y fûme demeurer en 1774

pour 60 F de ferme

En 1780 il nous vint un heritage par la mort de notre tente de Vilaine Veuve Lemercier Celle qui avait Elevé ma femme la maison ou je demeure a present se trouvant a vendre nous l'achetames la somme principale de 900 F nous avions déja eu deux autres petits heritages celui de notre oncle Ory et celui de notre pere Chapeau qui fut mourir a Angers étant a lhopital pour se faire guerir d'un mal quil avait a la jambe gauche depuis 23 ans ».

*

* *

L'EXCELLENCE DES ROUTES FRANÇAISES

Arthur Young, *Voyages en France, 1787, 1788, 1789*, éd. par Henri Sée (1931), Paris, 1976, I, pp.125–126, 23 juillet 1787.

« Pris la route de Narbonne. Passé à Rivesaltes [...]

Les routes ici sont des travaux étonnants. J'ai traversé une colline, qui avait été percée en plein rocher, pour faciliter une descente ; cette tranchée coûte 90 000 livres (3 937 livres sterling), bien qu'elle ne s'étende que sur quelques centaines d'yards. Trois lieues et demie de route de Sigean à Narbonne ont coûté 1 800 000 livres (78 750 livres sterling). Ces routes sont superbes jusqu'à la folie. Des sommes énormes ont été dépensées pour aplanir même de simples pentes. Les chaussées sont surélevées et entourées d'un fossé de chaque côté, formant une masse solide de route artificielle, qui passe au-dessus des chéneaux, à une hauteur de six, sept ou huit pieds, et qui n'a jamais moins de 50 pieds de large. Il y a un pont d'une seule arche et la chaussée qui y aboutit est vraiment magnifique ; nous n'avons pas idée de routes semblables en Angleterre. Cependant, le trafic de la route ne demande pas de tels efforts ; un tiers de la largeur est battu, un tiers raboteux, un tiers couvert d'herbes. Sur un parcours de 36 milles, je n'ai rencontré qu'un seul cabriolet, une demi-douzaine de chariots et quelques vieilles femmes sur des ânes. Pourquoi toute cette prodigalité ? – En Languedoc, il est vrai, ces travaux ne sont pas faits par corvées, mais il y a de l'injustice à lever un impôt qui n'en diffère que peu. L'argent est fourni par des tailles, et, dans l'établissement des rôles, les terres tenues noblement sont si soulagées et les autres, si surchargées que, dans les environs, 120 arpents de la première catégorie paient 90 livres et que 400 arpents tenus en roture, qui devraient en proportion ne donner que 300 livres, sont cotés à 1 400. A Narbonne, le canal qui rejoint celui du Languedoc mérite de retenir l'attention ; c'est un beau travail, qui sera, dit-on, fini le mois prochain ».

*

* *

MAISONS DE VILLE, MAISONS DES CHAMPS

Besnard (François-Yves), *Souvenirs d'un nonagénaire*, 2 vol., 1880 ; rééd. Marseille, 1979, pp.126-128.

« Il n'y avait alors dans toute la ville (d'Angers) que huit à dix maisons à voitures, c'est-à-dire à carrosses, et que l'on y voyait même rarement circuler. Ce n'étaient que de vrais cabas, tels que ceux confiés aux cochers de fiacres de Paris jusqu'au commencement du XIXe siècle. Les chevaux qu'on y attelait étaient à très peu près semblables à ceux des maîtres de poste d'aujourd'hui, et n'excédaient que rarement le prix de 5 à 600 fr. l'un. Leur principal emploi était de transporter leurs maîtres de la ville à la campagne et de la campagne chez les connaissances qu'ils avaient dans le voisinage. Les cabriolets n'étaient pour l'ordinaire que de simples coucous, auxquels on attelait des chevaux de 2 à 300 fr. l'un, et le nombre en était proportionnellement aussi borné que celui des carrosses. Ainsi les familles qui les possédaient ne s'en servaient presque jamais soit pour faire leurs visites, soit pour se rendre à l'église ou aux promenades publiques ; mais en sortant pour s'y rendre, surtout lorsque des dames étaient de la partie, on se faisait suivre d'un domestique en livrée, désigné par le nom de laquais. Les laquais étaient alors en très–petit nombre ; je n'en ai vu jusqu'à trois et quatre que chez Mgr l'Evêque et M. le marquis de la Lorie, les seuls qui se permettaient en outre d'avoir un valet de chambre.

Non–seulement les nobles et premiers magistrats, mais un grand nombre de familles bourgeoises possédaient des châteaux et maisons de campagne à des distances plus ou moins considérables de la ville. Tous ces propriétaires s'empressaient de s'y rendre, savoir ceux qui n'en étaient pas empêchés par leurs affaires ou les devoirs de leur profession, aussitôt après la fermeture de la foire du Sacre, – la Fête–Dieu, – laquelle attirait alors et retenait une foule d'étrangers à la ville, et les autres successivement, en sorte qu'à l'ouverture des vacances, la ville ne semblait plus être qu'un désert, par comparaison avec le mouvement qui s'y faisait remarquer peu auparavant. On voyait alors défiler chaque jour quelques–unes de ces familles en habits de voyage, cheminant sur des chevaux menés par leurs fermiers ou closiers, lesquels, accoutumés à ne porter que le bât, ne connaissaient guère d'autre allure que celle au pas. Quelquefois les maris et les enfants mâles, d'âge à supporter les fatigues de la route, conjointement avec les fermiers, accompagnaient à pied les dames et la cuisinière, tandis que les plus jeunes des deux sexes étaient placés en croupe derrière les cavaliers.

Le défaut de grandes routes, le mauvais état des chemins de communication ne permettaient guère d'autre moyen de s'éloigner de la ville. Aussi les individus les plus aisés n'y entretenaient–ils que bien rarement des chevaux de selle. »

2

LES INSTITUTIONS

LES DROITS DU ROI

Guyot, *Traité des droits, fonctions [...] annexés en France à chaque dignité, à chaque office et à chaque état...*, 1786, t.1, pp.1–2.

«*Le Roi n'est qu'un avec son Peuple.*

Nous parlons donc, en quelque sorte, de toute la Nation ; en nous occupant de lui.

Le Roi est la source de tous les honneurs, de toutes les dignités, de tous les offices ; c'est donc par sa personne sacrée que nous devons commencer le tableau des honneurs, des dignités, des offices de France.

Un sujet aussi noble & aussi important exige sans doute bien des détails : pour y mettre le plus d'ordre & de clarté qu'il nous sera possible, nous les diviserons en vingt–deux sections principales.

Dans la première, nous définirons le caractère & l'état de Roi en France.

Dans la seconde, nous déterminerons les manières d'acquérir & de transmettre ce caractère & cet état.

Dans la troisième, nous passerons en revue tout ce qui concerne le sacre, l'éducation, la majorité, le mariage & la mort de nos Rois.

Dans la quatrième, nous parlerons des titres d'honneur & des armoiries qui annoncent & décorent en France la majesté royale.

Dans la cinquième, nous examinerons les rapports de nos Rois avec les nations étrangères.

Après cela, nous considérerons le Roi au milieu de son peuple, & nous tracerons une esquisse de tous les droits attachés au trône.

A cet égard, le royaume de France peut, comme tous les autres, être considéré sous deux faces, c'est–à–dire, ou comme un corps politique, ou comme une assemblée de personnes attachées au culte de l'Etre–Suprême.

Nous examinerons donc d'abord quels sont les droits du Roi dans son royaume, considéré comme corps politique.

Et pour donner une idée nette de ces droits, nous les classerons chacun selon le genre qui lui est propre.

Nous parlerons en premier lieu des droits du roi dans l'ordre féodal, & ce sera le sujet de la sixième section.

La septième aura pour objet les droits du Roi dans l'ordre législatif.

La huitième, les droits du Roi dans l'ordre judiciaire.

La neuvième, les droits du Roi dans l'ordre militaire.

La dixième, le droit de battre monnoie.

La onzième, le droit de lever des impositions.

La douzième, le droit d'accorder des grâces.

La treizième, le droit de créer des offices & d'en nommer les titulaires.

La quatorzième, le droit d'établir des foires.

La quinzième, le droit de permettre aux communautés d'exister dans l'état, d'y faire des acquisitions, & d'aliéner leurs biens.

La seizième, le droit de recevoir & d'expulser les juifs.

La dix–septième, le domaine & les droits domaniaux de la couronne.

Après ces détails, nous examinerons quels sont les droits du Roi dans son royaume, considéré comme une assemblée de chrétiens.

Nous envisagerons d'abord ces droits sous un point de vue général, & dans les rapports que les deux puissances ont entr'elles. Ce sera la matière de la dix–huitième section. »

MONARCHIE ET POUVOIRS INTERMÉDIAIRES

Montesquieu, *De l'Esprit des Lois*, ch.II,4 ; V,11 ; VIII,6 (1748).

« Les pouvoirs intermédiaires, subordonnés et dépendants, constituent la nature du gouvernement monarchique, c'est–à–dire de celui où un seul gouverne par des lois fondamentales. J'ai dit les pouvoirs intermédiaires, subordonnés et dépendants : en effet, dans la monarchie, le prince est la source de tout pouvoir politique et civil. Ces lois fondamentales supposent nécessairement des canaux moyens par où coule la puissance : car, s'il n'y a dans l'Etat que la volonté momentanée et capricieuse d'un seul, rien ne peut être fixe, et par conséquent aucune loi fondamentale.

Le pouvoir intermédiaire, subordonné le plus naturel est celui de la noblesse. Elle entre en quelque façon dans l'essence de la monarchie, dont la maxime fondamentale est : *point de monarque, point de noblesse ; point de noblesse, point de monarque.* Mais on a un despote.

Il y a des gens qui avaient imaginé, dans quelques Etats en Europe, d'abolir toutes les justices des seigneurs. Ils ne voyaient pas qu'ils voulaient faire ce que le parlement d'Angleterre a fait. Abolissez dans une monarchie les prérogatives des seigneurs, du clergé, de la noblesse et des villes : vous aurez bientôt un Etat populaire, ou bien un Etat despotique.

Les tribunaux d'un grand Etat en Europe frappent sans cesse, depuis plusieurs siècles, sur la juridiction patrimoniale des seigneurs, et sur l'ecclésiastique. Nous ne voulons pas censurer des magistrats si sages ; mais nous laissons à décider jusqu'à quel point la constitution en peut être changée.

Je ne suis point entêté des privilèges des ecclésiastiques ; mais je voudrais qu'on fixât bien une fois leur juridiction. Il n'est point question de savoir si on a eu raison de l'établir, mais si elle est établie, si elle fait une partie des lois du pays, et si elle y est partout relative ; si, entre deux pouvoirs que l'on reconnaît indépendants, les conditions ne doivent pas être réciproques ; et s'il n'est pas égal à un bon sujet de défendre la justice du prince, ou les limites qu'elle s'est de tout temps prescrites.

Autant que le pouvoir du clergé est dangereux dans une république, autant est–il convenable dans une monarchie, surtout dans celles qui vont au despotisme. Où en seraient l'Espagne et le Portugal depuis la perte de leurs lois, sans ce pouvoir qui arrête seul la puissance arbitraire ? Barrière toujours bonne, lorsqu'il n'y en a point d'autre : car, comme le despotisme cause à la nature humaine des maux effroyables, le mal même qui le limite est un bien.

Comme la mer, qui semble vouloir couvrir toute la terre, est arrêtée par les herbes et les moindres graviers qui se trouvent sur le rivage ; ainsi les monarques, dont le pouvoir paraît sans bornes, s'arrêtent par les plus petits obstacles, et soumettent leur fierté naturelle à la plainte et à la prière [...]

Il ne suffit pas qu'il y ait, dans une monarchie, des rangs intermédiaires ; il faut encore un dépôt de lois. Ce dépôt ne peut être que dans les corps politiques, qui annoncent les lois lorsqu'elles sont faites et les rappellent lorsqu'on les oublie. L'ignorance naturelle à la noblesse, son inattention, son mépris pour le gouvernement civil, exigent qu'il y ait un corps qui fasse sans cesse sortir les lois de la poussière où elles seraient ensevelies. Le Conseil du prince n'est pas un dépôt convenable. Il est, par sa nature, le dépôt de la volonté momentanée du prince qui exécute, et non pas le dépôt des lois fondamentales. De plus, le Conseil du monarque change sans cesse ; il n'a point à un assez haut degré la confiance du peuple ; il n'est donc pas en état de l'éclairer dans les temps difficiles, ni de le ramener à l'obéissance [...]

Le gouvernement monarchique a un grand avantage sur le despotique. Comme il est de sa nature qu'il y ait sous le prince plusieurs ordres qui tiennent à la constitution, l'Etat est plus fixe, la constitution plus inébranlable, la personne de ceux qui gouvernent plus assurée.

Cicéron croit que l'établissement des tribuns de Rome fut le salut de la république. « En effet, dit–il, la force du peuple qui n'a point de chef, est plus terrible. Un chef sent que l'affaire roule sur lui, il y pense ; mais le peuple, dans son impétuosité, ne connaît point le péril où il se jette. » On peut appliquer cette réflexion à un Etat despotique, qui est un peuple sans tribuns ; et à une monarchie, où le peuple a, en quelque façon, des tribuns [...]

Comme les démocraties se perdent lorsque le peuple dépouille le sénat, les magistrats et les juges de leurs fonction, les monarchies se corrompent lorsqu'on ôte peu à peu les prérogatives des corps ou les privilèges des villes. Dans le premier cas, on va au despotisme de tous ; dans l'autre, au despotisme d'un seul. »

*

* *

LA PERSONNALITÉ DE LOUIS XV

Barbier (Edmond), *Chronique de la régence et du règne de Louis XV...*, 8 vol., 1857 ; t.2, p.338, août 1732.

« La personne du Roi n'est pas connue dans le public. Les jansénistes de profession le font passer pour un jeune homme, qui ne sait ni entendre ni parler. Ils se trompent fort. Je m'en suis informé dans le particulier par gens qui l'approchent. Le Roi est bon, a une mémoire excellente, sait parfaitement les mathématiques, en raisonne bien ; et ce n'est pas peu à un jeune homme qui est Roi de mordre à ces sortes de sciences, et il raconte mieux que personne ; mais pour cela il faut qu'il soit avec son monde et en particulier. On dit que les soupers qu'il fait au bois de Boulogne avec M. le duc d'Antin, M. le duc de Noailles, M. le marquis de Pezé et autres, qui sont tous gens d'esprit, sont fort gais. Le Roi est très–timide et n'aime point à représenter. Il a une discrétion qui va jusqu'à la dissimulation, témoin ce qu'il fit à M. le Duc de Bourbon le jour qu'il le fit arrêter par M. le duc de Charost. Il partoit le matin pour Rambouillet, et il dit à M. le Duc : « Monsieur, venez de bonne heure à Rambouillet ; je vous attendrai pour jouer. » Dans le temps qu'il avoit signé un ordre pour le faire arrêter une heure après son départ ! Cette conduite, qui lui avoit été prescrite par le cardinal, n'a pas été approuvée dans la personne d'un Roi. Mais il étoit bien jeune, et cela marque toujours cette prévention aveugle pour le cardinal ; de façon qu'il est difficile de savoir s'il ne le craint pas autant qu'il l'aime. Mais aussi, si cette timidité se débrouille une fois, on doit tout attendre des qualités du Roi. »

LOUIS XVI VU PAR MADAME CAMPAN

Campan (Madame), *Mémoires*, éd. par F. Funck-Brentano, 1928, p.92–94..

« Louis XVI avait des traits assez nobles, empreints d'une teinte mélancolique ; sa démarche était lourde et sans noblesse ; sa personne plus que négligée ; ses cheveux, quel que fût le talent de son coiffeur, étaient promptement en désordre, par le peu de soin qu'il mettait à sa tenue. Son organe, sans être dur, n'avait rien d'agréable ; s'il s'animait en parlant, il lui arrivait souvent de passer du médium de sa voix à des sons aigus. Son précepteur, l'abbé de Radonvilliers, savant aimable et doux, lui avait donné, ainsi qu'à Monsieur, le goût de l'étude. Le roi avait continué à s'instruire ; il savait parfaitement la langue anglaise. Plusieurs fois je l'ai entendu traduire les passages les plus difficiles du poème de Milton : il était géographe habile, et se plaisait à tracer et à lever des cartes ; il savait parfaitement l'histoire, mais peut–être n'en avait pas assez étudié l'esprit. Il appréciait les beautés dramatiques, et en portait de fort bons jugements. Un jour, à Choisy, plusieurs dames se récrièrent sur ce que les Comédiens français devaient y représenter une pièce de Molière ; le roi leur demanda pourquoi elles désapprouvaient ce choix. Une d'elles répondit qu'il fallait convenir que Molière était d'un *très mauvais goût* ; le roi répondit que l'on pouvait trouver dans Molière beaucoup de choses de *mauvais ton*, mais qu'il lui paraissait difficile d'en rencontrer qui fussent de mauvais goût.

Ce prince unissait à tant d'instruction toutes les qualités du meilleur époux, du plus tendre père, du maître le plus indulgent ; et quand on songe à tant de vertus, les années qui se sont écoulées depuis la barbarie des factieux et le malheur des Français sont insuffisantes pour se persuader que le crime soit parvenu à l'accomplissement du forfait le plus inoui.

Le roi montrait malheureusement un goût trop vif pour les arts mécaniques. La maçonnerie, la serrurerie, lui plaisaient au point qu'il admettait dans son intérieur un garçon serrurier avec lequel il forgeait des clefs, des serrures ; et ses mains, noircies par ce travail, furent plusieurs fois, en ma présence, un sujet de représentations et même de reproches assez vifs de la part de la reine, qui aurait désiré pour le roi d'autres délassements.

Austère et sévère pour lui seul, le roi remplissait exactement les lois de l'Eglise, jeûnait et faisait maigre tout le carême. Il trouvait bon que la reine n'observât point ces usages avec la même rigueur ; pieux dans le coeur, les lumières du siècle avaient cependant disposé son esprit à la tolérance ; modeste et simple, Turgot, Malesherbes et Necker avaient jugé qu'un prince de ce caractère sacrifierait volontiers les prérogatives royales à la solide grandeur de son peuple. Son coeur le portait, à la vérité, vers des idées de réforme ; mais ses principes, ses préjugés, ses craintes, les clameurs des gens pieux et des privilégiés, l'intimidaient et lui faisaient abandonner des plans que son amour pour le peuple lui avait fait adopter. »

*

* *

DU CHANCELIER DE FRANCE

L'Etat de la France, 1718, t.3, pp.3–6.

« Le Chancelier est le Chef de la Justice & des Conseils du Roy : C'est en ses mains que le Roy la dépose toute entiere pour la distribuer & la faire rendre à ses sujets, avec la même puissance & la même autorité qu'il feroit en personne. C'est pour cela qu'il est dépositaire des Sceaux du Royaume, dont il use sous le bon plaisir & l'autorité du Roy, pour la distribution de la Justice, Dons, Graces & Offices, ainsi qu'il juge raisonnable pour le bien de l'Etat.

Il préside aux Conseils du Roy, c'est luy qui expose les volontez de Sa Majesté, & qui porte la parole lorsque le Roy va à son Parlement, & qu'il tient son Lit de Justice, & dans cette occasion le Chancelier est assis un peu à costé & devant Sa Majesté à main gauche.

Il porte au Parlement la Robbe de velours rouge & aux Cérémonies publiques la Robbe de velours pourpre doublée de satin cramoisi, il porte le Mortier de drap d'or, rebrassé d'hermines, comblé & orné d'un double galon d'or.

Devant luy marchent les Huissiers de la Chancellerie, portant la Masse d'argent doré sur l'épaule, accompagnez des autres Huissiers à la Chaîne.

Il a à sa porte pour la Garde des Sceaux du Royaume dont il est dépositaire, un des Cent-Suisses de la Garde du Roy, habillé des livrées & couleurs de Sa Majesté.

Il a aussi chez luy un Lieutenant de la Prevôté & deux Gardes qui l'accompagnent à Cheval, & marchent devant son Carosse, quand il va dans la Ville, & qui demeurent chez luy pour la seureté de sa personne & des Sceaux du Royaume qui luy sont confiez [...]

Celuy qui est présentement revêtu de cette Dignité éminente, est M. Daguesseau.

Henry-François Daguesseau, Chevalier, Chancelier & Garde des Sceaux de France, Ministre d'Estat, Seigneur de Fresnes & autres lieux, a été nommé par le Roy, le 2 Février 1717, Chancelier de France, de laquelle Charge il prêta serment de fidelité le lendemain, entre les mains de Sa Majesté. Il a été marié, le 4 Octobre 1694, à Anne le Févre d'Ormesson, fille d'André d'Ormesson, Seigneur d'Amboise, Maître des Requêtes, & d'Eléonore Le Maître de Belle-Jamme, dont il a quatre garçons & deux filles. »

*

* *

CHOISEUL

Besenval (Pierre, baron de), *Mémoires*, éd. Barrière, 1882, pp.100-104.

« M. le duc de Choiseul est d'une taille médiocre. Quoiqu'il soit laid, sa figure a quelque chose d'agréable ; son maintien est ouvert. Il a des façons nobles, pleines de grâce ; sa confiance est extrême, et cependant ne le préserve pas d'une sorte d'embarras facile à discerner. Personne n'a peut-être possédé autant que lui l'art de séduire. Il joint à une locution facile les grâces qui donnent ce charme nécessaire pour persuader. Toujours vivement entraîné par le moment, il est tellement pénétré du sentiment qui l'anime, qu'il le communique rapidement aux autres, ou qu'il abonde dans leur sens avec la même facilité, si c'est leur idée qui le frappe. Il résulte de cette disposition un agrément très rare pour tous ceux qui traitent des affaires avec lui, même pour ceux qui sollicitent des faveurs, d'autant plus difficiles à obtenir de son obligeance, que l'entrée de son cabinet en est une très précieuse par sa rareté.

S'il est prompt à recevoir des impressions, elles s'effacent aussi avec la même rapidité : son inconcevable légèreté, en faisant beaucoup d'inconstants, lui a donné beaucoup d'ennemis. Le plus petit obstacle qu'il rencontre, la plus faible considération, lui font oublier ou violer la promesse la plus solennelle. Sacrifier un homme, dans ce cas, ne lui paraît autre chose qu'écarter un léger écueil qui suspend la marche rapide à laquelle la fortune l'a toujours accoutumé.

Capable d'assez grandes idées, il ne pouvait se plier aux détails minutieux ; aussi, possédant à la fois les trois portefeuilles, il fut beaucoup plus brillant dans le ministère des affaires étrangères que dans ceux de la guerre et de la marine, qui se composent de parties sèches, et peu faites pour répondre à l'étendue de son esprit. Le militaire est cependant conduit par lui avec autant de sagesse que d'éclat, ainsi que la marine, qu'il a vivifiée ; mais il a trouvé mille secours dans l'enthousiasme qu'il a su inspirer à plusieurs personnes éclairées qui lui dévouent et leurs soins et leurs veilles, autant par attrait pour lui que par le désir de servir leur pays.

Comme il se sentait des talents supérieurs, il avouait facilement, dans les commencements de son ministère, les fautes dans lesquelles sa précipitation l'avait engagé : mais il perdit de cette noble franchise lorsqu'une plus longue habitude du travail lui donna moins d'excuses pour ses erreurs, et compromettait plus son amour-propre, qui, chez lui, est poussé à l'excès.

Naturellement jaloux, il dirige, de son cabinet, les travaux des généraux et des ambassadeurs. Jamais on ne l'entend louer publiquement ceux même qu'il aime le mieux, et sa politique secrète fut de n'en élever aucun au point de lui faire ombrage. D'après ce caractère, les sous-ordres ont toujours plus de pouvoir sur lui que beaucoup de gens qu'il aurait dû consulter. Un commis plein de talent ne pouvait jamais lui inspirer aucune inquiétude ; d'un mot il peut l'anéantir, et sa besogne paraît être naturellement la sienne.

Il a plus la réputation d'être bon ami qu'il ne l'est en effet. D'après sa facilité de manquer à la parole qu'il a si souvent donnée, son extrême personnalité lui fait refuser avec sécheresse à un ami ce qu'il accorde avec faiblesse à un étranger, par l'embarras de déplaire au dernier, et l'habitude de se livrer à ses caprices pour ceux sur lesquels il peut compter [...]

Inaccessible aux conseils, jamais il n'en a demandé ; et lorsque l'intérêt, l'amitié, la reconnaissance, ont forcé quelques-uns de ses amis à lui donner des avis, si par hasard il les suivait, c'était toujours avec l'affectation de ne point avouer qu'il les eût reçus ; et cette affectation était quelquefois si maladroite qu'elle en devenait risible. Aussi sa présomption est poussée à l'extrême ; et l'on aperçoit à chaque instant la différence infinie qu'il met entre lui et les autres hommes.

A la vérité, sa noblesse, ses formes, empêchant cette présomption d'être aussi choquante pour les autres, le préservent du ridicule ; et l'élégance de moeurs qu'il possède au dernier degré fait oublier qu'il manque de politesse, chose que l'on pardonne plus aisément, il est vrai, à l'homme puissant, et dont on peut tout attendre.

Un des plus grands torts pour un homme en place est de laisser les femmes prendre un trop grand crédit sur lui : c'est un reproche qu'on lui a fait avec assez de justice. En effet il s'en occupa beaucoup trop. Plus séduisant que fidèle, généreux jusqu'à la prodigalité, mais sans ostentation, on voit qu'il réunit à peu près ce qui réussit le plus auprès du beau sexe, et ce qui, joint à un grand crédit, fait excuser à ses yeux de n'être pas le plus bel homme du siècle.

En le considérant sous des rapports plus graves, il est souverainement noble dans sa façon de penser ; il a toujours conservé auprès du roi, avec lequel il a longtemps vécu dans la plus grande familiarité et la plus grande confiance, un respect qu'il sied si bien de garder pour son maître, surtout lorsqu'il est accompagné de la franchise noble avec laquelle il lui parle et le conseille toujours.

Jamais on ne l'a vu s'abaisser à de viles intrigues de cour, ménager ou caresser les valets ; moyens qui ne sont que trop usités par les courtisans pour soutenir leur crédit. Souvent aussi était-il le dernier à apprendre les orages qui se formaient contre lui ; et ce n'était qu'à la dernière extrémité qu'il songeait à les combattre, et de la seule manière qui fût digne de lui, en allant directement au roi, auprès duquel il déjouait d'un mot les intrigues les mieux ourdies contre sa faveur toujours soutenue.

Enfin, il a succombé sous les efforts d'une favorite bien peu faite pour l'abattre ; mais sa disgrâce a été le plus beau moment de sa vie, parce que dans cette lutte jamais son caractère ne s'est démenti, qu'il ne s'est pas permis la moindre démarche contraire à l'honneur, à la délicatesse, et qu'enfin sa chute a été celle du parti de l'honnêteté, dont il était le chef. »

*
* *

POUR LA RÉFORME DE MAUPEOU

Voltaire (attribué à), « L'Equivoque » (1771), pub. par René Pomeau, *Politique de Voltaire*, 1963, pp.159–161.

« Parlements du royaume ! le citoyen qui vous parle n'est ni homme de cour, ni homme de robe, ni d'aucun parti. Il aime sa patrie et la vérité ; et si on vous dit jamais qu'il ait accepté une place, qu'il ait sollicité la moindre faveur du ministère, regardez-le comme un homme indigne de vous parler, et faites-lui son procès comme à un coupable.

Vous êtes chargés de rendre la justice aux peuples ; commencez par la rendre à vous-mêmes [...]

La vénalité honteuse des charges de judicature fut le triste effet du dérangement des finances sous François Ier, et prouve assez que, quand le premier ressort du gouvernement est détraqué, tout le reste de la machine se ressent d'un défaut qui produit tous les autres.

Un roi sage, placé sur le trône depuis plus longtemps qu'aucun des monarques ses contemporains, un roi, sorti de la plus ancienne maison qui ait jamais régné, veut, après cinquante-six ans consumés dans les fatigues et dans les vicissitudes du gouvernement, délivrer la France de cet opprobre de la vénalité, opprobre dont elle seule est souillée sur la terre. Il forme six conseils dans les provinces, qui rendront sans frais la justice ; le ressort du parlement de Paris en est moins vaste, mais les provinces sont soulagées ; des familles entières ne sont plus traînées en foule, de cent lieues, dans les prisons de la Conciergerie, sur des accusations frivoles. La multiplicité et le torrent des affaires ne forcent plus la Tournelle à jeter un coup d'oeil rapide sur des procès criminels, instruits par des juges subalternes, ignorants, et à livrer des innocents aux plus affreux supplices ; cruels exemples dont nous n'avons que trop de preuves !

Les seigneurs dans leurs terres peuvent faire exécuter les lois, et maintenir la justice aux dépens du roi ; ils ne sont plus dans la nécessité douloureuse de laisser impuni le meurtre, et de dérober le criminel à la juste sévérité des lois, dans la crainte d'être ruinés pour avoir rendu justice.

Il faut être sans coeur et sans raison pour ne pas rendre grâces au roi, dans la génération présente, d'un bienfait qui sera reconnu dans la dernière postérité. Si Dieu envoyait sur la terre un ministre de ses volontés célestes pour réformer nos abus, il commencerait par faire ce que fait Louis XV dans cette partie de l'administration.

Et vous, par où commencez-vous ? Par déclarer que les bienfaits du roi sont des oppressions ; par défendre qu'on obéisse aux ordres les plus salutaires ; par nous interdire la jouissance de ses bontés ; par ordonner qu'on ne reconnaisse point ces conseils supérieurs, institués par la même autorité sacrée qui créa les parlements.

Le roi tire de son grand conseil, qui était autrefois le conseil royal, et de quelques autres tribunaux, des officiers qui forment le parlement de Paris, resserré désormais dans des bornes plus étroites, et plus convenables à l'étendue du royaume. Que faites-vous ? Puis-je le dire sans frémir ? Vous rendez un arrêt contre ces magistrats, comme s'ils étaient vos justiciables. Vous les déclarez prévaricateurs, ravisseurs, ennemis de l'Etat. Cependant vous êtes Français. Ce ne sont pas des aldermans de Londres qui vous ont inspirés. Vous aimez la patrie, mais la servez-vous ? En auriez-vous agi ainsi lorsque Louis XIV gouvernait ? Jugez vous-mêmes vos arrêts. Que feriez-vous si vous étiez sur le trône, et si un tribunal érigé par vous calomniait vos bienfaits, outrageait si violemment les premiers magistrats du royaume, foulait aux pieds vos édits, avilissait la majesté royale, et semblait ériger cent trônes démocratiques sur les débris d'un trône qui subsiste depuis près de quatorze cents années ; que feriez-vous ?

Nous n'en sommes pas à cette dernière extrémité. Vous semblez craindre la tyrannie, qui pourrait prendre un jour la place d'un pouvoir modéré ; mais craignons encore plus l'anarchie qui n'est qu'une tyrannie tumultueuse. »

*
* *

LE BUDGET DE LA FRANCE

Necker, *De l'administration des finances de la France*, s.l., 3 vol., (1784), 1785, t.I, pp.33–34 et II, pp.480–482.

Contributions des peuples

1.	Vingtiemes	55,000,000
2.	Troisieme vingtieme	21,500,000
3.	Taille	91,000,000
4.	Capitation	41,500,000
5.	Impositions locales	2,000,000
6.	Fermes générales	166,000,000
7.	Régie générale	51,500,000
8.	Administration des domaines	41,000,000
9.	Fermes de Sceaux & Poissy	1,100,000
10.	Administration des postes	10,300,000
11.	Ferme des messageries	1,100,000
12.	Monnoies	500,000
13.	Régie des poudres	800,000
14.	Loterie royale	11,500,000
15.	Revenus casuels	5,700,000
16.	Droits de marc-d'or	1,700,000
17.	Droit perçus par les pays d'Etat	10,500,000
18.	Clergé	11,000,000
19.	Octrois des villes, hôpitaux & chambre de commerce	27,000,000
20.	Aides de Versailles	900,000
21.	Imposition de la Corse	600,000
22.	Taxe attribuéeaux gardes Françoises & Suisses	300,000
23.	Objets divers	2,500,000
24.	Droit recouvrés par les Princes ou les engagistes	2,500,000
25.	Corvées ou impositions qui en tiennent lieu	20,000,000
26.	Contraintes, saisies, &c.	7,500,000
27.	Milice	Mémoire
28.	Logement des gens de guerre	Idem
29.	Impôts indirect par contrebande	Idem
	Total	585,000,000 L

Récapitulation des dépenses de l'Etat

1.	Intérêts de la dette publique	207,000,000
2.	Remboursemens	27,500,000
3.	Pensions	28,000,000
4.	Partie des dépenses de la guerre	105,600,000
5.	Dépenses de la marine	45,200,000
6.	Affaires étrangeres	8,500,000
7.	Maison du Roi	13,000,000
8.	Prévôté de l'hôtel	200,000
9.	Bâtimens	3,200,000
10.	Maisons royales	1,500,000
11.	Maison de la reine	4,000,000
12.	Famille royale	3,500,000
13.	Les princes, freres du roi	8,300,000
14.	Frais de recouvrement	58,000,000
15.	Ponts & chaussées, &c.	8,000,000
16.	Secrétaires d'état, & employés dans l'administration	4,000,000
17.	Intendans de provinces	1,400,000
18.	Police	2,100,000
19.	Pavé de Paris	900,000
20.	Frais de justice	2,400,000
21.	Maréchaussée	4,000,000
22.	Dépôts de mendicité	1,200,000
23.	Prisons & maisons de force	400,000
24.	Dons & aumônes	1,800,000
25.	Dépenses ecclésiatiques	1,600,000
26.	Frais du trésor royal & de diverses caisses	2,000,000
27.	Traitemens divers	400,000
28.	Encouragemens au commerce	800,000
29.	Haras	800,000
30.	Universités, colleges, &c.	600,000
31.	Académies	300,000
32.	Bibliothèque du Roi	100,000
33.	Jardins du Roi	72,000
34.	Imprimeries	200,000
35.	Constructions & entretien des palais de Justice, &c.	800,000
36.	Intendant des postes, & dépenses secretes	450,000
37.	Autres dépenses relatives aux postes	600,000
38.	Franchises & passeports	800,000
39.	Ordre du Saint–Esprit	600,000
40.	Dépenses dans les provinces	6,500,000
41.	Isle de Corse	800,000
42.	Défenses diverses	1,500,000
43.	Dépenses particulieres du clergé de France	750,000
44.	*Idem*, du clergé étranger	50,000
45.	Dépenses particulieres aux pays d'états	1,500,000
46.	Entretien & confection des routes	20,000,000
47.	Dépenses des villes, hôpitaux, & chambres de commerce	26,000,000
48.	Dépenses imprévues	3,000,000
	Supplément additionnel, pour former une somme ronde	78,000
	Total	610,000,000 L

LES OFFICES

Guyot, *Traité des droits, fonctions [...] annexés en France à chaque dignité, à chaque office et à chaque état...*, 1786, t.1, pp.VIII–XI.

« Voulez–vous donc que le peuple corrige le choix du prince ? Non certes ; car dans un état monarchique, un seul doit commander & tous les autres obéir. Mais les princes sont assez justes pour prêter l'oreille aux réclamations des corps. Ils ont permis qu'un porteur de provisions d'un office de judicature, de magistrature, fut examiné par le corps dans lequel il veut être reçu. Le prince est censé lui dire : Je vous nomme à cet office ; je vous constitue juge, si vous en êtes jugé capable, si vous avez la naissance, la fortune, qui doivent vous porter à cet honneur ; si votre conduite & vos moeurs sont pures. Car une compagnie composée d'hommes honnêtes, ne doit pas admettre dans son sein une personne ignoble. Une certaine fortune est nécessaire, parce qu'elle garantit de la tentation de faire servir son état à augmenter, par de mauvaises voies, son patrimoine & les moyens de se soutenir. Il faut des connoissances & des lumières ; car que faire d'un ignorant dans l'une des fonctions qui exige le plus de science, & de raison, & d'étude, & de principes médités avec attention. Il faut des moeurs & de la conduite ; car quelle profession en exige davantage que la sainte fonction de prononcer en juge sur les intérêts les plus sacrés, sur l'état, l'honneur, la réputation, la fortune & la vie des citoyens ?

De là, les cours souveraines ont dû regarder comme l'une de leurs plus précieuses prérogatives, le droit de l'enquête de vie & moeurs, le droit de l'examen de la capacité, le droit de donner ou refuser leur attache à la réception des sujets qui viennent se présenter avec des provisions. La règle constamment observée, est qu'avant de conclure son marché pour l'acquisition d'un office, il convient de s'assûrer de l'agrément du corps où l'on aspire à être reçu, sans quoi le porteur des provisions s'exposeroit à l'inconvénient de les voir devenir inutiles. On a eu dans ce siècle quelques exemples assez éclatans d'un refus persévérant de la part de quelques compagnies, d'adopter des sujets distingués d'ailleurs par de grandes qualités, mais contre qui elles croyoient avoir de justes motifs d'exclusion.

Les cours souveraines examinent de même & ordonnent l'enquête de vie & moeurs, sur la personne qui se présente pour être reçue dans les places de lieutenant général, conseiller, gens du Roi des tribunaux inférieurs, tels que les bailliages, les sénéchaussées. On admet le sujet si la capacité & les bonnes moeurs sont constatées. Dans le cas contraire, on le refuse, ou bien on le renvoie à un délai qui est, pour ainsi dire, un temps d'épreuve, après lequel il a l'espoir d'être admis.

« L'office est une dignité, un emploi, une charge dans l'Etat, héréditaire ou par commission, avec les fonctions publiques ou privées, que les édits de création, ou des lois particulières, ou des usages affermis par une longue possession, y ont attachées. »

C'est une dignité lorsqu'il emporte une qualité honorable, un titre d'honneur dont on peut accompagner son nom. On entend assez à quelles places cette qualification convient.

On dit de l'office, que c'est le titre qui donne le pouvoir d'exercer quelques fonctions publiques ; mais on applique souvent la même signification aux mots *charge & office*, parce qu'en effet tout office est une charge ; mais toute charge n'est pas office : par exemple, les charges dans les parlemens & autres tribunaux, sont de véritables offices ; mais les places de consuls, de certains échevins & autres, ne sont pas des offices en titre, quoique ce soient des charges, parce que ceux qui les remplissent ne les exercent que pour un temps, sans autre titre que celui de leur élection ; au lieu que les offices proprement dits, sont une qualité permanente ; c'est pourquoi on les appelle aussi *états*.

Une foule de places où l'on remplit cependant des fonctions publiques, où l'on instrumente, c'est-à-dire qui emportent le droit de dresser des rapports, des procès-verbaux qui font foi en justice, comme les emplois dans les fermes, les aides, &c. ne sont ni des charges, ni des offices. Les fonctions de ces employés cessent à l'instant où leurs supérieurs révoquent leurs commissions.

Il en est de même de beaucoup d'autres états.

Les officiers qui composent la maison du Roi, sont encore d'une nature particulière. Le Roi nomme les chefs ; les chefs nomment souvent des subordonnés. Les chefs prêtent serment au Roi même, les subordonnés le prêtent entre les mains des chefs. Quelquefois il faut une réception au parlement, d'autres fois elle n'est point nécessaire. Aux uns il faut des provisions, aux autres il suffit d'être couchés sur les états de la maison [...]

Chaque office a des privilèges, des exemptions, des franchises, des prérogatives. La noblesse attachée à plusieurs, en est un des principaux attributs. Ce n'est pas l'une des parties les moins difficiles d'un traité des offices, que de rassembler & démêler parmi un grand nombre de lois qui se croisent les unes les autres, tout ce qu'il y a à recueillir sur ces divers objets.

Les honneurs, les préséances dans les églises, dans les cérémonies publiques, dans les assemblées des corps, ces distinctions sociales, ont causé plus de troubles, fait éclore plus de contestations, que les choses les plus importantes de la vie. Mais on veut en jouir, & cela est juste, puisque ce sont des droits reconnus, acquis, légitimés par le consentement commun, & par le temps qui, s'il détruit tout, affermit tout aussi. Il faut donc connoître les règles & les principes de cette matière.

C'est ainsi que tout ce qui appartient aux offices, forme une longue & intéressante nomenclature. »

*

* *

CUMUL DE FONCTIONS

Delahante (Adrien), *Une famille de finance au XVIIIe siècle*, Paris, 2 vol., 1881 ; t.1, pp.27–28, 50–56.

Adrien Delahante,
né à Damery en 1673, mort à Crépy–en–Valois en 1737.

1700 : Notaire royal au bailliage et siège présidial de Crépy.
1702 : Receveur des insinuations.

1703 : Procureur au présidial de Crépy.

1705 : Bailli de Thury, provisions délivrées par Jacques Jammart, conseiller au Grand Conseil, seigneur de Thury, renouvelées en 1712.

1709 : Directeur des fermes de l'apanage du duc d'Orléans pour le département du Valois.

1711 : Chef du contentieux des Dames de l'abbaye de Morienval.

1711 : Prévôt de Bethisy et Verberie, domaine engagé à Françoise de Lancy de Raray, veuve d'Antoine de Flahaut, chevalier, seigneur de La Billarderie, mestre de camp, chevalier de Saint-Louis.

? : Bailli d'Auger-Saint-Vincent, provisions délivrées par les religieuses du couvent de Saint-Arnoul de Crépy-en-Valois.

1717 : Prévôt et garde de justice des terres et seigneuries de Néry, Vaucelle, Feux et Vérines et grueries des bois en dépendant, prévisions délivrées par Marie-Louise de Lancy de Raray, marquise de Pierrecourt et de Néry, épouse de Jean-François, comte de Nonant, chevalier, marquis de Pierrecourt, soeur de Mme de La Billarderie..

1720 : Bailli-maire et Garde de Justice de la seigneurie de Boursonne, provisions délivrées par Charles de Capendu, chevalier, vicomte de Boursonne, maître des eaux-et-forêts de Villers-Cotterets, chevalier de Saint-Louis.

1720 : Représentant à Crépy du Sieur Pillavoine, adjudicataire des droits d'amortissements.

1726 : Greffier du bailliage de Morecourt, provisions délivrées par haut et puissant seigneur Messire Nicolas Durand de Villegagnon, chevalier, marquis de Villegagnon, seigneur de Morecourt, Bourgon, etc., chevalier de Saint-Louis, colonel de dragons, gouverneur de Provins.

1727 : Fermier du revenu temporel du prieuré de Sainte-Agathe.

1730 : Bailli, prévôt, juge ordinaire de la haute justice de la seigneurie d'Assy, provisions délivrées par Louis Bourdin, chevalier, comte d'Assy, capitaine des vaisseaux du Roi, chevalier de Saint- Louis, seigneur pour moitié du bourg d'Assy-en-Mulcien.

1730 : Bailli, maire et garde de justice, haute, moyenne et basse de Heuleu, provisions délivrées par Charles de Ligny, chevalier, seigneur d'Heuleu, chevalier de Saint–Louis, capitaine au régiment du Roi.

1736 : Bailli du comté de Nanteuil et des seigneuries d'Ormoy, Villiers–Saint–Genest, Seroge, Oigne, Sennevières et Montagny, appartenant à Victor–Marie, duc d'Estrées, pair, vice–amiral, premier maréchal de France, gouverneur de Nantes, commandant en chef en Bretagne, ministre d'Etat.

*

* *

LA PROVINCE DU MAINE

Expilly (Abbé), *Dictionnaire géographique, historique et politique des Gaules et de la France,* Amsterdam–Paris, 6 vol., 1762–1770 ; t.IV, pp.491–492.

« Pour le *spirituel,* la province du Maine dépend entiérement du diocese du Mans, qui s'étend même au–delà. Il y a dans cette province un bon nombre d'abbayes, dont plusieurs sont très–riches, sur–tout celle de Bellebranche.

En ce qui concerne le civil, le Maine a sa coutume particuliere, & est entiérement du ressort du parlement de Paris. Il y a un présidial, dont le siege est au Mans ; huit sieges royaux, qui sont Château–du–Loir, Mamers, Beaumont, Fresnay, Ste.Suzanne, Longosné, Laval & Bourg–Nouvel.

Quant aux finances, le Maine est de la généralité de Tours, & est divisé en quatre élections, sçavoir, le Mans, Laval, Mayenne & Château–du–Loir : cette derniere s'étend aussi dans le Vendômois ; & celle de la Flêche, dont le siege est en Anjou, a aussi environ la moitié de ses paroisses dans le Maine.

Il y a aussi dans cette province une justice–royale pour les traites, établie à Laval ; dix–huit greniers–à–sel, le Mans, Laval, Château–du– Loir, la Ferté–Bernard, Sillé–le–Guillaume, Bonnestable, Mamers, Fresnay, Beaumont,

Loué, Bouloir, Sablé, Ervé, la Gravelle, Conneray, Malicorne, Montdoubleau & Ballon ; cinq maîtrises particulieres des eaux & forêts, au Mans, à Château–du–Loir, à Mayenne, à Mamers & à Laval.

Le gouvernement–général militaire comprend, non–seulement toute la province du Maine avec le *Comté de Laval,* qui est un gouvernement–particulier, mais encore la plus grande partie de la province du Perche. Nous disons la plus grande partie, parce que le *Perche–Gouet* est du gouvernement–général d'Orléanois, & le *Thimerais* de celui de l'Isle–de–France.

Ce gouvernement–général des provinces de Maine, Perche & comté de Laval, & dont la ville du *Mans* est toujours la capitale, a au N. celui de Normandie ; au S. ceux d'Anjou, de Touraine & d'Orléanois ; à l'E. encore celui d'Orléanois, & à l'O. le gouvernement–général de la province de Bretagne. Vers le N.E. il confine avec le gouvernement–général de l'Isle–de–France. Il a 36 lieues de longueur, sur 16 de largeur.

Cinq gouvernements particuliers, sçavoir, celui du *Mans,* qui est possédé ordinairement par le gouverneur–général ; ceux de *Mayenne,* de *Laval,* de *Château–du–Loir,* & de *Mortagne.* Il y a aussi actuellement un gouverneur–particulier de *Bellême,* & un major de la ville du Mans.

Une compagnie de trente *Gardes–à–Cheval,* commandée par un capitaine, un lieutenant & un cornette, sert de garde au gouverneur–général de la province. Et l'on accorde ordinairement une garnison de quatre hommes de guerre à pied au gouverneur–particulier de la ville du Mans.

Il y a dans ce gouvernement–général un grand nombre de terres titrées, telles que des marquisats, des comtés & des baronnies ; mais il n'y a point de duchés : ceux de Beaumont & de Mayenne sont éteints.

Pour *la Milice,* ce gouvernement se trouve partagé en deux divisions : la province du Maine, qui dépend de la généralité de Tours, fournit deux bataillons, celui du Mans, & le bataillon de Mayenne. La province du Perche fournit le bataillon de Mortagne, comme contingent de la généralité d'Alençon. Il en est de même pour *la Maréchaussée,* qui dépend également des deux généralités de Tours & d'Alençon : *Voyez* ces deux articles. Nous remarquerons seulement ici qu'il y a dans la province du Maine onze ou douze résidences de Brigades. »

CIRCULAIRE DE TURGOT, INTENDANT DU LIMOUSIN, À SES SUBDÉLÉGUÉS (1771)

Oeuvres de Turgot et documents le concernant, pub. par Gustave Schelle, t.3, 1919, pp.461–462.

Limoges, 10 février

« Je vous envoie, M., quelques exemplaires d'une instruction sur la régie des *Ateliers de Charité* que je me propose d'établir dans votre subdélégation pour employer les fonds que le Roi a bien voulu destiner à procurer du travail aux pauvres. J'ai tâché de rendre les détails dans lesquels je suis entré assez clairs pour qu'ils n'aient besoin d'aucune explication. Ainsi, je vais me borner à vous indiquer ce que vous aurez personnellement à faire pour concourir à l'exécution des vues de S.M. Il me paraît nécessaire que vous commenciez par lire l'*Instruction* avant d'achever de lire cette lettre dont tous les détails y sont relatifs.

Vous y verrez que vous devez être chargé non seulement de la police des Ateliers, mais encore de la manutention générale de cette question, de la direction des payements, du choix des caissiers, de l'arrêté de leurs comptes, ainsi que de ceux des conducteurs, des mesures à prendre et des marchés à faire pour procurer aux ouvriers des subsistances à leur portée. Vous aurez aussi nécessairement à vous concerter avec les sous–ingénieurs chargés de la direction des travaux, soit pour leur indiquer des sujets capables de conduire les ateliers, soit pour leur procurer les différentes facilités dont ils peuvent avoir besoin pour remplir leur commission.

Je n'ignore pas que les détails dont je charge les subdélégués par l'Instruction que je vous adresse sont de nature à ne pouvoir être suivis que par une personne résidant sur les lieux et, comme mon intention n'est pas de borner les travaux aux abords des chefs–lieux de subdélégation, j'ai senti que vous ne pouviez remplir par vous–même ces détails sur les ateliers éloignés de vous ; aussi ai–je annoncé dans l'*Instruction* que ces détails pourraient être remplis, à défaut de subdélégué, par le commissaire que je nommerais pour en tenir lieu. C'est à vous que je m'adresse pour que vous m'indiquiez à portée des lieux où je ferai travailler et qui seront trop loin de votre résidence des personnes en qui je puisse avoir confiance et qui veuillent bien remplir cette commission. Le but de ces travaux et le motif qui les fait entreprendre me donnent lieu d'espérer que vous pourrez trouver parmi les seigneurs ou parmi les curés ou autres ecclésiastiques des personnes qui par zèle pour le soulagement des pauvres, prendront volontiers la peine qu'exige l'inspection des ateliers. Ce choix est une des choses les plus pressantes dont vous aurez à vous occuper. Le surplus de cette lettre regardera donc autant que vous ces commissaires, chacun pour le district dont il se sera chargé.

P.S. – Vous recevrez une seconde lettre qui vous indiquera les travaux particuliers que je me propose de faire entreprendre dans l'étendue de votre subdélégation et les mesures plus spéciales qu'ils exigeront de vous. »

*
* *

UNE ASSEMBLÉE DE VILLAGE EN 1776

Saint Jacob (Pierre de), *Documents relatifs à la communauté villageoise en Bourgogne du milieu du XVIIe siècle à la Révolution*, Dijon, 1962, pp.47–49.

« Par devant moy François Girardin, notaire royal de la résidence de la ville de Beaune y demeurant soussigné, ce jourd'huy vingt quatre juin mil sept cent soixante et seize sur environ les huit heures du matin au village de Combertault dans le lieu ordinaire de l'assemblée des habitans dudit lieu à l'issue de la messe paroissiale du même lieu a comparu en sa personne Pierre Devevey, laboureur, demeurant audit Combertaut lequel m'a dit qu'il a fait assembler les habitans dudit Combertault au son de la cloche à la manière accoutumée à ces présent jour, lieu et heure, et leurs a remontré qu'il y a plusieurs objets qui interressent la ditte communauté sur lesquels il est nécessaire de prendre des mesures.

Que le premier concerne une pièce de terre dépendante des communaux de Combertault qui a étée usurpée par Jean

Gaudrillet et contre lequel laditte communauté a obtenu sentence au baillage de Beaune en datte du [ ] qui condamne ledit Gaudrillet à relâcher laditte pièce de terre et que cette sentence n'a point étée levée ni par les habitans ni par Gaudrillet, du moin ils n'en ont point reçu de copie.

Que le second concerne une redevance de huit bichets d'avoine que les fermiers du marquizat de la Borde demandent à la communauté de Combertault annuellement et pour laquelle redevance ils ont obtenu contre elle un jugement sur lequel les habitans s'étant consultés auprès de Maître Ranfer et Courtot, avocats à Dijon, qui sont d'avis que le droit de huit bichets d'avoine demandé à la communauté pour droit de guet et garde n'est point deu, que la sentence n'est point soutenable et que les habitans parviendront à la faire réformer.

Que le troisième objet concerne environ trois journaux de terre que la communauté a vendue il y a environ douze ans à François Devevey et Claude Pallegoix, fermiers dudit lieu, et dont la restitution ne fait point de difficulté attendu que par les loix du royaume, il est deffendu aux communautés d'aliéner leurs fonds sans la permission de Sa Majesté.

Que le quatrième objet porte sur plusieurs enticipations qui ont étés faittes par différants particuliers à l'imitation des fermiers sur les communaux dudit Combertault.

Et que le cinquième objet regarde des droits de corvée, dixme et autres que les fermiers ont introduit et veullent exiger des habitans sans vouloir leur donner la satisfaction de leur montrer des titres en vertu desquels ils veullent percevoir lesdits droits, qu'en ayant porté leurs plaintes à leur seigneur, soit par requête, soit par somation pour luy demander la communication de ses titres et terriers, elle été constament refusée.

Sur touts lesquels objets ledit Pierre Devevey a invité lesdits habitans assemblés de délibérer présentement afin qu'on ne puisse luy imputer aucune négligence pour les interest de laditte communauté pendant le temps de son exercice. »

L'HÔPITAL GÉNÉRAL DE ROUEN

Panel (Dr G.), *Documents concernant les Pauvres de Rouen*, 3 vol., 1919 ; t.3, pp.67–69.

« *Compte des charges et dépenses de l'hôpital–général en l'année 1767, présenté à l'assemblée générale des notables, tenue en février 1768.*

297 hommes et femmes alités pour maladies ;

438 hommes et femmes malades de gale, vapeurs, folie, épilepsie, humeurs froides, mal vénérien, aveugles et paralytiques.

150 enfants, depuis l'âge d'un an jusqu'à six ans.

5 enfants qui suivent l'école d'hydrographie.

400 hommes, femmes et enfants de 14 ans et au–dessus, employés à servir les infirmes, et aux divers atteliers et offices, cuisine, dépense, boucherie, boulangerie ; gardiens et gardiennes des dortoirs et infirmeries ; balayeurs, portiers et portières, commissionnaires, lavandières, lingères, couturières, tailleurs, cordonniers, tricoteurs, fileurs de laine, fouleurs de bas, menuisiers, serruriers, brasseurs, jardiniers, charretiers, gens employés aux étables, aux écuries, aux greniers pour remuer les bleds ; barbiers et autres serviteurs de la maison, dont le travail, très utile et indispensable, ne forme cependant qu'un produit d'économie.

196 hommes infirmes employés à faire du calfat, parce qu'ils sont incapables d'un autre travail.

257 vieilles femmes, filles infirmes, et enfants de l'âge de 7 à 14 ans, occupés à la filature du coton.

54 officiers et officières.

115 enfants trouvés en nourrice.

416 enfants de la ville en nourrice.

Total : 2328 personnes à la charge de l'hôpital, dont 1797 habitant dans l'hôpital.

L'administration se conforme autant qu'il lui est possible à la loi de n'admettre dans l'hôpital que les personnes âgées de plus de 70 ans ; mais elle est souvent forcée de s'en écarter en faveur de citoyens attaqués d'infirmités, qui sont communément la suite de l'extrême pauvreté et du travail forcé. L'on conçoit que ces sortes de gens et les vieillards au–dessus de 70 ans ne sont plus capables d'un travail long et pénible ; on supplée par le nombre au défaut de force et à la brièveté du temps que leur caducité permet d'exiger d'eux. Tous ceux qui peuvent être utilement occupés, le sont chacun suivant sa capacité.

On n'admet à la pension des nourrices que les enfants trouvés et les abandonnés, les orphelins et ceux dont les pères et mères sont très pauvres et chargés de trois enfants en bas âge ; on l'accorde aussi en faveur des veufs et des veuv ves chargés de deux enfants ; cet utile secours s'administre avec toutes les précautions et l'économie dont il est susceptib ble. On éprouve d'heureux effets de la méthode que l'on a adoptée depuis quelques années, de ne le pas refuser aux mères qui veulent prendre le soin de nourrir elles–mêmes leurs enfants ; le plus grand nombre a pris ce parti ; et l'on a remarqué qu'il meurt beaucoup moins d'enfants ; il en coûte davantage à l'hôpital, mais la cité est bien dédommagée de cette dépense par la plus grande population qu'elle procure.

RÉSULTAT DU COMPTE DE LA RECETTE
ET DÉPENSE EN 1766

La valeur des effets et denrées qui existoient dans l'hôpit tal le trente et un décembre mil sept cent soixante–six, se montoit, suivant le détail audit compte, à 64 680 l. 10 s. 9 d.

La balance du compte général des dettes actives et passiv ves se montoit, en faveur de l'hôpital, à 48 917 l. 1 s. 3 d.

Ainsi l'hôpital étoit débiteur de 15 763 l. 8 s. 6 d. sur sesdits effets et denrées en nature, qu'il n'avoit pu acquitter qu'au moyen des 17 948 l. 3 s. 9 d. qu'il devoit à divers prêteurs par contrats exigibles. »

3

LES STRUCTURES SOCIALES

UN CHEF DE PAROISSE

Restif de La Bretonne, *La vie de mon père,* éd. Henri Bachelier, Paris, 1931, t.IV, pp.137– 138, 144–146.

« C'est ici, en quelque sorte, la *Vie patriarcale* de mon père. Je vais le considérer comme père de famille, comme juge, comme chef d'une paroisse qui par son gouvernement ressemble en beaucoup de choses aux anciennes Républiques (...)

La petite paroisse de Saci ayant des communes, elle se gouverne comme une grande famille ; tout s'y décide à la pluralité des voix dans des assemblées qui se tiennent sur la place publique, les Dimanches et fêtes au sortir de la messe, et qui sont indiquées par le son de la grosse cloche. C'est à ces assemblées qu'elle nomme les syndics, dont les fonctions ressemblent assez à celles des Conseils chez les Romains, les collecteurs pour les tailles, les gardes–finages pour la sûreté des terres ensemencées et des vignes, enfin les pâtres publics. Le président né de ces assemblées est l'homme du seigneur : le procureur fiscal y expose les sujets à traiter ; mais chaque particulier a droit de dénoncer les abus qui sont à sa connaissance ou de proposer les choses utiles qu'il a imaginées. On traite de ces objets sur le champ, et, s'ils sont de quelque conséquencc, on envoie les syndics au subdélégué de l'Intendance pour se faire autoriser. C'est encore dans ces assemblées qu'on assigne chaque année le canton que chacun doit couper dans les bois communs : on tire au sort, à l'exception du pasteur, du chef, quand ce dernier est habitant, et des deux syndics, auxquels on assigne nommément les cantons les plus fournis. Mais, depuis la mort de mon père, le juge ni aucun officier de la justice, ne sont plus du village : ce sont des hommes de Vermanton, que l'on a cru plus éclairés. Qu'il me soit permis de déplorer le sort d'une paroisse livrée à des gens de plume étrangers dont l'intérêt est d'y faire naître des divisions (...)

Les soirs, à souper, qui était le seul repas où toute la famille pouvait être réunie, il se voyait comme un patriarche vénérable, à la tête d'une maison nombreuse, car on était ordinairement vingt–deux à table, y compris les garçons de charrue et les vignerons, qui en hiver étaient batteurs, le bouvier, le berger et deux servantes, dont l'une suivait les vignerons et l'autre avait le gouvernement des vaches et de la laiterie. Tout cela était assis à la même table : le père de famille au bout du côté du feu, sa femme à côté de lui, à porter des plats à servir (car c'était elle seule qui se mêlait de la cuisine ; les servantes, qui avaient travaillé tout le jour, étaient assises et mangeaient tranquillement) ; ensuite les enfants de la maison, suivant leur âge qui seul réglait leur rang ; puis, le plus ancien des garçons de charrue et ses camarades ; ensuite les vignerons, après lesquels venaient le bouvier et le berger ; enfin, les deux servantes formaient la clôture ; elles étaient au bout de la table, en face de leur maîtresse, à laquelle elles ne pouvaient dérober aucun de leurs mouvements.

Tout le monde mangeait le même pain ; la distinction odieuse du pain blanc et du pain bis n'avait pas lieu dans cette maison ; d'ailleurs, ce n'aurait pas été une économie, le son, un peu gras, étant nécessaire aux chevaux, aux vaches laitières, aux porcs qu'on engraissait, et même aux brebis, lorsqu'elles avaient agnelé (...)

Il n'y avait que le déjeuner, à cinq heures du matin, où ils fussent à peu près tous réunis ; car, en été, le bouvier et le berger étaient déjà partis pour les pâturages. On faisait une courte prière en commun composée de l'oraison dominicale seulement ; ensuite on se séparait pour ne se rejoindre tous ensemble que le soir. Mais alors personne ne manquait. C'était donc après le souper que le père de famille faisait une lecture de l'Ecriture Sainte. Il commençait par la Genèse et lisait avec onction trois ou quatre chapitres, selon leur longueur, les accompagnant de quelques observations courtes et peu fréquentes, mais qu'il jugeait absolument nécessaires.

Je ne saurais me rappeler sans attendrissement avec quelle attention cette lecture était écoutée, comme elle communiquait à toute la nombreuse famille un ton de bonhommie et de fraternité (dans la famille je comprends les domestiques) ».

*

* *

UN ESSAI DE CLASSIFICATION SOCIALE

Mercier (Louis–Sébastien), *Tableau de Paris...*,
éd. de 1782–1788, 12 t. ; t.XI, pp.39–42.

« Il y a dans Paris huit classes d'habitans bien distinctes ; les princes et les grands seigneurs (c'est la moins nombreuse), les gens de robe, les financiers, les négocians ou marchands, les artistes, les artisans, les manoeuvriers, les laquais et le bon peuple.

Il faut distinguer la robe en trois familles ; le barreau, l'église, et la médecine : le barreau est composé d'une populeuse cohorte d'individus, qui semblent tous attaqués de la plus terrible boulimie. L'Eglise entretient une foule de petits collets, qui vont par bandes noires aux écoles de théologie. La médecine a encore ses branches dans les guérisseurs de toute espèce, qui courent de maison en maison, la lancette ou la médecine à la main (...)

Les financiers se subdivisent depuis le fermier général jusqu'au prêteur à la petite semaine. Les agens de change, ces nouveaux crocodiles, occupent le milieu de ce corps dévorant, méprisable, et bientôt méprisé ; car ses excès vont en croissant.

L'esprit du négoce et du commerce est abâtardi à Paris, et n'a point ce ton fier et haut des négocians provinciaux. Comme les grands n'achètent rien comptant, les marchands sont obligés d'aller s'humilier tous les jours devant eux ou devant leurs domestiques (...)

Les artistes leur sont supérieurs, quoique moins riches ; ils ont un air d'indépendance qui imprime toujours de la grâce et de la facilité. Les artistes, exerçant davantage leur esprit, ont plus de goût dans ce qu'ils font : les peintres, les architectes et statuaires ne sont jamais que des artistes, tandis que le compositeur de musique s'élève au-dessus de ce rang.

C'est par ignorance que la bourgeoisie confond l'artiste et l'homme de lettres ; il y a entre eux une grande différence. L'homme de lettres est bien au-dessus de l'artiste : qu'on eût coupé les bras à Corneille et à Molière, toujours eussent-ils été Molière et Corneille. Les gens de lettres forment une classe à part, *nobilitas litterata.*

Les artisans paraissent les individus les plus heureux. Tirant parti de leur industrie et de leur dextérité, ils se tiennent à leur place, ce qui est aussi sage qu'infiniment rare ».

*

* *

COMMENT SE FONT LES MARIAGES...

Les Pseudo-Mémoires de Madame d'Epinay. Histoire de Madame de Montbrillant, pub. par Georges Roth,
3 vol., 1951 ; t.1, pp.404-409.

« Mme de Lange prit ma soeur à côté d'elle, la questionna, l'interrompit, la complimenta et en moins de deux minutes fut enchantée de ses grâces et de son esprit. J'allai m'asseoir auprès de Mme de Vignolles avec qui, bon gré mal gré, j'entamai une explication en règle dont nous remîmes la suite à l'après-dîner, parce qu'on vint avertir qu'on avait servi. Vous en verrez les détails dans mon journal. Ils sont trop longs, trop singuliers, pour trouver place dans cette lettre, et ils interrompraient mon récit.

On plaça à table les jeunes gens près l'un de l'autre. M. de Rinville et Mme la marquise de Lange s'emparèrent de mon beau-père ; ma mère fut entre ma belle-soeur, dont elle n'avait pas voulu s'éloigner, et le marquis de Lange. Au dessert on parlait déjà hautement de mariage, malgré le silence qu'on nous avait imposé sur cet article. Lorsqu'on fut de retour dans le salon, le café pris et les domestiques étant sortis, M. de Rinville dit tout à coup, en adressant la parole à mon beau-père : « Tenez, mon ami, nous sommes ici en famille, entre amis francs comme nous, il ne faut pas tant de mystère, traitons ceci hautement. Il ne s'agit que d'un oui ou d'un non. Mon fils vous convient–il ? Oui ou non. Et votre fille ? oui ou non de même. Voilà l'*item*. Je regarde vos enfans comme les miens, mes amis. L'un est mon petit–neveu », continua–t–il en se frappant le ventre et souriant à toute la compagnie ; « l'autre est ma filleule, de sorte que l'intérêt de mon neveu, l'intérêt de ma filleule, c'est tout un. Je dis donc, mon cher confrère : votre fille plaît beaucoup à Mme la Marquise (en se retournant vers elle), je le vois ; notre jeune comte est déjà amoureux ; votre fille n'a qu'à voir s'il ne lui déplaît pas... Qu'elle le dise ! Prononcez, ma filleule. »

Ma soeur rougit. On l'accabla d'éloges, on caressa son père ; on fit enfin tout ce qu'il fallait pour nous tourner la tête à tous, et nous ôter le temps des réflexions. Ma mère, qui vit que la confiance aveugle de mon beau–père en M. de Rinville l'engageait à souscrire à tout, interrompit la huée d'applaudissements et dit à Mme de Rinville, assez haut pour être entendue : « Il me paraît, Madame, que M. de Rinville va un peu vite ; les choses ne sont pas assez avancées pour faire prononcer nos jeunes gens. Si, flattés de s'épouser, ils prenaient du goût l'un pour l'autre et que l'affaire vint à manquer ? – Ah, ah ! vous avez raison », s'écria M. de Rinville en levant les mains et les frappant l'une contre l'autre. « Vivent les gens de bon conseil ! » continua–t–il, faisant semblant d'interpréter la réflexion de ma mère suivant son idée. « Il vaut mieux traiter d'abord les articles, et les jeunes gens pendant ce temps causeront ensemble. C'est bien dit, c'est bien dit ! »

Puis, prenant tout de suite le vieux marquis et sa femme par la main, il les mena s'asseoir en cercle auprès de mon beau–père et de ma mère, et tout en les conduisant, il nous cria en riant, s'efforçant de nous regarder et en rejetant sa tête derrière lui : « Mes enfans, amusez–vous, divertissez–vous, nous allons vaquer aux moyens de vous rendre bientôt contens. »

Lorsqu'ils furent assis, M. de Rinville redressa sa perruque, releva sa manchette et, appuyant son coude sur son genou, adressa la parole d'un ton de prédicateur à M. de Bernon : « Mon ami, dit–il, M. le marquis et Mme la marquise réduisent leur fils aîné à sa légitime, et les raisons, vous les savez. Je ne vous ai rien laissé ignorer, quelque malheureuse, quelque désagréable que soit cette aventure.

Les fautes au surplus sont personnelles. Je ne suis pas plus tourné d'un côté que de l'autre, mais je crois que notre jeune comte n'en doit pas souffrir dans votre esprit, ni dans celui de personne. » Là– dessus, grandes assurances réciproques que le petit désagrément d'un enfant déshonoré ne ferait pas manquer le marché. « Eh bien ! donc, continua M. de Rinville du même ton, M. le marquis donne en mariage au comte son fils dix–huit bonnes mille livres de rente en terre, en Normandie, et la compagnie de Cavalerie qu'il lui a achetée l'année dernière. Il lui assure de plus sa pleine et entière portion dans sa succession. »

Le marquis, appuyé sur sa canne, comme je vous l'ai dépeint, opina du bonnet, et la marquise dévorait des yeux mon beau–père et ma mère. « Pour moi, dit–elle, je n'entends rien aux affaires ; je donne tout ce que je peux donner, mes diamans surtout ; Monsieur, mes diamans ! Ils sont beaux. Je ne sais au juste pour combien j'en ai ; mais tant qu'il y en aura, je les donne à ma belle–fille. Point à mon fils, au moins. – Voilà en vérité, mon cher confrère, un présent et un procédé bien généreux, dit avec emphase M. de Rinville à M. de Bernon. Et ce n'est pas pour le faire valoir, mais il n'y a pas encore deux mois que j'ai ouï dire à Madame qu'elle ne s'en déferait pas pour rien au monde. – Elle avait ses raisons pour y tenir, reprit le vieux marquis. Ils ont fait plus d'une fois l'envie de feu Mme la duchesse de Berry. Il faut que je vous conte sur cela une anecdote singulière. Après le siège de ***, où je commandais en personne...»

M. de Rinville eut l'impolitesse d'interrompre cet intéressant récit pour demander à mon beau–père s'il était content de ces propositions ; il répondit qu'il l'était fort, mais que son but était surtout que sa fille fût heureuse.

On l'interrompit pour faire l'éloge du jeune comte, et M. de Rinville répondit corps pour corps du bonheur de sa filleule. Alors mon beau–père dit qu'il traiterait sa fille comme ses autres enfans, qu'il lui donnerait quatre cent mille pour dot et sa part dans sa succession, comme ses frères et soeurs, les droits d'aînesse à part, ainsi que les lois l'exigent.

La marquise de Lange fit de grands gestes pour témoigner sa satisfaction, mais marqua quelque désir qu'on ajoutât de plus dans le contrat de mariage une promesse d'égalité.

M. de Bernon, n'ayant point fait à ses autres enfans ces avantages, se refusa longtemps à cette proposition. Mais M. de Rinville sut si bien le retourner qu'à la fin il y consentit. « Ah ! dit M. de Rinville en se levant, nous voilà tous d'accord. J'ai une proposition présentement à vous faire ; elle vous étonnera, mais j'ai de bonnes raisons, et je vous en ferai juge. Puisqu'aucune difficulté ne nous arrête, signons le contrat ce soir. Nous ferons publier le ban dimanche ; nous aurons dispense des autres, et nous ferons la noce lundi. »

*

* *

ÉTIQUETTE DES DEUILS

Mercier (Louis–Sébastien), *Tableau de Paris*, Amsterdam, 12 t., 1782–1788 ; t.5, pp.133–138.

« On sait à point nommé le tems précis qu'il faut s'affliger pour la perte de père et mère, grand–père et grand'mère, mari et femme, frère et soeur. Non seulement le terme est calculé, mais encore l'expression graduée de la douleur ; toutes les nuances sont prévues et gravées, c'est–à–dire imprimées. Le deuil a trois tems à peu près égaux. On sait quand les femmes peuvent ou ne peuvent pas porter les diamans ; quand les hommes peuvent porter l'épée et les boucles d'argent, ou avoir les souliers et les boucles bronzés. La douleur décroit avec la couleur de l'habit : manchettes de batiste, bas de laine, habit de soie, manchettes brodées, garnies d'effilé, larmes plus ou moins abondantes ! Jusqu'aux carrosses ont des harnais noirs pendant les premiers mois, et puis se blanchissent pendant les six dernières semaines. Le deuil tant des hommes que des chevaux s'éclaircit dans une marche progressive, et qui a ses loix.

Une femme est si affligée de la mort de son mari qu'elle en porte le deuil pendant un an et six semaines. Cette veuve désolée ne peut paraître à la cour qu'au bout des six premiers mois. Elle se prive aussi du plaisir de se regarder au miroir, et les glaces de son appartement gris sont cachées. Mais qu'elle sera belle lorsqu'elle sera sortie des ombres du grand deuil ! Quel ajustement pour elle quand elle portera la coiffure et les manches de gaze brochée, les agrémens ou tout noirs ou tout blancs à son choix.

Les maris toujours ingrats ne portent le deuil de leur femme que six mois ; encore quittent-ils les grandes pleureuses après les trois premières semaines, et ils peuvent paroître à la cour dès les premiers jours de leur deuil, parce que sans doute le métier de courtisan ne doit jamais s'interrompre.

On porte le deuil de père et mère six mois, de grand-père et grand'mère quatre mois et demi, de frère et soeur deux mois, d'oncle et tante trois semaines, de cousin germain quinze jours, d'oncle à la mode de Bretagne onze jours, de cousin issu de germain huit jours.

Considérez bien cette échelle : avec quel art elle est graduée ! C'est le thermomètre de l'affliction. Vous savez d'avance combien dureront les heures de tristesse.

Les règles sont fixes et invariables ; elles n'admettent d'exception que lorsqu'on hérite. Alors le deuil d'un frère, qui n'étoit que de deux mois, s'alonge jusqu'à six mois ; et c'est ainsi que l'on remercie le défunt de sa succession (...)

On porte à Paris le deuil pour ses parens, pour les monarques, princes et princesses de l'Europe ; on n'y porte pas le deuil d'un ami.

Vous voulez vous attrister à la mort d'un souverain (...) le jour indiqué par la feuille hebdomadaire, tout le monde est en noir, et une multitude de gens qui n'ont point d'autres habits sont alors très satisfaits.

Lorsque toute la cour est en noir, le roi seul est en violet (...) C'est une dépense dans les grosses maisons qu'un deuil ; il faut tout teindre en noir, habiller les enfans, les domestiques, draper les voitures. Les femmes de condition surprises mettent leurs diamans en gage jusqu'au petit deuil ; alors la succession est ouverte, et l'on a honoré le mort avec son argent. »

ASCENSION SOCIALE ET UNITÉ DE LA BONNE COMPAGNIE

(Sénac de Meilhan), *Considérations sur l'Esprit et les Moeurs*, Londres–Paris, 1787, pp.132–133, 135–137, 317–319.

« Trois avantages, lorsqu'ils sont au premier degré, produisent la plus grande considération dans le monde : l'élévation du rang, un esprit supérieur reconnu, et une fortune immense. La grandeur, la gloire et la puissance, ont à–peu–près les mêmes effets. Voltaire et le possesseur de trente millions, sont des êtres à part dans la Société : il n'est pas d'égards et de considérations qui leur soient refusés. On a beau se moquer en arrière de celui qui a rassemblé des trésors immenses, citer la bassesse de son origine, les Ministres ont besoin de lui pour secourir l'Etat embarassé ; les grands, pour rétablir leurs affaires (...)

Celui qui consent à se dévouer trente ans au ridicule, procure quelquefois des avantages réels à sa postérité.

Argante est d'une naissance bourgeoise : son père est le premier Noble de son nom. Argante se fait appeler Marquis : on s'en moque dans le monde. Il persiste, tient bon contre les railleries : dix ans se passent, on s'y habitue. Il faut bien l'appeler Marquis, sous peine de se brouiller avec lui, et parce que l'on est familiarisé à entendre ce titre uni avec son nom. Argante épouse une fille de qualité sans fortune : le voilà parent, cousin, neveu de gens qui le méprisent, mais avec lesquels il signe des contrats de mariage, et il ne faut pas demander s'il se trouve exactement aux assemblées de famille. Sa femme a beau le mépriser, son écusson est uni au sien : cela lui suffit ; il fait un pas de plus dans la carrière de la vanité, et fait mettre son nom sur sa porte. Les plaisanteries recommencent, il les souffre patiemment. Enfin, au bout de trente ans, le public est accoutumé à l'Hôtel d'Argante, parce qu'enfin il est écrit ainsi. Il meurt et son fils est en paisible possession, et du titre de Marquis et de l'inscription sur sa maison. Une génération s'est écoulée ; on a oublié le ridicule, et on sait seulement en général que ce n'est pas un nom très ancien.

Un homme modeste, qui a quatre générations de plus, n'ose prendre un titre ; il n'a qu'un portier, ses livrées sont d'une couleur obscure, et ses gens disent humblement *au logis* ; il ne paroit qu'un bourgeois, tandis qu'un autre doit à sa seule impudence d'être classé d'une manière plus avantageuse.

Il y a beaucoup d'injustice souvent dans le monde sur la naissance. Les gens de Cour ne connoissent point de milieu. Ils appellent bourgeois, un homme qui a deux cents ans de Noblesse, parce que ses ayeux n'ont point eu de grandes charges à la Cour, ou qu'ils ont occupé des places honorables dans la Magistrature (...)

Les divers états de la Société dans le siècle dernier, étoient contenus dans des limites ; chaque condition devoit offrir un caractère qui lui étoit propre, et que plusieurs outroient ; l'affectation des usages qui gouvernoient chaque classe, ou la prétention d'imiter ceux d'une autre, fournissoit un vaste champ à l'observateur critique. L'homme de la Cour et l'homme de la Ville étoient des Etres distans entre eux par l'habillement, les manières, le genre de vie, le langage. Les âges de la vie étoient marqués par un costume particulier ; l'âge mûr, la vieillesse avoient un rôle différent dans la société, des moeurs, des occupations, des plaisirs qui leur étoient propres. Chaque état, par une communication fréquente avec les autres, a de nos jours altéré son caractère distinctif. L'homme de la Cour a cessé d'avoir une grande représentation, le Magistrat a perdu sa gravité ; le Financier, sa grossièreté ; les alliances se sont multipliées entre la haute Noblesse, la Robe, la Finance, et ont rapproché tous les Etats. Les nuances caractéristiques des Nations s'effacent et disparoissent entièrement par l'habitude de la fréquentation. Il en a été de même dans la Société, les plaisirs de l'esprit, le goût des arts, l'amusement ont réuni toutes les conditions ; on n'a plus demandé l'état d'un homme pour l'admettre dans un cercle, mais s'il étoit aimable. La multiplication des richesses et le désir des jouissances qu'elle entraîne et favorise, fait disparoître les intervalles de la société. Perpétuellement réunis par le goût du plaisir, les hommes ont été plus dissipés. La vie intérieure et domestique n'a plus été le partage que des Etats obscurs et des gens sans fortune. Celui qui a un bon estomac, qui joue, et qui fait l'histoire du jour, est de tous les âges, de toutes les conditions. Il n'est ni Magistrat, ni Financier, ni père de famille, ni mari. Il est homme du monde : lorsqu'il vient à mourir, on apprend avec surprise qu'il avoit quatre vingts ans. On ne s'en seroit pas douté à la vie qu'il menoit. Sa société même ignoroit qu'il étoit ayeul, époux, père : qu'étoit–il donc à leurs yeux ? Il avoit un quart de loge à l'Opéra, jouait au lotto, et soupoit en ville ».

*

* *

L'ORDRE NATUREL

Le Mercier de La Rivière (Pierre), *L'ordre naturel et essentiel des sociétés politiques*, Paris, 2 vol., 1767 ;
t.I, p.V, VI, 11–12, 29, 35–38.

« Plein de cette idée et persuadé que cette lumière divine qui habite en nous, ne nous est pas donnée sans un objet, j'en ai conclu qu'il falloit que cet objet fut de nous mettre en état de connoître l'*ordre* sur lequel nous devons règler notre façon d'exister pour être heureux. De là, passant à la recherche et à l'examen de cet *ordre*, j'ai reconnu que notre état naturel est de vivre en société ; que nos jouissances les plus précieuses ne peuvent se trouver qu'en société ; que la réunion des hommes en société et des hommes heureux par cette réunion, est dans les vues du Créateur ; qu'ainsi nous devions regarder la société comme étant l'ouvrage de Dieu même ; et les loix constitutives de l'ordre social comme faisant partie des loix générales et immuables de la création (...)

Mes recherches sur ce point m'ont fait passer du doute à l'évidence : elles m'ont convaincu qu'il existe un *ordre* naturel pour le gouvernement des hommes réunis en société (...) un ordre pour la connaissance duquel la nature nous a donné une portion suffisante de lumières, et qui n'a besoin que d'être connu pour être observé ; un *ordre* où tout est bien, et *nécessairement* bien, où tous les intérêts sont si parfaitement combinés, si inséparablement unis entre eux, que depuis les Souverains jusqu'au dernier de leurs sujets, le bonheur des uns ne peut s'accroître que par le bonheur des autres ; un *ordre* enfin dont la sainteté et l'utilité, en manifestant aux hommes un Dieu bienfaisant, les prépare, les dispose, par la reconnaissance, à l'aimer, à l'adorer, à chercher par intérêt pour eux–mêmes, l'état de perfection le plus conforme à ses volontés (...)

Le juste absolu peut être défini, un ordre de devoirs et de droits qui sont d'une nécessité physique, et par conséquent absolu. Ainsi l'injuste absolu est tout ce qui se trouve contraire à cet ordre. Le terme d'absolu n'est point ici employé par opposition au relatif ; car ce n'est que dans le relatif que le juste et l'injuste peuvent avoir lieu ; mais ce qui, rigoureusement parlant, n'est qu'un juste relatif devient cependant un juste absolu par rapport à la nécessité absolue où nous sommes de vivre en société (...)

Ce n'est pas parce que les hommes se sont réunis en société, qu'ils ont entre eux des devoirs et des droits réciproques ; mais c'est parce qu'ils avaient naturellement et nécessairement entre eux des devoirs et des droits réciproques, qu'ils vivent naturellement et nécessairement en société. Or, ces devoirs et ces droits, qui dans l'ordre physique sont d'une nécessité absolue, constituent le juste absolu (...)

C'est donc de la nature même que chaque homme tient la propriété exclusive de sa personne, et celle des choses acquises par ses recherches et ses travaux (...)

La propriété personnelle est le premier de tous les autres droits : sans elle, il n'est plus ni propriété mobilière, ni propriété foncière, ni société (...)

Ces trois sortes de propriétés sont ainsi tellement unies ensemble qu'on doit les regarder comme ne formant qu'un seul tout dont aucune partie ne peut être détachée, qu'il n'en résulte la destruction des deux autres. L'ordre essentiel à toute société est donc de les conserver toutes trois dans leur entier (...)

L'ordre essentiel à toutes les sociétés est l'ordre sans lequel aucune société ne pourrait ni se perpétuer ni remplir l'objet de son institution. La base fondamentale de cet ordre est évidemment le droit de propriété, parce que sans le droit de propriété, la société n'auroit aucune consistance, et ne seroit d'aucune utilité à l'abondance des productions (...)

(C'est un faux système que l'intérêt général de l'Etat).

Cette idée est d'autant plus mal combinée, qu'elle met en opposition l'intérêt général avec les intérêts particuliers. Et qu'est-ce donc que l'intérêt général d'un corps, si ce n'est ce qui convient le mieux aux divers intérêts particuliers des membres qui le composent ? (...)

Voulez-vous qu'une société parvienne à son plus haut degré possible de richesse, de population, et conséquemment de puissance ? Confiez ses intérêts à la liberté ; faites que celle–ci soit générale (...)

Il ne faut pas confondre l'ordre surnaturel avec l'ordre naturel : le premier est l'ordre des volontés de Dieu, connues par la révélation, et il n'est sensible qu'à ceux auxquels il a bien voulu le manifester. Le second au contraire se fait connaître à tous les hommes par le secours de seules lumières de la raison.

L'autorité de cet ordre est dans son évidence, et dans la force irrésistible avec laquelle l'évidence domine et assujetit nos volontés.

L'ordre naturel est l'accord parfait des moyens physiques dont la nature a fait choix pour produire nécessairement les effets physiques qu'elle attend de leur concours. J'appelle ces moyens, des moyens physiques, parce que tout est physique dans la nature (...)

Cette vérité une fois reconnue, il en résulte évidemment que l'ordre social n'a rien d'arbitraire ; qu'il n'est point l'ouvrage des hommes ; qu'il est au contraire institué par l'Auteur même de la nature, comme toutes les autres branches de l'ordre physique (...) »

*

* *

L'AUTONOMIE DE LA CONSCIENCE

J.–J. Rousseau, *Emile*, livre IV.

« Les actes de la conscience ne sont pas des jugements, mais des sentiments : quoique toutes nos idées nous viennent du dehors, les sentiments qui les apprécient sont au– dedans de nous, et c'est par eux seuls que nous connaissons la convenance ou disconvenance qui existe entre nous et les choses que nous devons rechercher ou fuir (...)

Conscience ! Conscience ! instinct divin, immortelle et céleste voix ; guide assuré d'un être ignorant et borné, intelligent et libre ; juge infaillible du bien et du mal qui rend l'homme semblable à Dieu. C'est toi qui fait l'excellence de sa nature et la moralité de ses actions ; sans toi, je ne sens rien en moi qui m'élève au-dessus des bêtes (...)

Tout ce que je sens être bien est bien ; tout ce que je sens être mal est mal : le meilleur de tous les casuistes est la conscience (...)

Trop souvent la raison nous trompe, nous n'avons que trop acquis le droit de la récuser ; mais la conscience ne trompe jamais ; elle est le vrai guide de l'homme : elle est à l'âme ce que l'instinct est au corps ; qui la suit obéit à la nature et ne craint point de s'égarer ».

Les Confessions, livres I et VII.

« Je forme une entreprise qui n'eut jamais d'exemple, et dont l'exécution n'aura point d'imitateur. Je veux montrer à mes semblables un homme dans toute la vérité de la nature ; et cet homme, ce sera moi.

Moi seul. Je sens mon coeur et je connais les hommes. Je ne suis fait comme aucun de ceux que j'ai vus ; j'ose croire n'être fait comme aucun de ceux qui existent. Si je ne vaux pas mieux, au moins je suis autre. Si la nature a bien ou mal fait de briser le moule dans lequel elle m'a jeté, c'est ce dont on ne peut juger qu'après m'avoir lu (...)

La justice et l'inutilité de mes plaintes me laissèrent dans l'âme un germe d'indignation contre nos sottes institutions civiles où le vrai bien public et la véritable justice sont toujours sacrifiés à je ne sais quel ordre apparent, distinctif en effet de tout ordre, et qui ne fait qu'ajouter la sanction de l'autorité publique à l'oppression du faible et à l'iniquité du fort ».

Les Rêveries du promeneur solitaire, Première promenade.

« Me voici donc seul sur la terre, n'ayant plus de frère, de prochain, d'ami, de société que moi-même. Le plus sociable et le plus aimant des humains en a été proscrit par un accord unanime. Ils ont cherché dans les raffinemens de leur haine quel tourment pouvoit être le plus cruel à mon âme sensible, et ils ont brisé violemment tous les liens qui m'attachaient à eux. J'aurais aimé les hommes en dépit d'eux-mêmes. Ils n'ont pu qu'en cessant de l'être se dérober à mon affection. Les voilà donc étrangers, inconnus, nuls enfin pour moi puisqu'ils l'ont voulu. Mais moi détaché d'eux et de tout, que suis– je moi–même ? Voilà ce qui me reste à chercher ? (...)

Tout ce qui m'est extérieur m'est étranger désormais. Je n'ai plus en ce monde ni prochain, ni semblables, ni frères. Je suis sur la terre comme dans une planette étrangère ou je serois tombé de celle que j'habitois ».

*

* *

LES RÉSEAUX D'ALLIANCE DES FERMIERS GÉNÉRAUX

Durand (Yves), *Les fermiers généraux au XVIIIe siècle*, 1971, p.343.

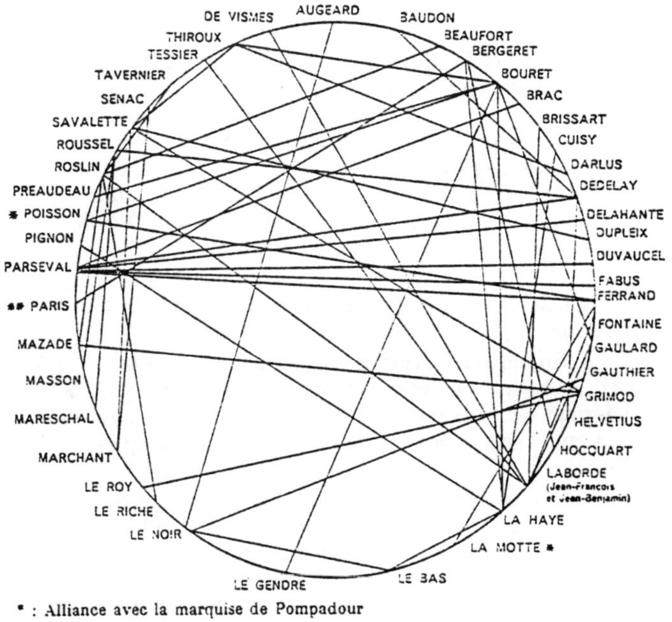

* : Alliance avec la marquise de Pompadour

** : Famille financière

— : Lien de parenté

4

CADRE ET DÉCOR DE LA VIE

ON BATIT DE TOUS COTÉS...

Mercier (Louis–Sébastien), *Tableau de Paris*, nouv. éd., Amsterdam, 12 t., 1782–1788 ; ch.88 et 535.

« On bâtit de tous côtés.

Les trois états qui font aujourd'hui fortune dans Paris sont les banquiers, les notaires & les maçons ou entrepreneurs de bâtiments. On n'a de l'argent que pour bâtir. Des corps–de–logis immenses sortent de la terre, comme par enchantement, & des quartiers nouveaux ne sont composés que d'hôtels de la plus grande magnificence. La fureur pour la bâtisse est bien préférable à celle des tableaux, à celle des filles ; elle imprime à la ville un air de grandeur et de majesté.

L'architecture, depuis vingt années seulement, a repris un très bon style, surtout quant aux ornements.

Le Comte de Caylus a ressuscité parmi nous le goût Grec, & nous avons enfin renoncé à nos formes gothiques. L'intérieur des maisons est distribué avec une commodité charmante, absolument inconnue à tous les peuples de la terre.

On a régénéré deux arts presque en même temps, la musique et l'architecture. La peinture n'a point fait les mêmes progrès : la couleur de l'Ecole Française sera toujours un peu fausse, soit que ce vice appartienne au climat, soit que le ton des maîtres s'oppose à cet égard à une plus grande perfection.

Les remparts se hérissent d'édifices qui ont fait reculer

les anciennes limites. De jolies maisons s'élevent vers la chaussée d'Antin, & vers la porte Saint-Antoine, que l'on a abattue. Il était question de renverser l'infernale Bastille : mais ce monument odieux en tout sens choque encore nos regards.

Il est écrit qu'on ne pourra jamais achever le Louvre. Depuis trente années on y travaille, mais avec une lenteur qui atteste que les fonds manquent. Le Prince de Condé a dépensé douze millions pour son Palais-Bourbon, et les échaufauds du Louvre ont pourri sur pied.

L'Hôtel-Dieu n'a rien gagné à son incendie, non plus que le Palais. Le dôme ou la coupole de l'église de Sainte-Geneviève s'écroulera-t-il sur nos têtes, ou bien bravera-t-il, sur une base inébranlable, les clameurs & les alarmes de M. Patte ? Il a annoncé le danger ; n'est-il qu'imaginaire ? S'il arrivait, il ne nous resterait donc que la majestueuse façade de ce monument, morceau qui mérite les plus grands éloges.

La maçonnerie a recomposé un tiers de la capitale depuis vingt cinq années. On a spéculé sur des terrains ; on a appellé des régiments de Limousins, & l'on a vu des monceaux de pierres de taille s'élever en l'air, et attester la fureur de bâtir.

Si ce goût servait à la commodité publique, on pourrait lui donner des éloges ; mais c'est la maçonnerie, & non l'architecture, qui triomphe : le parvenu veut avoir des appartements spacieux, & le marchand prétend se loger comme le prince.

Tandis que les salles de spectacle s'élèvent de toutes parts, qu'on rebâti l'opéra, le théâtre français, le théâtre dit italien, l'Hôtel-Dieu demeure resserré dans son enceinte mal-saine ; on a construit des boudoirs, des salles de bains ; chacun a bâti pour soi, s'est livré aux recherches voluptueuses, et les lits des hôpitaux sont demeurés les mêmes.

Les spéculateurs ont appellé les entrepreneurs qui, le plan dans une main, le devis dans l'autre, ont échauffé l'esprit des capitalistes. Les jardins se sont pétrifiés, & de hautes maisons ont frappé les regards au même lieu où l'oeil voyait croître des légumes.

Le milieu de la ville a subi les métamorphoses de l'infatigable marteau du tailleur de pierres : les Quinze-vingt ont disparu, & leur terrain porte une enfilade d'édifices neufs et réguliers ; les invalides, qui semblaient devoir reposer au milieu de la campagne, sont environnés de maisons nouvelles ; la vieille–monnaie a fait place à deux rues ; la chaussée d'Antin est un quartier nouveau et considérable.

Plus de porte Saint–Antoine. La Bastille seule a l'air de tenir bon, de vouloir épouvanter sans cesse nos regards de son hideuse figure. Sur ces fossés, témoins des jeux sanglants de la fronde, s'élevent des bâtiments qui feront douter s'il y eût jamais là des remparts que le boulet a frappés.

Les grues qui font monter en l'air des pierres énormes, environnent Sainte Genevieve & la paroisse de la Madeleine. Dans les plaines voisines de Mont Rouge, on voit tourner ces roues qui ont vingt–cinq à trente pieds de diametre, & qui épuisent les carrières.

Malgré cette multitude de bâtiments nouveaux, les loyers n'ont pas baissé de prix ; la population n'a point augmenté ; il est venu une foule d'étrangers, de curieux, de provinciaux oisifs, de laquais. On demeure à Paris, mais on n'y séjourne que l'hiver. Paris est désert l'été : il n'en faut pas moins des appartements vastes, qui demeurent vides pendant la moitié de l'année.

Les chambres trouvent toujours des locataires ; & tandis que plusieurs hôtels n'ont que le portier pour gardien & pour habitant, les petits se disputent des tanières & des mansardes.

L'architecture a cherché des formes nouvelles ; & ce caractère d'élégance & de bizarrerie qu'on a imprimé aux bijoux, on l'a appliqué aux bâtiments modernes. On voit des colifichets au contour fantasque, & les palais sont devenus des bagatelles. La maison de feue madame Thelusson offre un domicile étrange : mais on dit qu'il était temps d'ôter à l'architecture sa pesante gravité, & de la soustraire à ces règles monotones qui imprimaient partout l'ennuyeux compas.

L'architecture, jadis majestueuse & qui ne dérogeait pas, s'est ployée à la licence de nos moeurs et de nos idées. Elle a prévu et satisfait toutes les intentions de la débauche & le libertinage ; les issues secrètes et les escaliers dérobés sont au ton des romans du jour. L'architecture enfin, complice de nos désordres, est non moins licencieuse que notre poésie érotique. »

LA RUE À PARIS ET EN PROVINCE

Madame Cradock, *Journal inédit (1783–1786)*, tr. de l'anglais,
Paris, 1911, pp.16, 20–21.

Paris, Mardi 13 avril 1784.

« A six heures, été avec Lady Sussex, sur les boulevards. Il est de mode de s'y promener les lundis et mardis de Pâques, aussi y avait-il grande affluence. Cette foule en toilettes printanières, plus de deux cents voitures avec laquais en superbes livrées, les harnais de chevaux agrémentés de glans et de rubans de différentes couleurs ; de chaque côté de la chaussée pavée, et abritées par les arbres, des tentes sous lesquelles se débitaient des rafraîchissements, des fleurs et autres objets ; par-ci, par-là, des gens dansant : tout contribuait à la gaieté du tableau ».

Dimanche 25 avril 1784.

« Nous finissions de dîner, lorsque des savoyards, s'arrêtant sous nos fenêtres, nous ont donné un concert. Leur musique terminée, deux ou trois groupes de femmes ont pris leur place pour jouer au volant ; mais celles-ci furent bientôt forcées de s'arrêter et de se mettre de côté pour laisser passer une procession. En tête, marchaient deux chantres jouant du serpent ; suivait un prêtre portant une bannière de velours rouge, garnie de franges et de glands d'or, au milieu de laquelle étaient brodées en or une croix et les initiales J.N.S. Après la bannière venaient deux prêtres et dix enfants de choeur ; puis un prêtre revêtu de ses ornements et portant une grande croix en argent ; enfin, environ cent cinquante autres prêtres en surplis, marchant deux à deux et chantant tous ensemble : Non nobis Domine. La procession à peine hors de vue, nous vîmes arriver un chameau portant un singe sur sa bosse, et mené par un paillasse dansant, chantant et lançant au public des plaisanteries douteuses. Un aveugle, jouant du violon et suivi d'une troupe de gamins, succèda au paillasse. C'est ainsi que se passent la plupart des après–midi du dimanche à Paris : religion et amusements sont confondus. Nous reconnûmes au milieu de la foule notre laitier, vêtu d'un habit à la mode, d'un gilet brodé, de culottes de soie et de manchettes de dentelles. Le lendemain, il avait repris son costume ordinaire ».

Nantes, Dimanche 28 août 1785.

« De retour chez nous, nous vîmes défiler sous nos fenêtres un homme vêtu d'une jaquette garnie de galons dorés et argentés et de rubans de toutes couleurs ; il battait du tambour et précédait un homme et une femme à cheval, habillés d'étoffes voyantes. Faisant halte, le tambour cessa de battre, et un des hommes se mit à sonner trois fois de la trompette ; après quoi, l'autre annonça à haute voix : que ce jour–là, à huit heures du soir, il y aurait grand feu d'artifice. L'annonce terminée, ils continuèrent leur tournée suivis d'une vingtaine d'hommes portant, au bout de longues perches, les pièces d'artifices, etc., et, à ma grande surprise, au milieu de tout cela, un crucifix drapé de blanc. Une foule accompagnait ce singulier cortège ».

*
* *

LES CAFÉS PARISIENS

Restif de La Bretonne (Nicolas–Edme), *Les Nuits de Paris*, éd. Patrice Broussel, 1963, pp.133–134, 149.

« En arrivant au café de la place de l'Ecole, je remarquai que l'assemblée était divisée en personnages de quatre espèces ; les damistes, les échiquiers, les passants et les piliers. Les damistes tenaient le premier rang ; et les échiquistes, rebut du café de la Régence, étaient peu considérés. Les passants étaient de trois espèces : les étrangers, qui entraient par besoin, ceux qui venaient pour se réchauffer, ou pour voir jouer aux dames, et qui ne prenaient rien, des escrocs qui cherchaient à tricher une fois. Enfin les piliers, qui ne jouaient, ni ne lisaient les papiers publics de *Mille et une sortes,* n'avaient d'autre but que d'environner le poêle, et jaser entre eux en attendant le coucher. Cette nombreuse espèce d'oisifs était aussi divisée en trois classes ; les déjeuneurs ou cafistes qui ne prenaient rien le soir, si ce n'est un petit verre d'Hendaye, mais qui étaient venus déjeuner le matin, ou prendre leur tasse à l'eau après le dîner ; les jaseurs, qui ne venaient que le soir et ne prenaient jamais rien, et les mendiants. Ceux–ci étaient de pauvres diables, plus que bornés dans leurs moyens, qui s'attachaient à un causeur aisé, lui faisaient la cour, le louaient, l'admiraient. Ce causeur prenait quelque chose et offrait à son parasite tasse ou bavaroise. Le pauvre diable disait ordinairement que le café à l'eau l'incommodait. Il y faisait mettre du lait, demandait un pain et au moyen de cinq à six tasses et d'autant de petits pains un jour, de bavaroise un autre, de demi–bouteilles de cidre ou de bière un autre, le pauvre diable se trouvait alimenté. Le premier café de Paris date de 1705. Il était tenu par un étranger que l'on crut d'abord inventeur de la liqueur qu'il distribuait. On n'y mettait pas de sucre et elle fit taire la grimace aux premiers qui la prirent. Mais la propreté des tasses et des tables, le choix de la compagnie, firent que les honnêtes gens vinrent au café. La plupart n'en prenaient pas et auraient préféré le vin. L'espèce d'aise, la lucidité des idées que le café procure fut bientôt vantée et tout le monde en prit. On craignait cependant de s'échauffer en y mettant du sucre ; le goût de certaines gens fut même assez dépravé pour aimer l'amertume de cette boisson et ce ne fut que longtemps après qu'on s'aperçut que le sucre à forte dose n'ôtait presque rien à la qualité du café auquel il donnait une qualité nutritive qui, tempérant son ressort, en faisait un excitatif très fin. Cependant, le préjugé que le sucre échauffe subsiste encore parmi le peuple et dans la bourgeoisie provinciale.

Les cafés ont été longtemps le rendez–vous des honnêtes gens et il faut convenir que ce rendez–vous est plus décent que le cabaret où l'on était obligé de s'enfermer dans une chambre et que la boutique des barbiers où l'on était couvert de poudre et où l'on avait le peu gracieux spectacle des barbes savonnées, mais ils n'ont été brillants que dans leur jeunesse. Ils sont tombés depuis vingt ans. Cependant ils ne seront jamais avilis comme les cabarets, ni comme les boutiques des barbiers où les garçons serruriers eux–mêmes n'osent plus aller (...)

J'entrai au café de la Régence pour y voir jouer aux échecs.

Vingt tables étaient couvertes d'échiquiers. A ces vingt tables étaient vingt paires de joueurs, graves, silencieux, réfléchissant, environnés d'environ quarante spectateurs, attentifs aux coups, palpitants entre la crainte et l'espérance. J'ai beaucoup aimé le jeu d'échecs ! Je m'arrêtai un instant à considérer ce combat factice et je sentis le goût au jeu revenir. Je détournai les yeux et je considérai les originaux qui m'environnaient sous un autre point de vue, c'est-à-dire comme des fous qui couraient risiblement après le néant et dont le travail ne laissait pas plus de traces que les noeuds que faisaient nos dames, avant l'invention du filet. Les hommes étaient cependant moins coupables ; on ne brûlait pas une production utile, réduite au non-usage, pour l'amusement insensé d'une petite maîtresse. Je sortis ennuyé de ce café monotone où l'on ne parle ni ne rit, où l'on n'a d'autre scène amusante que celle d'un triste et silencieux échec et mat. »

*

* *

JARDINS FRANÇAIS, JARDINS ANGLAIS

Lettres de Monsieur l'abbé Le Blanc, historiographe des bâtiments du Roi..., 5e éd., 3 vol., Lyon, 1758 ; t.2, pp.244-252.

« De Stamford, etc.

A Monsieur de Buffon,

Les Anglais ne se contentent pas du bonheur de réussir mieux que nous aux choses utiles ; ils nous disputent encore le frivole avantage auquel nous pouvons prétendre, de mieux nous entendre qu'eux à celles de goût. Je reconnois leur supériorité dans les Jardins fruitiers et potagers ; dans ceux d'agrément, ce me semble, il s'en faut beaucoup qu'ils soient nos Maîtres (...)

Il est bien vrai que l'air peigné et les desseins recherchés de nos Parterres, ne font aucun plaisir à quiconque est ami de la belle et simple Nature, mais les larges et immenses Boulingrins de ce Pays-ci pechent par un autre excès, ils sont trop nuds et trop uniformes : la Nature pour gloire, veut être variée ; et comme quelqu'un l'a remarqué, l'Ennui naquit un jour de l'Uniformité.

Une vaste prairie frappe au premier coup d'oeil d'une manière agréable ; mais si elle n'est pas terminée par quelque côteau, si elle n'est pas coupée par un ruisseau et par des arbres, on se lasse bientôt de ce que d'abord on avoit admiré.

J'ai regret de ne pas trouver dans nos jardins ces bosquets touffus d'arbres toujours verds, qui défendent également et des excès du chaud, et de la rigueur du froid, et qui au milieu de l'Hyver, retracent du moins aux yeux les charmes du Printemps. Dans ceux de Kensington, qui sont en effet les plus beaux que j'ai vus de cette espèce, aux mois de janvier et de février, j'ai plus d'une fois joui avec plaisir de la douce erreur des oiseaux, qui témoignoient par leurs chants, qu'ils se croyoient au mois de Mai (...) Ces bosquets d'arbres qui ne quittent pas leurs feuilles, font des promenades agréables pour les beaux jours de l'Hyver.

D'un autre côté, rien ne me déplait tant que ces ifs éternels, qui font le principal ornement des jardins de ce Pays-ci. C'est peu de ces formes pyramidales, rondes ou quarrées qu'on leur donne d'ordinaire, et qui étoient autrefois aussi à la mode en France, qu'elles le sont aujourd'hui en Angleterre. L'art des jardiniers anglais à cet égard, est bien supérieur à celui des nôtres : ils donnent à toute sorte d'arbres les formes les plus monstrueuses et les plus ridicules. D'un houx, ils feront un éléphant avec sa tour sur le dos, et représenteront un renard en bouis (buis), avec les chiens qui courent après lui (...)

Cependant il en est des productions de l'Art comme de celles de l'Esprit ; elles ne peuvent être du goût de toutes les Nations et de tous les temps, qu'autant qu'elles ont un air simple et naturel. Ainsi, le parc de Saint-James, qui au premier aspect semble n'offrir rien de fort merveilleux, plaît néanmoins davantage à mesure qu'on le voit plus souvent, par cette espèce de simplicité. Ainsi, l'air champêtre et solitaires des jardins du Luxembourg, satisfait également les yeux de tout le monde (...)

Les Anglais font grand cas de la beauté de leur verd, et ils ont raison, ils n'épargnent rien pour entretenir ces magnifiques boulingrins, qui rendent leurs jardins si agréables et dont ceux du Palais Royal peuvent nous donner l'idée, soit par rapport à la défense, soit par rapport à l'effet. Mais pourquoi faut-il qu'on abuse de tout ! Le gazon est beau en

Angleterre : on y met tout en gazon. Ainsi pour avoir devant sa maison un tapis verd d'une plus grande étendue, on éloigne tellement les allées et les bosquets, qu'on n'y peut aller trouver l'ombre en été, sans s'exposer à être brûlé par le soleil. En France, au contraire, ce qu'il y a de plus rare dans la plupart des jardins, c'est le verd. Cette profusion de sable et de bouis si artistement contournés, qui couvrent nos parterres, sont d'une manière petite et offrent à la vue la régularité la plus ennuyeuse. On les prendroit volontiers pour des desseins de découpures (...)

J'ai l'honneur d'être, Monsieur, votre très humble, etc. »

*

* *

LE COSTUME EN ANJOU AU XVIIIe SIECLE

Besnard (François–Yves), *Souvenirs d'un nonagénaire*, 2 vol., 1880, rééd. Marseille, 1979 ; t.1, pp.26– 31, 44, 120, 136, 142, 200.

« A l'instar des maisons, les moeurs et usages des habitants les plus distingués étaient des plus simples.

Les Messieurs et les Dames avaient des vêtements d'hiver et d'été. On prenait et portait ceux–ci du jour de Pâques à celui de la Toussaint, et alors on les quittait pour mettre ceux d'hiver, auxquels on ajoutait le manchon soit de fourrures soit de velours, soie ou autre étoffe. Les dames portaient des mantelets, les uns d'hiver, les autres d'été ; on avait des vêtements affectés aux jours ouvrables, et d'autres aux dimanches et fêtes ordinaires. Quant aux grandes fêtes, surtout celles de Pâques, on ne manquait pas de mettre ceux dits de cérémonie, ce que l'on possédait de plus précieux, tels que l'habit et la robe de noces, ou enfin et tout au moins des vêtements neufs.

Il est bon de remarquer qu'alors les habits et robes de noces se transmettaient communément d'une génération à l'autre et souvent des aïeux et aïeules au petit–fils et à la petite–fille (...)

Les fontanges, ou rubans de couleurs vives, placées sur les coiffures, et les falbalas, appliqués au bas des robes, étaient des parures exclusivement réservées aux dames et demoiselles nobles ou à celles qui, par la supériorité très-marquée de fortune ou de profession des maris, se distinguaient aisément des autres familles bourgeoises. Ainsi, par exemple, les femmes de notaires, de chirurgiens, de marchands en boutiques ne se permettaient pas ce genre de luxe ; quelques-unes seulement se permettaient le ruban blanc (...)

Les femmes d'ouvriers, les servantes, les paysannes, portaient une espèce de manteau court de gros drap ou cadi noir, auquel tenait un capuchon destiné à envelopper la tête et le cou, dans le cas de pluie ou de froid. Leurs chaussures consistaient exclusivement dans une paire de sabots, ou une sorte de savates, dites pantoufles, parce qu'elles étaient dénuées du quartier qui dans les souliers ordinaires sert à recouvrir le derrière du pied.

Les dames portaient des chaussures, dont le talon haut de 20 à 25 lignes, large par le haut, étroit par le bas, présentait la forme d'un pied de biche (...)

Il était alors commun de voir les dames changer de costume, lorsqu'elles étaient parvenus à l'âge de quarante-cinq à cinquante ans. Renonçant aux ajustements dont elles s'étaient parées précédemment, elles ne portaient plus que du brun. Leurs coiffures, dénuées de fontanges, étaient de la plus grande simplicité, et elles s'enveloppaient de la cape, c'est-à-dire, d'une sorte de manteau long avec capuchon communément déployé sur la tête. Dès qu'elles avaient arboré cette couleur, on les reconnaissait pour dévotes ; et en effet elles fréquentaient les églises, ne manquaient guère d'assister aux sermons et autres offices qui n'étaient pas d'obligation pour les simples fidèles ; puis renonçant aux plaisirs du monde, elles formaient des sociétés particulières avec les prêtres et celles qui étaient entrées avant elles dans la même carrière.

L'habillement des Messieurs consistait dans un habit carré, sous lequel, au lieu de gilet, on portait une veste garnie de poches, qui descendait jusqu'à moitié des cuisses, une culotte courte, serrée au-dessous du genou par une paire de petites boucles d'argent ou d'acier, des bas de laine, de coton ou de fil, très-rarement de soie, retenus par des jarretières au-dessus des genoux, – toutefois les vieillards les portaient ordinairement avec jarretières placées au-dessous et roulés par-dessus, – et des souliers, dont les oreilles étaient réunies par de grandes boucles d'argent.

Les pantalons et les bottes n'étaient point alors de mise dans les appartements. Il était même d'usage de quitter les uns et les autres avant de se présenter au maître de la maison, lorsqu'on y arrivait à cheval.

L'habillement des artisans, des ouvriers, des domestiques mâles consistait le plus ordinairement dans une veste, un gilet, un pantalon, avec ou sans bas, des souliers de fabrique grossière ou des sabots.

Les vêtements des paysans pauvres, – et presque tous l'étaient plus ou moins, – étaient encore plus chétifs ; car ils n'avaient souvent que les mêmes pour l'hiver et pour l'été, qu'ils fussent d'étoffe ou de toile ; et la paire des souliers très–épais et garnis de clous, qu'ils se procuraient vers l'époque du mariage, devait, moyennant la ressource des sabots, servir tout le reste de leur vie. J'en ai du moins remarqué plusieurs qui n'étaient pas autrement vêtus pendant toute l'année. Quant à l'usage des bas, il leur était à peu près inconnu ; leurs femmes et filles n'en portaient guère que les dimanches, et leur accoutrement des pieds à la tête ne pouvait qu'inspirer la pitié et le dégoût (...)

Le linge de corps, de lit et de table était en assez grande quantité dans la plupart des maisons bourgeoises ; c'était même le seul genre de luxe dont on aimait à se vanter et qui se manifestait par les lessives, – car on ne connaissait presque point alors dans la plupart des villes de blanchisseurs de profession, – que l'on ne faisait que deux et même qu'une seule fois dans l'année. Pour attendre sans inconvénient un aussi long temps, on passait à l'eau, – ce qui s'appelait essanger, – le linge, à mesure qu'il était sali, et lorsqu'il était sec, on le ramassait dans la chambre ou le grenier qui lui était affecté.

Les toiles employées dans les différents usages étaient exclusivement fabriquées avec des fils de chanvre et de lin, que l'on confiait ordinairement à un ouvrier tisserand. Elles n'étaient pas généralement d'une grande finesse ; mais quant à la solidité, elles passaient pour l'emporter sur celles du commerce, dont, pour cette raison, la vente était alors très–restreinte.

Il était d'usage de garnir les chemises, – dont on ne changeait pourtant pas la nuit, – de jabots et de manchettes de mousseline, lesquelles retombaient jusque sur les bouts des doigts, quoiqu'elle fût alors d'un prix très–élevé, de 20 à 24 fr. l'aune et plus.

Au lieu de cravates, on portait des cols de mousseline plissée et retenue derrière le cou par une agraffe d'argent ou d'acier (...)

Dans les hautes et moyennes classes, hommes et femmes ne sortaient guère de leurs maisons, qu'après avoir fait friser et poudrer à blanc leurs cheveux et perruques. Les moines et les individus appartenant aux classes inférieures ne se permettaient, et ceux-ci seulement, ce genre de luxe que dans les cas extraordinaires ; ces mêmes individus avaient une mise qui les distinguait manifestement des classes supérieures.

L'usage avait déterminé le costume et la mise des individus, à un tel point que non-seulement ceux des classes supérieures de la population se distinguaient facilement de ceux des classes inférieures, mais encore que dans celles-ci, certaines nuances étaient assez prononcées, pour qu'au premier coup d'oeil on pût reconnaître l'état ou la profession de chacun. Ainsi ceux de la servante ou cuisinière n'étaient pas les mêmes que ceux de la femme de chambre ni à plus forte raison que ceux de sa maîtresse, – ceux du compagnon ouvrier que ceux du maître, – ceux du petit marchand en boutique que ceux du marchand de drap, de l'orfèvre, du bijoutier, – et encore moins que ceux des bourgeois, c'est-à-dire, de ceux qui n'exerçant aucun état vivaient du produit de leurs revenus. Et cette qualité de bourgeois ne se donnait qu'à ceux qui se trouvaient dans ce dernier cas ; tout comme on croyait que la noblesse dérogeait en acceptant certains emplois ou en se livrant à n'importe quelle branche de commerce.

Les nobles et autres privilégiés, qui en avaient le droit, ne paraissaient presque jamais dans les rues sans avoir l'épée au côté, et ils la portaient suspendue horizontalement au ceinturon. Outre le chapeau bordé d'un galon d'or, ils y attachaient souvent le plumet. »

LA VIE DE CHÂTEAU À COMBOURG

Chateaubriand (François–René de), *Mémoires d'Outre–Tombe,* lère partie, livre 2.

« J'allai passer le temps des vacances à Combourg. La vie de château aux environs de Paris ne peut donner une idée de la vie de château dans une province reculée.

La terre de Combourg n'avait pour tout domaine que des landes, quelques moulins et les deux forêts, Bourgouet et Tanoern, dans un pays où le bois est presque sans valeur. Mais Combourg était riche en droits féodaux ; ces droits étaient de diverses sortes : les uns déterminaient certaines redevances pour certaines concessions, ou fixaient des usages nés de l'ancien ordre politique ; les autres ne semblaient avoir été dans l'origine que des divertissements.

Mon père avait fait revivre quelques–uns de ces derniers droits, afin de prévenir la prescription. Lorsque toute la famille était réunie, nous prenions part à ces amusements gothiques : les trois principaux étaient le *Saut des poissonniers,* la *Quintaine,* et une foire appelée l'*Angevine.* Des paysans en sabots et en braies, hommes d'une France qui n'est plus, regardaient ces jeux d'une France qui n'était plus. Il y avait prix pour le vainqueur, amende pour le vaincu.

La Quintaine conservait la tradition des tournois : elle avait sans doute quelque rapport avec l'ancien service militaire des fiefs. Elle est très bien décrite dans du Cange (*voce* QUINTANA). On devait payer les amendes en ancienne monnaie de cuivre, jusqu'à la valeur de *deux moutons d'or à la couronne de 25 sols parisis* chacun.

La foire appelée l'*Angevine* se tenait dans la prairie de l'Etang, le 4 septembre de chaque année, jour de ma naissance. Les vassaux étaient obligés de prendre les armes, ils venaient au château lever la bannière du seigneur ; de là ils se rendaient à la foire pour établir l'ordre et prêter force à la perception d'un péage dû aux comtes de Combourg par chaque tête de bétail, espèce de droit régalien. A cette époque, mon père tenait table ouverte. On ballait pendant trois jours : les maîtres, dans la grande salle, au raclement d'un violon ; les vassaux, dans la Cour Verte, au nasillement d'une musette. On chantait, on poussait des huzzas, on tirait des arquebusades. Ces bruits se mêlaient aux mugissements des troupeaux de la foire ; la foule vaguait dans les jardins et les bois, et du moins une fois l'an on voyait à Combourg quelque chose qui ressemblait à de la joie.

Ainsi, j'ai été placé assez singulièrement dans la vie pour avoir assisté aux courses de la *Quintaine* et à la proclamation des *Droits de l'Homme* ; pour avoir vu la milice bourgeoise d'un village de Bretagne et la garde nationale de France, la bannière des seigneurs de Combourg et le drapeau de la révolution. Je suis comme le dernier témoin des moeurs féodales.

Les visiteurs que l'on recevait au château se composaient des habitants de la bourgade et de la noblesse de la banlieue : ces honnêtes gens furent mes premiers amis. Notre vanité met trop d'importance au rôle que nous jouons dans le monde. Le bourgeois de Paris rit du bourgeois d'une petite ville ; le noble de cour se moque du noble de province ; l'homme connu dédaigne l'homme ignoré, sans songer que le temps fait également justice de leurs prétentions, et qu'ils sont tous également ridicules ou indifférents aux yeux des générations qui se succèdent.

Le premier habitant du lieu était un M. Potelet, ancien capitaine de vaisseau de la compagnie des Indes, qui redisait de grandes histoires de Pondichéry. Comme il les racontait les coudes appuyés sur la table, mon père avait toujours envie de lui jeter son assiette au visage. Venait ensuite l'entrepositaire des tabacs, M. Launay de la Billardière, père de famille qui comptait douze enfants, comme Jacob, neuf filles et trois garçons, dont le plus jeune, David, était mon camarade de jeux. Le bonhomme s'avisa de vouloir être noble en 1789 : il prenait bien son temps ! Dans cette maison, il y avait force joie et beaucoup de dettes. Le sénéchal Gesbert, le procureur fiscal Petit, le receveur Corvaisier, le chapelain l'abbé Chalmel, formaient la société de Combourg. Je n'ai pas rencontré à Athènes des personnages plus célèbres.

MM. du Petit–Bois, de Château d'Assie, de Tinténiac, un ou deux autres gentilshommes, venaient, le dimanche, entendre la messe à la paroisse, et dîner ensuite chez le châtelain. Nous étions plus particulièrement liés avec la famille Trémaudan, composée du mari, de la femme extrêmement belle, d'une soeur naturelle et de plusieurs enfants. Cette famille habitait une métairie, qui n'attestait sa noblesse que par un colombier. »

LA JOURNÉE D'UN FINANCIER FRIVOLE

Les Pseudo– Mémoires de Madame d'Epinay. Histoire de Madame de Montbrillant, pub. par Georges Roth, 3 vol., 1951 ; t.2, pp.292–294.

« Ah ! mon tuteur, quel chaos, quel tumulte ! Que je suis loin du repos et de la tranquillité ! Que de choses à vous dire, et par où commencer ?... Par un souper que M. de Montbrillant a donné et dont j'ai fait les honneurs ; mais auparavant il faut que vous sachiez qu'il a complété son domestique. Il a trois laquais et moi deux ; je n'en ai pas voulu davantage. Il a un valet de chambre ; je vous ai dit qu'il m'a donné Le Bel. Il voulait aussi que je prisse une seconde femme ; mais comme je n'en ai que faire, j'ai tenu bon. Par accommodement il a exigé que la femme chargée du soin du linge assistât tous les jours à ma toilette. Lorsqu'il y assiste lui–même, je la fais venir ; mais je m'arrange pour qu'elle soit faite avant qu'il se lève, ce qui ne m'est pas difficile, car il est rarement debout avant dix heures. Enfin les officiers, les femmes, les valets se montent au nombre de seize. Je n'ai pas grand chose à vous dire de la vie que je mène ; elle est trop uniforme et vous la connaissez. J'espère n'être pas obligée d'en changer.

Celle de M. de Montbrillant est différente. Lorsqu'il est levé, son valet de chambre se met en devoir de l'accommoder. Deux laquais sont debout à attendre les ordres. Le premier secrétaire vient avec l'intention de lui rendre compte des lettres qu'il a reçues de son département et qu'il est chargé d'ouvrir. Il doit lire les réponses et les faire signer, mais il est interrompu deux cents fois dans cette occupation par toutes sortes d'espèces imaginables. C'est un maquignon qui a des chevaux uniques à vendre, mais qui sont retenus par un seigneur ; ainsi il est venu pour ne pas manquer à sa parole, car on lui en donnerait le double, qu'on ne pourrait faire affaire ! Il en fait une description séduisante. On demande le prix. « Le seigneur Un tel en offre soixante louis. – Je vous en donne cent. – Cela est inutile, à moins qu'il ne se dédise », et l'on conclut à cent louis sans les avoir vus, car le lendemain le seigneur ne manque pas de se dédire. Voilà ce que j'ai vu et entendu la semaine dernière.

Ensuite, c'est un polisson qui vient brailler un air et à qui on accorde sa protection pour le faire entrer à l'Opéra, après lui avoir donné quelques leçons de bon goût et lui avoir appris ce que c'est que la propreté du chant français. C'est une demoiselle qu'on fait attendre, si je suis encore là. Je me lève et m'en vais. Les deux laquais ouvrent les deux battans pour me laisser sortir, moi qui passerais alors par une aiguille ; et les deux estafiers crient dans l'antichambre : « Madame ! Messieurs, voilà Madame ! » Tout le monde se range en haie, et ce sont des marchands d'étoffes, d'instrumens, des bijoutiers, des colporteurs, des laquais, des décrotteurs, des mines de créanciers, tout ce que vous pouvez imaginer de plus ridicule et de plus affligeant.

Midi ou une heure sonne avant que cette toilette soit achevée, et le secrétaire qui, sans doute, sait par expérience l'impossibilité de rendre un compte détaillé des affaires, a un petit bordereau qu'il remet entre les mains de son maître qui l'instruit de ce qu'il doit dire à l'assemblée. D'autre fois, il sort à pied ou en fiacre, rentre à deux heures, fait comme un brûleur de maison, dîne tête–à–tête avec moi, ou admet en tiers son premier secrétaire, qui lui parle de la nécessité de fixer chaque article de dépense, de donner les délégations pour tels objets, etc. La seule réponse est : « Nous verrons cela. ». Ensuite il court le monde et les spectacles, et il soupe en ville quand il n'a pas de monde à souper chez lui.

Je vois que mon temps de repos est fini, et que, s'il n'a pas eu de monde jusqu'à présent, c'est que sa vaisselle n'était pas prête, ni sa maison montée à sa fantaisie. Elle est fort bien, cette vaisselle : ni trop magnifique, ni mesquine. Il a donné, dès le lendemain qu'on l'a apportée, un grand souper qu'il a commandé lui–même, dans la crainte que je n'y misse pas assez d'élégance. Il vint la veille dans mon appartement m'annoncer ce projet et me montrer la liste des gens qu'il avait priés. Ils étaient au nombre de douze et, à l'exception de M. et Mme de Ménil, de la petite comtesse de C***, fille de Mme de Sainte–Olive, et de Landry, il n'y avait qui que ce soit de ma connaissance (...)

Le souper fut fort insipide ; on ne parla que chevaux, spectacles et filles. Au dessert, Landry chanta ; et après souper, on joua. A minuit, les femmes se retirèrent. J'en fis de même, et j'appris le lendemain que M. de Montbrillant, le maître des Requêtes et le petit de Rinville étaient restés à jouer au brelan et au trente-et-quarante jusqu'à deux heures. « Il n'y a rien eu ; il n'y a eu que trente-cinq louis de perte », me dit M. de Montbrillant. »

*

* *

DE L'UTILITÉ DES FÊTES

(Marquis de Mirabeau), *L'Ami des Hommes, ou Traité de la Population*, lère partie, Avignon, 1756, pp.150–151.

« Outre le repos, il nous faut encore de la joie et des rapports d'union et de société : examinez nos fêtes dans leur institution, et en y joignant ce que l'antique simplicité y avoit ajouté d'usages et de pratiques habituelles, vous verrez que tout y concourt à ces deux objets vraiment politiques.

Les vues de l'Eglise sont toutes spirituelles dans le culte qu'elle nous prescrit, mais elle a sçu condescendre aux ménagemens que l'union de l'âme avec la machine nous rend nécessaires, et a permis que l'ordre et les usages civils y introduisent une variété et une action propre à nous intéresser (...) tout le reste a pour objet des occasions de joie et d'allégresse. Les Fêtes de Noël, des Rois, de Pâques, de la Pentecôte, toutes les grandes fêtes en un mot sont de cette espèce.

Examinons ensuite ce que la coutume de nos pères avoit ajouté d'usages particuliers à ces cérémonies. A Noël, la famille rassemblée, la souche de la veillée et le brasier qui l'entouroit servant à cuire les marons pour le vin blanc, ensuite le réveillon, etc. Aux Rois, la fève, les cris et *le Roi boit.* A Pâques, les oeufs qu'anciennement le père de famille distribuoit à toute la maison jusqu'au moindre domestique, faisoient une sorte de communion profane, précieux usage : je suis tenté quelquefois de descendre à la table de nos gens, de couper leur pain, de boire en même tasse, pour me rappeller que nous sommes tous d'une seule souche, que je dois les considérer et les contraindre à m'aimer. Cette méthode réussiroit mal aujourd'hui, les valets sont aussi insensibles, aussi méprisants que les maîtres ; mais c'est tant pis. A Pâques donc les oeufs, le jambon, etc., à la Pentecôte les premiers fruits ; la S. Hubert, la S. Martin, toutes ces fêtes sont, dans l'année, sauf respect, ce qu'est l'avoine à midi dans la journée du cheval.

Ces sortes d'assemblées d'ailleurs, ces révolutions à temps marqué unissent la société et y établissent les rapports et la confiance ; bien différentes en cela de l'intempérance journalière dont j'ai parlé ci-dessus, qui bientôt entraine la satiété, le désordre et la paresse, celles-là réveillent, font oublier les peines passées et futures, réunissent la jeunesse, mais sous les yeux paternels, font naître les unions de convenance, les propositions de mariage, rappellent les souvenirs d'antique fraternité et parenté ».

5

LES GROUPES SOCIAUX

UN VICAIRE À MAMERS À LA FIN DU XVIIIe SIÈCLE

Pichon (F.), « Les mémoires de J.–P. Fleury », in *Soc. des arch. hist. du Maine. La province du Maine*, 1900 (8), pp.325– 327.

« Le clergé de la ville, composé de douze prêtres, ne connaissait aucun ordre ; chacun en faisait le moins qu'il pouvait. Voisin de l'église, j'étais seul chargé du baptême des pauvres qu'on rejetait partout ; il n'en était pas de même pour les enfants des riches.

Le temps de la nuit était particulièrement réservé pour le baptême des enfants naturels ; le nombre en était grand. Je criais, je murmurais inutilement contre ces abus. On me répondit qu'ils subsistaient avant moi et qu'ils subsisteraient encore après. Aucun enfant naturel n'était porté à l'hôpital général sans un certificat authentique, signé de moi, de son baptême. Le nom de la mère était inscrit tout au long, malgré les plaintes, et quand je réussissais à en découvrir le père, ce qui arrivait souvent, j'assurais autant qu'il était possible l'existence de cet infortuné enfant. Que d'argent j'ai envoyé à l'hôpital général ! Que d'enfants conservés qui y auraient péri !

Ce qui me fatiguait le plus dans l'administration du baptême était de ne pas être prévenu, de quitter mes occupations, de courir à l'église où m'attendait l'enfant. Je demandai l'établissement d'une semaine pour chaque vicaire pour épargner à l'artisan la peine de frapper à toutes les portes et de se voir rebuté. Je ne fus point écouté...

Je me levais pendant l'année à 4 heures du matin. Je faisais une prière, une méditation, une préparation, récitais mes petites heures. A 5 heures, je disais la messe à laquelle assistaient une infinité d'ouvriers qui commençaient la journée par la sanctification de leur travail. Je restais à l'église jusqu'à 8 heures 1/2, occupé ou à enterrer les pauvres, fonction pour l'ordinaire à ma charge, ou à chanter des services quand il y en avait, ou à purifier des femmes, ou à faire des baptêmes ou à confesser. Il y a toujours à faire dans une grande paroisse. Les fonctions variaient suivant le temps et les circonstances.

Rendu à la maison, après un léger déjeuner, je m'occupais de mes enfants jusqu'à 11 heures. Je me livrais à l'étude ou faisais des baptêmes jusqu'à midi. Après le dîner, je m'occupais de nouveau de mes enfants jusqu'à 3 heures. Je me rendais ensuite à l'église ou pour faire les catéchismes, qui duraient ordinairement deux heures, ou pour confesser. Il m'arrivait souvent d'aller aux malades, soit pour les administrer, soit pour les visiter.

Après souper, je récitais Matines ; je récitais toujours mes vêpres pendant une classe du soir. J'étudiais un prône, lisais un chapitre de l'Ecriture et la méditation du lendemain par un prêtre du diocèse de Saint-Claude. Le repos et la tranquillité qui m'étaient si nécessaires la nuit après un travail si pénible, étaient souvent troublés par l'administration soit des baptêmes, soit de l'extrême onction à des mourants qui n'étaient pas mes pénitents. Il y avait des nuits où je me levais jusqu'à trois fois.

A défaut des catéchismes, je visitais les écoles de charité, les pauvres nécessiteux, les ménages scandaleux, et le nombre en était grand. Je savais tout ce qui se passait dans l'intérieur des familles. Les jours dans toute leur longueur étaient toujours trop courts.

Je me suis vu chargé avec le plus grand plaisir des catéchismes depuis l'année 1782 jusqu'à celle de 1792... Les statuts synodaux du diocèse imposaient l'obligation des catéchismes dans les grandes paroisses depuis la Toussaint jusqu'à la Fête-Dieu. Le catéchisme se faisait pendant ce temps quatre fois la semaine, excepté la quinzaine de Pâques et tous les premiers dimanches du mois le reste de l'année.

Les enfants faisaient séparément deux ou trois communions avant leur réunion aux adultes…

Je commençais le catéchisme par la confession de tous les enfants ; ils la renouvelaient au commencement du Carême, après la quinzaine de Pâques et quelque temps avant l'examen… Le catéchisme de notre diocèse, divisé en grand et petit catéchisme, était l'un des meilleurs des diocèses de France par sa clarté, la brièveté des réponses, l'abondance des explications placées à la fin de chaque chapitre et tirées de l'ancien et du nouveau testament.

Dans le saint temps de l'Avent et du Carême, où tout le monde se portait en foule au catéchisme, les dimanches et les fêtes, je montais en chaire. Je donnais un abrégé de la doctrine chrétienne, m'étendais sur les dispositions nécessaires pour recevoir dignement les Sacrements ».

*
* *

LA PAUVRETÉ FRANCISCAINE

La Nicollière–Teijeiro (S. de), « Derniers jours d'un monastère à Nantes : les Saintes Claires », in *Revue hist. de l'Ouest*, Vannes, 1898, pp.14–15.

« L'an mil sept cent quatre–vingt–douze, le quatrième de la Liberté, et de l'Egalité le premier, le onze septembre, neuf heures du matin.

Nous, Nicolas Poirier fils, officier municipal de la Commune de Nantes, et Joseph–Marie Dorvo, procureur de la même Commune, nommé le jour d'hier par le Conseil général pour, en exécution des lois des 16 et 17 août dernier, et de l'arrêté du Département du 5 septembre présent mois, de faire la vérification et recollement des déclaration et inventaire, nous représenté par M. Chaillou, l'un des Administrateurs du District et Commissaire nommé par cette Administration, pour en notre présence nottifier aux Religieuses de la maison de Sainte–Claire de cette ville, les lois des 16 et 17 août dernier, relatives à l'évacuation des Communautés.

Rapportons, qu'ayant avec nous Guillaume–Nicolas

Robert, premier commis–greffier de cette municipalité, nous nous sommes transportés en ladite maison de Ste Claire, où ayant fait demander Mme la supérieure, nous l'avons requise de faire assembler en notre présence toutes les religieuses et converses de cette maison, ce qu'elle a fait. Etant toutes réunies au choeur, et après que l'Administrateur du District leur a donné lecture desdites lois, et leur en a remis les exemplaires. Nous leur avons déclaré que nous entendions recenser et vérifier tous les meubles et effets describés au procès–verbal rapporté par le District le 29 mai 1790, lequel nous a été remis par l'administrateur sus nommé. Tous lesdits meubles et effets se sont trouvés, et nous avons reconnu qu'il n'en a été détourné ni détérioré aucun. Au surplus, nous nous sommes convaincus que le peu d'effets qui existe dans leurs cellules et à leur usage est loin de suffir à leur vêtement et à leurs meubles dans le monde, puisqu'elles sont sans bas, sans souliers, presque sans linge, vêtues de mauvaises robes de bure, et absolument hors d'état de paraître en public sous le costume qui leur est habituel, et qu'elles sont d'ailleurs dans le plus grand dénuement ».

Signé : Soeur Adélaïde de Saint–François, Cosson, supérieure.

Soeur Elisabeth Anastasie de Saint–Louis, Ellis, économe.

Soeur Marie Joseph de Saint–Raimond, Drouet, sacriste.

N. Dupoirier fils, Robert.

*
* *

LA NOBLESSE SELON BERNIS

Bernis (Cardinal de), *Mémoires*, éd. par Frédéric Masson, 2 vol., 1878 ; t.1, pp.126–128.

« La profession militaire ou législative, premier attribut de la noblesse ; l'ancienneté de la race, second attribut ; l'illustration acquise, soit par la grandeur des emplois exercés, soit par la grandeur des alliances contractées, troisième attribut ; le pouvoir et la domination sur quelque partie de l'Etat, quatrième attribut ; enfin la pureté de la noblesse qui consiste dans la descendance des pères et des mères véritablement nobles, et l'authenticité de la noblesse, qui doit être prouvée principalement par l'opinion publique, par l'histoire et plus particulièrement par des actes de famille non suspects, sont les attributs nécessaires et essentiels de la véritable et grande noblesse. Ainsi plus on compte dans nos familles de grands hommes, plus nos pères ont fait briller de vertus militaires ou civiles, plus ils ont versé de sang pour la patrie, plus ils ont employé de veilles pour le salut ou le bien de l'Etat, plus aussi nous sommes fondés à croire que nous appartenons à la première classe de la noblesse. Si à cette succession de vertus héréditaires se joint l'idée de l'ancienneté de la race et que l'origine s'en perd dans la nuit des temps, qu'à ces avantages se joignent encore la possession de grandes charges ou de grandes terres, la pureté du sang et l'authenticité des preuves, la grandeur des alliances ou des dignités, on aura réuni tous les attributs qui remplissent la totalité de l'idée attachée à la haute noblesse. On peut ranger dans cette première classe les descendants des souverains de quelque Etat, ou de quelques provinces, pourvu que cette descendance soit bien prouvée, et que cette race n'ait jamais dérogé.

Je mettrais à la seconde classe les maisons anciennes qui, n'ayant pas produit de grands hommes, ni possédé de grandes dignités, ni contracté des alliances avec des souverains, ont cependant joui d'un domaine étendu et servi l'Etat dans des emplois honorables.

La troisième classe de la noblesse devrait être composée de ceux qui, ayant été ennoblis depuis trois ou quatre siècles, ont illustré leur origine par de grandes vertus ou de grands services et contracté des alliances avec la haute noblesse.

J'inscris dans la quatrième classe tous ceux qui, ennoblis depuis peu, ont acquis la noblesse par le service militaire.

A la cinquième classe, tous ceux qui ont acquis depuis peu la noblesse par la magistrature, parce qu'après la défense de l'Etat, rien n'est si noble que de rendre la justice.

A la sixième, tous ceux qui ont acquis la noblesse depuis peu par le commerce fait en grand, parce que rien n'est si noble que d'enrichir l'Etat et de le rendre considérable aux yeux des autres nations.

A la septième, tous ceux qui ont acquis la noblesse depuis peu par des ouvrages immortels de prose ou de poésie, parce que rien n'est si noble que les talents de l'esprit et que ce qui augmente la gloire de sa nation.

A la huitième, tous ceux qui ont acquis la noblesse depuis peu par des ouvrages supérieurs de peinture, d'architecture, de sculpture, etc., parce que rien n'est si noble que les arts purement libéraux ; ils ennoblissent, en effet, le siècle où ils sont exercés avec gloire.

Je ferais une classe à part pour tous ceux qui auraient acquis depuis peu la noblesse par des ouvrages utiles à la cultivation des terres, à la population, à la conservation des hommes et à la navigation ; il est inutile d'en dire la raison : tout bon citoyen doit la sentir.

Les héros, en tout genre, qui ont acquis personnellement la noblesse doivent être élevés à la première classe, parce que la vertu est le principe de la noblesse. Il serait honteux pour elle que Fabert et Catinat fussent comptés parmi les nouveaux nobles, mais il est juste que leurs descendants soient rangés dans la classe qui leur appartient.

Enfin j'inscris, et même à regret, dans la dernière de toutes les classes de la noblesse, ceux qui l'ont acquise depuis un siècle seulement par de l'argent, parce que rien n'est plus ignoble et peut-être plus injuste que d'obtenir le prix de la vertu avec de l'argent qui est souvent le fruit du vice. Je sais qu'il faut réparer les anciennes races par de nouvelles, et que le corps de la noblesse s'épuiserait enfin s'il n'était régénéré ; mais la profession des armes et l'administration de la justice sont des sources assez fécondes pour remédier à l'épuisement des anciennes familles sans être obligé de faire acheter ce qui n'a point de prix.

Je sens les inconvénients de distinguer la noblesse par des classes différentes ; les mésalliances ont intéressé les grands seigneurs au mélange et à la confusion qui règnent parmi les nobles en France. Je remarquerai en passant que toute l'Europe, à l'exception des Français, regarde une alliance roturière comme une véritable dérogeance, car enfin on descend au moins autant de sa mère que de son père ; mais sans distribuer réellement la noblesse en plusieurs classes, il faudrait du moins que le Roi et ses ministres fissent eux-mêmes cette distinction par la différence des traitements, et surtout par une distribution convenable des emplois et des dignités ; il faudrait aussi constater les titres de la noblesse et fixer les armoiries. Depuis quelque temps, la bonne noblesse a quitté la couronne de comte pour celle de marquis ; les financiers ont usurpé cette dernière et forcé la noblesse à usurper la couronne ducale ; les ducs et les grands seigneurs, ne sachant plus que faire pour se distinguer, couronnent leurs armes d'un bonnet d'électeur ou d'un globe impérial : on sent combien tout cela est indécent et ridicule (...)

Les gens de la cour veulent mettre une grande différence entre eux et les gens de qualité des provinces ; ils disent volontiers, avec un certain air de dénigrement : C'est un homme de condition d'Auvergne, de Limousin, de Languedoc. Je ne leur ai jamais passé ce ton de supériorité et de mépris, et quand je leur ai entendu tenir ce langage, je leur ai toujours répondu : Eh ! d'où êtes-vous, vous autres, si vous n'êtes pas de province ? Vous n'êtes pas gentilshommes, à moins que vous ne vous appeliez Montmorency ou Lévis, qui sont en effet les deux seules anciennes et grandes maisons de la banlieue de Paris. Tout le reste de la noblesse est venue à la cour du fond de la Bretagne, de la Guyenne, du Dauphiné, de la Provence, du Languedoc, etc. Il faut convenir que la plus grande partie de la noblesse de la cour est la plus haute et la plus illustre du royaume ; mais il faut avouer aussi que, parmi les grands seigneurs, il se trouve un bon nombre de très petits gentilshommes. Je me rappelle à ce sujet un mot fort plaisant d'une femme de qualité sur ce qu'un grand seigneur venait d'être fait noble génois : « Nul n'est prophète dans son pays », dit cette femme.

Au reste, comment supporter sans indignation de voir la noblesse titrée s'allier avec la plus basse finance ? Il est criant de voir assises devant la Reine des filles ou petites-filles de barbiers, de porteballes et de tout ce qu'il y a de plus vil dans les professions du peuple. La mode, malgré son pouvoir presque despotique en France, ne soumettra jamais les esprits raisonnables à une pareille indécence. Mais quel changement funeste ce mélange impur du sang noble et roturier n'a-t-il pas déjà fait dans nos moeurs ! Quelle différence dans la façon de penser, et combien le génie militaire et le goût des armes s'en ressentent déjà ! Si le Roi veut encore avoir une nation guerrière, qu'il empêche la noblesse consacrée au seul métier des armes de se mésallier ;

mais, pour l'en empêcher, il faut qu'il lui procure des avantages, et surtout des distinctions, qui lui fassent préférer, comme autrefois, l'honneur à l'argent. »

*

* *

LUTTES DE RANGS À LA COUR

Croÿ (Emmanuel, maréchal duc de), *Journal inédit...*, t.II, Paris, 1906, pp.426–429.

« Il faut savoir, d'abord, que rien n'est réglé en France, pour les rangs, hors ce qui l'est au Parlement. La noblesse française, se regardant comme en droit d'élire ses Rois quand la tige en est éteinte, ne regarde que le Roi, les nobles et le peuple, et prétend qu'il n'y a qu'une chaîne sans interruption, dans tout cela. D'après cela, on n'accordait guère, aux princes du sang, que le rang de premiers Gentilshommes, qu'on considérait anciennement, pour beaucoup, avant qu'on eût acquis ce titre par charge à prix d'argent.

D'un autre côté, les Enfants de France ne veulent pas être mêlés et faire chaîne, sans interruption, avec les princes du sang. Ceux–ci voudraient être aussi une classe distinguée sans liaisons aux ducs. Les ducs voudraient n'être pas trop séparés des princes, ni confondus avec les Gentilshommes, et la noblesse ne reconnaît rien de tout cela, autrement que par une chaîne sans interruption.

De plus, il y a quatre maisons qui prétendent des rangs distingués, savoir : les branches de la Maison de Lorraine établies en France avec d'anciennes prérogatives ; la Maison de Bouillon, qui a son traité en cédant Sedan ; la Maison de Rohan, qui a ses prétentions particulières, et celle de la Trémoïlle, à cause de ses alliances et prétentions en Italie.

Chacun, suivant le crédit du moment, a gagné ou perdu quelques prérogatives, qui sont devenues des usages plutôt que des droits, et il n'y a rien de solide que ce qui est constamment passé et enregistré depuis longtemps au Parlement qui fait, il faut l'avouer, le seul point fixe.

Aucun souverain, prince étranger, ni même les oncles maternels des Rois n'ont aucun rang, en France.

Les princes du sang n'ayant pas invité leurs parents au mariage du fils de M. le prince de Condé, on n'y alla pas, et cela fit une première querelle. De plus, au procès de M. le duc d'Aiguillon, les princes du sang ayant prétendu qu'ils ne pouvaient être récusés pour cause de parenté, cela en fit une autre.

La grande affaire, pour le mariage de M. le Dauphin, venait de ce que Mme la comtesse de Brionne, belle dame, hardie, habile et exerçant pour son fils, le prince de Lorraine–Lambesc, la charge de Grand Ecuyer, flattée d'avoir épousé un Lorrain, plus que d'être de la Maison de Rohan qu'elle sacrifia un peu, faisait à chaque occasion des disputes et coups de hardiesse pour gagner un rang plus marqué, aux branches de la Maison de Lorraine, établie en France. Elle était bien avec le duc de Choiseul, et voulut profiter du moment que la Maison de Lorraine ayant obtenu, à ce qu'il paraissait, pour longtemps, le titre d'Empereur, et relevé la maison d'Autriche, donnait une princesse pour femme à M. le Dauphin, dont le Roi paraissait fort content pour le repos de l'Europe (...)

Sur cela, il se répandit que Melle de Lorraine (dernière fille de Mme de Brionne) danserait le menuet après les princesses du sang, et que cette Maison partirait de là pour avoir un rang séparé et intermédiaire entre les princes du sang et les ducs et la noblesse.

A cette nouvelle, le feu prit d'abord. Les ducs, qui ont, seuls, droit de s'assembler pour les droits de la pairie, et qui l'étaient souvent, alors, pour l'affaire du duc d'Aiguillon, résolurent de mettre fortement opposition à cette prétention.

Comme ils sentirent que, s'ils agissaient seuls, ils paraissaient vouloir se séparer de la noblesse, après bien des débats, ils résolurent de se fortifier du plus grand nombre, et ne paraissant, dans ce cas–ci, que faire cause commune avec toute la noblesse, ils firent une grande requête au Roi, qu'ils signèrent sans rang, pour que les différentes classes de pairs, de ducs héréditaires et de ducs à brevet pussent s'y joindre, et même ils laissèrent beaucoup de vide, pour que le gros de la noblesse pût signer indistinctement avec eux.

Cela plut à la noblesse d'abord, mais le début, qui était les grands et la noblesse du royaume, fût ensuite comme une distinction dont on se plaignit.

Les Grands d'Espagne n'ont, en France, que leur rang aux cérémonies qui ne sont pas du parlement, comme les ducs, suivant la date des lettres. Par là, les Grands d'Espagne devraient, sans contredit, faire cause commune avec les ducs. Mais les Grands d'Espagne ont un avantage de plus, qui est que les grandesses passent aux filles, et ils prétendent que, dans le concordat à ce sujet, entre les deux couronnes, il est dit que les Grands d'Espagne jouiront des prérogatives de la première dignité du royaume. Ainsi ils avaient des moyens de plus à faire valoir pour s'opposer à un rang intermédiaire que les branches de Lorraine de France cherchaient à gagner.

De plus, tenant originairement cette grâce d'Espagne, ils ne pouvaient presque rien faire sans se concilier avec l'ambassadeur d'Espagne ».

*

* *

UNE PRÉSENTATION À LA COUR

Chateaubriand, *Mémoires d'Outre–Tombe,* lère partie, livre 4.

« Le jour fatal arriva ; il fallut partir pour Versailles plus mort que vif. Mon frère m'y conduisit la veille de ma présentation et me mena chez le maréchal de Duras, galant homme dont l'esprit était si commun qu'il réfléchissait quelque chose de bourgeois sur ses belles manières : ce bon maréchal me fit pourtant une peur horrible.

Le lendemain matin, je me rendis seul au château. On n'a rien vu quand on n'a pas vu la pompe de Versailles, même après le licenciement de l'ancienne maison du roi : Louis XIV était toujours là.

La chose alla bien tant que je n'eus qu'à traverser les salles des gardes : l'appareil militaire m'a toujours plu et ne m'a jamais imposé. Mais quand j'entrai dans l'Oeil–de–boeuf et que je me trouvai au milieu des courtisans, alors commença ma détresse. On me regardait ; j'entendais demander qui j'étais. Il se faut souvenir de l'ancien prestige de la royauté, pour se pénétrer de l'importance dont était alors une présentation. Une destinée mystérieuse s'attachait au *débutant* ; on lui épargnait l'air protecteur méprisant qui composait, avec l'extrême politesse, les manières inimitables du grand seigneur. Qui sait si ce débutant ne deviendra pas le favori du maître ? On respectait en lui la domesticité future dont il pouvait être honoré. Aujourd'hui, nous nous précipitons dans le palais avec encore plus d'empressement qu'autrefois et, ce qu'il y a d'étrange, sans illusion : un courtisan réduit à se nourrir de vérités est bien près de mourir de faim.

Lorsqu'on annonça le lever du roi, les personnes non présentées se retirèrent ; je sentis un mouvement de vanité : je n'étais pas fier de rester, j'aurais été humilié de sortir. La chambre à coucher du roi s'ouvrit : je vis le roi, selon l'usage, achever sa toilette, c'est-à-dire prendre son chapeau de la main du premier gentilhomme de service. Le roi s'avança allant à la messe ; je m'inclinai ; le maréchal de Duras me nomma : « Sire, le chevalier de Chateaubriand. » Le roi me regarda, me rendit mon salut, hésita, eut l'air de vouloir s'arrêter pour m'adresser la parole. J'aurais répondu d'une contenance assurée : ma timidité s'était évanouie. Parler au général de l'armée, au chef de l'Etat, me paraissait tout simple, sans que je me rendisse compte de ce que j'éprouvais. Le roi plus embarrassé que moi, ne trouvant rien à me dire, passa outre. Vanité des destinées humaines ! ce souverain que je voyais pour la première fois, ce monarque si puissant était Louis XVI à six ans de son échafaud ! (...)

Le duc de Coigny me fit prévenir que je chasserais avec le Roi dans la forêt de Saint-Germain. Je m'acheminai de grand matin vers mon supplice, en uniforme de *débutant*, habit gris, veste et culottes rouges, manchettes de bottes, bottes à l'écuyère, couteau de chasse au côté, petit chapeau français à galon d'or. Nous nous trouvâmes quatre *débutants* au château de Versailles, moi, les deux messieurs de Saint-Marsault et le comte d'Hautefeuille. Le duc de Coigny nous donna nos instructions : il nous avisa de ne pas couper la chasse, le Roi s'emportant lorsqu'on passait entre lui et la bête. Le duc de Coigny portait un nom fatal à la Reine. Le rendez-vous était au Val, dans la forêt de Saint-Germain, domaine engagé par la couronne au maréchal de Beauvau. L'usage voulait que les chevaux de la première chasse à laquelle assistaient les hommes présentés fussent fournis des écuries du Roi. »

CONSEILS À UN JEUNE OFFICIER

Noailles (Adrien–Maurice, duc de), maréchal de France, *Mémoires politiques et militaires, pour servir à l'histoire de Louis XIV et de Louis XV, composés sur les pièces originales par l'abbé Millot* (1777), coll. Michaud et Poujoulat, t.10, 1839, pp.382–385.

Instruction pour le comte d'Ayen (1755)

« La tendre amitié que j'ai pour vous, mon cher fils, et l'intérêt sensible que je prends à ce qui vous regarde, ne me permettent pas de vous laisser partir pour votre régiment, d'où vous devez vous rendre au camp qui va s'assembler sur la Sambre, sans m'expliquer avec vous sur ce que je pense de la manière dont vous devez vous gouverner et vous conduire. Mon âge, et l'expérience que j'ai des hommes et des affaires, m'autorisent à vous faire part de mes réflexions.

Vous avez été jusqu'à présent, mon cher fils, comme enseveli dans une éducation qui vous a soustrait aux yeux du grand monde : vous allez désormais y paraître, et vous devez vous attendre que vos premières démarches seront scrupuleusement observées (...)

Soyez donc sur vos garde ; comptez que l'on ne vous épargnera sur aucune des fautes que vous pourrez faire, et que l'on n'omettra rien de tout ce qui pourra vous donner quelque ridicule (...)

Le premier et le plus essentiel de tous les conseils que l'on puisse vous donner, c'est celui de conserver avec soin les principes de la religion que l'on vous a inspirés (...) Un homme vraiment religieux est un homme juste, d'une probité sûre, et de l'attention la plus exacte à remplir tous ses devoirs. Mais dans le siècle où nous vivons, il importe pour la religion même d'éviter les excès de dévotion : ils ne font que donner matière aux satires et aux profanations des impies. La religion doit être plus dans le coeur que dans l'extérieur ; et l'on honore bien moins Dieu par de petites pratiques arbitraires, que par une conduite sage, modérée, uniforme, douce et bienfaisante (...) Ne formez jamais d'amitié et ne contractez jamais de liaison particulière avec un homme irréligieux, quelques talens et quelques qualités aimables que vous lui connaissiez, parce qu'on ne peut avoir une véritable probité quand on ne croit pas en Dieu (...)

Je vous recommande donc en arrivant à votre régiment,

de ne point faire l'étalage de ce que vous avez appris aux chevau–légers. Laissez–vous conduire dans les premiers temps par votre lieutenant colonel, votre major, et les anciens officiers ; il vaudrait mieux pour vous tomber dans quelque faute par leur conseil, que de l'éviter en suivant votre propre sentiment.

Dès lors une pareille conduite ne pourra que vous attirer l'amitié, l'estime et l'attachement de tous vos officiers.

Je n'ai pas besoin de vous recommander l'application aux devoirs que vous aurez à remplir comme colonel : ce seroit une fatuité dont vous n'êtes pas capable, que de vous croire au–dessus de l'état de colonel, puisque vous ignorez les premiers élémens du métier de la guerre.

Appliquez–vous avec soin à tout ce qu'un colonel doit savoir et doit faire : vous trouverez sans doute des officiers sans nombre qui, se croyant au–dessus de l'emploi qu'ils remplissent, le négligent. Soyez dès lors persuadé, sans en rien montrer, qu'ils sont fort au–dessous de celui qu'ils ambitionnent ; car le véritable honneur consiste à bien faire ce que l'on doit, et c'est une grande misère que de le négliger, sous le vain prétexte que l'on est capable de quelque chose de mieux (...)

Voici les règles générales qui concernent votre conduite : de la modestie, de la circonspection, de la constance dans les devoirs ; jamais aucune sorte d'affectation quelconque, même en bien ; de la volonté et du zêle, mais qui ne soient ni trop vifs, ni trop actifs ; du respect et des égards pour vos supérieurs, de la déférence pour les anciens ; écouter tout, ne rien blâmer ; ne proposer votre opinion qu'avec défiance ; surtout ne point disputer, et ne prétendre aucune supériorité pour l'esprit, les talens et les connaissances (...)

Le plus grand ennemi que vous puissiez y avoir, et qu'ont généralement tous ceux qui ont quelque émulation, est leur amour–propre (...)

Il est inutile de vous recommander d'être affable, d'un abord facile ; de ne point faire attendre les officiers qui se présenteront pour vous voir, soit de votre régiment, soit de quelque corps. Accoutumez–vous, mon cher fils, à être un peu sérieux de bonne heure (...)

Vous devez éviter le faste et l'ostentation ; vous devez cependant avoir une table honnête, plus abondante que recherchée, afin d'y recevoir les officiers, surtout ceux de votre régiment. Vous pouvez inviter quelquefois les officiers qui vous seront supérieurs. Dans ce cas, il faut avoir attention à leur procurer une compagnie qui leur soit assortie, et d'y joindre quelques officiers de votre régiment, en petit nombre à la vérité, et de ceux qui sont de la tête, ou d'une naissance plus distinguée (...)

Si vous pouvez, par économie sage, règlée et descente, épargner sur tout ce qui seroit de faste, d'ostentation et de recherche, de quoi aider des officiers de mérite qui se trouvent quelquefois dans la détresse et dans la misère, le plaisir que vous en aurez, si vous avez l'âme sensible, me dispense de vous le recommander (...) Ne vous imaginez pas qu'on s'appauvrisse par ces sortes de bienfaits : des sommes médiocres sont beaucoup pour ceux qui n'ont rien, et qui sont dans le besoin. Mais les actions de cette nature doivent être ensevelies dans le secret : en les divulgant, vous en perdriez tout le mérite ».

*

* *

UNE GRANDE MAISON DE ROBE : LES LAMOIGNON

D'après Michel Antoine, *Le gouvernement et l'administration sous Louis XV. Dictionnaire biographique*, éd. CNRS, 1978, pp.143–145.

Lamoignon de Blancmesnil (Guillaume de). Né à Paris le 8 et baptisé (St–Sulpice) le 9 mars 1683. Mort à Paris, le 12 juillet 1772.

Fils de Chrétien François de L. (1644–1709), avocat général (1673), puis président à mortier au parlement de Paris (1698–1706) ; ∞ 1674, Marie–Jeanne Voysin (1727).

Nommé conseiller au parlement de Paris, le 18 mai 1704 ; avocat général au parlement de Paris, le 22 mai 1707 ; président à mortier au parlement de Paris, le 17 décembre 1723, jusqu'en 1736 ; premier président de la cour des aides de Paris, le 5 mai 1746 ; chancelier de France, le 10 décembre 1750, démissionnaire le 14 septembre 1768.

Marié 1°, le 8 septembre 1711, à Marie Louise d'Aligre

(1697–1714), fille du premier lit d'Etienne d'A. (1660–1725), conseiller au parlement de Paris (1683), maître des requêtes (1688), président à mortier au parlement de Paris (1701) et de Marie Madeleine Le Peletier.

2°, par contrat signé à Paris le 3 mars 1715, à Anne Elisabeth Roujault (1692–1734), fille de Nicolas Etienne Roujault, maître des requêtes.

Lamoignon de Basville (Nicolas de). Né à Paris le 26 et baptisé (St–Leu–St–Gilles) le 27 avril 1648. Mort à Paris, le 17 mai 1724.

Oncle du précédent – Fils de Guillaume de L. (1617–1677), conseiller au parlement de Paris (1635), maître des requêtes (1644), conseiller d'Etat (1645), premier président du parlement de Paris (1658) ; ∞ 1640, Madeleine Potier.

Nommé gouverneur, capitaine et concierge du château de Limours, le 11 septembre 1669 ; conseiller au parlement de Paris, le 6 septembre 1670 ; maître des requêtes, le 30 septembre 1673 ; intendant de Poitiers, le ... janvier 1682 ; conseiller d'Etat semestre, le 20 janvier 1685 ; intendant de Languedoc, en août 1685, jusqu'en mai 1718 ; maître des requêtes honoraire, le 3 février 1686 ; conseiller d'Etat ordinaire, le 17 février 1697, démissionnaire en novembre 1716.

Marié à Paris (St–André–des–Arcs), le 18 avril 1672, à Anne Louise Bonnin de Chalucé (1732), fille de Jean François B., marquis de Ch., lieutenant pour le Roi au gouvernement de Nantes et du comté nantais ; ∞ Marie Urbaine de Maillé–Brézé.

Lamoignon de Courson (Urbain, Guillaume de). Né et baptisé à Paris (Ste–Chapelle), le 30 octobre 1674. Mort à Paris, le 12 mars 1742.

Fils du précédent.

Nommé gouverneur, capitaine et concierge du château de Limours, en survivance de son père, le 1er décembre 1689 ; conseiller au parlement de Paris, le 7 novembre 1692 ; maître des requêtes, le 24 août 1698 ; intendant de Rouen, le 3 novembre 1704 ; intendant de Bordeaux, le 14 août 1709, jusqu'en 1720 ; conseiller d'Etat semestre, le 27 novembre 1716 ; maître des requêtes honoraire, le 6 janvier 1720 ;

conseiller d'Etat ordinaire, le 25 juin 1724 ; conseiller au Conseil royal des Finances, le 5 janvier 1730.

Marié à Paris (St–Nicolas–des–Champs), le 29 octobre 1695, à Marie Françoise Méliand, fille de Claude M. (1634–1695), conseiller au Grand Conseil et grand rapporteur en chancellerie (1655), maître des requêtes (1673), intendant d'Alençon (1676), de Caen (1677), de Rouen (1682–1684).

Lamoignon de Montrevault (Guillaume de). Né et baptisé à Paris (St–Gervais), le 7 octobre 1697. Mort à Paris, le 6 février 1774.

Fils du précédent.

Nommé conseiller au parlement de Paris, le 14 juillet 1718 ; maître des requêtes, le 30 mars 1724, démissionnaire en janvier 1748 ; président à mortier au parlement de Paris, le 21 avril 1747 ; maître des requêtes honoraire, le 15 mars 1749 ; président à mortier honoraire au parlement de Paris, le 31 août 1764.

Marié, par contrat signé à Paris le 26 août 1726, à Marie Renée de Catinat (1701–1779), veuve (... 1724) de Jacques Antoine de Saint–Simon, marquis de Courtomer (1724), colonel du régiment de Soissonnais ; nièce du maréchal de Catinat ; fille de Pierre de C. (1670–1745), conseiller au parlement de Paris (1697–1724).

Lamoignon de Bourgneuf (Chrétien Nicolas de). Né et baptisé à Paris (St–Gervais), le 25 décembre 1700. Mort à Paris, le 25 août 1733.

Frère cadet du précédent.

Nommé conseiller au parlement de Paris, le 3 juillet 1721 ; maître des requêtes, le 23 mars 1728 ; mort en charge.

Sans alliance.

LA FORMATION D'UN AVOCAT

Berryer, *Souvenirs*, 2 vol., 1839 ; t.1, pp.43–49.

« J'avais fait mon droit, en même temps que je m'étais formé à la pratique comme clerc de procureur. J'ai été reçu avocat par l'arrêt du Parlement, du 24 août 1778, qui est mon immatricule ; mais je n'ai pris rang sur le tableau qu'à la date du 29 avril 1780 (...)

Une conduite extérieure toujours décente, toujours mesurée, est prescrite à tous les stagiaires.

Ils ne doivent paraître en public qu'avec le costume de leur état ; l'habit noir et les cheveux naissant flottants sur les épaules en gerbe prolongée, et retenus en boucle à la hauteur des basques de l'habit à la française ; chapeau à claque sous le bras gauche.

Au Palais, la robe est leur costume obligé (...) Les statuts de l'ordre, dictés par l'honneur, n'étaient inscrits nulle part : la conscience pure des anciens les avait seule recueillis, enregistrés et conservés ; la tradition en perpétuait l'autorité d'âge en âge. L'avocat devait être dévoué à la défense de toutes les infortunes avec désintéressement ; il devait répondre à la confiance qui venait le trouver, par une discrétion imperturbable ; son cabinet devait être un sanctuaire ; la fidélité dans les rapports de confrère à confrère, était un dogme inviolable (...)

Dans les locaux de la bibliothèque, se tenaient régulièrement des conférences entre les stagiaires, toujours présidées par un ancien. On y préparait les consultations gratuites que les indigens venaient réclamer. On y mettait en discussion contradictoire des questions de pure hypothèse, supposées à résoudre dans des procès imaginaires. La controverse n'en prenait pas moins toute l'importance d'un différend sérieux ; les deux antagonistes y développaient tout ce que le *pour* et le *contre* pouvaient fournir d'argumens.

La fréquentation des audiences, qui était aussi recommandée aux stagiaires, était pour eux l'école la plus instructive.

Enfin, plusieurs jeunes avocats se formaient sous le patronage d'anciens confrères, qui les admettaient à travailler dans leur cabinet, les chargeaient de faire leurs extraits, et ne dédaignaient pas de leur donner, sur les difficultés qui pouvaient se rencontrer, les solutions garanties par leur expérience.

Je n'ai pas été assez heureux pour pouvoir me placer sous l'aile protectrice d'un pareil patron ; il eut fallu être plus maître que je ne l'étais de l'emploi *gratuit* de mon temps. Je n'en ai que plus vivement senti, dans la lacune que me laissait mon isolement, la privation des secours paternels que j'en aurais obtenus. Ainsi, quand mon tour est arrivé de pouvoir être utile à la jeunesse par mes enseignemens, me suis–je fait un plaisir de l'admettre dans la cohabitation du cabinet (...)

Il y avait au barreau, lorsque j'y fus agréé, près de six cents inscrits sur le tableau. Hélas ! moins de dix ans après, il eût été impossible d'en retrouver vingt qui fussent restés assez indépendans pour y figurer encore !

Comme dans toutes les compagnies nombreuses, il y avait, dans ce nombre de six cents, bien des catégories de talens.

La masse se divisait en deux parties principales : la première, des avocats qui ne s'occupaient plus car qui ne s'étaient jamais occupés que de la consultation et de la défense par écrit ; la deuxième, des avocats plaidans, qui ne s'occupaient que des causes d'audience pour la défense orale : c'était la partie brillante du barreau, le foyer de l'éloquence pour les grandes causes, la pépinière des jouteurs exercés pour les causes ordinaires.

La foule des autres avocats se composait ou de sujets que la nature et les occasions servaient trop mal pour leur assurer l'emploi suivi de leurs facultés ; ou d'avocats ad honores, qui n'en avaient pris le titre que pour tenir un rang dans la société ».

L'HONNEUR DES NÉGOCIANTS, JEAN–JOSEPH DE LABORDE

Durand (Yves), « Mémoires de Jean–Joseph de Laborde », in *Annuaire– Bulletin de la société de l'Histoire de France*, 1968–1969, 1971, pp.116–119, 153–155.

(1759)

« M. le Contrôleur général n'ayant plus un sou du produit des actions des Fermes et voyant la décadence du crédit, travailla à son édit de subvention pour augmenter les revenus de l'Etat. Il n'avoit pas d'autre parti à prendre, mais il falloit en même temps réduire les dépenses arbitraires des ordonnateurs. Il n'en eut pas la force et cet homme, le père du peuple lorsqu'il fit l'opération des actions des Fermes, devenoit chaque jour plus indifférent à la Cour et à la Ville, parce qu'il cherchoit à soutenir par des impositions les dépenses énormes qui étoient insoutenables.

Il me força, dans le mois de juin, à prendre une place de fermier général que j'avois refusée de M. de Boullongne. Il prit le bon du Roi, fit expédier tout avant de m'en prévenir et la chose étoit si avancée lorsqu'il m'en parla, qu'il n'y avoit plus moyen de s'en deffendre.

J'avois été élevé dans le Commerce, j'y avois fait une fortune et ma répugnance étoit extrême pour chacune des places de Finance. Ce n'est pas qu'elles ne soient parfaitement honnêtes, mais le Commerce et la Finance ne vont jamais bien ensemble. J'ai toujours conservé l'attachement le plus décidé pour le Commerce. Je vous prie, mon cher fils, de l'aimer toujours : c'est l'état d'un vrai citoyen. Un négociant qui travaille dans le grand fait mouvoir tous les différens ordres de l'Etat, en leur faisant recueillir le fruit de son travail. L'agriculture, les manufactures, les artisans, les ouvriers en tout genre, tout se ressent des opérations d'un négociant. J'ai eu jusqu'à dix navires à la pêche à l'Amérique, aux Indes orientales, aux Indes occidentales et en Guinée. Combien de personnes occupées, combien d'argent répandu qui soulage le peuple et le gentilhomme, en leur procurant un débouché avantageux de leur vin et de leur bled dont on fait des farines ! Je vous parlerai, mon cher fils, du commerce que j'ai fait. Je vous dirai ce que j'en pense sur toutes les parties. C'est une des plus belles matières de ces mémoires et sur laquelle je vous instruirai d'après mon expérience. Cela vaudra mieux pour vous que tous les livres imprimés que vous pourriés lire à ce sujet ».

*
* *

LES FINANCIERS NE SONT PLUS CE QU'ILS ÉTAIENT

Duclos (Charles Pinot, sieur), « Les confessions du comte de *** », in coll. « La Pléiade », *Romanciers du XVIIIe siècle,* t.II, pp.253–254.

« La finance n'est point du tout aujourd'hui ce qu'elle était autrefois. Il y a eu un temps où un homme de quelque espèce qu'il fut, se jetait dans les affaires avec une ferme résolution d'y faire fortune, sans avoir d'autres dispositions qu'un fonds de cupidité et d'avarice ; nulle délicatesse sur la bassesse des premiers emplois, le coeur dégagé de tous scrupules sur les moyens, et inaccessible aux remords après le succès. Avec ces qualités on ne manquait pas de réussir. Le nouveau riche, en conservant ses premières moeurs, y ajoutait un orgueil féroce dont ses trésoriers étaient la mesure ; il était humble, ou insolent suivant ses pertes ou ses gains, et son mérite était à ses propres yeux, comme l'argent dont il était idolâtre, sujet à l'augmentation et au décri.

Les financiers de ce temps–là étaient peu communicatifs ; la défiance leur rendait tous les hommes suspects, et la haine publique mettait encore une barrière entre eux et la société.

Ceux d'aujourd'hui sont très différents. La plupart, qui sont entrés dans la finance avec une fortune faite ou avancée, ont eu une éducation soignée, qui en France se proportionne plus aux moyens de se la procurer qu'à la naissance. Il n'est donc pas étonnant qu'il se trouve parmi eux des gens fort aimables. Il y en a plusieurs qui aiment et cultivent les lettres, qui sont recherchés par la meilleure compagnie et qui ne reçoivent chez eux que celle qu'ils choisissent.

Le préjugé n'est plus le même à l'égard des financiers ;

on en fait encore des plaisanteries d'habitude, mais ce ne sont plus de ces traits qui partaient autrefois de l'indignation que les traités et les affaires odieuses répandaient sur toute la finance. Je sais que personne n'a encore osé en parler avantageusement ; pour moi, qui rapporte librement les choses comme elles m'ont frappé, je ne crains point de choquer les préjugés de ceux qui déclament stupidement contre la finance, à qui ils doivent peut-être leur existence sans le savoir ».

*

* *

MÉDECINS CÉLÈBRES

Lévis (Duc de), *Souvenirs et portraits : 1780–1789*, 1815, pp.237–239.

« Elle était étonnante l'influence que les principaux médecins exerçaient dans ce temps-là en France sur leurs malades de la haute société, et surtout sur les personnes du sexe. Elles avaient pour eux une confiance tendre et soumise, et leur admiration sans bornes était accompagnée des attentions les plus recherchées. Je ne saurais comparer les sentiments de ces dames pour leurs médecins qu'à ceux que leurs grand'mères avaient, à la fin du siècle de Louis XIV pour leurs directeurs ; et, dans le fait, la préférence que, de nos jours, le corps avait obtenue sur l'âme, explique assez ce déplacement d'affections. Quoi qu'il en soit, les médecins qui avaient cette vogue extraordinaire étaient en très petit nombre ; ce qui ne doit pas étonner, lorsque l'on songe qu'ils devaient réunir à des talents reconnus dans leur art un esprit délié, la connaissance du coeur humain, l'usage du monde et des manières agréables ; mais, avant tout, il fallait qu'ils eussent ou qu'ils feignissent un coeur sensible. Comme, sur vingt fois qu'ils étaient appelés, il y en avait au moins quinze plutôt de luxe que de nécessité, on voit bien qu'ils avaient plus de plaintes à entendre que de remèdes à ordonner. Ils devaient écouter avec l'air du plus vif intérêt les longs récits de leurs malades, et cependant il ne fallait point traiter trop sérieusement leurs inquiétudes, de peur de leur donner des craintes réelles, moyen sûr d'être pris en aversion et éconduits, tandis qu'en les traitant brusquement de chimères on eût choqué leur amour-propre ou passé pour un homme dur. L'art consistait à relever le courage de ces âmes amollies, à leur prescrire, avec une apparence d'attention, de ces ordonnances innocentes qui satisfont l'esprit sans nuire à la santé, et à terminer par une plaisanterie délicate et légère une visite dont le commencement avait été consacré à la sensibilité. Qu'il y avait loin de ces docteurs aimables à ceux du temps de Pascal ! Lorsque ce grand penseur disait : « Qui voudrait d'un médecin sans soutane ? » il était loin de prévoir un tel changement de moeurs ; mais il avait raison de se moquer de l'aveugle confiance que l'on avait alors pour l'habit. S'il eût écrit de nos jours, il n'eût pas moins ri de la confiance dans cet intérêt prétendu que les femmes pensaient inspirer à leurs médecins. Les moralistes ont toujours raison ; les hommes changent de hochets, mais chaque siècle a les siens.

Il y avait, à l'époque dont je vous parle, plusieurs médecins célèbres, et qui, indépendamment de toute autre considération, méritaient leur célébrité ; c'étaient Tronchin, Bouvard, Lorry et Bordeu. Les ouvrages de ce dernier jouissent encore, malgré les progrès de la science, de la plus grande estime. Tronchin, étranger (ce qui a toujours été un titre de recommandation en France), avait mis de l'adresse et presque de la charlatanerie pour assurer dans le commencement ses succès ; par exemple, il imagina de conseiller à une jeune femme qui avait besoin d'exercice de frotter son appartement ; ce qui réussit si bien que la moitié de la bonne compagnie de Paris se mit à frotter. Une autre année, il proscrivit la soupe. Mais un service essentiel qu'il a rendu aux gens de lettres et à tous ceux qui, par état, sont obligés d'écrire longtemps de suite, c'est l'invention des tables qui se lèvent et s'abaissent à volonté ; elles portent son nom, et l'usage n'en saurait être trop recommandé ».

OPPOSITION DE LA CORPORATION DES MENUISIERS NANTAIS AUX ARTISANS LIBRES DU SANITAT, LIEU PRIVILÉGIÉ

Mémoire imprimé, juillet 1757.

Archives municipales de Nantes, HH 147 (3).

« Pour la communauté des maitres menuisiers de la ville et faubourg de Nantes, appelante de sentence rendue au siège royal de police de la même ville, le 4 juillet 1747 et oposante en tant que besoin, à un arrêt de la cour du 9 mars 1723 et encore appelante d'autre sentence rendu au dit siege le 28 aout 1753 et en adhérant de sentence et procès–verbal de cautionnement des 7 et 14 septembre suivant et autres sentences des 27 et 30 juin 1750 et tout ce que fait a été à son préjudice, et demanderesse en differentes requetes.

Contre Maurice Langlois menuisier et les directeurs et administrateur de l'hopital général, dit Sanitat, de Nantes, suite et diligence de Noble Homme Jacques Grout de Senicour intimés.

Et Demoiselle Gabrielle Bouttin, veuve du sieur Etienne Dallias, et Demoiselle Françoise Dallias la fille, intimées dans l'apel des sentences et proces verbal des 28 août et 14 septembre 1753. Les administrateurs du dit hopital prenant la garantie fait et cause pour les dites Demoiselle Dalias, les tous défendeurs.

(...) Les administrateurs ne prétendent rien moins que le droit d'afermer des boutiques dans les cours du Sanitat à des ouvriers de toutes espèces et en les nombres qu'il leur plaira, avec privilège à ces ouvriers de travailler sans maitrise pour leur compte personnel comme font les maitres (...) Les jurés en charge de la communauté des maitres menuisiers de Nantes rencontrèrent sur la Fosse, le 19 juin 1747, Langlois menuisier au Sanitat, qui faisoit transporter deux croisées de bois de chêne. Ils l'arrêtèrent, Langlois fit d'abord violence. Il frappa les jurés d'un marteau et d'une règle qu'il avait à la main ; mais ceux–ci trouvèrent le moyen de saisir la marchandise et ils en firent rapporter un procès verbal par un commissaire.

Le lendemain, les jurés mirent leur plainte devant les

juges royaux de police, et demandèrent permission d'informer des mauvais traitements. Celui qui expédia la requête accorda un simple permis d'appeler, en consequence Langlois fut assigné pour voir juger contre lui la confiscation des deux croisées saisies, et pour le faire condamner à l'amende portée par les statuts. On demanda aussi qu'il fut venu en aveu ou contestation des excès portés dans la plainte.

Le même jour Langlois et Louis Gautreau, enfant du Sanitat, qu'il dit être son apprenti, présentèrent une requête devant les mêmes juges. Langlois y exposa qu'il travaillait depuis dix ans dans l'enclos de l'hopital, qu'ayant fait marché avec le sieur Bourgeois prêtre, pour lui faire des croisées de fenêtres, il avait été arrété par les jurés de la communauté, avec un des enfants de l'hopital qui lui aidait à les porter ; que cet arret et cette saisie n'étoit pas valable, qu'il avoit droit de travailler comme les maitres et que les jurés n'avoient pas même droit d'inspection sur les ouvrages fabriqués au Sanitat.

Langlois appuyoit son exposé sur un arret de la cour rendu le 9 mars 1723 dont il fit signifier copie. Par cet arret donnée sur la remontrance de Messieurs les Gens du Roi, il est ordonné que les lettres d'établissement du Sanitat seront incessament représentées par les directeurs pour sur la vue d'icelle, être fait droit, ainsi qu'il seroit vu appartenir et cependant, il est fait défense aux maitres jurés des Arts et Métiers, et à tous autres d'arrêter et confisquer les ouvrages qui se fabriquent dans le Sanitat jusqu'à ce qu'il en ait été autrement ordonné.

C'est sur le fondement de cet arret que Langlois demanda main levée de la saisie. Il se plaignit d'avoir été maltraité et il conclut à ce qu'il eut été fait défenses aux jurés et à tous menuisiers d'arrêter à l'avenir les ouvrages qui sortiront de l'hopital et particulierement lorsqu'ils seront conduits par un des enfants de la maison.

Sur les requêtes des deux parties qui furent jointes et l'intervention des directeurs du Sanitat, les juges de Police rendirent le 4 juillet 1747 une ordonnance qui renvoya plaider au jeudi suivant ; et cependant vu ce qui résulte de l'arrêt de la cour ordonne que les deux croisées seront rendues, tous dépens, dommage et intérêts réservés (...)

Il y auroit une maison privilégiée, où, sans passer par aucun examen, sans faire aucune épreuve, sans qu'il en coûtat un sol, des gens sans expérience jouiroient de tous les droits de Maîtrise, et seroient déchargés de tous impôts. Quel abus qu'un tel privilège, s'ils subsistoit ? ».

*

* *

LES DOMESTIQUES D'UN FINANCIER

Madame Roland, *Mémoires*, édition Cl. Perroud, 2 vol., 1905 ; t.2, pp.135–138.

« La campagne étant nécessaire à mon parfait rétablissement, nous allâmes respirer son air bienfaisant auprès de M. et Mme Besnard ; déjà, depuis deux ans, nous passions chez eux, ma mère et moi, tout septembre. Leur situation avait encore quelque chose de très propre à nourrir ma philosophie et à fixer mes méditations sur les vices de l'organisation sociale.

Mme Besnard, dans l'infortune qui lui avait été commune avec ses soeurs, était entrée chez un fermier général dont elle régissait la maison : c'était celle du vieil Haudry ; là elle avait épousé un intendant, M. Besnard, avec lequel, retirée depuis longtemps, elle vivait modestement dans la paix et le bonheur (...)

Le vieil Haudry, artisan de sa fortune, était mort ; il avait laissé de grands biens à un fils qui, né dans l'opulence, devait les dissiper. Ce fils, déjà veuf d'une femme charmante, faisait beaucoup de dépenses et passait, suivant l'usage des gens riches, quelques moments de l'année au château de Soucy, où se transportait avec lui la manière de vivre de la ville, bien plus qu'il n'y prenait celle qui convient à la campagne. Ses possessions comprenaient plusieurs terres réunies ; la plus voisine de Soucy (Fontenay) avait un château antique dans lequel il aimait à mettre des habitants ; il y avait logé un notaire, un régisseur et il engagea M. et Mme Besnard à y prendre un appartement où ils passassent une partie de la belle saison. C'était bien entendu pour la conservation des lieux, et il y gagnait encore un air de magnificence dont il était jaloux. M. et Mme Besnard, bien logés, jouissaient de la promenade d'un parc dont le négligé faisait un aimable contraste avec les jardins de Soucy et me plaisait encore plus que le luxe qui distinguait le séjour du fermier général. Lorsque nous étions arrivés chez Mme Besnard, elle désirait que nous allassions faire une visite à Soucy où la belle–mère et la belle–soeur d'Haudry se tenaient avec lui et faisaient les honneurs de sa maison. Cette visite se rendait modestement avait dîner ; j'entrais sans nul plaisir dans le salon où Mme Pénault et sa fille nous recevaient avec une grande politesse, il est vrai, mais qui sentait un peu la supériorité. Le ton de ma mère, le caractère même que je portais sous l'air d'une timidité qui naît du sentiment de ce que l'on vaut et du doute d'être appréciée, ne permettaient guère de l'exercer ; je recevais des compliments qui me flattaient peu, et que je relevais avec quelque finesse lorsque certains parasites à croix de Saint–Louis, toujours errants chez l'opulence comme les ombres sur les bords de l'Achéron, se mêlaient de les renforcer.

Peu de jours après, ces dames ne manquaient pas de nous rendre visite ; elles étaient suivies de la compagnie qui se trouvait au château ; on faisait un but de promenade de la visite à Fontenay. J'étais alors plus aimable, et je savais mettre dans ma part de réception la dose de politesse modeste et digne qui rétablissait l'équilibre. Il arriva une fois à Mme Pénault de nous inviter à dîner ; je ne fus jamais plus étonnée que d'apprendre que c'était, non pas avec elle, mais à l'*office.* Je sentais bien que, M. Besnard y ayant fait autrefois son rôle, je ne devais pas, par égard pour lui, paraître mécontente de m'y trouver ; mais je jugeais aussi que Mme Pénault, devait arranger les choses différemment ou nous épargner cette politesse malhonnête. Ma grand'–tante le voyait du même oeil ; mais pour éviter tout petit choc, nous nous rendîmes à l'invitation. Ce fut un spectacle nouveau pour moi que celui de ces déités du second ordre ; je ne me doutais pas de ce qu'étaient des femmes de chambre jouant la grandeur. Elles s'étaient préparées pour nous recevoir et faisaient véritablement bien doublure : toilette, maintien, petits airs, rien n'était oublié. Les dépouilles encore fraîches de leurs maîtresses prêtaient à leur parure une richesse que l'honnête bourgeoisie s'interdisait ; la caricature du bon ton y joignait un genre d'élégance aussi étrangère à la modestie bourgeoise qu'au goût des artistes ; cependant le caquet et la tournure en auraient encore imposé à des provinciales. C'était pis chez les hommes ; l'épée de *M. le maître,* les soins de *M. le chef,* les politesses et les vêtements brillants des valets de chambre ne pouvaient racheter la gaucherie des manières, l'embarras du langage quand ils voulaient le faire paraître distingué, ou la trivialité des expressions lorsqu'ils oubliaient de s'observer. La conversation fut toute remplie de marquis, de comtes et de financiers, dont les titres, la fortune, les alliances paraissaient être la grandeur, la richesse et l'affaire de ceux qui s'en entretenaient. Les superfluités de la première table refluaient sur cette seconde, avec un ordre, une propreté qui leur conservaient l'apparence d'une première apparition, et une abondance qui devait servir à la troisième table, celle proprement des *domestiques*, car les individus de la seconde s'appelaient des *officiers*.

Le jeu suivit le repas, le taux en était élevé, c'était celui de la partie ordinaire de ces *demoiselles*, qui ne manquaient pas de la faire chaque jour. J'aperçus un nouveau monde, dans lequel je trouvais la répétition des préjugés, des vices ou des sottises d'un monde qui ne valait guère mieux pour paraître davantage ».

*

* *

LE PEUPLE DE PARIS

Mercier (Louis–Sébastien), *Tableau de Paris*, 12 t., Amsterdam, 1789 ; t.9, pp.99–104.

« Paris est composé d'une multitude de provinciaux et d'étrangers, sous lesquels disparaît le vrai Parisien, dont la race ancienne est bonne, crédule, mais point sotte. Naître à Paris, c'est être deux fois Français ; car on y reçoit en naissant une fleur d'urbanité qui n'est point ailleurs.

Ce tas de provinciaux, accourus de leurs villages ou petites villes, sont encore plus avides de curiosités que le Parisien même, et font foule partout. Quand on a voulu mystifier les Parisiens, en leur annonçant un homme qui marcherait sur la rivière, un autre qui creuserait la terre à la manière des taupes, etc., on n'a leurré que les garçons de boutique et quelques mercenaires, qui s'attachent à tout ce qui peut les distraire un moment de leurs longs et ennuyeux travaux. Le moindre prétexte leur sert pour interrompre leurs occupations fatigantes. Le nombre des désoeuvrés commence la foule, et la curiosité enfle le groupe ; mais l'indifférence ne serait-elle pas plus condamnable, quand il s'agit d'un accident, d'un homme blessé, d'une rixe meurtrière ? (...)

Ceux qu'on appelle gens de peine sont presque tous étrangers. Les Savoyards sont presque tous porteurs d'eau ; les Limousins maçons ; les Lyonnais sont ordinairement crocheteurs et porteurs de chaises ; les Normands tailleurs de pierres, paveurs et porte-balles, raccommodeurs de faïence, marchands de peaux de lapins ; les Gascons perruquiers ou carabins ; les Lorrains savetiers ambulants, sous le nom de *carreleurs* ou *recarreleurs*.

Les Savoyards logent dans les faubourgs ; ils sont distribués par chambrées, dont chacune est dirigée par un chef ou vieux Savoyard, qui est l'économe et le tuteur de ces jeunes enfants, jusqu'à ce qu'ils soient en âge de se gouverner eux-mêmes.

On a fait de sages règlements pour ces jeunes Savoyards et autres enfants servant le public, et dont l'éducation abandonnée restait autrefois absolument étrangère à la religion. On a établi des catéchismes, des écoles de charité et des retraites ; on y ajoute des secours temporels ; et, quoi qu'en disent certains esprits durs et bornés, le plus grand bienfait que l'on puisse donner à l'homme est celui des idées religieuses, parce qu'elles sont consolantes, et suppléent à toutes les autres, chez les êtres dont les jours sont voués aux travaux journaliers et aux ordres impérieux de la nécessité.

Les Savoyards, les gens de peine, porteurs d'eau, gagne-deniers, crocheteurs, décrotteurs, sont en groupe au coin des carrefours ; et là, attendant qu'on les emploie, ils se font des niches en se poussant l'un contre l'autre (...)

On voit ensuite des garçons perruquiers, populairement appelés *merlans,* parce qu'ils sont enfarinés des pieds à la tête, et dont il faut éviter la rencontre, car si vous êtes en habit noir vous êtes blanchi et graissé ; eh ! quel désastre pour celui qui n'a qu'un habit noir ! Ces merlans sont barbiers et coiffeurs le matin, et chirurgiens l'après-midi. Il a fallu leur défendre l'entrée des écoles de chirurgic autrement qu'en habit bourgeois, sans quoi l'amphithéâtre royal eût ressemblé à une sale boutique de perruquier. C'est ainsi qu'ils paraissaient jadis aux écoles de Saint-Côme. Aussi, dès que l'heure de tous ces merlans était arrivée, ils s'emparaient de la rue des Cordeliers, et il était défendu, à tout homme un peu proprement vêtu, de passer par cette rue, et même dans le voisinage.

Ces *merlans,* apprentis chirurgiens, quand ils sont dans l'amphithéâtre, ont un objet d'émulation sous leurs regards ; car, en levant les yeux, ils aperçoivent le buste de M. La Martinière, qui s'est élevé du rang de garçon perruquier, ou *frater,* au grade de premier chirurgien du roi. Les merlans s'enorgueillissent d'un tel fondateur, qui ne les a pas oubliés au sein de sa haute fortune.

Les meuniers, les boulangers, les forts de la halle, qui voiturent les sacs de farine, sont aussi un peu blancs, mais ils n'ont pas l'impudence des merlans. Les charbonniers, qui contrastent avec eux, se détournent un peu, quoique chargés, de peur de vous noircir (...)

La ville, au milieu de ce mélange d'individus, a besoin d'un frottement perpétuel d'industrie, d'une activité soutenue, d'une tentation offerte aux riches, d'un travail de luxe, et de quelques vices qu'il traîne à sa suite (car la première loi est de vivre). Le prix des denrées et des choses nécessaires à la vie ayant augmenté successivement, les salaires n'ont pas suivi dans la même proportion. Ainsi l'abondance de l'or et de l'argent n'a fait que renforcer l'égoïsme des riches, qui ont eu à meilleur marché plusieurs jouissances.

Que ne lit–on pas dans les petites affiches ? Une foule d'hommes sans place, qui ont fait leurs études, et qui même ont été chez les procureurs et notaires ; des particuliers qui savent le latin, le français, l'allemand, l'anglais, l'histoire, la géographie, les mathématiques, et qui n'ont point de pain. Mais celui qui sait servir à table, frotter, panser un cheval, mener une voiture, courir la poste, trouve à se placer comme il lui convient. »

INVENTAIRE D'UN LABOUREUR BOURGUIGNON

Saint Jacob (Pierre de), *Les paysans de la Bourgogne du Nord au dernier siècle de l'ancien régime*, Dijon, 1960, pp.624–626.

INVENTAIRE DE LOUIS FOURNERET LABOUREUR A TALMAY (25 nov. 1787)

« La crémaillière, une paire de pincettes et la paille le tout de fert (30 sols). – Deux chenets et grapin aussy de fert (30 sols). – Une cuillier à pot, une écumoire et un gril (15 sols). – Deux lampes, une lanterne et un chandelier de bois (12 sols). – Une bassinoire de cuivre (40 sols). – Une tourtière de fonte avec sont couvercle (24 sols). – Un réchaut et un fert propre à repasser le linge (12 sols). – Une grande chaudière de fonte (30 sols). – Deux marmittes de fonte avec leurs couvercles (40 sols). – Une petite chaudière aussy de fonte (15 sols). – Une petite poêle fritoire (12 sols). – Deux seau ferré (25 sols). – Une grande et une petite sapine, avec une coulloire (15 sols). – Un bassin de cuivre (20 sols). Deux petites balloire et une paire de balance (10 sols). – Sept cuilliers d'étaing, trois fourchettes de fert, un pagnier et une grande cuillier de bois (10 sols). – Quinze pièces de terrerie tant bonnes que mauvaises (12 sols). – Une mauvaise table à quatre pieds (10 sols). Une chaise à sel de bois de chaîne, ferrée fermant à clef (30 sols). – Trois chaises de bois tournées (40 sols). – Quatre mauvaises chaises de paille (10 sols). – Cinq bouteilles et un goblet le tout de verre (10 sols). – Cinq assiettes, un pot et une sallière, le tout de fayance (20 sols). – Quatre aissiettes d'étaing (15 sols). – Un dressoire à deux portes, deux tiroires, garny de sont rattelier le tout fort usé (3 livres).

Ouverture ayant été faitte dud. dressoire, il s'y est trouvé 5 pièces de terrerie (10 sols). – Une paire d'armoire de bois de chaîne à deux portes ferrées fermant à clef (15 livres). – Ouverture ayant été faite...: deux très mauvais draps (20 sols). – Une autre paire de drap usé (40 sols). – Trois chemises à usage d'hommes (30 sols). – Trois petites nappes de grosse toille (30 sols). – Deux mauvaises serviettes de toille ouvrée (10 sols). – Deux draps de toille d'étouppes (5 livres). – Un drap aussy de grosse toille (40 sols). – Quatre vingt bouille de turquis (7 livres).

Un lit antoyé et le traversin antoyé de toile de couty, deux draps, une couverture de laine, le tout de serge verte, deux terjettes de fert, le chaly et la palliasse (50 livres). – Un autre lit et le traversin aussy antoyé de couty, un drap avec une couverture piquée, le tour d'impérialle verd, le bois, la palliasse et deux terjettes de fert (36 livres). – Un petit paquet de chanvre tillé (15 sols). – Une paire d'amoire à une porte ferrée fermant à clef (9 livres) ; ouverture ayant été faitte...: une veste de droguet et une cullotte de serge les deux fort usé (15 sols). – Un habit de droguet gris avec une veste de serge rouge (5 livres). – Un habit et la veste de drap couleur de vin (7 livres). – Un habit et une veste de coton et camelot avec une coroit de coton broché le tout fort usé (3 livres). – Deux cullottes l'une de serge brune et l'autre de panne grise (3 livres, 10 sols). – Une paire de baz de laine blanche et un mouchoir de soye noire usé (24 sols). – Deux razoirs, une pierre et une paire de gand (20 sols). – Une mauvaise paire de soullier avec les boucles (30 sols).

Une paire d'amoire de bois de chaîne et poirier à deux portes ferrées fermant à clef (27 livres). Ouverture ayant été faitte...: deux chapeaux (40 sols), 2 chemises (40 sols), 2 autres chemises (40 sols). – Une paire de drap de toille mailée (6 livres).

De la cuisine nous sommes entrés dans une chambre joignant où nous aurions trouvé un paquet de chanvre tillé (50 sols). – Deux mauvaises pioches et une traut (12 sols). – Une mauvaise serpe et un marteau (12 sols). – Trois grands et un petit bruchon (18 sols). – Deux tamis (8 sols). – Une pétrissoire de bois de chaîne (40 sols). – Une paire d'armoire de bois de chaîne à deux portes (6 livres). – Huit sacs tant bon que mauvais (6 livres). – Deux feuillettes (40 sols). – Deux tonneaux défoncé d'un bout (15 sols). – Un petit tabouret (5 sols). – Un petit boutasson et une palliasse (40 sols). – Une corde à moisson (10 sols).

[Au grenier] : deux tonneau vuidange et un autre défoncé d'un bout (45 sols). – Environ deux mesures d'haricot (4 livres). – Environ deux mesures de faives (3 livres). – Une demi–mesure de chenevy (20 sols). – Deux mauvais rouet propre à filet le fil (25 sols). – 70 poignées d'épi de pany (7 livres).

[Dans la cour] : un chariot garny de ses breis de moisson

et de mattrat (36 livres). – Une charüe garnie (8 livres). – Une erce (4 livres). – Un tombreau sans roüe (4 livres). – Dans un tec à porc il s'est trouvé un cochon (24 livres). – 10 poules (5 livres). – Un tas de mattrat (12 livres).

Dans l'écurie : une jumant... avec ses harnois propre à mettre au limon (30 livres). – Une caval... avec sont collier (45 livres). – Une jumant aveugle... avec tout le collier (24 livres). – Une caval (24 livres). – Un cheval gril aussy garny (36 livres) (...)

*

* *

« DES CONVENTIONS QUE LES PÊCHEURS FONT ENTRE EUX LORSQU'ILS PÊCHENT EN COMMUN »

Duhamel du Monceau (Henri–Louis), *Traité général des pesches et Histoire des poissons qu'elles fournissent...*, Paris, 1769, section 1, pp.44–45.

« A l'égard des petites pêches qui se font au bord de l'eau, il n'est pas besoin d'association ; les pères, les mères et les enfants ont leurs hains (hameçons) différemment ajustés, et ils les tendent pour leur compte ; la famille fait tout le travail, et elle recueille tout le profit qui en revient.

Si deux familles se réunissent, elles partagent entre elles le fruit de leurs travaux. Mais il n'en est pas de même pour les pêches qui exigent des bateaux, et qui ne peuvent être faites que par des gens exercés à la manoeuvre et à la pêche.

Presque partout les Matelots qui montent un bateau sont à la part ; et voici ce qui se pratique le plus ordinairement, suivant une coutume établie entre eux, qui a force de loi sans avoir besoin d'être écrite, ni revêtue de formalités judiciaires.

Tous les Matelots qui pêchent à la Part fournissent plusieurs pièces d'appelets. Si ce sont de grandes pêches, chacun en fournit 4, 6 pièces plus ou moins ; et le Maître, le double des autres ; bien entendu que les hains sont garnis de bons appâts (...)

Lorsque les Pêcheurs sont arrivés sur le lieu où ils se proposent de faire leur pêche, ils séparent les vieux appelets, et tirent au sort le rumb des autres, c'est–à–dire l'ordre dans lequel ils doivent être jettés à la mer : attendu que c'est un avantage d'avoir les appelets près du bateau, surtout quand il vient du gros temps. Car quoiqu'il soit vrai que l'équipage paye en commun les pièces d'appelets qui sont perdues, celui à qui elles appartiennent est toujours le plus lésé ; ces pièces étant pour l'ordinaire estimées au–dessous de leur valeur.

Quand un Matelot est propriétaire du bateau, qu'il le fournit en état avec tous les agrès et appareaux, et qu'il fait la vente du poisson, il retient un lot double.

Assez souvent, les Pêcheurs ne sont pas suffisamment en fonds pour se fournir de tout ce qui est nécessaire pour leur pêche. En ce cas, ils ont recours à des Bourgeois qu'ils nomment leurs Hôtes, qui font toutes les avances. Cet Hôte, au retour, fait conjointement avec le Maître la vente du poisson, et il se rembourse peu à peu, en retirant le sol pour livre du produit de la pêche. De plus, il a à chaque vente d'un poisson qu'il choisit le plus beau après celui qu'on nomme de la Coutume. Cette redevance sera expliquée ailleurs (...)

Chaque Pêcheur ne peut se dispenser d'avoir trois garnitures d'appelets, parce qu'à chaque démarrage, il faut laver les appelets qui viennent de servir, les étendre pour les faire sécher, remettre des lignes et des hains où il en manque, et regarnir les hains de nouveaux appâts. Pendant que les Pêcheurs se servent de la seconde garniture, les femmes préparent la troisième, pour la remettre aux Pêcheurs à leur arrivée, afin qu'ils puissent pêcher sans interruption. De cette manière, quand le temps est propre à la pêche, tandis que les hommes sont à la mer, les femmes qu'on appelle Aqueresses, travaillent jour et nuit, soit pour chercher des vers et des poissons dans les sables et les rochers, comme nous l'expliquerons dans la suite ; soit à nettoyer, faire sécher et raccommoder les appelets ; soit enfin à amorcer les hains : ce qui leur fournit un travail continuel, presque aussi pénible que celui des hommes.

On a vu dans l'article où nous avons parlé des appâts, qu'on en emploie de salés, ou des viandes fraîches, ou des poissons frais, que les cordiers achètent des autres Pêcheurs. L'approvisionnement de ces différents appâts ne regarde point les femmes ; mais ce sont elles qui pêchent les petites chevrettes, qui fouillent le sable pour en tirer des vers et différents insectes ; en un mot, qui fournissent de bons appâts. Et quand nous parlerons de cette espèce de pêcher, on verra qu'elle est très pénible (...)

Chaque pêcheur devant fournir les appelets bien amorcés, ceux qui ont une nombreuse famille ont pour cela un grand avantage sur les autres.

Les Pêcheurs portent aussi chacun leurs vivres, ainsi que les boissons dont ils ont besoin ; en sorte que rien n'est commun entre eux que certaines avances qui se prélèvent sur le produit de la pêche.

Les conventions dont nous venons de parler sont, à quelques différences près, adoptées par tous les Pêcheurs. Cependant, on conçoit bien qu'ils sont les maîtres d'y faire les changements qu'ils estiment convenables : il y en a, par exemple, qui embarquent le pain à frais commun ».

Appelet : corde garnie de lignes et hains.

Chevrette : crevette.

Coutume, poisson de coutume : ceux de redevance, qu'on donne avant la vente aux commis du Roi ou du seigneur.

Haim ou hain : hameçon.

*

* *

A PROPOS DES VAGABONDS : COLLABORATION DES POUVOIRS CIVILS ET RELIGIEUX

Lettre du vicaire de Montbert au subdélégué de l'intendant de Bretagne à Nantes. Arch. dép. Loire–Atlantique, II 88.

« A Montebert, ce 12.7. bre–1730

Monsieur,

Je vous renvoye, à la place de Mons. le Prieur de Montebert, qui est présentement absent, la response que vous luy demandez, aux deux Etats exprimez dans votre lettre dattée du 29 aoust (?) 1730. Huit des plus anciens et expérimentez laboureurs, consultez sur les matières proposées, m'ont fourny les réponses que j'ay maintenant l'honeur de vous faire à chaque Etat. Si on ne vous désigne pas le nombre des arpens que peut contenir la paroisse, c'est que ces bonnes gens ne sont ny géomettres ny arpenteurs. On a creu en vous désignant à peu près la longitude et la latitude de la paroisse, que cela sufirait pour vous en faire connaîstre le nombre des arpens. C'est, Monsieur, tout ce que je vous puis dire à ce sujet.

Mais, il y a quelque temps que vous aviez adressé à Monsieur notre Prieur, deux lettres diférentes : l'une pour savoir s'il y avait des chevaux morveux dans la paroisse, et l'autre, à ce que je crois, pour savoir s'il n'y avait point quelque séditieux ou perturbateur du repos public. Ces deux lettres ne conviennent nullement à notre paroisse, pour ce qui concerne les chevaux, ceux qui y sont ne méritent pas la moindre attention. A l'égard de l'autre, il n'y a pas non plus de réponse à vous faire, tout le monde y vivant fort paisiblement et sans troubles.

Cependant, certains vagabons que les gens du pays nomment Coquets : gens sans foy, sans loy et sans religion, ayant avec eux de misérables femmes qu'ils entretiennent la plus part sans mariage, et qu'on regarde dans le pays comme autant de bandits et de voleurs, sont fort à charge aux gens des villages. Ils en exigent ce qu'ils souhaittent, parce qu'ils sont craintz. Ces gens parcourent toute la France, ils paraissent dans le pays au temps des foires, quinze jours avant quinze jours après, ensuite ils disparaissent. Ils habitent le jour les bois, où ils font bouillir la marmite, tournent la broche ; le tout des moutons et volailles qu'ils ont pu attrapé subtilement dans les villages la nuit. Ils logent dans les granges des métayers. Ils paroissent un à un dans les bourgs, les femmes après les hommes, habillez en mendians, avec des paniers plains d'allumettes et avec du lien de gros fil qu'ils tissent dans les bois ou le long des hayes. Ils changent souvent d'habits. Dans les foires, une partie vend des allumettes et du lien et l'autre partie a des habits de bourgeois, et les tous n'y viennent que pour épier et voler. Ces misérables gens vaquent de tous temps avec toute liberté : peut estre parce que personnes n'en a jamais donné avis. Je ne doute point, Monsieur, que vous ne fassiez attention à cecy, et que vous n'employez tous vos soins pour dissiper et détruire, s'il est possible, cette misérable engeance, qu'on doit regarder comme la source d'une infinité de désordres...»

(signé illisible)

Vicaire de Montebert

Montebert = Montbert, Loire-Atlantique, à une vingtaine de km au sud de Nantes.

*

* *

CARTOUCHE OU LE GRAND BANDITISME

Barbier (Edmond), *Chronique de la Régence et du règne de Louis XV...*, Paris, 8 vol., 1857 ; t.1, pp.134–135, 167, 223. Juin–octobre 1721, juillet 1722.

« Ce Cartouche, voleur dont j'ai parlé ci–dessus, n'est point encore pris ; on a pris quelqu'un de ses camarades ; il est toujours aussi insolent ; il rôde dans Paris. On dit enfin qu'il a quelque sort ; on dit aussi que M. le Régent a peur de lui ; cependant il n'a jamais fait grand mal à Cartouche ; mais c'est un déterminé à qui l'idée d'un coup peut venir. On dit qu'il y a des ordres certains pour le prendre, et une récompense considérable pour le preneur. La preuve aussi de la peur, c'est qu'il est défendu à tous armuriers de vendre ni avoir chez eux aucuns pistolets de poche, ni baïonnettes. On en fait la recherche même chez les particuliers. Il y a un tiers de l'amende pour le dénonciateur. Depuis deux ou trois jours, les commissaires de police en apportent des quantités que l'on brise publiquement. Cependant il n'y a eu ni déclaration du Roi publiée à ce sujet, ni ordonnance affichée ; il faut bien qu'il y ait des ordres secrets pour cela (...)

Ce Cartouche s'est distingué dans sa qualité. Il lui arrive ce qui n'est jamais arrivé.

Lundi 20 octobre, on a affiché la comédie de *Cartouche* à la Comédie Italienne, où Arlequin, qui est fort souple et bon acteur, fait cent tours de passe–passe.

Mardi 21, on joua *Cartouche* à la Comédie Françoise, petite pièce assez gentille faite par Le Grand, comédien. Il y va un monde étonnant. Au surplus, les gens de bon sens trouveront fort mauvais qu'on laisse représenter sur le théâtre un homme qui existe réellement, qui est interrogé tous les jours et dont la fin sera d'être roué vif ; cela n'est point séant.

La nuit du lundi à mardi, Cartouche pensa s'aller voir

jouer lui–même. Il étoit dans un cachot avec un autre homme qui, par hasard, étoit un maçon, lequel n'étoit pas lié. Ils ont fait un trou à un tuyau de fosse ; ils sont tombés dedans sans mal, parce que l'eau de la rivière passe et enlève tout. Ils ont ôté une pierre de taille très–grosse et sont entrés dans la cave d'un fruitier dont la boutique est sous l'arcade. Notez que le maçon avoit attrapé une barre de fer dans la démolition du tuyau. De la cave ils sont montés dans la boutique du fruitier, laquelle n'étoit fermée qu'à un petit verrou ; mais ils ne voyoient pas clair pour trouver cela. Malheureusement, il y avoit un chien dans la boutique, qui fit un train de tous les diables. La servante se leva en entendant du bruit, cria : « Au voleur ! » de toute sa force par la fenêtre. Le maître fruitier descendit avec une lumière, lequel les auroit laissé sortir ; mais, autre malheur ! quatre archers du guet, qui se retiroient, s'amusoient à boire de l'eau–de–vie ; ils vinrent et entrèrent dans la boutique, reconnurent Cartouche, qui avoit des chaînes aux pieds et aux mains ; ils le réintégrèrent dans sa prison par la porte de devant. Les geôliers eurent grande peur, attendu les ordres que M. le Régent a donnés pour prendre cet homme. Il n'est plus dans le cachot, il est dans une chambre où il est garrotté extraordinairement (...)

Pour revenir aux affaires publiques, on ne parle plus à Paris que de rompus et de pendus ; tous les jours, il y en a de la suite de Cartouche. Avant–hier, on expédia mademoiselle Néron, sa maîtresse, une brune assez jolie. Il est dit dans l'arrêt : « L'une des concubines de Louis–Dominique Cartouche. » Il me semble que c'est lui faire beaucoup d'honneur. Elle fut pendue à une heure du matin » (...)

*

* *

LA CONTREBANDE DU SEL DANS LE BAS–MAINE

Bibl. Mazarine, ms 2826. *Mémoire et nouveau plan d'aménagement des brigades dans la direction de Laval,*
par le fermier général Jean Sénac, mars 1764.

« Dans tous les tems la fraude a été un métier et presque

un état de vie pour les habitans des mêmes paroisses qui l'exercent aujourd'huy. Les condamnations prononcées anciennement regardoient alors, comme aujourd'huy encore, les fraudeurs qui habitoient les paroisses de Louvigny, Fleurigny, Loroux, Lhuitré, Princé, Erbrée (...) en Bretagne ; et les paroisses de Larchamp, La Dorée, Goron, Juvigny, Dompierre, Olivet, Saint-Ouen (...) dans le Maine et l'Anjou. Il faut donc cesser de croire que la fraude soit l'effet de quelques circonstances particulières, dans lesquelles la calamité et la misère de certains tems influent. Elle se pratique par condition de vie, par l'usage ancien de la paroisse, enfin par les enfants de ceux dont les pères l'exerçoient dans les mêmes lieux. Cette considération conduira à oster tout sentiment d'égard sur les fraudeurs. Ils méritent sans aucun adoucissement l'exécution entière des réglements rendus contre eux. On peut ajouter qu'ils ne sont point assès sévères contre des personnes que cette habitude conduit d'ailleurs aux excès les plus marqués contre la sureté des possessions des particuliers dans les campagnes. Un propriétaire et un locataire n'oseroient même indiquer aux employés, ni souvent empêcher sur leur terrain, et jusques sur leurs batimens, les dépôts de sel que les fraudeurs font dans leurs traverses : on craint l'incendie des maisons et des métairies de la part des gens capables d'exécuter des menaces ».

Procès-verbal d'arrestation et jugement de faux-saunier

« Nous Pierre Collibet et Pierre Alliot gardes desdites gabelles de la brigade de Méral y demeurans au bourg et paroisse dudit Méral province d'Anjou, ayans serment en justice et receus devant Messieurs les officiers du siège du grenier à sel de Laval, revêtus de bandoullières aux armes du Roy visibles, certifions que le jourd'huy environ les neuf heures du matin, passant proche La Croix Gabet, paroisse de Beaulieu, avons fait rencontre d'une jeune fille portant un petit sac sous son bras de toille remplie de quelque chose, ce quy nous a obligé d'areter laditte fille pour voir ce que ce pouvait estre et en sa présence avons fait ouverture de sondit sac, c'est trouvé remplie d'environ dix à douze livre de faux sel, ce que nous luy avons fait remarquer et voyant le faux saunage manifeste commis par laditte fille, nous luy avons déclaré la saisie dudit faux sel, comme de fait l'avons saisie et que nous l'arettions prisonnière de par le Roy, sommé de nous dire son nom, surnom, âge, qualités et demeure, nous a dit avoir nom Jacquinne Turpin, fille agée de dix à onze ans, demeurante chez René Turpin son père ditte paroisse de Beaulieu, autre déclaration ne voulut faire, ensuite sommes partis avec laditte Turpin et le sel pour nous rendre en la ville de Laval où étant arrivé environ les quatre heures de l'après midy de cedit jour avons constitué laditte Turpin prisonnière dans les prisons ordinaires dudit Laval et de sa personne en avons chargé Guillaume Gasté concierge d'icelle pour en répondre aux painnes de l'ordonnance. A l'égard dudit sel l'avons déposé au dépot ordinaire dudit Laval pour ensuite être minoté à la manière accoutumé (...) laditte Jacquinne Turpin à laquelle parlant luy avons donné lecture du présent procès-verbal, l'avons sommé de le signer avec nous, a reffuzé et luy en avons baillié et laissé copie parlant à sa personne dans laditte prison...»

« Le Président, Grenettier et Conseiller du Roy au grenier à sel de Laval, Nous avons déclaré ladite Jacquinne Turpin fille duement atteinte et convaincue du crime de faux saunage à col, pour réparation de quoy la condamnons en cens livres d'amende et aux dépens du proces, déclarons le sel sur elle saisy acquis et confisqué le tout au Roy, au proffit dud. Henriet (adjudicataire général des Fermes). Donné, etc., le quatorze août mil sept cent soixante et un. »

Garnier, Lepannetier, Beudin

Archives dép. Mayenne, B 3405.

6

LES ACTIVITÉS ÉCONOMIQUES

PRIX MOYENS NATIONAUX ANNUELS DE L'HECTOLITRE DE FROMENT (ANNÉE CIVILE)

Labrousse (Ernest), Dreyfus (François– Georges) et Romano (Ruggiero), *Le prix du froment en France au temps de la monnaie stable (1726–1913)*, 1970, p.9.

En livres

1726	11.33	1750	11.49	1774	14.57
1727	9.23	1751	11.67	1775	15.89
1728	8.19	1752	13.25	1776	12.91
1729	9.05	1753	11.85	1777	13.36
1730	9.07	1754	11.17	1778	14.67
1731	9.38	1755	8.54	1779	13.59
1732	8.28	1756	9.58	1780	12.59
1733	8.07	1757	11.89	1781	13.45
1734	8.25	1758	11.27	1782	15.26
1735	8.11	1759	11.76	1783	15.02
1736	9.03	1760	11.77	1784	15.33
1737	9.42	1761	10.00	1785	14.83
1738	10.33	1762	9.91	1786	14.13
1739	11.36	1763	9.53	1787	14.16
1740	12.25	1764	10.01	1788	16.09
1741	14.18	1765	11.16	1789	21.92
1742	10.69	1766	13.27	1790	19.45
1743	7.82	1767	14.32		
1744	7.57	1768	15.51		
1745	7.62	1769	15.38		
1746	9.39	1770	18.82		
1747	12.04	1771	18.16		
1748	13.72	1772	16.65		
1749	12.46	1773	16.44		

VALEUR MOYENNE DE LA LIVRE TOURNOIS CALCULÉE SUR LA BASE DU FRANC GERMINAL

Natalis de Wailly, *Mémoire sur les variations de la livre tournois depuis le règne de Saint Louis jusqu'à l'établissement de la monnaie décimale*, 1857, pp.229–230.

1713	1 fr.28	
1714	1 fr.31	(févr.)
	1 fr.35	(avril)
	1 fr.38	(juin)
	1 fr.47	(sept.)
	1 fr.51	(oct.)
	1 fr.56	(déc.)
1715	1 fr.61	(févr.)
	1 fr.66	(avril)
	1 fr.72	(juin)
	1 fr.78	(sept.)
	1 fr.25	(déc.)
1718	1 fr.38	(févr.)
	0 fr.83	(mai)
1719	0 fr.84	(mai)
	0 fr.86	(août)
	0 fr.88	(sept.)
	0 fr.91	(déc.)
	0 fr.83	(déc.)
1720	0 fr.83	(janv.)
	0 fr.88	(févr.)
	0 fr.83	(mars)
	0 fr.62	(10 mars)
	0 fr.58	(id.)
	0 fr.77	(1er avril)
	0 fr.69	(*id.*)
	0 fr.80	(1er mai)
	0 fr.71	(*id.*)
	0 fr.60	(29 mai)
	0 fr.66	(1er juill.)
	0 fr.74	(16 juill.)
	0 fr.41	(30 juill.)
	0 fr.47	(1er sept.)
	0 fr.55	(16 sept.)
	0 fr.55	(1er oct.)
	0 fr.60	(*id.*)
	0 fr.66	(déc.)
	0 fr.74	(*id.*)
1723	0 fr.67	(21 juill.)
	0 fr.73	(août)
1724	0 fr.82	(4 févr.)
	1 fr.00	(27 mars)
	1 fr.25	(22 sept.)
1726	1 fr.22	(janv.)
	1 fr.02	(mai, fixation de la livre tournois, jusqu'en1785)
1785	0 fr.98	(30 oct.)

LA SUITE DES ANNÉES

Notes de l'abbé Monnier, curé de Soudan, près de Châteaubriant en Haute–Bretagne. Analyse.

Dupuy et Charvot, « Journal d'un curé de campagne (1712–1765) », in *Annales de Bretagne*, t.V, 1889–1890, pp.386–445.

1740 : Année « remarquable par l'hiver le plus long et le plus dur de mémoire d'homme ». La gelée commence la veille des Rois et dure pendant deux mois. Après vient de l'est un vent âpre et brûlant. Beaucoup de paroisses n'ont pas recueilli la semence des grains blancs. L'année est par contre très abondante en blé noir. La paroisse de Soudan n'a perdu que le cinquième des grains blancs. Elle peut aider les paroisses voisines. Très peu de fruit, il gèle au mois d'août.

1741 : Hiver très froid. Deux mois de gelées suivis de près de cinq mois sans pluie. Chaleurs violentes en été. Abondance de châtaignes, mais très peu de fruits. Foins très rares et très chers. Point de lin, presque pas de blé noir. Moisson très médiocre. La dysenterie ravage toute la province : « Les enfants sont morts en grand nombre ; il en est peu revenu de ceux qui en ont été attaqués. Les grands au contraire se sont sauvés en plus grand nombre ».

1742 : Hiver, printemps et été comme en 1741. Récolte moyenne de blé noir, beaucoup de fruits, sauf de châtaignes. Beaucoup de vin sans qualité. Les froments sont à demi charbonnés, mais on n'a jamais vu autant de seigle, dont le prix tombe à 4 l. le boisseau. « Les pauvres ont été en si grand nombre, qu'on n'y pouvoit plus satisfaire ».

1743 : Fort sèche, comme en 1742. Beaucoup de seigle, récolte moyenne en avoine et blé noir, pas de pommes ni de poires, passablement de châtaignes. Les vins sont très bons. Le seigle en janvier 1744 ne vaut que 2 l. le boisseau, c'est « la ruine des métaiers et des fermiers ».

1744 : Bonne récolte en grains, mais un peu moins abondante qu'en 1743. « Comme il n'y a point de sortie pour les grains et que les greniers en sont fort remplis dans toute cette province, ils sont à si bas prix que les laboureurs et les fermiers ne se peuvent tirer d'affaire ».

1746 : Année fort stérile en grains, vins et cidres. Cela

gonfle le nombre des pauvres en 1747. Le boisseau de seigle passe de 50–60 sous à 4 l.,10.

1747 : Très peu d'avoine, peu de fruits. On récolte les 3/4 de seigle, mais ils sont très bons.

1748 : Année fertile en tout.

1749 : Médiocre en grains. Stérile en fruit. La dysenterie fait beaucoup de ravages, surtout aux alentours de Nantes. Elle provoque 10 à 12 morts à Soudan.

1751 : Année très pluvieuse. Très peu de grains. « Il y a eu passablement de blés noirs, qui sont la principale ressource du pauvre peuple, dont la plupart souffrent la faim... »

1753 : Automne et été très chauds, très secs. Peu de fourrage. Mais le seigle et le blé noir sont assez bons, ce qui soulage les pauvres.

1755 : On ressent à Soudan les effets du tremblement de terre de Lisbonne. « Manus Dei fecit hoc ad correctionem nostram ».

*

* *

DIVERSITÉ DES RESSOURCES SELON LES « PAYS » LETTRES DES SUBDÉLÉGUÉS À L'INTENDANT DE TOURS (EXTRAITS). ÉTÉ 1765.

Archives départementales d'Indre–et– Loire, C 83.

Election de Baugé. « La situation du pays sera à peu près égalle quant aux bleds, il est moins de fromens, méteil, et seigle que l'année dernière, mais il est plus d'orge et d'avoine. La diminution des gros bleds dans la quantité sur une année commune sera compensée avec l'augmentation du prix. Les gros fermiers y trouveront même de l'avantage pour le débouché qui en sera plus fragile, mais les pauvres en souffriront. La perte des noix est un objet intéressant, elles payent dans les années communes toutes les impositions et il s'en faudra cette année les trois quarts. Le seul objet de ressource ne consiste que dans les foins et fourrages qui se vendent fort bien parce que ceux qui sont sur le bord des rivières ont été inondés, mais cette ressource est bien dangereuse puisque l'exportation ne se fera qu'au détrimens des lieux où ils se cueillent. On sait parfaitement qu'un closier qui ne cueille que deux charettées de foin, s'il les vend est hors d'état de nourir des bestiaux, qu'il ne fera point d'engrais et qu'il détériore ses terres. On en fera des magasins en cette ville, ce qui fera une charge pour les métayers des environs que l'on forcera quelque jour de les charger à La Flèche ou à Saumur pour les Carabiniers ou l'Ecole de Cavalerie ainsy qu'on le pratique depuis plus de dix–huit mois, ce qui cause la ruine des boeufs qui ne sont pas dans l'usage de faire des charoys si longs et empesche la culture des terres ».

Election de La Flèche

« 1. Les bestiaux se sont très bien vendus, mais il n'y a dans cette élection que cinquante ou cinquante cinq paroisses, qu'on puisse regarder comme un pays d'éducation, les autres en achètent pour leur usage, les revendent, et élèvent quelques veaux pour la boucherie.

2. Les gros bleds n'ont rien à craindre jusqu'à la récolte, si ce n'est des pluyes continuelles, lorsqu'on les moissonnera. Douze ou quinze paroisses de cette élection dans les vau du Loir ont été affligées par des grêles très considérables. Ce fléau exige qu'on leur accorde des gratiffications abondantes.

3. Les habitants de cette élection auront peu de bled, peu de bétail, ayant déjà vendu ce qu'ils en avoient, mais ils auront beaucoup de vin selon les apparences et des fourrages, mais il est à remarquer qu'il n'y a que cinquante paroisses qui vendent du vin, et vingt à vingt cinq qui vendent des fourages ».

Election de Laval. « Les grains qui se cueillent dans cette élection nombreuse en habitans ne sont pas suffisans pour procurer leur subsistance pendant les deux tiers de l'année, quelque bonne qu'elle soit. C'est pourquoy les récoltes sont toujours consommées (...)

La récolte des différentes espèces de grains excepté les avoines, est générallement très mauvaise, et réduite au plus à moitié des années communes. L'augmentation du prix est certaine et ira peut estre à un trop haut prix, si les cantons de Sablé, de Chateau Gontier, et de Craon (qui, par l'abondance de ceux qu'ils nous fournissent surtout depuis la construction des nouvelles routes) diminuent l'importation (...) »

Election de Montreuil–Bellay. « La vente des bestiaux qui est faite a été passablement bonne. Il s'en vend encore un peu aux marchés de Chollet et de Vihers. La vente des boeufs gras et de harnois a été bonne (...) les foins qui font un objet assé considérable, ont été dans le général fort gastés par les pluyes (...) »

Election de Tours. « Les enlèvemens considérables que l'on fait des bleds dans cette élection pour Nantes occasionnent la rareté de ceux de l'année dernière, de façon que ce qui en reste augmente et vaut actuellement 26 à 30 s. le boisseau, pendant que le prix courant est ordinairement de 20 s. le boisseau ».

*

* *

UNE MAISON DE BANQUE

Berryer, *Souvenirs*, 2 vol., 1839 ; t.2, pp.320–322.

« La maison Lecouteulx et compagnie : c'était, dans la banque de Paris, une maison antique, l'une des plus anciennes de la bourgeoisie de Paris, dont l'existence remontait sans interruption, ni déviation en plus ni en moins, aux époques d'où dataient les Thibert, les Trubert, les Bouillerot, réputés les plus anciennes familles de la capitale.

Cette famille patriarcale des Lecouteulx s'étant étendue, au lieu de sortir de sa sphère, avait adopté le système de fonder en d'autres villes, et même en d'autres Etats de l'Europe, des banques succursales ou de correspondance. Elle avait entre autre, à Rouen, un comptoir fort important, pour le service des manufactures et fabriques de cette ville industrieuse. Elle en avait un autre à Cadix, où les ainés de la famille allaient tous faire leur apprentissage pendant quelques années ; après quoi, ils revenaient se mettre à la tête de l'une des maisons mères, de Paris ou de Rouen.

Tous les ans, les deux familles de Paris et de Rouen, femmes, enfans, et petits–enfans, se réunissaient à jour fixe, sur la route de Paris à Rouen, en une vaste maison dont elles étaient propriétaires en commun, sise à moitié chemin, près de Vernon. Là, étaient apportés tous les registres des deux établissemens ; on procèdait à un inventaire annuel, qui était signé par les chefs ; après quoi l'on se séparait, et chacun retournait à sa destination.

J'ai vu, dans les archives de cette maison Lecouteulx, place Vendôme, un cabinet dont les cases étaient remplies de la volumineuse collection de tous les grands–livres tenus depuis cent cinquante ans, et clôturés par des résumés d'inventaires.

J'ai lu, à la suite de l'un de ces grands–livres, dressé en 1720, après la chute du système de Law, écrite de la main du chef d'alors, la mention qu'il n'avait pas voulu entrer ni faire entrer ses correspondans dans les opérations de cette banque ; qu'il avait mieux aimé liquider avec eux et leur remettre leurs fonds, qui ainsi avaient été sauvés. Il terminait par dire en substance : « Ceci doit avertir nos successeurs de ne jamais s'intéresser dans des spéculations sur les papiers d'Etat, ou autres effets de crédit, rattachés à des entreprises gigantesques et aventureuses ».

*

* *

LA CRISE DE LAW ET SES CONSÉQUENCES SOCIALES

Buvat (Jean), *Journal de la Régence (1715–1723)*, pub. par E. Campardon, 2 vol., 1865 ; t.2, pp.56– 59, 392–394.

« On publia un autre arrêt du 19 mars (1720), par lequel il fut fait défense aux sujets de France, et aux étrangers étant dans ce royaume, de garder en quelque lieu que ce soit, après le premier jour de mai suivant, aucune espèce d'or de France ou étrangères ni aucune matière d'or, et passé le dernier décembre suivant, aucune matière d'argent ni aucune espèce d'argent de France et étrangères, autres que les sixièmes et douzièmes d'écu, et les livres ou pièces de vingt sols d'argent, fabriquées aux mois de décembre 1718 et 1719, et les louis d'argent fabriqués par édit du mois de mars 1720 ; et faisait défense, à commencer du jour de la publication de cet arrêt, jusqu'au dernier jour de décembre suivant, de faire entrer dans le royaume aucune espèce d'or et d'argent de France ou étrangères, à l'exception de celles qui viendraient pour le compte de la Compagnie des Indes, qui était chargée d'en fournir aux orfévres et aux autres ouvriers, à peine de confiscation au profit de la même Compagnie, tant desdites espèces et matières d'or et d'argent, que des chevaux, charrettes, carrosses, autres voitures, vaisseaux et bâtiments sur lesquels elles seraient trouvées, et de dix mille livres d'amende ; ordonnait que lesdites matières qui seraient apportées dans le royaume sur des vaisseaux arrivant de voyage de long cours, seraient sujettes aux mêmes peines et resteraient en entrepôt pour être envoyées dans les pays étrangers, si mieux n'aimaient les propriétaires les vendre à ladite Compagnie des Indes ; et permettait aux voyageurs de porter avec eux les espèces seulement nécessaires pour leurs voyages.

– On publia un autre arrêt, rendu le 12 mars, qui ordonnait qu'il serait imprimé pour la valeur de trois cents millions d'actions de la Compagnie des Indes, avec les dividendes des années 1720, 1721 et 1722, en cinq cent vingt mille billets, d'une action chacun, faisant ensemble quarante millions, ce qui devait faire en tout trois cents millions ; lesquels billets devaient être scellés, ainsi que chaque répartition, du sceau de ladite Compagnie, qualifiés *Actions de la Compagnie des Indes,* et datés du 1er janvier 1720 ; pour servir tant à la conversion des actions ci–devant répandues dans le public, qualifiées *Actions de la Compagnie d'Occident,* qui devaient être à cet effet rapportées, qu'à remplir les engagements de ladite Compagnie des Indes au sujet des souscriptions et des primes ci–devant délivrées, et à ses autres opérations ; et permettait aux directeurs de ladite Compagnie de faire signer lesdites actions, pour leur caissier, par les sieurs Postel, Sigonneau, Maricourt, Motte et Couvin, et de les faire viser pour eux par les sieurs Baron, Ravoisié, Mabire, Lauriau et Coutereau.

– Le 30, on publia un autre arrêt, rendu le 28, qui défendit à toutes personnes de s'assembler dans la rue Quincampoix, d'y tenir bureaux, ni dans aucun quartier, dans aucun café, cabaret, hôtellerie, auberge, jeu de paume, bureau, ni chez aucun particulier domicilié, chambres garnies et autres lieux publics, pour la négociation des papiers, comme actions, primes, etc., à peine, contre les particuliers domiciliés, de prison et de trois mille livres d'amende et de confiscation desdits papiers, contre les artisans et domestiques, d'être traités comme vagabonds et gens sans aveu ; et contre les cafetiers, cabaretiers et autres maîtres, d'être déchus de leurs maitrises et priviléges ; et permettait seulement de les négocier chez et par le moyen des agents de change en titre d'office.

– Le 22, on publia à son de trompe une ordonnance du Roi en la rue Quincampoix, faisant défense à toutes personnes de s'y assembler davantage, sous peine de désobéissance et de punition, et de négocier aucun papier, actions ou primes, ailleurs qu'en l'hôtel de la Banque, où l'on devait alors établir un bureau pour y convertir des actions en billets de banque ou des billets de banque en actions ; et en même temps plusieurs brigades d'archers de la maréchaussée et de la prévôté obligèrent les agioteurs de se retirer chacun chez eux.

– On imputa cette ordonnance à onze assassinats qui s'étaient faits dans Paris, depuis très–peu de jours, à l'occasion de ces sortes de papiers ; il s'en était même fait un, le jour précédent, dans un cabaret de la rue aux Ours, de deux agioteurs que l'on disait en avoir sur eux pour la valeur de cent soixante mille livres. Le bruit courut même aussitôt que le comte de Horn, le marquis de Listung, le comte de Milly, Piémontais, et un soldat aux gardes, avaient commis cet horrible assassinat. Le marquis de Listung et le soldat s'étant échappés, le comte de Horn et le comte de Milly furent conduits en prison (...)

(Le 15 mai 1722) à cinq heures du matin, un particulier superbement vêtu se précipita du haut du pont Neuf dans la rivière, tenant son épée d'argent d'une main et sa canne à pomme d'or de l'autre. Il tomba sur le dos, et coula au fil de l'eau, en cet état, l'espace d'environ cent pas sans enfoncer dans l'eau. Ce qui donna le temps à quelques pêcheurs qui l'avaient vu tomber de se précipiter et de le retirer du naufrage ; ils le ramenèrent en son logis. On trouva dans ses poches des billets de banque non visés pour la valeur d'un million, ce que l'on soupçonna être la cause de son désespoir.

– La dame Chaumont, dont la déclaration portait la valeur de trente–sept millions d'effets de la Banque, consentait d'abandonner au profit du Roi la quantité de trois cent soixante–six actions qu'elle avait sur la Compagnie des Indes, pourvu qu'on la laissât jouir du reste de ses acquisitions.

– Le 18, on mit à la Bastille un clerc de notaire, pour avoir faussement déclaré n'avoir que pour quatre cent quatre–vingts livres de billets de banque pour tous effets de la Banque, pendant qu'il s'était trouvé au *visa* pour plus de trois millions de ces sortes d'effets sur la tête et sous le nom de ce même clerc, qui devait être examiné de quelle manière il les avait acquis (...)

– M. le comte de Toulouse ayant fait assembler tous ses domestiques et tous les particuliers qui fournissaient des denrées ou des marchandises pour les provisions de sa maison ou qui entretenaient ses équipages, et leur dit qu'ayant été informé par les uns et les autres de la perte que chacun d'eux avait soufferte à l'occasion des billets de banque qu'il leur avait fait donner en payement de leurs gages, de leurs fournitures ou entretien, il ordonnait à ses intendants de les rembourser chacun de cette perte en deniers comptants. »

*

* *

EMPRUNTS EFFECTUÉS POUR UN ACHAT DE CHARGE

Delahante (Adrien), *Une famille de finance au XVIIIe siècle*, 2 vol., 1881 ; t.1, pp.135–137.

Achat, en mai 1748, de la charge de Maître des Eaux–et–forêts du duché de Valois, par Adrien Delahante, pour une somme de 30.000 livres.

Ont participé aux fonds par leurs prêts :

– Urbain Leroy, maître charpentier à Crépy–en–Valois : 1000 l.

– Jean–Marie Mourra, maître de l'hôtellerie de Saint–Nicolas, à Gondreville : 7000 l.

– Nicolas–Charles Hébert, écuyer, trésorier de France au bureau des finances de Soissons : 6000 l.

– Louis Flobert, laboureur à Vierry : 2000 l.

– Levieux, propriétaire à Crépy : 4000 l.

– Madame Marquette, belle–soeur d'Adrien Delahante : 5000 l.

– Me Choron, beau–frère d'Adrien Delahante : 5000 l.

*

* *

UNE MINE DE CHARBON

Voyage dans l'Orléanois, le Blésois, la Touraine, l'Anjou et la Bretagne fait en 1752, depuis le 9 septembre jusqu'au 23 octobre par Mignot de Montigny, Bibl. Mazarine, ms 2840, pp.104–109.

« Mine de charbon au village de Monstrelais, scittuée à une lieue et demie d'Ingrandes. On exploite depuis un an une mine de charbon de terre qui a été anciennement ouverte et travaillée à la superficie de la terre. On fouille actuellement cette mine sous la direction du Sr Mathieu intéressé dans celles d'Issigny et de Valenciennes. Il est intéressé dans celle–cy pour un tiers avec Mrs de Ch(arost) et d'Hérouville qui font les avances de ces travaux. Le Sr Mathieu prétend que cette mine s'étend de l'Orient à l'Occident dans toute la France passant sur Nort et sur Moulins. Il compte que la fouille de Monstrelais poussée à deux cent cinquante pieds de profondeur rendra par jour quatre ou cinq fournitures de vingt une pipes chacune, la pipe pesant onze cens ; que la fourniture sera livrée au prix de deux cent soixante livres rendue à Nantes où pareille mesure de charbon d'Angleterre se paye à présent quatre cent soixante livres.

Il se propose d'établir l'année prochaine sur les puids une machine à feu semblable à celle de Poullawen pour rendre les épuisemens moins dispendieux. Enfin il a en vue d'établir une verrerie dans le voisinage, où le cent de bouteilles qui vaut vingt une livres en Bretagne pourroit revenir au plus à quinze francs.

Depuis que l'on a repris l'exploitation de cette mine, on a

déjà creusé cinq puids de cent cinquante pieds de profondeur. On travaille présentement à les joindre par des galleries souteraines de cinquante à soixante toises de longueur. J'ai été dans la première gallerie d'un des puids, dans celle qui sert à la décharge des eaux ouverte d'un côté dans un valon et de l'autre dans le puids à quarante pieds de profondeur. J'ay vu les veines de charbon de terre, elles n'ont en cet endroit que cinq à six pouces d'épaisseur, mais elles vont en s'élargissant à mesure qu'elles s'abaissent. Elles ont plus de deux pieds d'épaisseur à la profondeur de cent cinquante pieds. Les veines de charbon sont icy presque verticales, mais un peu inclinées. Elles sont comprises entre deux bancs de rocher. On tire à présent du charbon par un puids qui suit la direction de la veine, et dont l'inclinaison est peu considérable. Au haut de ce puids est un tas de charbon de terre en magazin estimé deux mille quatre cent livres. L'apportoir de charbon pesant cent cinquante livres se vend trente sols sur la mine aux forgerons d'Ingrande et du voisinage.

Les puids de ces mines ont cinq à six pieds d'ouverture en quarré. Ils sont intérieurement garnis de quadres de bois placés les uns au dessus des autres et appuyés sur des pièces de bois dont les quatre angles sont garnis de haut en bas ; les parois sont garnies au pourtour de fascinages et de planches pour la sureté des travailleurs. On enlève les eaux et le charbon par des machines pareilles à celles du puids de Bicêtre ou des ardoisières d'Angers, dont les cables portent des sceaux pour les épuisemens ou des caisses quarrées qu'on nomme apportoirs pour tirer le charbon de terre.

Cette mine manque à présent de débouchés, les chemins d'Ingrande à Monstrelais étant presque impraticables pour les voitures.

Avant qu'on eut entamé cette exploitation, quelques particuliers d'Angers ont formé une compagnie et commencé à mettre en valeur de pareilles mines de charbon de terre sur les paroisses de St Aubin et de Luigné en Anjou, séparées d'Ingrande par la Loire. Ces particuliers espéroient obtenir un privilège. Ils sont aujourd'huy traversés par les concessionnaires de la mine d'Ingrande et portent des plaintes au Conseil représentant que le charbon de terre est fort cher dans la province d'Anjou ainsy que dans la Bretagne ; qu'il seroit avantageux pour le public de faire travailler les mines de St Aubin et des environs en concurrence avec celles de Monstrelais et que si l'on arrête leurs travaux pour favoriser l'exploitation de la mine de Bretagne on leur fera perdre douze mille francs d'avances ».

Monstrelais : Montrelais, sur la Loire, à quelque 20 km à l'est d'Ancenis.

Poullawen : mine de plomb, proche du Huelgoat et de Carhaix, en Basse–Bretagne.

*

* *

ORLÉANS, COMMERCE ET INDUSTRIE

Mignot de Montigny, *Voyage dans l'Orléanois, le Blésois, la Tourraine, l'Anjou et la Bretagne fait en 1752...*, Bibl. Mazarine, ms 2840, pp.19–29.

« *Généralité d'Orléans.* Elle est divisée en douze élections. La plus grande traversée est d'environ soixante lieues. L'entretien des routes monte à quatre vingt mille livres par an et les fonds des ponts et chaussées à cent vingt mille livres. Les principales juridictions de cette généralité sont une chambre des comptes établie à Blois, à Orléans une cour des monnayes, un bureau des finances et un présidial.

La ville d'Orléans a trois cent dix mille livres de revenu annuel dont il faut ôter quatre vingt mille livres de charges. Elle est divisée en vingt cinq paroisses. On estime qu'elle contient soixante mille habitans.

Sa cathédrale est une des plus belles gothiques que j'aye vû. La grande nef a cent pieds de hauteur sous clef sur trente six pieds de large. La nef et les bas côtés qui sont doubles ont ensemble cent trente pieds de largeur d'un mur à l'autre. La nef étoit restée imparfaite, on la continue dans le même goût gothique sur les desseins de M. de Côtes (...)

Commerce. Les principales branches de commerce à Orléans sont les vins et les grains du païs, l'entrepos de laines d'Espagne, du Berry, de Beauce et de plusieurs autres provinces. L'entrepos des épiceries de Provence, et de la plus part des eaux de vie qui se tirent dans le royaume. Ses manufactures sont les raffineries de sucre, un assés grand nombre de métiers pour la bonnetrie et quelques métiers pour les frocs.

Le commerce des laines d'Espagne qui passent par Orléans monte à trois mille balles par année, la balle pesant deux cent cinquante livres poids moyen, ce qui fait environ sept cent cinquante mille livres de laine ; ainsy ce commerce est de deux millions.

Les laines d'Espagne ne peuvent se mêler ny avec celles d'Angleterre, ny avec celles de France. On les distingue en primes, secondes et troisièmes. Les plus belles marquées R se vendent cent livres le quintal. Les secondes marquées F soixante quinze livres. Les troisièmes marquées S soixante quinze livres (*sic*). Toutes ces laines sortent par Bilbao et payent huit sols par livre pesant à la sortie (...) Les laines d'Espagne sont dégraissées dans l'eau avant que de sortir, elles perdent environ moitié de leur poids à ce dégraissage qui les dépouille de leur suint ou graisse naturelle. Le second dégraissage se fait à l'usine dans les manufactures et fait perdre aux laines un quart de leur poids. Une aune de drap de paignon contient environ trois livres de laine ; M. Petineau vend tous les ans à Mrs Paignon pour 150 mille livres de laines d'Espagne.

Bonneterie. On compte treize cent métiers à bas dans Orléans dont huit cent au plus sont actuellement occupés. Un ouvrier travaillant au bas de laine communs en fait deux paires dans sa journée et gagne douze sols. On fabrique aussy sur ces métiers des bas de laine et soye qu'on nomme bas de poil, ces bas sont faits de deux fils de laine tordus sur le moulin avec trois brins de soye. Les bas de laine sont foulés et lainés au chardon. Les bas de poil ne sont que foulés, un ouvrier ne fait par semaine que quatre paires de ces derniers et gagne vingt sols par paire.

Les foulons pour les bonnetiers employent du savon de Marseille et de Rouen. Ils sont obligés de travailler à crédit pour les fabricans qui sont presque tous très pauvres.

Frocs. La manufacture des frocs est icy peu considérable. Il n'entre dans ces frocs que des laines de Beauce dont les primes coûtent depuis trente deux jusqu'à trente huit sols la livre. Les primes sont employées en chaîne ; on ne met en trame que des secondes et des troisièmes.

Les laines employées en chaîne sont peignées et non cardées, celle de trame sont cardées et non peignées. Les laines peignées sont auparavant passées à l'huile. On consomme un quarteron d'huile de colzat par livre de laine.

Les frocs d'Orléans ont en sortant du métier vingt trois aulnes de long que le foulon réduit à vingt aulnes. Leur largeur est d'une demi–aulne demi quart qui se réduit pareillement à demi–aulne.

On compte de plus quarante métiers de serges à Orléans et quelques métiers montés en bassins communs très larges, comme à Paris sous le nom de Bazins d'Orléans, mais à peine sçait–on ce que c'est dans la ville.

J'ai tiré bien peu de lumières du sieur Bruté inspecteur du Commerce dans l'Orléanois.

Les Raffineries sont considérables à Orléans ; il y en a treize tant dans la ville que dans les faux–bourgs. J'ay vu celle du Sieur Boislève où l'on travaille environ six cent milliers de sucre par année. Cette fabrique est équippée de six chaudières et de vingt mille formes. Deux des chaudières servent à clarifier le sucre avec la chaux et le sang de boeuf. Deux servent à cuire le syrop et les deux autres à le raffraichir. On brûle dans les fourneaux du charbon de terre qui descend d'Auvergne par la Loire.

Les formes se font à Orléans ainsy que les pots qui les soutiennent. Les grandes formes qu'on nomme battardes coûtent vingt sols. C'est aussy le prix des pots qui reçoivent leurs égoutures. Ces grandes formes servent à convertir les moscouades en cassonade. Les petites formes servent à mouler les sucres en pains. Celles qui font les pains de quatre livres coutent quatre sols et leurs pots trois sols, dans ces prix la relieure n'est pas comprise.

On terre le sucre pendant plus de six semaines dans les batardes, il n'est terré que trois semaines dans les petites formes. On le sèche ensuite dans les étuves. La terre qu'on employe à blanchir les sucres est une glaise blanchatre que l'on tire des environs de Saumur, elle vaut six livres le poinçon dont trois font un muid.

Le sucre de deux livres, ainsy désigné quoique ses pains pèsent quatre livres, se vend treize sols la livre à la raffinerie.

Pépinières. La ville d'Orléans est environnée du côté de Paris d'un beau rempart qui fait une promenade agréable. De ce rempart, on découvre à l'entrée du faux bourg un grand nombre de pépinières en arbres à fruit, qui sont encore un objet de commerce. Ce commerce étoit autrefois bien plus considérable avant l'établissement des pépinières des Chartreux de Paris et de Vitry.

Vins. En sortant d'Orléans au delà de la Loire, on traverse un vignoble immense, étendu dans une vaste plaine. Il s'avance dans l'espace de plus de quatre lieues sans interruption au bord de la Loire, jusque et par delà Cléry. C'est là qu'on recueille les vins qui servent à falsifier la plupart des autres vins du royaume. Ceux-ci viennent à Paris par charrois. Orléans est aussy l'entrepot des vins d'Anjou et du Languedoc qui viennent à Paris.

Commerçans. Il n'est guerre de position plus avantageuse pour le commerce intérieur que celle d'Orléans ; il semble que cette ville devroit être plus riche et plus florissante ; elle est au centre du royaume, liée par la Loire d'un côté avec Nantes, de l'autre avec Lyon et de là par le Rhône avec Marseille. La Loire traverse nos plus riches provinces. La Beauce abonde en bleds. L'Orléanois en vins. On traverse une grande forêt aux portes de la ville. Cependant, on ne voit pas de grosses fortunes de commerce à Orléans. On estime que les plus considérables sont de quatre à cinq cent mille livres. Les plus forts négocians sont les sieurs Jogue, Michel et Petineau. Ces derniers font le commerce des laines de France et d'Espagne. Les Jogue font le commerce des sucres. On estime qu'ils ont un million de fonds dans leurs raffineries ».

*

* *

L'APPROVISIONNEMENT DE PARIS

Mercier (Louis-Sébastien), *Tableau de Paris*, éd. Jeffry Kaplow, 1985, pp.56-59.

« Tous les almanachs vous disent qu'il se consomme par an quinze cent mille muids de blé, quatre cent cinquante mille muids de vin, non compris la bière, le cidre, l'eau-de-vie ; cent mille boeufs, quatre cent quatre-vingt mille moutons, trente mille veaux, cent quarante mille porcs, cinq cent mille voies de bois, dix millions deux cents bottes de foin et de paille, cinq millions quatre mille livres de suif, quarante–deux mille muids de charbon, etc.

Ces sortes d'états ont des différences assez considérables selon les années : il est presque impossible d'avoir des certificats qui aient une certaine justesse, parce que ceux qui perçoivent les droits sur ces consommations ont intérêt de déguiser ce qu'ils reçoivent.

On peut dire que le Parisien en général est sobre forcément, se nourrit très mal par pauvreté, et économise toujours sur sa table, pour donner au tailleur, ou à la marchande de bonnets. Mais trente mille riches, d'un autre côté, gaspillent ce qui nourrirait deux cent mille pauvres.

Paris aspire toutes les denrées, et met tout le royaume à contribution. L'on ne s'y ressent pas des calamités qui affligent quelquefois les campagnes et les provinces, parce que les cris du besoin seraient là plus dangereux qu'ailleurs, et donneraient un exemple fatal et contagieux. On fait honneur de ces approvisionnements au zèle infatigable des magistrats ; il mérite des louanges.

Mais considérons en même temps que, placé au milieu de l'Ile–de–France, entre la Normandie, la Picardie et la Flandre, ayant cinq rivières navigables, la Seine, la Marne, l'Yonne, l'Aisne et l'Oise (sans parler des canaux de Briare, d'Orléans et de Picardie), les greniers de la Beauce presque à ses portes, une rivière qui, en sortant, serpente par des contours presque de cent lieues, comme pour donner aux marchandises et denrées la facilité de remonter, Paris d'après ces avantages que la nature lui a accordés jouit par lui–même de la situation la plus heureuse et la plus propre à voir l'abondance dans ses murailles.

Le commerce de cette ville n'est presque qu'un commerce de consommation, excepté quelques objets de goût et de luxe ; mais ces consommations sont considérables.

Il tire de toutes les manufactures du royaume ; mais il a peu de fabriques, à cause de la cherté de la main–d'oeuvre. Il fait des expéditions pour les pays les plus éloignés. Les marchandes de modes, ainsi que les bijoutiers, en font le principal commerce, parce que la main de l'ouvrier l'emporte toujours sur la richesse de la matière.

Tout ce qui entre à Paris n'est donc pas pour y rester. Les matières y viennent pour être façonnées ; puis elles en sortent embellies de ce goût exquis qui leur donne à toutes une forme nouvelle (...)

Paris consomme plus de deux millions de septiers de blé par an. Voilà ce qui est sûr, et ce que ne disent point les almanachs nouveaux. La banlieue renferme quatre cent quarante–deux paroisses et quarante–sept mille six cent quatre–vingt–cinq feux. Les limites de la ville se sont étend dues. Le Gros–Caillou est devenu un faubourg considérable ; tous les marais ont été ornés de maisons. M. de Vauban, en 1694, détermine la population à *sept cent vingt mille personnes*. Nous estimons donc que Paris renferme aujourd'hui *neuf cent mille âmes environ* ; et la banlieue près de *deux cent mille*. Les calculs de M. de Buffon et ceux de M. d'Expilly paraissent également fautifs. Il ne faut que des yeux pour voir que, depuis vingt–cinq ans, la population est partout plus considérable ».

7

CULTURE ET ÉDUCATION

RÉGLEMENT DES PETITES ÉCOLES À BOUSSAY, COMTÉ NANTAIS (ENVIRON 1785)

Cheneau (Y.), *Les marches communes du Poitou et de Bretagne et leurs paroisses au XVIIIe siècle*, Cholet, 1950, pp.217–218.

Petittes Ecolles

« Elles se tiennent exactement dans ce bourg ; une pour les garçons et une pour les filles. Il n'y a, pour l'une et l'autre, aucun fond fixe ny logement. L'un et l'autre des régents se font payer par leurs élèves.

C'est par conséquent à Mr le Recteur de la paroisse à choisir et nommer le Régent des garçons et la Régente des filles et à les faire approuver, s'il le juge nécessaire, par le Seigneur l'Evêque.

Le Régent des garçons ne resservera à son écolle publique aucune fille ; mais il pourra en enseigner quelques–unes dans les maisons, sous les yeux de leurs pères et mères, après les heures de son écolle générale.

La Régente des filles n'admettra non plus pour commencer à lire aucun garçon, le tout conformément aux statuts du diocèse. C'est au recteur à régler le prix que les écoliers de l'un et l'autre sexes donneront par mois à leur écolle.

L'heure de l'écolle pour les garçons et filles, qui ne se fera jamais dans la même maison – et même, autant que faire se pourra, dans le même quartier du bourg – commencera à six heures du matin, depuis pasque jusqu'au premier octobre, pour finir à dix ou onze heures, s'il y a grand nombre d'écoliers.

Et à deux heures, l'après–midi, pour finir à cinq. Depuis le premier octobre, l'écolle du matin commancera à sept ou huit heures, selon le nombre d'écoliers, pour finir à dix ou onze. Celle du soir à une ou deux heures pour finir à quatre.

On fera en sorte de commancer l'écolle du matin par la prière du matin, conformément au catéchisme du diocèse ; et celle du soir aussi par la prière du soir. Les régents et régentes auront soin de conduire, autant que faire se pourra, leurs écoliers et écolières à la messe touts les jours et veiller à ce qu'ils y soient sages.

Ils enseigneront au moins deux fois la semaine le catéchisme aux enfants qui se présenteront pour cela chez eux, le mardi et le jeudi, à l'heure qui leur sera la plus commode, les garçons et les filles chacun à leurs maîtres.

On permet cependant à quelles filles âgées et prudentes d'enseigner le catéchisme aux garçons et filles par trouppes dans leurs maisons et leur apprendre à chanter des cantiques ; mais jamais à la veillée après soupper, car ces assemblées auroient des inconvénients défendus par les statuts du diocèse.

Ils donneront un jour de congé par semaine à leurs écoliers, qui sera le vendredi à cause du marché de Clisson, à moins qu'il n'y ait quelque fête dans la semaine.

On ne se servira, dans les petittes écoles, d'autres livres que de l'alfabette, psautier, sage entretien, histoire de la Bible et Civilité ; tout autre livre leur est interdit à moins qu'ils n'ayent été visés et approuvés par le Recteur.

Et on servira, pour les plus savants qui lisent dans les contrats, ceux où il n'y aura rien qui puisse blesser la pudeur et réputation de personne.

Les maîtres feront non seulement lire la civilité à leurs écoliers et écolières, mais ils s'appliqueront à leur en faire pratiquer les reigles, en leur apprenent à saluer, parler et respecter chacun dans leur état.

Ils ne souffriront point les rapports, les querelles, encore moins qu'ils se fassent aucun mal entre eux, ni à personne au dehors. Ils les châtiront dans le besoin avec prudence, c'est–à–dire avec honnêteté et modération et ne leur donneront aucune qualification inexacte qui leur reste ordinairement dans un âge avancé et occasionne des querelles entre eux dans la suite.

Prix des mois d'écolle

Les garçons qui commencent l'alfabeth	10 sous
Ceux qui lisent en latin et français	15 s.
Ceux qui lisent la civilité et écriture de main et écrivent	20 s.
Ceux qui de plus écrivent, lisent et chiffrent	30 s.
Les filles pour l'alfabeth et lire en latin	8 s.
Lire le latin et françois, civilité	10 s.
Lire de plus l'écriture de main, commencer à écrire	12 s.
Pour de plus chiffrer ou apprendre à coudre ou brocher	15 s.

On ne recevra aucun écolier ou écolière qu'ils ne payent le premier mois en entrant comme cy dessus, et toujours de mois en mois par avance.

Si le Régent n'a pas une place au Coeur comme Chantre, on lui en donnera une de commode dans l'église ; et aussi une à la Régente.

Les Recteurs iront de temps en temps, dans les petittes écolles, prendre connaissance de ce qui s'i passe et recevoir les plaintes que les Régents pouroient avoir à faire contre leurs écoliers, les réprimender et exhorter à mieux se conduire.

Les Régents et Régentes auront soin d'obliger leurs écoliers et écolières à aller au moins touts les deux mois à confesse et avertiront le Recteur si quelqu'un y manque. Cela pour les enfants qui ont communié au moins une fois. Les autres iront quand ils seront avertis par Mr le Recteur.

Le Recteur est seul surveillant des maîtres et maîtresses d'écolle de la paroisse, ainsi que du bureau de charité avec les marguilliers en charge, et assiste quand il veut au bureau de la paroisse ».

MARMONTEL AU COLLEGE DE MAURIAC

Marmontel (Jean–François), *Mémoires*, 3 vol., 1891, éd. Maurice Tourneux ; t.1, pp.5–24.

« J'avais appris à lire dans un petit couvent de religieuses, bonnes amies de ma mère. Elles n'élevaient que des filles ; mais, en ma faveur, elles firent une exception à cette règle. Une demoiselle bien née, et qui, depuis longtemps, vivoit retirée dans cet hospice, avait eu la bonté d'y prendre soin de moi (...)

De là je passai à l'école d'un prêtre de la ville, qui, gratuitement et par goût, s'était voué à l'instruction des enfans. Fils unique d'un cordonnier, le plus honnête homme du monde, cet ecclésiastique était un vrai modèle de la piété filiale (...) L'abbé Vaissière (c'était son nom), après avoir rempli ses fonctions à l'église, partageait le reste de son temps entre la lecture et les leçons qu'il nous donnait. Dans le beau temps, un peu de promenade, et quelquefois, pour exercice une partie de mail dans la prairie, étaient ses seuls délassemens (...)

Accablé de caresses, baigné de douces larmes et chargé de bénédictions, je partis donc (au collège) avec mon père. Il me portait en croupe, et le coeur me battait de joie ; mais il me battit de frayeur quand mon père me dit ces mots : « On m'a promis, mon fils, que vous seriez reçu en quatrième ; si vous ne l'êtes pas, je vous remmène, et tout sera fini. » Jugez avec quel tremblement je parus devant le régent, qui allait décider de mon sort ! (...)

Je fus logé, selon l'usage du collège, avec cinq autres écoliers, chez un honnête artisan de la ville ; et mon père, assez triste de s'en aller sans moi, m'y laissa avec mon paquet, et des vivres pour la semaine. Ces vivres consistaient en un gros pain de seigle, un petit fromage, un morceau de lard, et deux ou trois livres de boeuf ; ma mère y avait ajouté une douzaine de pommes. Voilà, pour le dire une fois, quelle était toutes les semaines la provision des écoliers les mieux nourris du collège. Notre bourgeoise nous faisait la cuisine ; et pour sa peine, son feu, sa lampe, ses lits, son logement, et même les légumes de son petit jardin qu'elle mettait au pot, nous lui donnions par tête vingt–cinq sous par mois ; en sorte que, tout calculé, hormis mon vêtement, je pouvais coûter à mon père, de quatre à cinq louis par an. C'était beaucoup pour lui, et il me tardait bien de lui épargner cette dépense.

Le lendemain de mon arrivée, comme je me rendais le matin dans ma classe, je vis à sa fenêtre mon régent, qui, du bout du doigt me fit signe de monter chez lui. « Mon enfant, me dit–il, vous avez besoin d'une instruction particulière et de beaucoup d'étude pour atteindre vos condisciples : commençons par les éléments, et venez ici, demi– heure avant la classe, tous les matins, me réciter les règles que vous aurez apprises ; en vous les expliquant, je vous en marquerai l'usage ». Je pleurai aussi ce jour–là, mais ce fut de reconnaissance. En lui rendant grâces de ses bontés, je le priai d'y ajouter celle de m'épargner, pour quelque temps, l'humiliation d'entendre lire à haute voix mes thèmes dans la classe. Il me le promit, et j'allai me mettre à l'étude.

Je ne puis dire assez avec quel tendre zèle il prit soin de m'instruire, et quel attrait il sut donner à ses leçons. Au seul nom de ma mère, dont je lui parlais quelquefois, il semblait en respirer l'âme ; et quand je lui communiquais les lettres où l'amour maternel lui exprimait sa reconnaissance, les larmes lui coulaient des yeux.

Du mois d'octobre où nous étions, jusqu'aux fêtes de Pâques, il n'y eut pour moi ni amusement ni dissipation ; mais, après cette demi–année, familiarisé avec toutes mes règles, ferme dans leur application, et comme dégagé des épines de la syntaxe, je cheminai plus librement. Dès lors je fus l'un des meilleurs écoliers de la classe, et peut–être le plus heureux ; car j'aimais mon devoir, et, presque sûr de le faire assez bien, ce n'était pour moi qu'un plaisir (...)

A l'égard de notre collège, son caractère distinctif était une police exercée par les écoliers sur eux–mêmes. Les chambrées réunissaient des écoliers de différentes classes, et parmi eux l'autorité de l'âge ou celle du talent, naturellement établie, mettait l'ordre et la règle dans les études et dans les moeurs. Ainsi l'enfant qui, loin de sa famille, semblait hors de la classe être abandonné à lui–même, ne laissait pas d'avoir parmi ses camarades des surveillants et des censeurs. On travaillait ensemble, et autour de la même table ; c'était un cercle de témoins qui, sous les yeux les uns des autres, s'imposaient réciproquement le silence et l'attention. L'écolier oisif s'ennuyait d'une immobilité muette et se lassait bientôt de son oisiveté ; l'écolier inhabile, mais appliqué, se faisait plaindre ; on l'aidait, on l'encourageait ; si ce n'était pas le talent, c'était la volonté qu'on estimait en lui : mais il n'y avait ni indulgence ni pitié pour le paresseux incurable ; et lorsqu'une chambrée entière était atteinte de ce vice, elle était comme déshonorée ; tout le collège la méprisait, et les parents étaient avertis de n'y pas mettre leurs enfants. Nos bourgeois avaient donc eux–mêmes un grand intérêt à ne loger que des écoliers studieux. J'en ai vu renvoyer uniquement pour cause de paresse et d'indiscipline. Ainsi, dans presque aucun de ces groupes d'enfants l'oisiveté n'était soufferte ; jamais l'amusement et la dissipation ne venaient qu'après le travail.

Un usage que je n'ai vu établi que dans ce collège y donnait aux études, vers la fin de l'année, un redoublement de ferveur. Pour monter d'une classe à une autre, il y avait un sévère examen à subir, et l'une des tâches que nous avions à remplir pour cet examen était un travail de mémoire. Selon la classe, c'était pour la poésie, du Phèdre ou de l'Ovide, ou du Virgile, ou de l'Horace ; et pour la prose, du Cicéron, du Tite–Live, du Quinte–Curce ou du Salluste ; le tout ensemble, à retenir par coeur, formait une masse d'étude assez considérable. On s'y prenait de loin ; et ce travail, pour ne pas empiéter sur nos études accoutumées, se faisait dès le point du jour jusqu'à la classe du matin. Il se faisait dans la campagne, où, divisés par bandes, et chacun son livre à la main, nous allions bourdonnant comme de vrais essaims d'abeilles. Dans la jeunesse, il est pénible de s'arracher au sommeil du matin ; mais les plus diligents de la bande faisaient violence aux plus tardifs ; moi–même bien souvent je me sentais tirer de mon lit encore endormi ; et si depuis j'ai eu dans l'organe de la mémoire un peu plus de souplesse et de docilité, je le dois à cet exercice (...)

Nos récréations se passaient en exercices à l'antique ; en hiver, sur la glace, au milieu de la neige ; dans le beau temps, au loin dans la campagne, à l'ardeur du soleil ; et ni la course, ni la lutte, ni le pugilat, ni le jeu de disque et de la fronde, ni l'art de la natation, n'étaient étrangers pour nous. Dans les chaleurs, nous allions nous baigner à plus d'une lieue de la ville : pour les petits, la pêche des écrevisses dans les ruisseaux ; pour les grands, celle des anguilles et des truites dans les rivières, ou la chasse des cailles au filet après la moisson, étaient nos plaisirs les plus vifs ; et au retour d'une longue course, malheur aux champs d'où les pois verts n'étaient pas encore enlevés ! Aucun de nous n'aurait été capable de voler une épingle ; mais, dans notre morale, il avait passé en maxime que ce qui se mangeait n'était pas un larcin. Je m'abstenais tant qu'il m'était possible de cette espèce de pillage ; mais, sans y avoir coopéré, il est vrai cependant que j'y participais, d'abord en fournissant mon contingent de lard pour l'assaisonnement des pois, et puis en les mangeant avec tous les complices. Faire comme les autres me semblait un devoir d'état dont je n'osais me dispenser ; sauf à capituler ensuite avec mon confesseur, en restituant ma part du larcin en aumônes (...)

Un avantage plus précieux encore que l'émulation était, dans ce collège, l'esprit de religion qu'on avait soin d'y entretenir. Quel préservatif salutaire, pour les moeurs de l'adolescence, que l'usage et l'obligation d'aller tous les mois à confesse ! La pudeur de cet humble aveu de ses fautes les plus cachées en épargnait peut-être un plus grand nombre que tous les motifs les plus saints.

Ce fut donc à Mauriac, depuis onze ans jusques à quinze que je fis mes humanités ; et en rhétorique je me soutins presque habituellement le premier de ma classe. Ma bonne mère en était ravie. Lorsque mes vestes de basin lui étaient renvoyées, elle regardait vite si la chaîne d'argent qui suspendait la croix avait noirci ma boutonnière ; et lorsqu'elle y voyait cette marque de mon triomphe, toutes les mères du voisinage étaient instruites de sa joie ; nos bonnes religieuses en rendaient grâces au ciel ; mon cher abbé Vaissière en était rayonnant de gloire. »

*

* *

L'ÉDUCATION D'UNE FILLE DANS L'ESPRIT DES LUMIERES

Les Pseudo– Mémoires de Madame d'Epinay. Histoire de Madame de Montbrillant, pub. par Georges Roth, 3 vol., 1951 ; t.3, pp.31– 36.

« Les réflexions que vous faites, Mademoiselle, sur le caractère de ma fille sont très judicieuses et me confirment dans l'opinion que j'avais prise de vous lorsque je vous l'ai confiée. Les avis que j'aurais à vous donner sur son éducation ne sauraient être l'affaire d'une lettre ; mais, puisque ma mauvaise santé m'interdit de m'occuper sans cesse de mes enfans, je me bornerai du moins à quelques règles générales que je vous prie de bien observer, me réservant de décider sur les cas particuliers, à mesure qu'ils se présenteront.

Je veux que ma fille se lève toujours de bonne heure ; qu'une courte prière, aussitôt son lever, soit sa première occupation. Faites-lui envisager sa toilette comme une sujétion nécessaire, dont on ne saurait se débarrasser trop promptement, et faites en sorte que ce ne soit pas pour elle le temps le plus agréable de sa journée, ce qui vous sera facile en y mettant un peu de sérieux et ne lui permettant point de s'en distraire par rien qui puisse l'amuser.

Dès qu'elle sera habillée, employez une demi-heure à lui faire lire son catéchisme, ou l'explication de l'Epitre et de l'Evangile, ou quelqu'autre morceau de morale chrétienne. Vous lui permettrez de l'interrompre tant qu'elle voudra, surtout si c'est par des questions ou des observations relatives à la lecture. Si, au contraire, elle s'interrompt par l'ennui que lui cause cette occupation, il faudra tâcher de la ramener avec beaucoup d'amitié. Faites-lui sentir que chaque chose doit avoir son temps ; que, comme elle trouverait fort déplacé, quand elle est occupée de sa poupée, qu'on l'interrompît par des questions sérieuses, de même elle serait très répréhensible de chercher des amusemens lorsqu'elle est occupée de ses devoirs (...)

Il faudra consacrer une ou deux heures de la matinée à la promenade, quand le temps le permet. Là, tout en causant, tâchez d'exciter et d'entretenir en elle cette curiosité qui est si naturelle aux enfans, et qui leur apprend plus, si on sait la mettre à profit, que tous les maîtres ensemble. Pour cela, il faut lui faire des questions à propos, et lui donner occasion d'en faire à son tour. Il ne faut pas la blâmer quand elle dit une chose fausse ; mais, sans pédanterie, la convaincre du contraire par le raisonnement, par l'évidence, et non par les préceptes et les maximes. C'est surtout aux yeux des enfans qu'il faut parler, encore plus qu'à leur esprit.

Apprenez-lui à admirer les beautés de la nature ; à voir travailler les insectes, par exemple. Les petites choses sont plus à la portée des enfans, et, insensiblement, par ces moyens on leur apprend à connaître tout ce qu'il y a de grand et de profond dans l'ordre établi dans la nature. Qu'elle s'accoutume à être attentive à ces objets, si dignes d'être admirés et si négligés dans l'éducation ordinaire. Qu'elle soit sensible au plaisir de secourir un animal qui souffre. Ce sera en la rapprochant d'elle-même par les réflexions, en lui faisant sentir la joie qu'elle aurait d'être soulagée dans sa peine, qu'on pourra lui faire connaître le bonheur d'être sensible et compatissante. C'est le chemin à la vertu et à l'humanité (...)

En général, pour les choses essentielles, mais qui sont purement extérieures et de convention dans le monde, inspirez-lui l'amour de sa réputation et la crainte du public ; mais ne lui inspirez jamais ni crainte ni envie de plaire ou de déplaire par ses démarches à une telle personne en particulier.

Sur les vices, ne lui apprenez à redouter que sa propre conscience, et à ne désirer pour récompense de ses vertus, que la douceur inexprimable d'être sans reproche à ses propres yeux.

Voilà, Mademoiselle, quelques principes que je vous prie de suivre. Vous voyez que le but de mon éducation est d'élever l'âme de mon enfant. Nous entrerons en explication sur les détails suivant l'occurrence. Souvenez-vous qu'il est à désirer que vous n'ayez jamais tort avec elle, mais que je ne veux pas cependant qu'on la trompe ».

*

* *

L'AFFAIRE DE L'ENCYCLOPÉDIE

Barbier (Edmond), *Chronique de la Régence et du règne de Louis XV...*, Paris, 8 vol., 1857, t.5, pp.157- 158, 168-170, février 1752.

« Lundi 7 de ce mois, M. de Lamoignon de Malesherbes, fils du chancelier, premier président de la Cour des Aides, qui a la direction de la librairie, a arrêté le *Dictionnaire de l'Encyclopédie,* en sorte qu'on ne délivre plus le second tome aux souscripteurs. J'ai pris les devants.

M. de Malesherbes, qui est un homme d'esprit et de lettres, aura donné cet ordre aux libraires avec regret. Il vouloit même le faire saisir ; mais les syndics de la librairie n'ont pas voulu se charger de cette commission. Tout cet orage contre ce beau dictionnaire est venu par le canal des jésuites et par l'ordre de M. de Mirepoix, qui a un grand crédit ecclésiastique sur l'esprit du Roi. On peut dire même que la thèse de l'abbé de Prades a été la victime du livre de l'*Encyclopédie,* et qu'elle a ensuite servi de prétexte pour arrêter ce livre. On croit cependant qu'on continuera l'impression de ce dictionnaire, qui n'est encore qu'à la lettre E, mais avec beaucoup plus de circonspection de la part des censeurs. Tout son plus grand péché est quelque trait piquant contre les jésuites et contre la moinaille (...)

Aujourd'hui 12, on a crié un arrêt du Conseil du 7 de ce mois, qui supprime les deux premiers tomes du *Dictionnaire de l'Encyclopédie,* comme contenant des maximes contraires à l'autorité royale et à la religion, et défend, soit de les réimprimer, soit de distribuer aux souscripteurs ceux qui peuvent rester aux libraires (...)

L'abbé de Prades, que le Parlement a décrété de prise de corps, a pris son parti ; il s'est retiré à Berlin, chez le roi de Prusse, auprès de Voltaire et de M. de Maupertuis. Il est quelquefois dangereux d'éloigner des gens d'esprit.

L'acharnement des ennemis de l'*Encyclopédie* augmente tous les jours. Le père jésuite, qui fait le *Journal de Trévoux* a un peu drapé et critiqué les éditeurs au sujet du *discours* préliminaire et de certains endroits du tome ler. D'Alembert, le géomètre, qui est un des deux éditeurs avec M. Diderot, a écrit une lettre au père journaliste vive et insolente. C'est un jeune homme dont l'imprudence ruine les libraires entrepreneurs de ses ouvrages, parce que ceci devient irréconciliable avec les jésuites, qui sont soutenus par M. de Mirepoix, M. le chancelier, tout le clergé et même M. le comte d'Argenson.

Comme l'arrêt du Conseil du 7 de février ne fait que supprimer les deux premiers tomes imprimés de ce dictionnaire et qu'il ne défend point d'en continuer l'impression pour les autres tomes, ce qui pouvoit s'accommoder en mettant des cartons au deuxième tome, dont la plus grande partie n'a pas été délivrée aux souscripteurs, et en examinant avec plus d'attention les autres tomes pour en retrancher ce qui peut déplaire, cela n'a pas satisfait les ennemis, parmi lesquels il y a sous main beaucoup de libraires jaloux de la réputation de cet ouvrage.

On dit que le 21 de ce mois M. de Malesherbes, premier président de la Cour des Aides, fils du chancelier, est venu chez Le Breton, imprimeur, un des associés, porteur d'une lettre de cachet pour saisir tous les manuscrits originaux du *Dictionnaire de l'Encyclopédie* et les planches de gravures, ce qui marque le dessein d'arrêter toute impression au-delà des deux premiers tomes. Le Breton n'avoit pas ces manuscrits, même pour le troisième tome. Il est certain que M. Diderot, le principal éditeur, et un des libraires, ont porté et remis tous les manuscrits à M. de Lamoignon de Malesherbes. Diderot a eu peur d'être une seconde fois à la Bastille. On ne sait plus ce que cela deviendra ; on ne sait entre les mains de qui ils sont. Il s'agit de savoir ce que deviendra l'exécution de cette lettre de cachet. Si cela se poursuit ainsi avec rigueur, les quatre libraires, qui sont, Briaçon, David l'aîné, Durand et Le Breton, perdront infiniment, d'autant que les souscripteurs, et surtout les libraires de province et des pays étrangers, vont tomber sur eux pour demander la restitution d'une partie de la souscription et même du tout. Depuis six ans on travaille à ce grand ouvrage. Il a fallu payer les éditeurs et une partie de ceux qui ont travaillé à différents objets, le papier, les planches gravées, quantité de faux frais, quoiqu'ils aient reçu plus de huit mille louis à la livraison du premier volume, sur le pied de quatre-vingt-seize livres et deux mille souscriptions. Cela ne remplit pas les frais d'une pareille entreprise, qui étoit sur le point d'aller tout de suite. Le profit auroit été gros sur les neuf volumes à plus d'un louis. Cela est dommage pour eux et pour les gens de lettres, qui auroient trouvé de grandes recherches d'érudition en tout genre dans ce Dictionnaire ».

UN JOURNAL : LE MERCURE DE FRANCE

Marmontel (Jean–François), *Mémoires*, 3 vol., éd. Maurice Tourneux, 1891 ; t.2, pp.70–78.

« Si le *Mercure* n'avait été qu'un simple journal littéraire, je n'aurais eu en le composant qu'une seule tâche à remplir et qu'une seule route à suivre ; mais, formé d'éléments divers, et fait pour embrasser un grand nombre d'objets, il fallait que, dans tous ses rapports, il remplit sa destination ; que, selon les goûts des abonnés, il tînt lieu des gazettes aux nouvellistes ; qu'il rendît compte des spectacles aux gens curieux de spectacles ; qu'il donnât une juste idée des productions littéraires à ceux qui, en lisant avec choix, veulent s'instruire ou s'amuser ; qu'à la saine et sage partie du public qui s'intéresse aux découvertes des arts utiles, au progrès des arts salutaires, il fît part de leurs tentatives et des heureux succès de leurs inventions ; qu'aux amateurs des arts agréables il annonçât les ouvrages nouveaux, et quelquefois les écrits des artistes. La partie des sciences qui tombait sous les sens, et qui pour le public pouvait être un objet de curiosité, était aussi de son domaine ; mais il fallait surtout qu'il eût un intérêt local et de société pour ses abonnés de province, et que le bel esprit de telle ou de telle ville du royaume y trouvât de temps en temps son énigme, son madrigal, son épître insérée : cette partie du *Mercure,* la plus frivole en apparence, en était la plus lucrative (...)

Le moment était favorable ; une volée de jeunes poètes commençait à essayer leurs ailes. J'encourageai ce premier essor, en publiant les brillants essais de Malfilâtre ; je fis concevoir de lui des espérances qu'il aurait remplies, si une mort prématurée ne nous l'avait pas enlevé. Les justes louanges que je donnai au poème de Jumonville ranimèrent, dans le sensible et vertueux Thomas, ce grand talent que des critiques inhumaines avaient glacé. Je présentai au public les heureuses prémices de la traduction des *Géorgiques de Virgile,* et j'osai dire que si ce divin poème pouvait être traduit en vers français élégants et harmonieux, il le serait par l'abbé Delille. En insérant dans le *Mercure* une héroïde de Colardeau, je fis sentir combien le style de ce jeune poète approchait, par sa mélodie, sa pureté, sa grâce et sa noblesse, de la perfection des modèles de l'art. Je parlai avantageusement des Héroïdes de La Harpe (...)

En plaidant la cause des gens de lettres, je ne laissais pas de mêler à des louanges modérées une critique assez sévère, mais innocente, et du même ton qu'un ami aurait pris avec son ami. C'était avec cet esprit de bienveillance et d'équité que, me conciliant la faveur des jeunes gens de lettres, je les avais presque tous pour coopérateurs.

Le tribut des provinces était encore plus abondant. Tout n'en était pas précieux ; mais si, dans les pièces de vers, ou les morceaux de prose qui m'étaient envoyés, il n'y avait que des négligences, des incorrections, des fautes de détail, j'avais soin de les retoucher. Si même quelquefois il me venait au bout de la plume quelques bons vers, ou quelques lignes intéressantes, je les y glissais sans mot dire ; et jamais les auteurs ne se sont plaints à moi de ces petites infidélités.

Dans la partie des sciences et des arts, j'avais encore bien des ressources. En médecine, dans ce temps-là, s'agitait le problème de l'inoculation. La comète prédite par Halley, et annoncée par Clairaut, fixait les yeux de l'astronomie ; la physique me donnait à publier des observations curieuses : par exemple, on me sut bon gré d'avoir mis au jour les moyens de refroidir en été les liqueurs. La chimie me communiquait un nouveau remède à la morsure des vipères, et l'inestimable secret de rappeler les noyés à la vie. La chirurgie me faisait part de ses heureuses hardiesses et de ses succès merveilleux. L'histoire naturelle, sous le pinceau de Buffon, me présentait une foule de tableaux dont j'avais le choix. Vaucanson ne donnait à décrire aux yeux du public ses machines ingénieuses : l'architecte Leroy et le graveur Cochin, après avoir parcouru en artistes, l'un les ruines de la Grèce, et l'autre les merveilles de l'Italie, venaient m'enrichir à l'envi de brillantes descriptions ou d'observations savantes, et mes extraits de leurs voyages étaient pour mes lecteurs un voyage amusant. Cochin, homme d'esprit, et dont la plume n'était guère moins pure et correcte que le burin, faisait aussi pour moi d'excellents écrits sur les arts qui étaient l'objet de ses études. Je m'en rappelle deux que les peintres et les sculpteurs n'ont sans doute pas oubliés : l'un, *sur la lumière dans l'ombre* ; l'autre, *sur les difficultés de la peinture et de la sculpture, comparées l'une avec l'autre.* Ce fut sous sa dictée que je rendis compte au public de l'exposition des tableaux en 1759, l'une des plus belles que l'on eût vues, et qu'on ait vues depuis dans le salon des arts. Cet examen était le modèle d'une critique saine et douce ; les défauts s'y faisaient sentir et remarquer ; les beautés y étaient exaltées. Le public ne fut point trompé, et les artistes furent contents.

Dans ce même temps-là s'ouvrit pour l'éloquence une nouvelle carrière. C'était à louer de grands hommes que l'Académie française invitait les jeunes orateurs : et quelle fut ma joie d'avoir à publier que le premier qui dans cette lice, et par un digne éloge de Maurice de Saxe, venait de remporter le prix, était l'intéressant jeune homme dont tant de fois j'avais ranimé le courage, l'auteur du poème de *Jumonville,* à qui la sincérité de mes conseils plaisait au moins autant que l'équité de mes louanges, et qui, dans le secret de l'amitié la plus intime, avait fait de moi le confident de ses pensées et le censeur de ses écrits !

Je m'étais mis en relation avec toutes les académies du royaume, tant pour les arts que pour les lettres ; et, sans compter leurs productions qu'elles voulaient bien m'envoyer, les seuls programmes de leurs prix étaient intéressants à lire, par les vues saines et profondes qu'annonçaient les questions qu'ils donnaient à résoudre, soit en morale, soit en économie politique, soit dans les arts utiles, secourables et salutaires. Je m'étonnais quelquefois moi-même de la lumineuse étendue de ces questions, qui de tous côtés nous venaient du fond des provinces ; rien, selon moi, ne marquait mieux la direction, la tendance, les progrès de l'esprit public ».

*

* *

LA RÉPUBLIQUE DES LETTRES

Duclos, *Considérations sur les moeurs de ce siècle,* nouv. éd., Paris, 1751, pp.232-234.

« On distingue la République des lettres en plusieurs classes. Les Savans qu'on appelle aussi Erudits, ont joui autrefois d'une grande considération ; on leur doit la renaissance des Lettres ; mais comme aujourd'hui on ne les estime pas autant qu'ils le méritent, le nombre en diminue trop, et c'est un malheur pour les Lettres : ils se produisent peu dans le monde qui ne leur convient guère, et à qui ils ne conviennent pas davantage.

Il y a un autre ordre de Savans qui s'occupent des Sciences exactes. On les estime, on en reconnoit l'utilité, on les récompense quelquefois ; leur nom est cependant plus à la mode que leur personne, à moins qu'ils n'ayent d'autres agrémens que le mérite qui fait leur célébrité.

Les gens de Lettres les plus recherchés sont ceux qu'on appelle communément beaux esprits, entre lesquels il y a encore une distinction à faire. Ceux dont les talens sont marqués et couronnés par des succès, sont bientôt connus et accueillis ; mais si leur esprit se trouve renfermé dans la sphère du talent, quelque génie qu'on y reconnoisse, on applaudit l'ouvrage, et on néglige l'Auteur. On lui préfère dans la Société celui dont l'esprit est d'un usage plus varié, et d'une application moins décidée et plus étendue ».

*

* *

LES FILLES DE FINANCIERS PROPAGENT LA PHILOSOPHIE

Montbarey (Prince de), *Mémoires autographes*..., Paris, 3 vol., 1826–1827 ; t.3, pp.156–158.

« L'ordre de la noblesse avait dégénéré au moins aussi sensiblement que le clergé. La partie de cet ordre qui entourait le trône et participait à sa grandeur par les dignités et les richesses, avait poussé la corruption des moeurs à l'extrême. L'amour de l'argent avait étouffé les sentiments d'orgueil qui la distinguaient sous les règnes antérieurs à celui de Louis XV. Les mariages de finance, devenus très fréquens, n'y avaient pas peu contribué ; les fortunes, fruit de ces mariages, ne pouvant rassasier ceux qui les avaient fait, aiguillonnaient en eux le désir d'augmenter leurs jouissances et peu à peu l'indifférence sur les moyens de se les procurer, avait corrompu tous les coeurs. Ce changement était palpable à la cour et la ligne de démarcation, autrefois si marquée entre les rangs, avait presque disparu, pour ne laisser subsister de différences qu'entre les fortunes.

Les filles de finance avaient été élevées, en général, d'après les principes d'égalité préconisés dans les écrits philosophiques de Voltaire, de Rousseau et de leurs élèves. Ces principes servaient à merveille l'orgueil de ces jeunes personnes et les élevait au niveau des classes supérieures dont l'existence blessait leur amour propre. Ils avaient fait d'une partie de ces demoiselles des espèces de beaux esprits, répétant comme des perroquets les paradoxes de leurs instituteurs (...)

Les affiliés de la secte philosophique, commensaux de la plupart des maisons des financiers, après avoir fait adopter leurs principes aux filles de ces richards, mariées ensuite dans les plus grandes maisons du royaume, étaient aisément parvenus à devenir les instituteurs de leurs enfans ; et, de cette chaîne de conséquences était résulté le changement presque total de la façon de penser de la jeune noblesse, qui traitait de pédanterie, de faux orgueil et de morgue ridicule l'attachement que quelques hommes sages avaient conservé pour la distinction qui, jusqu'alors, avaient marqué tous les rangs à la cour ».

*
* *

L'INVASION DE LA PHILOSOPHIE

Avertissement aux *Mémoires secrets pour servir à l'Histoire de la République des Lettres en France* (par Bachaumont), Londres, 1784.

« L'INVASION de la philosophie dans la République des lettres en France, est une Epoque mémorable par la révolution qu'elle a opéré dans les esprits. Tout le monde en connoit aujourd'hui les suites & les effets. L'Auteur des *Lettres Persanes* & celui des *Lettres Philosophiques,* en avoient jeté le germe ; mais trois sortes d'Ecrivains ont surtout contribué à le développer. D'abord les *Encyclopédistes,* en perfectionnant la Métaphysique, en y portant la clarté, moyen le plus propre à dissiper les ténebres dont la Théologie l'avoit enveloppée, ont détruit le fanatisme & la superstition. A ceux–ci ont succédé les *Economistes* : s'occupant essentiellement de la morale & de la Politique pratique, ils ont cherché à rendre les Peuples plus heureux, en resserrant les liens de la société par une communication de services & d'échanges mieux entendus, en appliquant l'homme à l'étude de la Nature, mere des vraies jouissances. Enfin des temps de trouble & d'oppression ont enfanté les *Patriotes*, qui, remontant à la source des Loix & de la constitution des Gouvernements, ont démontré les obligations réciproques des Sujets & des Souverains, ont approfondi l'histoire & ses mouvements, & ont fixé les grands principes de l'Administration. Cette foule de Philosophes qui se sont placés comme à la tête des diverses parties de la Littérature, a principalement paru après la destruction des Jésuites : véritable point où la révolution a éclaté.

Il étoit sans doute bien essentiel d'en marquer les progrès, d'en saisir les circonstances, d'en recueillir les détails les plus particuliers ».

*

* *

KANT, RÉPONSE A LA QUESTION : QU'EST- CE QUE LES LUMIERES ? (DÉCEMBRE 1784)

« Les lumières se définissent comme la sortie de l'homme hors de l'état de minorité, où il se maintient par sa propre faute. La minorité est l'incapacité de se servir de son entendement sans être dirigé par un autre. Elle est due à notre propre faute quand elle résulte non pas d'un manque d'entendement, mais d'un manque de résolution et de courage pour s'en servir sans être dirigé par un autre. *Sapere aude* ! Aie le courage de te servir de ton propre entendement ! Voilà la devise des lumières.

La paresse et la lâcheté sont les causes qui expliquent qu'un si grand nombre d'hommes, alors que la nature les a affranchis depuis longtemps de toute direction étrangère (...), restent cependant volontiers, leur vie durant, mineurs ;

et qu'il soit si facile à d'autres de se poser comme leurs tuteurs. Il est si commode d'être mineur (...)

Il est donc difficile pour l'individu de s'arracher tout seul à la minorité, devenue pour lui presque un état naturel (...)

En revanche, la possibilité qu'un public s'éclaire lui-même est plus réelle ; cela est même à peu près inévitable, pourvu qu'on lui en laisse la liberté. Car il se trouvera toujours, même parmi les tuteurs attitrés de la masse, quelques hommes qui pensent par eux-mêmes et qui, après avoir personnellement secoué le joug de leur minorité, répandront autour d'eux un état d'esprit où la valeur de chaque homme et sa vocation à penser par soi-même seront estimées raisonnablement (...)

C'est pourquoi un public ne peut accèder que lentement aux lumières. Une révolution entrainera peut-être le rejet du despotisme personnel et de l'oppression cupide et autoritaire mais jamais une vraie réforme de la manière de penser (...)

Or, pour répandre ces lumières, il n'est rien requis d'autre que la liberté ; et à vrai dire la plus inoffensive de toutes les manifestations qui peuvent porter ce nom, à savoir celle de faire un usage public de sa raison dans tous les domaines (...)

L'usage public de notre raison doit toujours être libre, et lui seul peut répandre les lumières parmi les hommes ; mais son usage privé peut souvent être étroitement limité, sans pour autant empêcher sensiblement le progrès des lumières. Or j'entends par usage public de notre propre raison celui que l'on en fait comme savant devant l'ensemble du public qui lit. J'appelle usage privé celui qu'on a le droit de faire de sa raison dans tel ou tel poste civil, ou fonction qui nous est confiée (...)

De même, un prêtre est tenu de s'adresser à ses catéchumènes et à sa paroisse suivant le symbole de l'Eglise qu'il sert ; car c'est à cette condition qu'il a été engagé. Mais, en tant que savant, il a toute la liberté, et même la mission, de communiquer au public toutes ses réflexions soigneusement pesées et bien intentionnées sur ce qu'il y a d'erroné dans ce symbole, ainsi que des propositions en vue d'une meilleure organisation des affaires religieuses et ecclésiastiques. En cela, il n'y a rien qu'on pourrait reprocher à sa conscience. Car ce qu'il enseigne par suite de ses fonctions, comme mandataire de l'Eglise, il le présente comme quelque chose qu'il n'a pas libre pouvoir d'enseigner selon son opinion personnelle, mais qu'il est appelé, par son engagement, à exposer suivant des instructions et au nom d'un autre. Il dira : notre Eglise enseigne ceci ou cela ; voici les arguments dont elle se sert. Il tirera ensuite pour sa paroisse tous les avantages pratiques de préceptes auxquels il ne souscrirait pas en toute conviction, mais qu'il peut pourtant prétendre exposer, dans la mesure où il peut malgré tout s'y trouver quelque vérité cachée, et qu'en tout cas, du moins, il ne s'y trouve rien de contradictoire avec la religion intérieure. Car, s'il pensait y trouver une contradiction, il ne pourrait assurer sa charge en toute conscience ; il devrait s'en démettre. Par conséquent, l'usage qu'un ministre chargé d'enseigner fait de sa raison devant sa paroisse n'est qu'un usage privé ; car il s'agit simplement d'une réunion de famille, quelle que soit son importance.

(...)

Le critère de tout ce qui peut être décidé pour un peuple sous forme de loi tient dans la question suivante : un peuple pourrait-il se donner à lui-même pareille loi (...)

Or, ce que même un peuple n'a pas le droit de décider pour lui-même, un monarque a encore moins le droit de le décider pour un peuple ; car son autorité législative repose précisément sur le fait qu'il réunit toute la volonté du peuple dans la sienne propre. Pourvu qu'il veille à ce que toute amélioration réelle ou supposée s'accorde avec l'ordre civil, il peut pour le reste laisser faire ses sujets de leur propre chef ce qu'ils jugent nécessaire d'accomplir pour le salut de leurs âmes ; ce n'est pas son affaire, qui est plutôt de veiller à ce que les uns n'empêchent pas par la force les autres de travailler autant qu'ils le peuvent à définir ce salut et à le réaliser ».

MESMER ET LE MAGNÉTISME

Oberkirch (Baronne d'), *Mémoires...*, 2 vol., 1853 ; t.2, pp.86–88.

« 11 *juin* 1784. – Je fus charmée d'une visite que nous fîmes à Mesmer, le chef et le père du magnétisme. Je l'avais connu en Alsace, et j'ai oublié de le dire, ne tenant un journal qu'à Paris. Je l'admirais depuis longtemps et je fus enchantée de le retrouver. Il demeurait place Vendôme, dans la maison Bouret, et son appartement ne désemplissait pas du matin au soir. Le fameux baquet attirait la cour et la ville. Le fait est que ses cures sont innombrables, et que l'on ne peut nier les effets positifs du magnétisme. Le somnambulisme est encore plus extraordinaire et tout aussi positif. M. de Montjoie, qui a été guéri par M. Mesmer d'une maladie grave, en fut si reconnaissant qu'il publia une brochure à sa louange. Le magnétisme devint tout à fait à la mode ; ce fut, comme toutes les modes, une rage, une furie. On publia ses merveilles et on les augmenta.

Après M. Mesmer, MM. Ledru et Déslin, le docteur Thouvenel, le docteur Deslon, se partagèrent la vogue. On courut chez eux comme à la fontaine de Jouvence ; pourtant cette fontaine–là fut la seule qu'ils ne surent point ouvrir.

Mme la duchesse de Bourbon croyait non seulement au magnétisme, mais à la sympathie et aux pressentiments.

La princesse parlait souvent de Martines Pasqualis, ce théosophe, ce chef d'illuminés, qui a établi une secte et qui se trouvait à Paris en 1778. Elle l'a beaucoup vu, beaucoup écouté ; elle est *martiniste* ou à peu près. Elle reçoit dans son cabinet, et fort souvent, M. de Saint–Martin, l'auteur de *Rapports entre Dieu, l'homme et l'univers.* Ce livre a fait sensation dans les sectes. Une chose très étrange à étudier, mais très vraie, c'est combien ce siècle–ci, le plus immoral qui ait existé, le plus incrédule, le plus philosophiquement fanfaron, tourne, vers sa fin, non pas à la foi, mais à la crédulité, à la superstition, à l'amour du merveilleux. Ne serait–ce pas que, comme les vieux pécheurs, il a peur de l'enfer, et croit se repentir parce qu'il craint ? En regardant autour de nous, nous ne voyons que des sorciers, des adeptes, des nécromanciens, et des prophètes. Chacun a le sien, sur lequel il compte ; chacun a ses visions, ses pressentiments, et tous lugubres, tous sanglants. Quelles seront donc les dernières années de ce centenaire qui commença si brillamment, qui usa tant de papier pour prouver ses utopies matérialistes, et qui maintenant ne s'occupe plus que de l'âme, de sa suprématie sur le corps et sur les instincts ? On n'ose y penser. Ce que peut, ce que doit faire un esprit impartial, essayant de peindre ce qu'il voit, c'est de tout dire, de tout montrer, laissant à la postérité le jugement que nous ne pouvons rendre ; nous serions, sans cela, à la foi juges et parties.

Quant à moi, je ne puis m'empêcher de croire aux effets du magnétisme après tout ce que j'ai vu et entendu que je raconterai en son lieu. J'ai assisté à des expériences les plus extraordinaires. Le somnambulisme est un fait que des millions d'épreuves attestent. Cela n'empêche pas les épigrammes ; en voici une, la moins plate peut-être ! Jugez des autres :

Le magnétisme est aux abois !
La Faculté, l'Académie,
L'ont condamné tout d'une voix
Et l'ont couvert d'ignominie.
Après ce jugement bien sage et bien légal,
Si quelque esprit original
Persiste encor dans son délire,
Il sera permis de lui dire :
Crois au magnétisme... animal.

M. Mesmer reçut Mme la duchesse de Bourbon comme on peut le penser. Il nous promit des séances spéciales, et nous en donna constamment. Nous sortîmes de là enthousiasmés, et nous ne cessâmes d'en parler pendant tout le dîner, après lequel S.M. le roi de Suède vint faire une nouvelle visite à Son Altesse Sérénissime, dont la tournure d'esprit lui plaisait infiniment. Il nous quitta pour se rendre à l'Opéra, où nous allions aussi, dans la loge du maréchal de Biron ».

LE LABORATOIRE DE LAVOISIER

Arthur Young, *Voyages en France, 1787, 1788, 1789*, éd. Henri Sée, 1976, pp.189–191, 16 octobre 1787.

« Au rendez–vous de M. Lavoisier. Mme Lavoisier, une femme pleine de vie, de sens, de savoir, avait préparé un *déjeuner anglais*, avec du thé et du café. Mais sa conversation sur l'*Essai sur le phlogistique*, de M. Kirwan, qu'elle est en train de traduire de l'anglais, et sur d'autres sujets, qu'une femme d'intelligence, qui travaille avec son mari dans son laboratoire, a l'art d'agrémenter, est encore le meilleur des repas. Cet appartement, les expériences qu'on y fait et qui l'ont rendu si intéressant pour le monde des physiciens, j'ai eu plaisir à le voir. Dans l'appareil destiné aux expériences sur l'air, rien ne fait autant d'impression que la machine pour brûler l'air inflammable et vital, pour faire ou condenser l'eau ; c'est un splendide instrument. Trois vases sont tenus en suspension avec des index pour marquer les variations immédiates de leurs poids ; les deux vases, qui ont la capacité des demi–muids, contiennent, l'un l'air inflammable, l'autre, l'air vital, et un tube les met en communication avec le troisième, où les deux airs s'unissent et brûlent ; par des artifices, trop compliqués pour être décrits sans planches, la perte de poids des deux airs, indiqué par leurs balances respectives, équivaut, à tout moment, au gain du troisième vase, sans que l'on sache encore d'une façon sûre si l'eau se forme en réalité ou se condense. Si c'est exact (et je dois confesser que je n'en ai qu'une faible idée), c'est un bel instrument. M. Lavoisier, quand j'en louai la structure, me dit : *Mais oui, monsieur, et même par un artiste français !* avec une intonation, qui admettait l'infériorité générale des constructeurs français par rapport aux nôtres. Il est bien connu que nous exportons une quantité considérable d'instruments de mathématiques et d'autres instruments de précision dans tous les pays de l'Europe et en France aussi. Et ce n'est pas chose nouvelle, car l'appareil, avec lequel les académiciens français ont mesuré un degré du cercle polaire, avait été construit par George Graham.

Un autre engin que M. Lavoisier nous montra était un appareil électrique, enclos dans un ballon, pour tenter des expériences sur toutes sortes d'airs. Sa cuve de mercure est considérable – elle contient 250 livres – et son appareil d'eau est très grand, mais ses fourneaux ne semblent pas aussi bien disposés pour les hautes températures que certains autres, que j'avais vus. J'étais heureux de trouver ce monsieur splendidement logé, et avec toute l'apparence d'un homme ayant une fortune considérable. Cela fait plaisir : les emplois de l'Etat ne peuvent tomber en de meilleures mains que celles d'hommes qui emploient ainsi le superflu de leur richesse. A voir l'usage que l'on fait ordinairement de l'argent, on pourrait penser que c'est lui qui donne le moins de secours aux travaux les plus utiles à l'humanité ; la plupart des grandes découvertes, qui ont élargi l'horizon de la science, ont été le résultat de moyens qui semblent inadéquats à leur fin, je veux dire des efforts énergiques d'hommes ardents, émergeant de l'obscurité, et brisant les liens infligés par la pauvreté, peut–être par la misère ».

*
* *

LE RICHE DE LA POUPLINIERE, UN FINANCIER MÉCÈNE

Rousseau (J.–J.), *Les Confessions*, éd. La Pléiade, pub. par B. Gagnebin et M. Raymond, 1969, pp.333–335.

« Mon Opéra fait, il s'agit d'en tirer parti : c'étoit un autre Opera bien plus difficile. On ne vient à bout de rien à Paris quand on y vit isolé. Je pensai à me faire jour par M. de la Popliniére chez qui Gauffecourt de retour de Genève m'avoit introduit. M. de la Popliniére étoit le Mecene de Rameau : Mad^{e} de la Popliniére étoit sa très humble écoliére. Rameau faisoit, comme on dit, la pluye et le beau tems dans cette maison. Jugeant qu'il protegeroit avec plaisir l'ouvrage d'un de ses disciples, je voulus lui montrer le mien. Il refusa de le voir, disant qu'il ne pouvoit lire des partitions, et que cela le fatigoit trop. La Popliniére dit là–dessus qu'on pouvoit le lui faire entendre, et m'offrit de rassembler des musiciens pour en executer des morceaux : je ne demandois pas mieux. Rameau consentit en grommelant, et répétant sans cesse que ce devoit être une belle chose que de la composition d'un homme qui n'étoit pas enfant de la balle, et qui avoit appris la musique tout seul. Je me hâtai de tirer en parties cinq ou six morceaux choisis. On me donna une dixaine de symphonistes, et pour Chanteurs Albert, Berard et Mlle Bourbonnois. Rameau commença dès l'ouverture à faire entendre par ses éloges outrés qu'elle ne pouvoit être de moi. Il ne laissa passer aucun morceau sans donner des signes d'impatience : mais à un air de Haute–contre dont le chant étoit male et sonore et l'accompagnement très brillant, il ne put plus se contenir. Il m'apostropha avec une brutalité qui scandalisa tout le monde, soutenant qu'une partie de ce qu'il venoit d'entendre étoit d'un homme consommé dans l'art et le reste d'un ignorant qui ne savoit pas même la musique ; et il est vrai que mon travail inégal et sans régle étoit tantot sublime et tantot très plat, comme doit être celui de quiconque ne s'élève que par quelques élans de genie et que la Science ne soutient point. Rameau prétendit ne voir en moi qu'un petit pillard sans talent et sans gout. Les assistans et surtout le maitre de la maison ne pensérent pas de même. M. de Richelieu, qui dans ce tems–là voyoit beaucoup M., et comme on sait, Mad^e^ de la Popliniére ouït parler de mon ouvrage et voulut l'entendre en entier, avec le projet de le faire donner à la Cour s'il en étoit content. Il fut executé à grand Choeur et en grand Orchestre aux frais du Roi chez M. de Bonneval Intendant des menus. Francoeur dirigeoit l'éxecution. L'effet en fut surprenant. M. le Duc ne cessoit de s'écrier et d'applaudir, et à la fin d'un Choeur dans l'acte du Tasse il se leva vint à moi et me serrant la main, M. Rousseau, me dit–il, voila de l'harmonie qui transporte. Je n'ai jamais rien entendu de plus beau : je veux faire donner cet ouvrage à Versailles. Mad^e^ de la Popliniére qui étoit là, ne dit pas un mot. Rameau, quoiqu'invité, n'y avoit pas voulu venir. Le lendemain Mad^e^ de la Popliniére me fit à sa toilette un accueil fort dur, affecta de rabaisser ma piéce, et me dit que, quoiqu'un peu de clinquant eut d'abord ébloui M. de Richelieu, il en étoit bien revenu, et qu'elle ne me conseilloit pas de compter sur mon opera. M. le Duc arriva peu après et me tint un tout autre langage, me dit des choses flateuses sur mes talens, et me parut toujours disposé à faire donner ma piéce devant le Roi. Il n'y a, dit–il, que l'Acte du Tasse qui ne peut passer à la Cour : il en faut faire un autre. Sur ce seul mot j'allai m'enfermer chez moi et dans trois semaines j'eus fait à la place du Tasse un autre Acte, dont le sujet étoit Hésiode inspiré par une muse. Je trouvai le secret de faire passer dans cet acte une partie de l'histoire de mes talens, et de la jalousie dont Rameau vouloit bien les honorer. Il y avoit dans ce nouvel acte une élévation moins gigantesque et mieux soutenue que celle du Tasse. La musique en étoit aussi noble et beaucoup mieux faite, et si les deux autres actes avoient valu celui–là, la piéce entiére eut avantageusement soutenu la réprésentation : mais tandis que j'achevois de la mettre en état, une autre entreprise suspendit l'exécution de celle–là. »

*
* *

THÉÂTRE ET ÉDITION À PARIS (AOUT 1740)

Lettre du commissaire Dubuisson au marquis de Caumont (1735–1741), pub. par A. Rouxel, (1882), pp.635– 637.

7 août 1740 – « Le Théâtre–Français n'a donné aucune nouveauté depuis *Zulime* (de Voltaire), dont j'ai eu l'honneur de vous mander le peu de succès.

Les Italiens ont donné la *Jalousie imprévue*, petite pièce en un acte de la composition du sieur Fagan ; on la voit avec plaisir, mais on ne peut pourtant pas dire qu'elle ait un plein succès. Cette troupe a reçu un Arlequin français qui promet ; elle s'est aussi recruté d'un Pantalon assez bon.

L'Opéra donne les Fêtes vénitiennes (de Dauchet et Campra) qui est remis aussi bien qu'il puisse l'être et où Melle Lemaure chante le rôle de l'Amour saltimbanque. Un Italien et une Italienne dansent des pantomimes dans cet opéra avec l'admiration et les applaudissements des spectateurs. L'Italien est le même qui a dansé l'année passée avec la demoiselle Barbarina, et l'Italienne qui est sa femme, est fille de notre Arlequin. Barbarina est allée en Angleterre, mais la femme qui la remplace la vaut bien.

La Foire a donné jusqu'à présent des pièces assez jolies, le malheur est que la mode de ces spectacles a passé…

M. de Caylus a donné une traduction en prose du *Malheureux Caloandre*, du Marini, je n'ai point vu l'ouvrage.

M. Prévost a donné *Marguerite d'Anjou.* L'histoire de cette princesse et des révolutions arrivées en Angleterre sous son règne, réduite il est vrai, était assez intéressante pour se passer des additions romanesques qu'il a plu à M. Prévost d'y mettre.

Une femme, dont j'ignore le nom, a donné l'*Histoire de Melle de Salens.* C'est un roman qui en vaut bien un autre quoiqu'il soit simplement écrit.

Je ne sais quel auteur a donné une seconde partie à l'*Histoire de Melle de Frétillon,* dans laquelle il porte la satire jusqu'au libelle et il nomme les masques.

Il paraît un nouvel écrit périodique, sous le titre de l'*Echo du public* ; je soupçonne l'auteur des *Lettres de Thérèse* d'en être l'écho, c'est vous dire que je le trouve mauvais.

On dit que M. de Voltaire va en Prusse et que M. l'abbé de Ventadour revient de Rome. Des plaisants prétendent que le Roi a recommandé à M. Pérard de faire accoucher le conclave en passant par Rome, pour aller accoucher la reine des Deux-Siciles.

J'ai l'honneur d'être avec respect, Monsieur...».

*
* *

L'ACCORDÉE DE VILLAGE, DIDEROT AU SALON DE 1761

Diderot, *Sur l'art et les artistes,* Textes réunis par Jean Seznec, 1967, pp.200-204.

« Enfin je l'ai vu, ce tableau de notre ami Greuze ; mais ce n'a pas été sans peine ; il continue d'attirer la foule. C'est *Un père qui vient de payer la dot de sa fille.* Le sujet est pathétique, et l'on se sent gagner d'une émotion douce en le regardant. La composition m'en a paru très belle : c'est la chose comme elle a dû se passer. Il y a douze figures ; chacune est à sa place, et fait ce qu'elle doit. Comme elles s'enchaînent toutes ! Comme elles vont en ondoyant et en pyramidant ! Je me moque de ces conditions ; cependant, quand elles se rencontrent dans un morceau de peinture par hasard, sans que le peintre ait eu la pensée de les y introduire, sans qu'il leur ait rien sacrifié, elles me plaisent.

A droite de celui qui regarde le morceau est un tabellion assis devant une petite table, le dos tourné au spectateur. Sur la table, le contrat de mariage et d'autres papiers. Entre les jambes du tabellion, le plus jeune des enfants de la maison. Puis en continuant de suivre la composition de droite à gauche, une fille aînée debout, appuyée sur le dos du fauteuil de son père. Le père assis dans le fauteuil de la maison. Devant lui, son gendre debout, et tenant de la main gauche le sac qui contient la dot. L'accordée, debout aussi, un bras passé mollement sous celui de son fiancé ; l'autre bras saisi par la mère, qui est assise au-dessous. Entre la mère et la fiancée, une soeur cadette debout, penchée sur la fiancée, et un bras jeté autour de ses épaules. Derrière ce groupe, un jeune enfant qui s'élève sur la pointe des pieds pour voir ce qui se passe. Au-dessous de la mère, sur le devant, une jeune fille assise qui a de petits morceaux de pain coupé dans son tablier. Tout à fait à gauche dans le fond et loin de la scène, deux servantes debout qui regardent. Sur la droite, un garde-manger bien propre, avec ce qu'on a coutume d'y renfermer, faisant partie du fond. Au milieu, une vieille arquebuse pendue à son croc ; ensuite un escalier de bois qui conduit à l'étage au-dessus. Sur le devant, à terre, dans l'espace vide que laissent les figures, proche des pieds de la mère, une poule qui conduit ses poussins auxquels la petite fille jette du pain ; une terrine pleine d'eau, et sur le bord de la terrine un poussin, le bec en l'air, pour laisser descendre dans son jabot l'eau qu'il a bue. Voilà l'ordonnance générale. Venons aux détails.

Le tabellion est vêtu de noir, culotte et bas de couleur, en manteau et en rabat, le chapeau sur la tête. Il a bien l'air un peu matois et chicanier, comme il convient à un paysan de sa profession ; c'est une belle figure. Il écoute ce que le père dit à son gendre. Le père est le seul qui parle. Le reste écoute et se tait (...)

Et cette poule qui a mené ses poussins au milieu de la scène, et qui a cinq ou six petits, comme la mère aux pieds de laquelle elle cherche sa vie a six à sept enfants, et cette petite fille qui leur jette du pain et qui les nourrit ; il faut avouer que tout cela est d'une convenance charmante avec la scène qui se passe, et avec le lieu et les personnages. Voilà un petit trait de poésie tout à fait ingénieux.

C'est le père qui attache principalement les regards ; ensuite l'époux ou le fiancé ; ensuite l'accordée, la mère, la soeur cadette ou l'aînée, selon le caractère de celui qui regarde le tableau, ensuite le tabellion, les autres enfants, les servantes et le fond. Preuve certaine d'une bonne ordonnance.

Teniers peint des moeurs plus vraies peut-être. Il serait plus aisé de retrouver les scènes et les personnages de ce peintre ; mais il y a plus d'élégance, plus de grâce, une nature plus agréable dans Greuze. Ses paysans ne sont ni grossiers comme ceux de notre bon Flamand, ni chimériques comme ceux de Boucher...».

*

* *

GLUCK ET PICCINI

Marmontel (Jean-François), *Mémoires*, 3 vol., éd. Maurice Tourneux, 1891 ; t.3, pp.41-45.

« A peine étais-je en convalescence, qu'il fallut aller donner à Fontainebleau le nouvel opéra que j'avais fait avec Piccini. Cet opéra était *Didon.* Comme il était tout entier de moi, je l'avais construit à mon gré ; et pour y faire faire un pas de plus à notre nouvelle musique, j'avais profité du moment où une marque de faveur que Piccini venait d'obtenir avait ranimé son génie. Voici ce qui s'était passé :

Cette année (1783), le maréchal de Duras, gentilhomme de la chambre en exercice, me demanda si je n'avais rien fait de nouveau, et me témoigna le désir d'avoir à donner à la reine, à Fontainebleau, la nouveauté d'un bel opéra. « Mais je veux, me dit-il, que ce soit votre ouvrage. On ne vous sait pas assez de gré de ce que vous faites pour rajeunir les vieux opéras de Quinault. ». Je reconnus à ce langage mon confrère à l'Académie, et ses anciennes bontés pour moi.

« Monsieur le maréchal, lui dis-je, tant que mon musicien Piccini sera découragé comme il l'est, je ne puis rien promettre. Vous savez avec quelle rage on lui a disputé le succès de *Roland* et d'*Atys* ; ils ont réussi l'un et l'autre, et jusque-là le vrai talent a triomphé de la cabale ; mais dans l'*Iphigénie en Tauride* il a succombé, quoiqu'il s'y fût surpassé lui–même. L'entrepreneur de l'Opéra, de Vismes, pour grossir sa recette par le concours des deux partis, a imaginé de faire jouter Gluck et Piccini sur un même sujet : il leur a fourni deux poèmes de l'*Iphigénie en Tauride*. Gluck, dans le poème barbare qui lui est échu en partage a trouvé des horreurs analogues à l'énergie de son style, et il les a fortement exprimées. Le poème remis à Piccini, tout mal fabriqué qu'il était, se trouvait susceptible d'un intérêt plus doux ; et, au moyen des corrections que l'auteur y a faites sous mes yeux, il a pu donner lieu à une musique touchante. Mais, après la forte impression qu'avait faite sur les yeux et sur les oreilles le féroce opéra de Gluck, les émotions qu'a produites l'opéra de Piccini ont paru faibles et légères. L'*Iphigénie* de Gluck est restée au théâtre dont elle s'était emparée, celle de Piccini n'a pu s'y soutenir ; il en est consterné ; et vous seul, monsieur le maréchal, pouvez le relever de son abattement. – Que faut–il faire pour cela ? me demanda–t–il. – Une chose, lui dis–je, très facile et très juste : changer en pension la gratification annuelle qui lui a été promise lorsqu'on l'a fait venir en France, et lui en accorder le brevet. – Très volontiers, me dit le maréchal. Je demanderai pour lui cette grâce à la reine, et j'espère l'obtenir. »

Il la demanda, il l'obtint ; et lorsque Piccini alla avec moi l'en remercier : « C'est à la reine, lui dit–il, qu'il faut marquer votre reconnaissance, en composant pour elle cette année un bel opéra. »

« Je ne demande pas mieux, me dit Piccini en nous en allant ; mais quel opéra ferons–nous ? – Il faut faire, lui dis–je, l'opéra de Didon : j'en ai depuis longtemps le projet dans la tête. Mais je vous préviens que je veux m'y développer ; que vous aurez de longues scènes à mettre en musique, et que dans ces scènes je vous demanderai un récitatif aussi naturel que la simple déclamation. Vos cadences italiennes sont monotones : la parole est plus variée, plus soutenue dans ses accents, et je vous prierai de la noter comme je vous la déclamerai. – Eh bien ! me dit–il, nous verrons. » Ainsi fut formé le dessein de donner au récitatif cette facilité, cette vérité d'expression qui fut si favorable au jeu de la célèbre actrice à qui le rôle de Didon était destiné.

Le temps nous pressait ; j'écrivis très rapidement le

poème ; et, pour dérober Piccini aux distractions de Paris, je l'engageai à venir travailler près de moi dans ma maison de campagne ; car j'en avais acquis une très agréable, où nous vivions réunis en famille dans la belle saison. En y arrivant, il se mit à l'ouvrage ; et lorsqu'il l'eut achevé, l'actrice qui devait jouer le rôle de Didon, Saint– Huberty, fut invitée à venir dîner avec nous. Elle chanta son rôle d'un bout à l'autre à livre ouvert, et l'exprima si bien que je crus la voir au théâtre (...) Le succès de *Didon* fut complet ; et, aux éloges que l'on donnait à la musique de Piccini, on mêlait aussi quelques mots de louange pour l'auteur du poème. « C'est le seul opéra, disait le roi, qui m'ait intéressé. » Il le redemanda deux fois. »

8

LES GRANDS DÉBATS DE SOCIÉTÉ

LES ORIGINES DU TIERS-ÉTAT ET DE LA NOBLESSE

Dubos (Abbé J.-B.), *Histoire critique de l'établissement de la monarchie française dans les Gaules,* Paris, 3 vol., 1734 ; t.I, pp.1-12, 49-52.

Discours préliminaire

« On se fait communément une fausse idée de la manière dont la Monarchie Françoise a été établie dans les Gaules, et de sa première constitution. Sur la foy de nos derniers Historiens, on se représente les Rois prédécesseurs de Clovis et Clovis lui-même, comme des barbares qui conquirent à force ouverte les Gaules sur l'Empire Romain, dont ils faisoient gloire d'être les destructeurs. On se dépeint les Francs qui marchoient sous les enseignes de ces Princes, comme des hommes nouvellement sortis des bois et des marécages, comme des hommes qui dans tous les tems précédens n'avoient eu aucune relation avec les anciens habitans des Gaules, et conséquemment l'on s'imagine que ces prétendus Sauvages Européens les traitèrent avec toute la dureté qu'un vainqueur féroce est capable d'exercer contre des peuples subjugués qu'il n'a connus avant sa victoire, que pour avoir entendu dire qu'ils étoient les ennemis mortels de sa nation. C'est dans cette supposition que quelques Ecrivains modernes ont fait de l'établissement de notre Monarchie, un Tableau à peu près semblable à celui que des Relations détaillées vous font de l'invasion de la Grèce par les Turcs, ou de la conquête des Royaumes du nouveau monde par les Castillans, et que ces Auteurs ont même prétendu que les Francs avoient réduit leurs nouveaux sujets à une condition approchante de la servitude.

Il ne se passa néanmoins rien de semblable dans la Gaule, lorsqu'à la fin du cinquème siècle de l'ère chrétienne, et au commencement du sixième, ses Provinces passèrent l'une après l'autre sous la domination de nos Rois. Lorsque ce grand évènement arriva, il y avoit déjà deux cens ans que les Francs, il n'importe de quelle contrée ils fussent originaires, étoient établis sur la rive droite du Rhin, dont le lit séparoit les Gaules d'avec la Germanie partagée alors entre plusieurs peuples barbares (...)

Les Romains faisoient tout ce qu'il leur étoit possible pour entretenir la paix avec cette belliqueuse Nation, et même pour avoir toujours avec elle des Traités d'Alliance qui la rendissent en quelque sorte dépendante de l'Empire. Plusieurs raisons engageoient les Romains à rechercher l'amitié des Francs (...) En un mot l'Empire traitoit les Francs comme s'ils eussent été ses sujets naturels. Nous verrons même que dès le quatrième siècle, il donna des terres dans plusieurs provinces des Gaules à différens essains de Francs, véritablement à condition qu'ils y vivoient comme sujets de la Monarchie Romaine, qu'ils seroient soumis à ses loix, et qu'ils obéiroient à ses Officiers civils et militaires.

Il arrivoit bien de tems en tems qu'une des Tribus des Francs, ou qu'un nouvel essain échapé de plusieurs de ces Tribus, exerçât des actes d'hostilité contre les Romains, soit en faisant des courses dans les Gaules, soit en y occupant tantôt sous un prétexte et tantôt sous un autre, quelque canton de pays. Mais le gros de la nation ne prenoit point le parti des agresseurs. Il les désavouoit (...)

Clovis aussi prudent qu'il étoit ambitieux et brave, sçut si bien profiter des troubles et des désordres de la Gaule, qu'en trente ans de règne il se rendit maître des deux tiers de ce riche pays, sans se déclarer ennemi de l'Empire (...)

En quatre cens quatre–vingt–seize, Clovis reçut le Baptême et la profession qu'il fit alors de la religion Catholique, engagea les Armoriques, je veux dire les Provinces confédérées, à se soumettre à son autorité. Bientôt après, ce qui restoit de troupes Romaines dans les Gaules, lui prêta encore serment de fidélité, et ces deux évènemens étendirent jusqu'à la Loire le pouvoir du Roi des Saliens (...) Anastase

Empereur d'Orient, mais dont l'autorité étoit reconnue dans les Gaules, conféra au Roi Clovis la dignité de Consul, qui lui donnoit l'administration du pouvoir civil dans tous les lieux où il auroit l'administration du pouvoir militaire (...)

Les graces dont la nouvelle dignité de Clovis le rendoit maître de disposer, lui donnèrent le moyen d'achever ce qui lui restoit à faire, pour règner paisiblement sur la partie des Gaules qu'il avoit déjà soumise et pour soumettre l'autre. C'étoit de se faire Roi de toutes les Tribus des Francs, dont chacune avoit eu jusques–là son Roi particulier qui étoit bien allié, mais non pas sujet du Roi des Saliens. Clovis vint à bout de se défaire de tous ces petits souverains, et d'engager chacune des Tribus sur lesquelles ils régnoient à l'élire pour son Roi (...)

Loin que ce qui nous est connu de l'état ou de la condition des Romains des Gaules sous la domination de Clovis et sous celle de ses successeurs, nous les représente comme une Nation opprimée sous le joug d'un Conquérant ; au contraire, tout cela nous les représente comme une Nation qui s'est soumise volontairement aux Princes qui règnent sur elle. En effet, nous voyons que sous nos Rois Mérovingiens, les anciens habitans des Gaules, ceux qu'on y appelloit alors les Romains, jouissoient en pleine propriété de tous leurs biens, qu'il leur étoit permis de vivre suivant le droit Romain, et qu'ils avoient part à toutes les dignités, même aux militaires (...)

Voilà comment il est arrivé que l'erreur dont je crois Frédégaire premier Auteur, a été jusques ici suivie si généralement par tous ceux qui ont composé nos Annales, qu'elle passe encore aujourd'hui de nos grandes Histoires dans les abrégés destinés à être mis entre les mains des enfans, à qui l'on veut donner une première teinture de l'Histoire de leur patrie. Or cette erreur a été et elle sera toujours, tant qu'elle subsistera, la source d'une infinité d'autres. Elle est cause qu'on se fait une fausse idée de la constitution du Royaume des Francs sous les Rois Mérovingiens, et qu'on est disposé à croire tout ce qu'il a plû à quelques Auteurs d'imaginer, sur les Loix fondamentales, suivant lesquelles cet Etat étoit alors gouverné. On est donc porté à leur ajouter foy, lorsqu'ils débitent : Qu'après la conquête des Grands, les Francs répartirent entre eux le pays subjugué, et que chacun d'eux y exerçoit arbitrairement sur les Romains du district qui lui étoit échu, la juridiction et les droits qui appartiennent aujourd'hui aux Seigneurs hauts justiciers. Que d'un autre côté les Francs ne payoient rien au Prince ; qu'ils n'étoient justiciables que de la Nation assemblée, sans laquelle le Roi ne pouvoit presque rien, et que les particuliers de cette nation ne dépendoient guère plus de la volonté du Prince, que les Etats qui composent le Corps Germanique, dépendent de la volonté de l'Empereur depuis la paix de Westphalie. Qu'enfin le Gouvernement du Royaume des Francs a été dans son origine plutôt un gouvernement Aristocratique qu'un gouvernement monarchique.

Il est vrai qu'aucun Auteur ancien ne rapporte ni ne cite même ces Loix fondamentales de notre Monarchie si préjudiciables aux anciens habitans des Gaules, si dures pour le Roi, et si favorables aux Francs (...)

Enfin il faut regarder la croiance que notre Monarchie a été établie par voye de conquête comme la source des erreurs concernant l'origine et la nature des Fiefs dans lequels sont tombés les Auteurs qui ont écrit sur notre Droit public, et comme celle des illusions, qui sous le règne de François I, introduisirent dans le Royaume la maxime : *Qu'il n'est point de terre sans Seigneur* ; maxime si contraire à la liberté naturelle, et si fausse en même tems, puisque le nom de *Seigneur* y est pris non pas dans la signification de Souverain, mais dans celle de *Seigneur Féodal* ».

*
* *

SUPPRESSION DES CORPORATIONS ET LIBERTÉ DU TRAVAIL

Edit de février 1776, in *Les Edits de Turgot*, Imprimerie nationale, 1976, pp.75–84.

« *Louis, par la grâce de Dieu, roi de France et de Navarre* : A tous présens & à venir ; *Salut.* Nous devons à tous nos sujets, de leur assurer la jouissance pleine & entière de leurs droits ; Nous devons surtout cette protection à cette classe d'hommes, qui, n'ayant de propriété que leur travail & leur industrie, ont d'autant plus le besoin & le droit d'employer dans toute leur étendue, les seules ressources qu'ils aient pour subsister.

Nous avons vu avec peine les atteintes multipliées qu'ont données à ce droit naturel & commun des institutions anciennes, à la vérité, mais que ni le temps, ni l'opinion, ni les actes même émanés de l'autorité, qui semblent les avoir consacrées, n'ont pu légitimer.

Dans presque toutes les villes de notre royaume, l'exercice des différens Arts & Métiers, est concentré dans les mains d'un petit nombre de Maîtres réunis en communauté, qui peuvent seuls, à l'exclusion de tous les autres citoyens, fabriquer ou vendre les objets du commerce particulier dont ils ont le privilége exclusif. En sorte que ceux de nos sujets, qui par goût ou par nécessité se destinent à l'exercice des arts & métiers, ne peuvent y parvenir qu'en acquérant la maîtrise ; à laquelle ils ne sont reçus qu'après des épreuves aussi longues & aussi pénibles que superflues, & après avoir satisfait à des droits ou à des exactions multipliées, par lesquelles une partie des fonds dont ils auroient eu besoin pour monter leur commerce ou leur atelier, ou même pour subsister, se trouvent consommés en pure perte.

Ceux dont la fortune ne peut suffire à ces dépenses, sont réduits à n'avoir qu'une subsistance précaire, sous l'empire des Maîtres, à languir dans l'indigence, ou à porter hors de leur patrie une industrie qu'ils auroient pu rendre utile à l'Etat.

Toutes les classes de citoyens sont privées du droit de choisir les ouvriers qu'ils voudroient employer, & des avantages que leur donneroit la concurrence pour le bas prix & la perfection du travail. On ne peut souvent exécuter l'ouvrage le plus simple sans recourir à plusieurs ouvriers de communautés différentes, sans essuyer les lenteurs, les infidélités, les exactions que nécessitent ou favorisent les prétentions de ces différentes communautés, & les caprices de leur régime arbitraire & intéressé.

Ainsi les effets de ces établissemens sont, à l'égard de l'Etat, une diminution inappréciable de commerce & de travaux industrieux ; à l'égard d'une nombreuse partie de nos sujets, une perte de salaires & de moyens de subsistance ; à l'égard des habitans des villes en général, l'asservissement à des priviléges exclusifs, dont l'effet est absolument analogue à celui d'un monopole effectif : monopole, dont ceux qui l'exercent contre le public en travaillant & vendant, sont eux—mêmes les victimes dans tous les momens où ils ont à leur tour besoin des marchandises ou du travail d'une autre communauté (...)

La base de ces statuts, est d'abord d'exclure du droit d'exercer le métier, quiconque n'est pas membre de la communauté ; leur esprit général, est de restreindre, le plus qu'il est possible, le nombre des Maîtres, & de rendre l'acquisition de la maîtrise d'une difficulté presque insurmontable pour tout autre que pour les enfans des Maîtres actuels. C'est à ce but que sont dirigées la multiplicité des frais & des formalités de réception, les difficultés du chef—d'oeuvre toujours jugé arbitrairement, surtout la cherté & la longueur inutile des apprentissages, & la servitude prolongée du compagnonage ; institutions qui ont encore l'objet de faire jouir les Maîtres gratuitement, pendant plusieurs années, du travail des aspirans (...)

Nous nous hâtons de rejeter une pareille maxime.

Dieu, en donnant à l'homme des besoins, en lui rendant nécessaire la ressource du travail, a fait, du droit de travailler, la propriété de tout homme, & cette propriété est la première, la plus sacrée & la plus imprescriptible de toutes.

Nous regardons comme un des premiers devoirs de notre justice, & comme un des actes les plus dignes de notre bienfaisance, d'affranchir nos sujets de toutes les atteintes portées à ce droit inaliénable de l'humanité : Nous voulons en conséquence abroger ces institutions arbitraires qui ne permettent pas à l'indigent de vivre de son travail ; qui repoussent un sexe à qui sa foiblesse a donné plus de besoins & moins de ressources, & qui semblent, en le condamnant à une misère inévitable, seconder la séduction & la débauche ; qui éteignent l'émulation & l'industrie, & rendent inutiles les talens de ceux que les circonstances excluent de l'entrée d'une communauté ; qui privent l'Etat & les arts de toutes les lumières que les Etrangers y apporteroient ; qui retardent le progrès de ces arts, par les difficultés multipliées que rencontrent les Inventeurs auxquels différentes communautés disputent le droit d'exécuter des découvertes qu'elles n'ont point faites ; qui, par les frais immenses que les artisans sont obligés de payer pour acquérir la faculté de travailler, par les exactions de toute espèce qu'ils essuyent, par les saisies multipliées pour de prétendues contraventions, par les dépenses & les dissipations de tout genre, par les procès interminables qu'occasionnent entre toutes ces communautés leurs prétentions respectives sur l'étendue de leurs priviléges exclusifs, surchargent l'industrie d'un impôt énorme, onéreux aux sujets, sans aucun fruit pour l'Etat ; qui enfin, par la facilité qu'elles donnent aux membres des communautés de se liguer entr'eux, de forcer les membres les plus pauvres à subir la loi des riches, deviennent un instrument de monopole, & favorisent les manoeuvres, dont l'effet est de hausser au-dessus de leur proportion naturelle les denrées les plus nécessaires à la subsistance du peuple. »

*
* *

LE LUXE CORRUPTEUR
LA SCIENCE VAINE ET DANGEREUSE

Rousseau, « Discours sur les Sciences et les Arts » (1750), éd. La Pléiade, *Oeuvres complètes*, t.3, 1964, pp.14-24.

« Socrate avoit commencé dans Athènes, le vieux Caton continua dans Rome de se déchaîner contre ces Grecs artificieux et subtils qui séduisoient la vertu et amolissoient le courage de ses concitoyens. Mais les Sciences, les Arts et la dialectique prévalurent encore : Rome se remplit de Philosophes et d'Orateurs ; on négligea la discipline militaire, on méprisa l'agriculture, on embrassa des Sectes et l'on oublia la Patrie. Aux noms sacrés de liberté, de desintéressement, d'obeissance aux Loix, succederent les noms d'Epicure, de Zenon, d'Arcesilas. *Depuis que les Sçavans ont commencé à paroître parmi nous,* disoient leurs propres Philosophes, *les Gens de bien se sont éclipsés.* Jusqu'alors les Romains s'étoient contentés de pratiquer la vertu ; tout fut perdu quand ils commencerent à l'étudier.

O Fabricius ! qu'eut pensé votre grande âme, si pour votre malheur rappellé à la vie, vous eussiez vu la face pompeuse de cette Rome sauvée par votre bras et que votre nom respectable avoit plus illustrée que toutes ses conquêtes ? « Dieux ! eussiez-vous dit, que sont devenus ces toits de chaume et ces foyers rustiques qu'habitoient jadis la modération et la vertu ? Quelle splendeur funeste a succedé à la simplicité Romaine ? Quel est ce langage étranger ?

Quelles sont ces moeurs efféminées ? Que signifient ces statues, ces Tableaux, ces édifices ? Insensés, qu'avez–vous fait ? Vous les Maîtres des Nations, vous vous êtes rendus les esclaves des hommes frivoles que vous avez vaincus ? Ce sont des Rhéteurs qui vous gouvernent ? C'est pour enrichir des Architectes, des Peintres, des Statuaires et des Histrions, que vous avez arrosé de votre sang la Gréce et l'Asie ? Les dépouilles de Carthage sont la proie d'un joüeur de flûte ? Romains, hâtez–vous de renverser ces Amphithéâtres ; brisez ces marbres ; brûlez ces tableaux ; chassez ces esclaves qui vous subjuguent, et dont les funestes arts vous corrompent. Que d'autres mains s'illustrent par de vains talens ; le seul talent digne de Rome, est celui de conquérir le monde et d'y faire régner la vertu. Quand Cyneas prit notre Sénat pour une Assemblée de Rois, il ne fut ébloüi ni par une pompe vaine, ni par une élégance recherchée. Il n'y entendit point cette éloquence frivole, l'étude et le charme des hommes futiles. Que vit donc Cyneas de si majestueux ? O Citoyens ! Il vit un spectacle que ne donneront jamais vos richesses ni tous vos arts ; le plus beau spectacle qui ait jamais paru sous le ciel, l'Assemblée de deux cens hommes vertueux, dignes de commander à Rome et de gouverner la terre ».

Mais franchissons la distance des lieux et des tems, et voyons ce qui s'est passé dans nos contrées et sous nos yeux ; ou plutôt, écartons des peintures odieuses qui blesseroient notre délicatesse, et épargnons–nous la peine de répéter les mêmes choses sous d'autres noms. Ce n'est point en vain que j'évoquois les mânes de Fabricius ; et qu'ai–je fait dire à ce grand homme, que je n'eusse pu mettre dans la bouche de Louis XII ou de Henri IV ? Parmi nous, il est vrai, Socrate n'eût point bû la cigue ; mais il eût bû dans une coupe encore plus amere, la raillerie insultante, et le mépris pire cent fois que la mort.

Voilà comment le luxe, la dissolution et l'esclavage ont été de tout tems le châtiment des efforts orgueilleux que nous avons faits pour sortir de l'heureuse ignorance où la sagesse éternelle nous avoit placés. Le voile épais dont elle a couvert toutes ses opérations, sembloit nous avertir assez qu'elle ne nous a point destinés à de vaines recherches. Mais est–il quelqu'une de ses leçons dont nous ayons sû profiter, ou que nous ayons négligée impunément ? Peuples, sachez donc une fois que la nature a voulu vous préserver de la science, comme une mere arrache une arme dangereuse des mains de son enfant ; que tous les secrets qu'elle vous cache sont autant de maux dont elle vous garantit, et que la peine que vous trouvez à vous instruire n'est pas le moindre de ses bienfaits. Les hommes sont pervers ; ils seroient pires encore, s'ils avoient eu le malheur de naître savans. »

*

* *

LA LÉGITIMITÉ DU PRÊT À INTÉRET

Turgot, *Oeuvres et documents le concernant*, pub. par Gustave Schelle, 5 vol., 1913–1923 ; t.3, pp.167–168, (1770).

« C'est d'abord une preuve bien forte contre les principes adoptés par les théologiens rigoristes sur la matière du prêt à intérêt, que la nécessité absolue de ce prêt pour la prospérité et pour le soutien du commerce ; car quel homme raisonnable et religieux en même temps peut supposer que la Divinité ait interdit une chose absolument nécessaire à la prospérité des sociétés ? Or, la nécessité du prêt à intérêt pour le commerce et, par conséquent, pour la société civile, est prouvée d'abord par la tolérance que le besoin absolu du commerce a forcé d'accorder à ce genre de négociations, malgré les préjugés rigoureux, et des théologiens, et des jurisconsultes. Cette nécessité est d'ailleurs une chose évidente par elle–même. Il n'y a pas sur la terre une place de commerce où les entreprises ne roulent sur l'argent emprunté ; il n'est pas un seul négociant, peut–être, qui ne soit souvent obligé de recourir à la bourse d'autrui ; le plus riche en capitaux ne pourrait même s'assurer de n'avoir jamais besoin de cette ressource qu'en gardant une partie de ses fonds oisifs, et en diminuant, par conséquent, l'étendue de ses entreprises. Il n'est pas moins évident que ces capitaux étrangers, nécessaires à tout négociant, ne peuvent lui être confiés par les propriétaires qu'autant que ceux–ci y trouveront un avantage capable de les dédommager de la privation d'un argent dont ils pourraient user et des risques attachés à toute entreprise de commerce. Si l'argent prêté pour des entreprises incertaines ne rapportait pas un intérêt plus fort que l'argent prêté sur de bonnes hypothèques, on ne prêterait jamais à des négociants. S'il était défendu de retirer des intérêts d'un argent qui doit rentrer à des échéances fixes, tout argent dont le propriétaire prévoirait avoir besoin dans un certain temps, sans en avoir un besoin actuel, serait perdu pendant cet intervalle pour le commerce ; il resterait oisif dans le coffre du propriétaire qui n'en a pas besoin, et serait anéanti pour celui qui en aurait un besoin urgent. L'exécution rigoureuse d'une pareille défense enlèverait à la circulation des sommes immenses, que la confiance de les retrouver au besoin y fait verser à l'avantage réciproque des prêteurs et des emprunteurs ; et le vide s'en ferait sentir nécessairement par le haussement de l'intérêt de l'argent, et par la cessation d'une grande partie des entreprises de commerce. »

*
* *

POUR UNE NOBLESSE MILITAIRE

Arcq (Chevalier d'), *La noblesse militaire, ou le patriote françois*, s.l., 1756, pp.1–3, 5–6, 13–14, 18–19, 23–24, 30–40, 60, 66–67, 79–80, 82–85.

« Noblesse militaire : depuis quand ces deux mots ne sont–ils plus synonymes parmi nous ? Avons–nous donc si fort dégénéré de nos ancêtres, qu'on soit obligé de réunir ces deux expressions pour distinguer ceux qui nous représentent ces antiques héros ? Est–il donc plusieurs genres de Noblesse ? C'est du moins ce qu'on veut tâcher d'introduire. Un Auteur estimable, philosophe et citoyen, mais citoyen prévenu contre les vrais ressorts de la saine politique, propose aujourd'hui de rendre la Noblesse commerçante. Il propose plus encore ; il veut que le Gouvernement favorise, caresse, récompense un Gentilhomme qui, négligeant la profession des armes, la seule cependant qu'il puisse exercer convenablement, se sera distingué dans le commerce, en amassant des trésors immenses (...)

Je connois mon adversaire, je l'estime, je l'aime ; mais j'aime encore plus le bien de l'Etat. Aussi bon citoyen que lui, je connois comme lui le mot Patrie, et je vais attaquer ces principes avec tout le zèle d'un Patriote et la naïveté d'un Militaire qui dit ce qu'il pense, et qui le dit sans art (...)

La Monarchie tend toujours à s'aggrandir ; or l'esprit de conquête ne s'accorde pas avec les grands établissemens de commerce ; et si cet esprit n'animoit pas la Monarchie, elle ne pourroit se soutenir (...)

Il s'ensuit donc que dans le Gouvernement purement despotique, le commerce est absurde ; que dans le Gouvernement monarchique, il doit avoir des bornes ; que si on le porte au-delà de ses bornes, il ouvre alors les veines de l'Etat, si l'on veut parler ainsi, pour y introduire le poison, qui corrompt bientôt toute la masse ; et que c'est seulement dans le Gouvernement républicain que l'on peut l'étendre sans péril (...)

Que n'a-t-on point à redouter du luxe ? Ce mot seul ne dit-il donc pas assez qu'il peut y avoir trop d'argent dans une Monarchie ? N'est-ce pas le commerce qui fait naître cet ennemi le plus redoutable de tous pour un Etat ? N'est-ce pas le commerce qui le nourrit, lui et cette foule de vices qu'il traîne à sa suite ? (...)

Mais du moment qu'on verra l'inégalité des richesses dans une République, on y verra bientôt s'introduire l'inégalité des rangs, et le gouvernement d'un seul la suit de près.

Dans la Monarchie cette inégalité, loin d'être pernicieuse, est nécessaire à sa conservation. L'Etat ne commence au contraire, à chanceler, qu'à l'instant où les rangs cessent d'être distincts les uns des autres, qu'ils se mêlent, qu'ils se confondent, qu'ils s'absorbent mutuellement.

Les rangs d'une Monarchie se distinguent en trois classes principales : le Clergé, la Noblesse et le tiers Etat.

Chacune de ces classes se subdivise encore en plusieurs autres, comme le premier et le second ordre du Clergé, le premier et le second ordre de la Noblesse, la Bourgeoisie et le peuple (...) Chaque classe principale ou dérivée, a ses fonctions séparées et forme des membres qui la composent, une espèce de corps qui se meut sous l'autorité des loix et sous le pouvoir du Prince. Les fonctions de chacun de ces corps ont toutes pour objet l'intérêt général, et cet intérêt est le point central où ces trois classes se réunissent (...)

Mais il est de principe que les classes principales, les classes premières de l'Etat soient toujours très distinctes, puisque les différences de l'une à l'autre prescrivent seules cette inégalité des rangs, base du gouvernement monarchique. De même, il est donc de principe que ces rangs une fois réglés par la distinction des classes, tous les membres de chaque classe ne s'occupent que des fonctions qui les regardent et n'empiètent pas sur les fonctions de celle qui est au-dessus, ou de celle qui est au-dessous, ce qui revient au même pour l'Etat. Il est aussi dangereux pour lui, que les citoyens inférieurs s'élèvent à la classe supérieure, qu'il lui est désavantageux que la classe supérieure s'avilise et descende jusqu'à l'inférieure ; les rangs n'en seront pas moins confondus, et l'Etat ne s'en trouvera pas moins sur le penchant du précipice. Car alors il en résulte ou l'égalité des Citoyens en élévation, ce qui produiroit le gouvernement républicain, ou l'égalité des Citoyens en avilissement, ce qui produiroit le despotisme (...)

Voyons maintenant quelles sont les fonctions de chaque classe principale (...) Les fonctions de la Noblesse sont en général, et principalement en France ainsi que dans tout Etat belliqueux, de soutenir la gloire et les intérêts du Prince et de la nation, de verser tout son sang pour défendre ceux dont le travail journalier contribue à la subsistance et à son bien-être et de rendre la justice aux Citoyens, sous l'autorité des loix qu'elle doit maintenir, portion du pouvoir souverain que le Monarque lui confie. J'observe, je décompose, j'examine et je ne vois rien dans les fonctions de cette classe qui puisse être seulement relatif au commerce ; tout, au contraire, paroît l'en éloigner. Mais si je considère la troisième classe, je trouve que ses fonctions sont principalement de faire valoir les Fonds de l'Etat, les Terres, l'Industrie et l'argent (...) on ne peut donc, sans choquer le grand axiome du gouvernement monarchique, introduire le commerce parmi la Noblesse, ou amener la Noblesse dans le commerce : par conséquent, on ne peut la rendre commerçante sans blesser l'inégalité harmonique des rangs : par conséquent, on ne peut la rendre commerçante sans vicier l'Etat (...)

Le but du commerce en général est l'intérêt : la considération n'y est, pour ainsi dire, qu'en sous ordre. Au contraire le but de l'honneur n'est autre chose que la considération, à laquelle on immole continuellement l'intérêt (...)

Il n'est pas possible de porter la Noblesse au commerce, sans lui conserver dans le commerce cette considération qu'elle ambitionne ; ou bien sans lui faire changer de principes, en l'obligeant de préférer la fortune à l'honneur : car prétendre que la Noblesse embrasse le commerce, sans qu'elle y conserve ses droits, c'est former une prétention chimérique (...)

Bien des gens parlent du commerce, sans entendre ce que signifie exactement ce mot. Vendre ses denrées, de quelque nature qu'elles soient, c'est seulement régir son bien et fournir des moyens à la subsistance ou à l'industrie de ses concitoyens.

Acheter des denrées pour en tirer un produit au-dessus du prix qu'on en a donné, et dans la vue de racheter d'autres denrées de même espèce pour les revendre encore c'est être marchand, et non pas commerçant. Echanger les denrées du pays avec celles que le sol ne produit pas, sans que cet échange ait d'autres termes de progression, c'est être négociant (...)

Je conviens qu'à la honte de la Noblesse on en trouveroit peut-être autant, proportion gardée, dans les emplois de la Finance, qu'on en trouveroit dans le service. Je conviens qu'il ne seroit pas plus préjudiciable à l'Etat, que cette Noblesse fût commerçante ; mais j'ose dire que l'un et l'autre sont d'un usage dangereux et qu'il voudroit encore mieux que la Noblesse ne se jettât ni dans la Finance ni dans le Commerce ; qu'elle servît le Roi, et que les maximes d'honneur et de délicatesse que nous ont laissées nos ancêtres, et dont le style gaulois commence à n'être plus entendu, se conservassent dans toute leur pureté (...)

Noblesse Françoise, voulez-vous être riche ? Quittez ce luxe qui vous dégrade, pour ainsi dire, aux yeux de vos voisins. C'est le fer, c'est le courage qui le guide, qui triomphent de l'ennemi, et non les ornemens qui brillent sur le fer. »

QUESNAY, UNE VISION MATÉRIALISTE ET ÉCONOMIQUE DE LA SOCIÉTÉ

François Quesnay et la Physiocratie, 1958, t.2, pp.793– 804 (extrait de l'*Analyse de la formule arithmétique du tableau économique de la distribution des dépenses annuelles d'une nation agricole*, 1766).

« La nation est réduite à trois classes de citoyens : la classe productive, la classe des propriétaires et la classe stérile.

La classe productive est celle qui fait renaître par la culture du territoire les richesses annuelles de la nation, qui fait les avances des dépenses des travaux de l'agriculture, et qui paye annuellement les revenus des propriétaires des terres. On renferme dans la dépendance de cette classe tous les travaux et toutes les dépenses qui s'y font jusqu'à la vente des productions à la première main ; c'est par cette vente qu'on connaît la valeur de la reproduction annuelle des richesses de la nation.

La classe des propriétaires comprend le souverain, les possesseurs des terres et les décimateurs. Cette classe subsiste par le revenu ou produit net de la culture, qui lui est payé annuellement par la classe productive, après que celle–ci a prélevé, sur la reproduction qu'elle fait renaître annuellement, les richesses nécessaires pour se rembourser de ses avances annuelles et pour entretenir ses richesses d'exploitation.

La classe stérile est formée de tous les citoyens occupés à d'autres services et à d'autres travaux que ceux de l'agriculture, et dont les dépenses sont payées par la classe productive et par la classe des propriétaires, qui eux–mêmes tirent leurs revenus de la classe productive (...)

Les propriétaires, le souverain et toute la nation ont un grand intérêt que l'impôt soit établi en entier sur le revenu des terres immédiatement ; car toute autre forme d'imposition serait contre l'ordre naturel, parce qu'elle serait préjudiciable à la reproduction et à l'impôt, et que l'impôt retomberait sur l'impôt même. Tout est assujetti ici–bas aux lois de la nature : les hommes sont doués de l'intelligence nécessaire pour les connaître et les observer ; mais la multiplicité des objets exige de grandes combinaisons qui forment le fond d'une science évidente fort étendue, dont l'étude est indispensable pour éviter les méprises dans la pratique (...)

Dans l'état de prospérité d'un royaume dont le territoire serait porté à son plus haut degré possible de culture, de liberté et de facilité de commerce, et où par conséquent le revenu des propriétaires ne pourrait plus s'accroître, ceux-ci pourraient en dépenser la moitié en achats à la classe stérile. Mais si le territoire n'était pas complètement cultivé et amélioré, si les chemins manquaient, s'il y avait des rivières à rendre navigables et des canaux à former pour le voiturage des productions, ils devraient s'épargner sur leurs dépenses à la classe stérile, pour accroître par les dépenses nécessaires leurs revenus et leurs jouissances autant qu'il serait possible. Jusqu'à ce qu'ils y fussent parvenus, leurs dépenses superflues à la classe stérile seraient des dépenses de luxe, préjudiciables à leur opulence et à la prospérité de la nation ; car tout ce qui est désavantageux à l'agriculture est préjudiciable à la nation et à l'Etat, et tout ce qui favorise l'agriculture est profitable à l'Etat et à la nation. C'est la nécessité des dépenses que les propriétaires seuls peuvent faire pour l'accroissement de leurs richesses et pour le bien général de la société, qui fait que la sûreté de la propriété foncière est une condition essentielle de l'ordre naturel du gouvernement des empires.

La politique féodale a jadis envisagé cette propriété foncière comme fondement de la force militaire des seigneurs, mais elle n'a songé qu'à la propriété du terrain ; de là tant de coutumes et tant de lois bizarres dans l'ordre des successions des biens fonds, qui subsistent encore malgré les changements arrivés dans la monarchie, tandis qu'on a été si peu attentif à la sûreté de la propriété des richesses mobilières nécessaires pour la culture qui peut seule faire valoir les biens fonds. »

9

LA RELIGION DES FRANÇAIS

LE ZÈLE DE LA MAISON DE DIEU ME DÉVORE...

« Journal de l'abbé Monnier, curé de Soudan », près de Chateaubriant en Haute Bretagne, publié par Dupuy et Charvot, in *Annales de Bretagne,* t.V, 1889–1890, p.396.

Dans cette année 1734, aïant marchandé et compensé pour la somme de 400 livres avec M. Gaudron, maître en l'académie de sculpture, peinture et dorure de Paris, établi à Nantes depuis huit ans, pour redorer à neuf et à l'entier, sans peinture notre tabernacle, qui n'avoit plus qu'une crasseuse apparence de son ancienne dorure et peinture, il en commença l'ouvrage le 22 novembre, finit et le replaça le quinzième décembre de ladite année 1734. Il fournit l'or et toutes les autres matières. Je le nourrissois et le couchois.

S'il finit en aussi peu de temps un ouvrage aussi délicat, il ne faut pas s'en étonner, travaillant jour et nuit comme il faisoit. A peine se reposoit–il quatre heures par nuit, et le jour il n'avoit de repos qu'à ses repas, où il estoit aussi règlé qu'un bon religieux. Toute la dépense de cet ouvrage ne s'est point faite aux frais de la paroisse. Elle n'en a pas déboursé un seul denier. Dieu fasse grâce et miséricorde à ceux qui en ont fait la dépense !

De plus, je fis doubler le dedans dudit tabernacle d'une étoffe à fleur en forme de pavillon. Ladite étoffe m'a cousté 12 livres. Je fis faire le rideau de serge de Caen, verte, avec la machine de fer qui le porte, et le tout, placé comme il est, m'a cousté 16 1.5 pas moins. De plus, il m'en couste en bois et journées de menuisier 30 sous. Partant, non compris la nourriture du doreur et menuisier, j'ai déboursé 429 l.5 s. pour mettre ledit tabernacle en l'estat où il est. Dieu en soit glorifié ! Amen. Il nous reste à en faire autant au retable dudit tabernacle, mais nous sommes dans un temps de guerre sans trafic, où les grains, etc., sont au plus bas prix qu'ils aient esté de mémoire d'homme. Jugez s'il peut y avoir de l'argent au pays (...)

– Le 22 juin 1736, la croix plantée du jour précédant sur le bord du fossé du jardin du presbitère, sur le chemin qui conduit à l'église, fut bénite par moy, recteur soussigné, en solennité, ensuite de quoy je chantai la messe *Nos autem Gloriari oportet in cruce,* et pendant laquel on fit la distribution du pain béni.

J'ay fait dorer au mois de septembre de cette année 1736 les deux retables ou ailles de notre grand autel par le même ouvrier qui avoit doré le tabernacle, il y a deux ans. Il en coûte un liard. Quatre à cinq personnes en ont fait la dépense. Dieu en soit à jamais la récompense. *Videant pauperes et laetentur* ! »

*

* *

LES CÉRÉMONIES RELIGIEUSES À PARIS AU XVIIIe SIECLE

Madame Cradock, *Journal inédit (1783–1786)*, tr. de l'anglais, Paris, 1911, pp.34, 43–44, 47.

Dimanche 30 mai 1784

« A huit heures du matin nous arrivions à la grand'messe à Notre–Dame. Je ne vis jamais rien de plus magnifique que les habillements de l'archevêque ; trois fois il en changea. J'ai surtout admiré une chasuble en velours cramoisi, doublée de satin blanc, et brodée d'or et de perles. L'aube était en dentelle d'une finesse extrême. Il portait des gants de soie rouge brodés et garnis de franges d'or. Sa crosse en or. Seize évêques officiaient, tous revêtus de riches ornements, sans compter plus de quarante prêtres, chanoines et autres dignitaires du clergé qui prenaient part à la cérémonie. Les chants remplissaient la cathédrale de leurs accords puissants. Outre les violons et les flûtes, l'orgue était accompagné de deux basses, six violoncelles et deux serpents. Du bas de l'autel jusqu'à l'entrée du choeur, de très beaux tapis des Gobelins cachaient le sol. Tous les candélabres, flambeaux, vases, etc., sont en or ; au milieu de l'autel, j'ai aperçu un superbe crucifix en or incrusté de pierres précieuses. D'innombrables bougies éclairaient la vaste nef. On ne peut rien imaginer de plus saisissant. L'assistance relativement peu nombreuse, car le beau monde était allé à Versailles assister à la splendide procession du Cordon bleu, suivait l'office avec une attention et une curiosité soutenue. L'archevêque paraissait très recueilli. Agé et très aimé du peuple, il jouit d'une juste réputation de bonté, de piété et de modération. La messe ne fit qu'à midi ».

Jeudi 10 juin 1784

« Aujourd'hui fête du Saint–Sacrement. Cette fête, une des plus grandes de l'année dure huit jours. On porte le Saint–Sacrement processionnellement dans les rues décorées par les paroisses. Portes et fenêtres disparaissaient sous les tentures de tapisseries. En tête, des enfants de choeur jettent des fleurs sur le parcours ; puis, précédé de sa musique, un détachement de gardes françaises en grande tenue, gants blancs, bas de soie blancs, bouquets au bout de leurs mousquets. Viennent ensuite les valets appartenant à la noblesse de chaque paroisse, en livrées magnifiques, un cierge à la main entouré d'un papier où sont peintes les devises et les armes de France. A chaque cierge pend un écusson aux armes de la famille à laquelle appartient le serviteur ; s'avance après un détachement de Suisses, puis les prêtres en surplis, un seul en soutane tenant la bannière de l'église ; ceux–ci suivis d'autres prêtres revêtus de leurs habillements les plus somptueux. L'un d'eux porte le Crucifix, et de chaque côté marchent dix suisses, quelques prêtres en surplis tenant à la main de gros cierges allumés ; des enfants de choeur jetant des fleurs, et enfin, revêtus de chasubles splendides, les prêtres chargés de porter le Saint–Sacrement s'avançant sous un magnifique dais.

Cette procession se terminait par un détachement de gardes françaises. Elle s'avança ainsi avec ordre à travers les rues garnies de tapisseries et de guirlandes, jusqu'à l'église où l'orgue se fit entendre aussitôt qu'on aperçut le Saint–Sacrement. A l'autel, on donna la bénédiction.

On nous dit que cette belle procession n'égale pas en splendeur celle qui se fait à Versailles et que suivent le roi, la reine et une grande partie de la Cour ».

Dimanche 13 juin 1784

« Dans l'après–midi, été avec Lord et Lady Sussex et M. Bellasyse au séminaire anglais, assister à la procession. Elle ressemblait à celle vue précédemment ; seulement les ornements des prêtres étaient encore plus beaux. Le Saint–Sacrement était précédé d'un agneau orné de fleurs et de rubans, près duquel marchait un enfant vêtu d'une peau de brebis rappelant saint Jean. Une femme, ayant entre ses bras un petit enfant tenant un crucifix, représentait la sainte Vierge et était suivie d'une vingtaine d'enfants, tous couronnés et enguirlandés de fleurs ».

*

* *

NOBLES DÉPRAVÉS À L'ÉPOQUE DE LA RÉGENCE

Buvat (Jean), *Journal de la Régence (1715–1723)*, publié par E. Campardon, 2 vol., 1865 ; t.1, pp.445–447, 20 septembre 1719.

« Le 20 dudit mois de septembre, il se passa ici, dans le cloître de Saint–Germain l'Auxerrois, une scène extraordinaire dont voici le fait. Le sieur Nigon, avocat, qui logeait dans ce cloître, étant mort le 19, et sa bière étant exposée sur les sept heures du matin à la porte de son logis, couverte du drap mortuaire et environnée de cierges avec des chandeliers et un bénitier d'argent, on avertit le duc d'Aremberg, jeune prince des Pays–Bas qui logeait dans une maison voisine, que les prêtres de la paroisse allaient venir prendre le corps de cet avocat pour l'inhumer. Ce duc, qui avait passé la nuit à boire avec quatre autres seigneurs, descendit avec eux, suivis de leurs laquais, ayant tous une bouteille de vin et le verre en main. L'un s'approche du cercueil, lève le drap mortuaire, et apostrophant le défunt, lui dit : « Mon pauvre Nigon, que fais–tu là ? Viens boire avec nous. » Un autre saute sur le cercueil comme à cheval, et s'étant fait donner le bénétier, en renverse l'eau sur la tête du mort, en disant : « Tiens, bois, mon pauvre Nigon, car tu es mort de soif. » Puis, en faisant d'autres extravagances à l'entour de la bière, ils renversèrent les chandeliers et rompirent les cierges. Les prêtres, venus pour le convoi, furent bien étonnés de voir la scène de ces ivrognes, et n'en pouvant tirer que des obscénités, prirent le parti de porter le corps le mieux qu'ils purent. Ces seigneurs et leurs gens suivent le convoi dans le même équipage, et, le corps assoupi, le curé s'étant contenté de leur repentir. Le duc d'Aremberg ne suivit pas le convoi, parce que peu après qu'il fut descendu proche du cercueil il tomba comme mort, tant il était ivre, de sorte que ses camarades le firent porter dans son lit ; et étant descendus de nouveau, ils dirent au défunt : « Mon pauvre Nigon, viens avec nous, tu boiras tant que tu voudras, et puis nous t'enterrerons comme nous venons de faire au duc d'Aremberg, qui a tant bu qu'il dort content. » Au sortir de l'église, ces ivrognes voulurent entrer chez M. l'abbé Bignon, conseiller d'Etat, s'imaginant qu'on y jouait des marionnettes, à cause de la quantité de personnes qu'ils y voyaient entrer et sortir. Mais le portier leur ferma la porte au nez, les menaçant aussi de faire venir des hoquetons. Toute cette scène ne manqua pas d'être bientôt rapportée à M. le duc d'Orléans, (...) (le corps) étant posé dans l'église, ils en font le tour et se mettent à entonner, au lutrin, des *Alleluia* et des *Requiem* alternativement. Les remontrances que leur firent quelques prêtres sur leurs extravagances et sur le scandale qu'ils causaient ne firent pas plus d'effet que les menaces du curé de faire venir des hoquetons du Roi pour les mener en prison. Cela n'empêcha pas le curé de porter, après le service, ses plaintes devant un commissaire du Châtelet, qui furent attestées par les ecclésiastiques et par un grand nombre de personnes. Le lendemain matin ces seigneurs, avertis de ce qui s'était passé le jour précédent, et de ce que le curé voulait intenter contre eux au sujet de leurs extravagances, dont ils avaient entièrement perdu le souvenir, prirent sagement le parti d'aller chez le curé, à qui ils firent de grandes soumissions, et le prièrent d'excuser le vin qui les avait portés à des choses auxquelles ils n'auraient jamais pensé dans leur bon sens. Ainsi cela fut grand sujet de rire pour la nouveauté du fait dont il n'y avait pas d'exemple. »

L'ANTICLÉRICALISME EN CHANSONS ET EN IMAGES

Pidansat de Mairobert (M.—F.), *L'Espion anglois...*, t.1, nouv. éd., Londres, 1779, pp.219—222, 230.

« Au bas de la Hiérarchie Ecclésiastique, il faut placer les Moines, populace religieuse, séparée sous une multitude de bannières, que l'Eglise est intéressée à maintenir, comme une milice propre à lui fournir des recrues continuelles, à étendre et faire fleurir son empire. Mais la Philosophie qui pénettre insensiblement dans toutes les classes de citoyens, a de beaucoup tari les monastères, asyles de la bigotterie et du fanatisme. D'ailleurs, elle a fait connoître au Gouvernement la nécessité pour l'Etat de resserrer de plus en plus le nombre des couvens qui auroient enfin couvert la France, comme l'Espagne, le Portugal et l'Italie. Plusieurs lois sages ont été faites à cet égard : 1) en défendant à tous les gens de mainmorte de rien acquérir désormais dans toute l'étendue du royaume, 2) en reculant le terme de l'émission des voeux, 3) en nommant une Commission pour l'examen des réguliers.

Lorsque cette Commission a été nommée, le dénombrement des hommes dans les monastères ne se montoit plus qu'à 16 000 hommes, ce qui annonçoit dejà une heureuse diminution, qui n'a fait qu'augmenter depuis, au point qu'on ne compte pas actuellement dans tout le Royaume 200 novices. La plus grande adresse du Ministère, en nommant cette commission, a été de la composer, mi—partie de Prélats et de Magistrats. Les premiers se sont fait assister de quatre théologiens, pour ne rien faire de contraire aux Décrets des Conciles et aux Saints Canons, dont Nos—seigneurs ne sont pas fort au fait. En général, le Clergé n'a pas vu de bon oeil le nouveau tribunal. L'on a surtout censuré les membres de son ordre qui le composoient, par une épigramme très ordurière, mais digne de vous être citée. La voici :

On a choisi cinq Evêques paillards.
Tous cinq rongés de vérole et de chancre,
Pour réformer des moines trop gaillards :
Peut–on blanchir l'ébène avec de l'encre.

Envelopper tous ces Prélats, comme entichés du même vice, c'étoit injuste. On fit une plaisanterie plus légère, où chacun d'eux étoit mieux caractérisé. C'étoit une estampe allégorique, qu'on m'a montrée, et très rare. D'un côté, on y voit les cinq Archevêques, chargés de la besogne en question. Celui de Rheims (M. de la Roche Aymon) est en face de l'Eglise Romaine, sous une figure de femme qui lui fait la moue, et laisse entrevoir un chapeau qu'elle cache sous sa robe. Une main paroît présenter un Cordon bleu à l'Archevêque d'Arles (M. de Jumilhac), elle l'attire, l'occupe, l'amuse et se joue de lui. Un équipage de chasse offert à M. l'Archevêque de Narbonne (Dillon), captive ses regards et semble mériter toute son attention. Celui de Toulouse (M. de Brienne) est à son bureau : il a deux volumes de l'Encyclopédie ouverts devant lui, l'un à l'article *Célibat*, l'autre à l'article *Moine.* Enfin, M. l'Archevêque de Bourges (Phélyppeaux) présente un bouquet à une Demoiselle qui l'agace et porte tous les caractères d'une fille de joie.

De l'autre, on avoit mis en opposition les chefs des Ordres religieux les plus austères, dans l'attitude de la conponction, armés de leurs haires, de leurs cilices et autres instruments de pénitence, et l'on avoit écrit au bas de l'estampe : *Ce sont ceux–là qui réforment ceux–ci !* (...)

J'ai l'honneur d'être, etc.

Paris, le ler décembre 1773 »

*
* *

LES LIBERTÉS DE L'ÉGLISE GALLICANE

Durand de Maillane, *Les Libertez de l'Eglise gallicane,* t.1, Lyon, 1771, pp.XIV–XV.

« Nous répondrons nous–mêmes à cela deux choses, & le Lecteur doit y faire attention.

La premiere, que les Libertés de l'Eglise Gallicane, envisagées comme elles doivent l'être, dans la simplicité des deux Maximes capitales sur lesquelles elles sont toutes fondées, n'ont presque plus besoin de preuves, ou l'on ne pourroit en donner de plus claires après celles qui sont dans les éditions précédentes & dans celle-ci.

Il est aujourd'hui comme demontré que les Papes n'ont aucun pouvoir, ni direct ni indirect, sur le temporel des Princes Souverains ; premiere Maxime de nos Libertés, établie en l'Article IVe, & représentée dans les 39 Articles suivants jusqu'au XLe, sous les modifications pratiques que le temps & le cours des affaires ont fait naître.

Le Pape n'est point infaillible, il est soumis aux Canons des Saints Conciles ; seconde Maxime, source des autres articles de nos Libertés, discutée & déja décidée en France bien long-temps avant que les Pithou & les Dupuy se mêlassent d'en écrire. Cela se voit en cent endroits de cet ouvrage ; on y trouvera que les Docteurs de la Faculté de Théologie de Paris, & plus expressément encore les Prélats de ce Royaume, en corps & en particulier, ont établi & justifié ces deux points capitaux par des preuves & des raisonnements auxquels il est presque impossible d'ajouter. Ne citons ici que le Rapport rappellé ci-devant de M. de Choiseul de Praslin, Evêque de Tournay. Dans ce rapport, on trouve nos Libertés, ou les deux Maximes qui en sont le fondement, établies & prouvées dans un ordre & par des arguments que le célebre Bossuet n'a fait que développer dans sa défense de la Déclaration du Clergé de France en 1682 ; ouvrage immortel, qui, par la sagesse de son style & par la force de ses preuves, a réduit nos adversaires au silence. L'Ancien & le Nouveau Testament, les Canons des Saints Conciles, les Sentences des Peres, les Décrets des Papes eux-mêmes, les Témoignages des Docteurs étrangers & nationaux, les Actes de notre Législation Civile & Ecclésiastique, enfin, la Tradition entiere & uniforme des Eglises, sont les seules armes dont ces deux illustres Prélats se soient servis pour combattre & terrasser les maximes contraires, fondées sur des passages équivoques, sur des faits sans conséquence ou des exemples du moyen âge, & enfin soutenues par des motifs souvent mêlés ou d'intérêt ou des illusions d'une piété mal instruite. »

JANSÉNISME ET REFUS DE SACREMENT (AOUT–SEPTEMBRE 1765)

Hardy (S.–P.), *Mes loisirs*, éd. Maurice Tourneux et Maurice Vitrac, t.1, 1912, pp.18–21, août 1765.

« Anne Cordelier, dite soeur St François, religieuse au monastère des Ursulines de St–Cloud près Paris, âgée de 68 ans, privée de la participation aux sacrements depuis plusieurs années, ainsi que neuf autres de ses soeurs, par un effet de la conduite de M. de Beaumont, archevêque de Paris, se trouvat en danger de mort à cause de l'augmentation prodigieuse et de l'ouverture d'un cancer qu'elle portait depuis fort longtemps, accompagné d'une enflure considérable des jambes et des cuisses. Après avoir fait toutes les démarches qui dépendaient d'elle auprès du sieur Beurré, chapelain de la maison, pour se procurer l'administration des derniers sacrements, elle se trouva enfin forcée, malgré son amour pour la paix, de présenter une requête au Parlement aux mêmes fins, munie qu'elle était d'un certificat du sieur Belletête, médecin de la faculté de médecine de Paris, médecin du monastère, et de faire faire au susdit chapelain sommation juridique de l'administrer dans les vingt–quatre heures.

26 août – M. le Premier président, M. le Procureur général et M. le Cte de Saint– Florentin convinrent ensemble, pour éviter l'éclat, de faire administrer la susdite religieuse de St Cloud, au moyen d'un ordre du Roi qu'on signifierait à la supérieure, et sur les offres que le sieur Lafont, doyen du chapître de ce lieu, avait fait faire de se prêter à cette démarche.

Le même jour, le sieur Lafont, doyen du chapître de St–Cloud, rendit visite le matin à la supérieure des Ursulines (nommée Béga, dite de Ste Candide). Le soir à 5 heures, il se rendit au monastère accompagné du vicaire, d'un enfant de choeur et du Suisse, son domestique, pour administrer la religieuse malade. Il était de plus assisté d'un secrétaire de

M. de Saint–Florentin et d'un huissier du Conseil. Sur le refus que fit la supérieure d'ouvrir les portes, on fut chercher M. l'abbé de Breteuil, chancelier de M. le duc d'Orléans, qui se trouvait pour lors au château de St–Cloud, imaginant qu'il pourrait peut–être déterminer la supérieure à se rendre ; mais malgré toutes les représentations qu'il put lui faire, elle persista dans sa première réponse, savoir qu'elle n'ouvrirait les portes que moyennant des ordres de M. l'archevêque de Paris, son supérieur ecclésiastique.

28 août – Ce jour, fête de St Augustin, le refus de sacrement fait chez les Ursulines de St–Cloud, fut dénoncé au Parlement, chambres assemblées ; le sieur Lafont écrivit à l'archevêque la disposition où il était d'administrer la religieuse dans le cas où il en serait requis. Vers les 5 heures du soir, en conséquence de l'arrêt qui venait d'être rendu sur le champ, MM. Terray, conseiller–clerc en la Grand–Chambre et Goislard, conseiller–laïc, arrivèrent au couvent assistés de Me Isabeau, l'aîné, greffier, et de Griveau, huissier de M. le procureur général, pour y procéder à l'information qui dura trois heures. Dans le même moment, le doyen du chapître, qui se trouvait au couvent pour faire le salut, reçut une lettre de M. l'archevêque par laquelle le prélat lui ôtait tous pouvoirs quelconques qu'il pût avoir, et lui défendait expressément d'administrer la religieuse malade (...)

Vers les 5 heures du soir, on vit arriver au couvent un fiacre dans lequel était Me Griveau, assisté de deux autres huissiers de la cour et d'un scribe ; demi–heure après arriva un autre carrosse dans lequel étaient MM. Terray, conseiller–clerc, Goislard, conseiller–laïc, Boullenois, substitut de M. le procureur général et Isabeau l'aîné greffier. Environ une demi–heure après, M. de Sartine, lieutenant de police, s'y rendit aussi et tout de suite le sieur d'Hémery, inspecteur. La maréchaussée de Passy était sur la place, au bas de l'avenue du château. Les religieuses discoles furent mandées, on leur fit lecture de l'arrêt qui venait d'être rendu, par lequel il leur était enjoint de nouveau de remettre les clefs, pour qu'on put faire administrer leur soeur malade, et après le refus le plus constant et le plus opiniâtre de leur part, malgré tout ce qu'on put leur dire pour tâcher de les persuader, on se vit contraint d'employer le ministère du sieur Férau, serrurier de M. le duc d'Orléans, qui fit l'ouverture de la porte de clôture en abattant la gâche qui fut aussitôt rescellée par un maçon que l'on avait fait venir exprès, après quoi le sieur Lafont, doyen du chapître, étant entré dans la maison, monta à l'infirmerie pour confesser la religieuse malade, après quoi il redescendit, fut chercher le saint sacrement à la paroisse et revint lui administrer l'extrême–onction et le viatique ; il entra seul avec celui qui portait la sonnette. Pendant toute cette opération les religieuses discoles se cachèrent et ne parurent point. Le saint sacrement ne fut reçu que par huit des soeurs de la malade qui après avoir demandé pardon à toutes ses soeurs des peines qu'elle pouvait leur avoir causées, fit sa profession de foi en ces termes : « Je crois tout ce que l'Eglise croit et je fais profession de la religion catholique, apostolique et romaine. » La rue était remplie d'une prodigieuse quantité de peuple et il s'en fallut presque du tout que les suffrages se réunissent en faveur de la conduite tenue par M. l'archevêque de Paris. Les gardes de la serrure de la porte de clôture furent changées sur le champ et les nouvelles clefs remises à la mère Ste–Thaïs, sur son récépissé. Le sieur Beurré, chapelain du monastère, avait aussi été décrété de prise de corps le même jour. »

*

* *

L'ASSEMBLÉE DU CLERGÉ DÉFEND LES JÉSUITES

Mention (Léon), *Documents relatifs aux rapports du Clergé avec la Royauté de 1705 à 1789*, t.2, 1903, pp.220–227.

Sire,

« En vous demandant aujourd'hui la conservation des Jésuites, nous avons l'honneur de présenter à Votre Majesté le voeu unanime de toutes les Provinces Ecclésiastiques de son Royaume : elles ne peuvent envisager, sans allarmes, la destruction d'une Société de Religieux recommandables, par l'intégrité de leur moeurs, l'austérité de leur discipline, l'étendue de leur travail et de leurs lumières, et par les services sans nombre qu'ils ont rendus à l'Eglise et à l'Etat. Cette Société, Sire, depuis la première époque de son établissement, n'a cessé d'éprouver des contradictions ; les ennemis de la foi l'ont toujours persécutée, et dans le sein même de l'Eglise elle a trouvé des adversaires, aussi dangereux rivaux de ses succès et ses talens qu'attentifs à profiter de ses fautes les plus légères ; mais malgré des secousses violentes et réitérées, ébranlée quelquefois, jamais renversée, la Société des Jésuites jouissoit dans votre Royaume d'un état, sinon tranquille, au moins honorable et florissant. Chargés du dépôt le plus précieux pour la Nation dans l'éducation de la jeunesse, partageant, sous l'autorité des Evêques, les fonctions les plus délicates du saint Ministère, honorés de la confiance des Rois dans le plus redoutable des Tribunaux, aimés, recherchés d'un grand nombre de vos Sujets, estimés de ceux mêmes qui les craignoient, ils avoient obtenu une considération trop générale pour être équivoque, et des Lettres patentes émanées de votre autorités, des Déclarations enregistrées sur les effets civils de leurs voeux, des Arrêts des Parlemens rendus en conséquence de ces Déclarations, des procédures multipliées, où ils ont été admis comme parties, des donations, des unions faites en leur faveur et revêtues des formes légales, la durée de leur existence, le nombre de leurs Maisons, la multitude des Profès, la publicité de leurs fonctions, leur genre de vie entièrement consacré à l'utilité publique, tout, jusqu'aux obstacles mêmes doit ils avoient triomphé, leur annonçait un avenir heureux. Et qui auroit pu prédire, Sire, l'orage affreux qui les menaçoit ? Leurs Constitutions, déférées au Parlement de Paris, sont un signal qui est bientôt suivi par les autres Parlemens ; et, dans un délai si court qu'à peine auroit–il été suffisant pour l'instruction d'un procès particulier, sur les rapports de vos Avocats Généraux ou sur la dénonciation de quelque Conseiller de vos Cours Souveraines, sans entendre les Jésuites, sans admettre leurs plaintes et leurs Requêtes, leurs Constitutions sont déclarées impies, sacriléges, attentatoires à la Majesté divine et à l'autorité des deux puissances ; et sous le prétexte de qualifications aussi odieuses qu'imaginaires, leurs Colléges sont fermés, leurs Noviciats détruits, leurs bien saisis, leurs voeux annullés (...)

Nous ne vous dissimulerons pas, Sire, un autre sujet de nos craintes dans les nouveaux Colléges qu'on substitue à ceux des Jésuites. Le but principal de l'éducation n'est pas seulement d'instruire les hommes, son objet le plus intéressant est de les élever et de les former à la Religion et à la vertu ; sans cela les lumières mêmes deviennent dangereuses, et les connoissances les plus étendues ne sont qu'un écueil, et pour celui qui les possède, et pour ceux à qui il les communique. Ce rapport essentiel des institutions publiques à la foi et aux moeurs, est le principe du droit qu'ont les Evêques de veiller à l'éducation ; ce droit est fondé sur celui de prêcher et d'instruire, qu'ils ont reçu de Dieu, sur la sainteté de leur caractère, sur la nature des sciences divines qui font partie de l'instruction, sur la condition des Régens et Principaux, presque toujours Ecclésiastiques, sur l'importance du choix des Livres, même classiques, dans les premières études, enfin sur les Ordonnances des Rois, qui exhortent les Evêques à établir dans leurs Diocèses des Ecoles et des Colléges où les sciences divines et humaines soient enseignées sous leur autorité (...)

Ainsi tout vous parle, Sire, en faveur des Jésuites. La Religion vous redemande ses défenseurs, l'Eglise ses Ministres, des âmes chrétiennes les dépositaires du secret de leurs consciences ; un grand nombre de vos Sujets les Maîtres respectables qui les ont élevés, toute la jeunesse de votre Royaume ceux qui devoient former leur esprit et leur coeur. Ne vous refusez pas, Sire, à tant de voeux réunis. Ne souffrez pas que, dans votre Royaume, contre les règles de la justice, contre celles de l'Eglise, contre le droit civil, une Société entière soit détruite sans l'avoir mérité. L'intérêt de votre autorité même l'exige, et nous faisons profession d'être aussi jaloux de ses droits que des nôtres.

Nous sommes, avec la plus respectueuse soumission,
De votre Majesté, (...)»

*
* *

ANTOINE COURT RÉORGANISE LES ÉGLISES PROTESTANTES

Antoine Court, *Mémoires (1696–1729)*, pub. par Edmond Hugues, Toulouse, 1885, pp.197–200.

« L'an 1724 fut une année terrible pour nous. La cour rendit une déclaration fulminante contre les protestans. Elle rassembloit et aggravoit tout ce que jamais Louis XIV avoit rendu contre les mêmes dans cet immence amas d'édits et des déclarations obtenus contre eux. Cette sévérité allarma tous les esprits et faisoit former d'étranges projets aux plus échauffés. J'en écrivis à M. de la Fare, commendant en chef dans la province, sous le nom emprunté de Delingrin. J'en écrivis aussi au chapelain de l'ambassade de Hollande à Paris, afin que celuy–ci en parlât au Roi. Mes représentations parurent n'être pas tout à fait négligées. Mais ce que je fis de plus important fut de calmer les esprits et de les retenir dans les termes de la plus scrupuleuse obéissance, et je réussis.

Je parcourus pour cela non seulement la province ; je fus encore en Vivarets, et j'écrivis en Dauphiné. Dans le Vivarets, j'y travaillay aussi à y éteindre un reste de fanatisme qui y restoit encore et à y affermir l'ordre qui avoit commencé de s'y établir. J'y convoquay pour cela un synode où il fut pris divers réglemens.

En 1725, le 17 janvier, je courrus un terrible danger à Alais, où j'avais été appelé par des personnes de distinction, et ce ne fut que par un miracle singulier de cette providence qui s'étoit déclarée depuis long tems pour moi que j'échapay aux pièges qu'on m'avoit tendus. Je restay caché 21 heures dans un fumier où je m'étois enseveli moi–même, environné de tous côtés des troupes qui me cherchoient et qui me cherchèrent pendant sept jours de suite, jusqu'à ce qu'elles surent que je n'étois plus dans la ville (...)

Cette même année 1725, je résolus de faire entrer toutes les églises qui étoient formées en diverses provinces dans une espèce de confédération. Je fis prendre des délibérations à ce sujet dans un synode tenu en may, et nommer des députés pour se rendre auprès des églises qui leur communiqueraient quel étoit notre dessein et la manière dont il falloit l'exécuter. La chose réussit ; et, au mois de septembre suivant, il fut tenu le premier synode national qui se soit tenu depuis le rétablissement des églises et où les liens de cette confédération furent formés et noués ensemble. J'eus l'honneur d'être élu à la pluralité pour le président de cette assemblée.

Cette même année, je fis nommer un député général des églises auprès des puissances protestantes pour leur recommander nos intérêts et les prier de nous fournir des secours pour l'entretien des jeunes gens que (nous) avions dessein de faire passer dans les païs étrangers pour se perfectionner dans les connoissances nécessaires au ministère auquel ils étoient destinés. Les soins de ce député n'ont pas été infructueux ; et déjà, par ce moyen, les églises ont aquis de bons sujets qui les desservent actuellement avec beaucoup de zèle et de fruit ».

*
* *

PROTECTION ROYALE ACCORDÉE AUX JUIFS SÉFARADES (JUIN 1776)

Nahon (Gérard), *Communautés judéo–portugaises du Sud–Ouest de la France (Bayonne et sa région), 1684–1791,* Thèse, Documents, 1969, fasc.2, pp.42–45 ; et Isambert, t.24, pp.44–45.

« Louis, par la grâce de Dieu, Roi de France et de Navarre : A tous présens & à venir ; Salut. Par Lettres patentes de Henri II, du mois d'Août mil cinq cent cinquante, en forme de Chartres, enregistrées au Parlement de Paris, le vingt–deux Décembre de la même année & par plusieurs autres Lettres–patentes, données de règne et règne pour la confirmation de ces premières, par les Rois nos prédécesseurs, & notamment par Henri III, au mois de Novembre mil cinq cent soixante quatorze, par Louis XIV, au mois de Decembre mil six cent cinquante–six & par Louis XV, notre très–honoré Seigneur & Aïeul, au mois de Juin mil sept cent vingt–trois ; lesdites Lettres enregistrées en notre Parlement de Bordeaux ; il a été permis, pour les causes y contenues, aux Juifs Espagnols & Portugais, connus sous le nom de Marchands Portugais & de Nouveaux Chrétiens, tant pour ceux qui étoient déjà habitués en France que pour ceux qui voudroient y venir par la suite, de se retirer, demeurer & résider dans notre Royaume, Pays, Terres & Seigneuries de notre obéissance, & en telles Villes et lieux dudit Royaume que bon leur semblera, & qu'ils connoîtront plus propres & commodes à leur trafic & exercice de leurs marchandises, & de toutes autres manufactures, pour y vivre suivant leurs usages, comme aussi leurs femmes, enfans, familles, commis, facteurs & serviteurs, avec la faculté d'y trafiquer & faire le commerce ; même d'y acquérir & posséder toutes sortes de biens meubles & immeubles & d'en disposer à leur volonté, suivant les loix & usages de notre Royaume : &

pareillement avec le droit d'y recueillir les successions qui leur seroient échues, tout ainsi qu'ils seroient et pourroient faire s'ils étoient nés dans notredit Royaume ; étant tenus censés & réputés tels, soit en jugement ou dehors, ensemble leurs femmes, enfans nés & à naître, serviteurs, facteurs & entremetteurs, sans que pour ce ils soient tenus de prendre aucunes Lettres particulières si bon ne leur semble, ni de payer aud. Roi ni à ses Successeurs aucune finance, ni indemnité ; de laquelle, à quelque somme qu'elle puisse se montrer, ils ont été quittés & déchargés par lesdites Lettres-patentes.

Lesdits Marchands Portugais nous ont très-humblement fait exposer par le sieur Rodrigues Péreire, leur Agent, à Paris, Membre de la Société Royale de Londres, notre Pensionnaire & notre Amé Secrétaire-interprète pour les Langues Espagnole & Portugaise, que leur admission en France, & la confirmation de leurs privilèges, qui depuis plus de deux siecles leur a été accordée de regne en regne, ont été justifiées tant par leur attachement inviolable pour les Rois nos Prédécesseurs, & pour notre Personne Sacrée, que par leur application & leurs talens dans le commerce, à la prospérité & à l'étendue duquel ils ont contribué dans notre Royaume, par le moyen de leurs relations au dedans & au dehors, & qu'ils ont même étendu par les nouvelles branches qu'ils y ont ajoutées, le tout à l'avantage du Public & de nos revenus, sans qu'il soit jamais résulté de leur séjour en France, & de leurs usages particuliers, aucun inconvénient pour nos autres sujets. Et voulant favorablement traiter lesdits Exposans, après nous être assurés de la bonne conduite desdits Marchands Portugais dans les lieux où ils sont établis, & les ayant reconnus pour bons, utiles & fidèles sujets, Nous avons bien voulu, à l'exemple des Rois nos Prédecesseurs, leur accorder des marques de notre bienveillance & de notre Royale Protection.

A ces Causes, & autres bonnes considérations à ce nous mouvans, de l'avis de notre Conseil, & de notre certaine science, pleine puissance & autorité Royale, Nous avons confirmé, & par ces Présentes, signées de notre main, confirmons tous & chacun les privilèges, franchises & immunités qui ont été accordés auxdits Marchands Portugais...»

10

LES FRANÇAIS HORS D'EUROPE

LORIENT ET LA COMPAGNIE DES INDES

Mignot de Montigny, *Voyage dans l'Orléanois, le Blésois, la Tourraine, l'Anjou et la Bretagne fait en 1752...*, Bibl. Mazarine, ms 2840, pp.123–135.

« Cette ville naissante est fort jolie, bien placée, bien peuplée et proprement batie. Elle semble destinée à devenir très considérable. Les embouchures réunies des rivières de Pontscorf et d'Hennebon en forment le port et la rade, tous deux vastes, bien abrités et suffisamment deffendus.

La Compagnie des Indes rassemble à Lorient sa marine, ses troupes et tout son commerce. Elle y jette les fondemens d'un des plus beaux arsenaux du royaume ; ses magazins totalement achevés et remplis des marchandises de l'Inde dans le tems des ventes offrent un spectacle intéressant. Ils sont distribués en de longues galleries fort élevées dans l'intérieur de quatre corps de logis immenses qui renferment une cour très vaste. A l'extérieur, ils sont entourés d'une autre enceinte de batimens plus bas dont la Compagnie fait des magazins particuliers et des dépots à l'usage des commerçans qui viennent aux ventes. Tous ces batimens s'étendent au long du port. A quelque distance, sur la même ligne, on élève les magazins du port destinés à contenir les armemens et désarmemens de chaque vaisseau. Assès près et toujours à la vue du port est l'hotel de la Compagnie qu'on va rebatir, c'est la maison qu'habite le commandant, plus loin sont les chantiers de constructions, et les ateliers de toutes espèces, qui travaillent pour la marine.

Derrière ces batimens, en face d'une belle place quarrée, plantée d'arbres, où l'on exerce les troupes de la Compagnie, est scitué l'hôtel des ventes qui n'est pas encore achevé (...)

Les vaisseaux de la Compagnie sont au nombre de soixante cinq, dont dix huit ou vingt sont employés à faire le commerce d'Inde en Inde. Ses plus forts vaisseaux à Lorient sont de soixante quatorze canons. Le plus grand nombre est de soixante quatre. Ceux qu'elle occupe dans les Indes sont beaucoup plus petits. Les vaisseaux de soixante quatre portent quatorze à quinze cens tonneaux. Ils reviennent avec leur artillerie à quinze cens mille livres, le seul corps du vaisseau revient à deux cent cinquante mille livres. Un navire ne fait guère que six voyages d'Europe aux Indes. Ceux qui vont en Chine mettent ordinairement dix huit mois à leur voyage, dont ils passent quatre ou cinq mois à Canton. Ceux qu'on charge pour l'Inde vont et reviennent en moins de dix mois.

Les vaisseaux qui séjournent dans les rades des grandes Indes sont fort sujettes (*sic*) à être endommagés par les vers. Pour les en garantir, on est obligé d'y faire un doublage qui les rend beaucoup plus pesans (...)

On charge les vaisseaux dans le port d'une façon très simple et très commode au moyen de plusieurs pontons établis à demeure au long du quay. Ce sont de vieux vaisseaux rasés au–dessus de leur pont et rangés près du quay à sa hauteur. De l'un à l'autre passent de grosses pièces de bois couvertes de madriers. Le ponton et le quay se trouvent de niveau. On amène près de ces pontons les navires qu'on veut mettre en charge. Ils trouvent à la hauteur de leurs sabords une vaste plate forme sur laquelle on amène commodément les balots, les bariques et tout ce qui doit entrer dans leur changement (...)

Commerce – Quelques jours avant la vente, les échantillons de toutes les espèces de marchandises apportées par la Compagnie sont exposés dans les magazins. Les ventes se font dans une salle très vaste où tous les commerçans sont rangés sur un amphitéâtre, les commissaires de la vente assis dans un bureau vis–à–vis d'eux ordonnent les criées et marquent les adjudications en frappant un plat d'un coup de baguette. Ces adjudications se font très promptement et très noblement. On voit vendre dans une matinée pour deux ou trois millions de marchandises. Une vente de vingt à vingt cinq millions dure quinze jours ou trois semaines au plus. La Compagnie envoye tous les ans douze à quinze vaisseaux aux grandes Indes dont deux sont chargés pour la Chine. Cette année, les vaisseaux ont rapporté deux millions pesant de thé, beaucoup de caffé de Moka et de Bourbon, beaucoup de soye de Chine et des Indes. Une très grande quantité de mousselines et d'étoffes des Indes, mais peu de porcelaines et point de perses. Le caffé de Moka de mil sept cent cinquante et un s'est vendu à l'ouverture à la vente quarante sols six deniers, celuy de cette année trente huit sols six deniers. Le caffé de Bourbon dix sept sols neuf deniers. Le poivre vingt deux sols. Les cauris seize sols six deniers. Le prix du caffé de Moka est baissé de dix sols depuis l'année dernière, celuy de Bourbon s'est soutenu au même prix (...)

Les troupes de la Compagnie des Indes montent à six ou sept mille hommes dont quatre cent sont employés à Lorient pour la garde du port de la ville. Elle embarque incessament trois cens hommes pour l'Isle de France et douze cens hommes pour Pondichéry. La ville est défendue du côté de la campagne par une enceinte de murs garnis de bastions et demi-lunes bien entretenus ».

*

* *

LA POPULATION DE SAINT-DOMINGUE

Moreau de Saint-Méry, *Description... de la partie française de l'Isle de Saint-Domingue*, nouv. éd. par Maurel (Blanche) et Taillemite (Etienne), Paris, 3 vol., 1958, t.1, pp.28-68.

« Cette surface a environ cinq cent vingt mille individus, divisés en quarante mille blancs, vingt huit mille affranchis ou descendants d'affranchis, et quatre cent cinquante deux mille esclaves (...)

Les trois classes, presque physiquement distinctes, qui composent la population de la colonie française, rendent cette population très différente de celle des contrées européennes. Ce serait même prendre une idée bien fausse de cette colonie, que de croire à chacune de ces trois classes un caractère propre, qui sert à la faire distinguer tout entière des deux autres. Chaque classe a des traits particuliers, qui semblent former des subdivisions, que je tâcherai de faire saisir (...)

Les Européens qui viennent à Saint-Domingue (...) Il est un autre soin non moins important, c'est de vanter sa naissance. On supplée même dans ce genre à la réalité, et cette partie de l'invention est assez fructueusement cultivée. Du moins faut-il taire son origine lorsqu'elle n'a rien de noble, et c'est déjà trop d'avoir à redouter que l'envie n'en révèle la vérité. Telle est même la force de l'habitude qu'on contracte à Saint-Domingue de se croire anobli par son seul séjour dans l'île, qu'il est des Européens qui rompent tout commerce avec leur famille (...)

L'un des écueils les plus dangereux pour ceux qui arrivent à Saint-Domingue, c'est la passion du jeu, qui y est presque générale (...) L'intempérance de la table est encore un défaut assez commun à Saint-Domingue ; quoique l'on ait banni des repas la joie tumultueuse des anciens colons, qui annonçait au loin la perte de leur raison, on traite toujours à la créole, c'est-à-dire avec profusion (...) Tout prend à Saint-Domingue un caractère d'opulence, qui étonne les Européens. Cette foule d'esclaves, qui attendent les ordres et même les signes d'un seul homme, donnent un air de grandeur à celui qui les commande. Il est de la dignité d'un homme riche d'avoir quatre fois autant de domestiques qu'il lui en faut. Les femmes ont principalement le talent de s'environner d'une cohorte inutile, prise dans leur sexe même (...)

Les Américains qui ont reçu le jour à Saint-Domingue et qu'on désigne sous le nom de créols, sont ordinairement bien faits et d'une taille avantageuse. Ils ont une figure assez régulière ; mais elle est privée de ces colories dont la nature égaye et embellit le teint dans les pays froids (...)

Différentes circonstances s'accordent encore pour faire perdre aux jeunes créols l'avantage qu'ils ont d'abord sur les enfants des autres climats. En premier lieu, la tendresse aveugle et excessive des parents qui souscrivent à leurs volontés et qui croient que cette tendresse leur défend la plus légère résistance. Il n'est point de caprice qui ne soit flatté (...) qu'on ajoute à ces inconvénients ceux de l'habitude d'être entouré d'esclaves, et de n'avoir besoin que d'un regard pour tout faire cèder autour de soi. Jamais despote n'a eu d'hommages plus assidus, ni d'adulateurs plus constants que l'enfant créol (...)

Les défauts des créols, au nombre desquels il faut compter celui de se livrer au jeu, sont cependant rachetés par une foule de qualités estimables. Francs, affables, généreux, peut–être avec ostentation, confiants, braves, amis sûrs et bons pères (...) Une vertu principale des créoles, c'est l'hospitalité (...)

Les nègres sénégalais furent encore les premiers qu'apportèrent aux colons français les compagnies, qui parvinrent à se faire accorder le privilège exclusif d'un commerce que les étrangers firent seuls dans les premiers temps de la colonie de Saint–Domingue. Ces nègres sont grands et bien faits, élancés, d'un noir d'ébène (...) Dans son moral, le sénégalais a aussi les marques d'une espèce de supériorité. Il est cultivateur, intelligent, bon, fidèle, même en amour, reconnaissant, excellent domestique. Vivant de petit mil, de maïs et de riz, il est très sobre, très propre à la garde des animaux, discret et surtout silencieux, qualité si rare chez les Africains (...)

Les nègres de la côte d'Or sont en général bien faits et intelligents ; mais on leur reproche d'être communément trompeurs, artificieux, dissimulés, paresseux, fripons, flatteurs, gourmands, ivrognes et lascifs. Ils ont l'oeil étincelant, l'oreille petite, les sourcils épais, le nez aplati et légèrement recourbé, la bouche assez grande, les dents blanches et bien rangées, la peau luisante et les cheveux susceptibles d'être tressés (...) à l'égard des Ibos, une grande surveillance est nécessaire, puisque le chagrin ou le mécontentement le plus léger les porte au suicide, dont l'idée loin de les épouvanter semble avoir quelque chose de séduisant pour eux, parce qu'ils adoptent le dogme de la transmigration des âmes (...)

On ne saurait croire jusqu'à quel point s'étend la dépendance dans laquelle les chefs du Vaudoux tiennent les autres membres de la secte. Il n'est aucun de ces derniers qui ne préférât tout, aux malheurs dont il est menacé, s'il ne va pas assidûment aux assemblées, s'il n'obéit pas aveuglément à ce que Vaudoux exige de lui ».

LES HABITANTS DE LA NOUVELLE–FRANCE

Frégault (Guy) et Trudel (Marcel), *Histoire du Canada par les textes*, t.1 (1534–1854), Montréal–Paris, 1963, pp.74–80.

Rapport attribué à Gilles Hocquart, intendant de la Nouvelle–France, de 1729 à 1748.

« La colonie de la Nouvelle–France peut contenir environ quarante mille personnes, de tout âge et de tout sexe, sur lesquelles il se trouve dix mille hommes en état de porter les armes.

Les canadiens sont naturellement grands, bien faits, d'un tempérament vigoureux. Comme les arts n'y sont point gênés par des maîtrises, et que dans les commencements de l'établissement de la colonie (les ouvriers) étaient rares, la nécessité les a rendus industrieux de génération en génération : les habitants des campagnes manient tous adroitement la hache ; ils font eux–mêmes la plupart des outils et ustensiles de labourage ; bâtissent leurs maisons, leurs granges ; plusieurs sont tisserands, fort de grosses toiles, et des étoffes qu'ils appellent droguet, dont ils se servent pour se vêtir eux et leurs familles.

Ils aiment les distinctions et les caresses, se piquent de bravoure, sont extrêmement sensibles au mépris et aux moindres punitions. Ils sont intéressés, vindicatifs, sont sujets à l'ivrognerie, font un grand usage de l'eau–de–vie, passent pour n'être point véridiques. Ce portrait convient au grand nombre, particulièrement aux gens de la campagne ; ceux des villes sont moins vicieux. Tous sont attachés à la religion : on voit peu de scélérats ; ils sont volages ; ont trop bonne opinion d'eux–mêmes : ce qui les empêche de réussir, comme ils pourraient le faire, dans les arts, l'agriculture et le commerce. Joignons à cela l'oisiveté à laquelle la longueur et la rigueur de l'hiver donnent occasion. Ils aiment la chasse, la navigation, les voyages et n'ont point l'air grossier et rustique de nos paysans de France. Ils sont communément assez souples lorsqu'on les pique d'honneur, et qu'on les gouverne avec justice, mais ils sont naturellement indociles. Il est nécessaire de fortifier de plus en plus l'exact subordination qui doit être dans tous les ordres, dans les gens de la campagne. Cette partie du service a été de tout temps la plus importante et la plus difficile à remplir. Un des moyens pour y parvenir est de choisir pour officiers dans les côtes les habitants les plus sages et les plus capables de commander et d'apporter de la part du Gouvernement toute l'attention pour les maintenir dans leur autorité (...)

Il y a quelques familles nobles en Canada ; mais elles sont si nombreuses qu'il y a beaucoup de gentilshommes...

Tous les gentilshommes et enfants d'officiers désirent entrer dans le service, ce qui est louable en soi-même ; mais comme la plupart sont pauvres, plusieurs y entrent pour y trouver une petite ressource dans la solde du roi, plutôt que par d'autres motifs. M. le gouverneur général choisit les meilleurs sujets ; on a de la peine à engager les autres à faire valoir des terres ; peut-être même conviendrait-il d'en faire passer quelques-uns en France, pour y servir dans la marine, afin de s'attacher de plus en plus la noblesse et les gens du pays (...)

Tous les sauvages qui habitent le continent du Canada, depuis le bas de la Rivière (Saint-Laurent) et l'Acadie, jusqu'aux Illinois, composent environ 30 nations ; et on ne croit pas qu'ils fassent plus de 29 à 30 mille guerriers (...)

Tous ces sauvages sont chrétiens, bons ou mauvais, attachés depuis longtemps aux Français ; ce qui ne les empêche cependant pas de faire de fréquentes courses en la Nouvelle-Angleterre, surtout les Abénaquis et les Iroquois du Sault St Louis (...) Le caractère et les moeurs des sauvages sont connus. Les missionnaires travaillent avec bien peu de succès à leur conversion à la religion ; ils ont un éloignement infini pour tout culte, sans cependant qu'ils le fasse connaître. Il suffit de dire qu'ils aiment passionnément leur liberté en tout genre, et qu'ils sont ennemis de toute contrainte (...)

Les négociants de la colonie, particulièrement ceux de Montréal, équipent au printemps et dans le cours de l'été des canots (ce sont des canots d'écorce qui portent jusqu'à 6000 livres) pour porter chez les sauvages des pays d'en haut les marchandises qui leur parviennent ; ces canots rapportent des castors et autres pelleteries.

Il y a ordinairement un officier qui commande dans chaque poste et qui y est regardé par les sauvages comme leur père, auquel ils s'adressent pour demander conseil dans les affaires, etc. Cet officier réussira à les gouverner lorsqu'il sera homme d'esprit et désintéressé (...)

Depuis quelques années, il s'est établi des coureurs des bois, principalement du côté de Michilimakinac ; ils mènent la même vie que les sauvages ; et font non seulement le commerce étranger, mais prennent des impressions chez les Anglais très pernicieuses à la colonie ».

11

OPPOSITION POLITIQUE ET RÉVOLTES

L'ATTENTAT DE DAMIENS

Barbier (Edmond), *Chronique de la Régence et du règne de Louis XV...*, 8 vol., 1857 ; t.6, pp.425–433, janvier 1757.

« Du mercredi 5 janvier. Ce jour a été témoin du plus affreux des événements. Le Roi a été assassiné d'un coup de couteau, entre la quatrième et la cinquième côte du côté droit, par un scélérat, qui a été pris sur–le–champ, et dont on ne sait encore ni le nom, ni l'état. Le jeudi matin, jour des Rois, la consternation étoit générale dans Paris ; tout le monde étoit en pleurs dans les églises ; mais, dès le soir, on a eu le bonheur d'apprendre avec certitude que le coup n'étoit ni mortel, ni dangereux ; et, en effet, samedi 8, le Roi s'est levé et a tenu Conseil, et le dimanche 9, les prières de quarante heures ont cessé et les spectacles ont été affichés à l'ordinaire.

Le Roi, qui étoit à Trianon, vint dans l'après–midi à quatre heures à Versailles pour voir Mesdames de France. Madame Adélaïde étoit un peu enrhumée. Le Roi, à cinq heures trois quarts, descendit par le petit escalier, sur la cour de Marbre, pour monter dans son carrosse pour retourner à Trianon. Il avoit peu de monde et peu de flambeaux. M. le duc de Brionne, grand–écuyer, lui donnoit, dit–on, la main. M. le duc d'Ayen, capitaine des gardes de service, ne suivoit pas le Roi. Il étoit resté sur le petit escalier à causer avec le maréchal de Richelieu ; il y avoit à côté de lui un chef de brigade des gardes du corps. Comme il alloit monter, un grand homme en habit noir, avec une redingote, une perruque en bourse, le chapeau, dit–on, sur la tête, a poussé et écarté le chef de brigade des gardes, s'est approché du Roi, lui a mis une main sur l'épaule, soit pour s'appuyer, soit pour le faire retourner, et lui a donné un coup de poignard entre la quatrième et la cinquième côte du côté droit. Le Roi n'a senti le coup que comme un coup de poing, a mis la main à l'endroit, a senti du sang et dit : « Je suis assassiné ! » Et en même temps a dit : « C'est cet homme–là ! » Lequel se retiroit : « Qu'on l'arrête et qu'on ne lui fasse point de mal. » On dit que dans l'intervalle du coup il auroit eu trois secondes pour s'esquiver à la faveur de la nuit. Aussitôt un valet de pied, un garde du corps et un autre se sont jetés sur lui et l'ont arrêté.

A l'égard du Roi, il est monté dans son appartement sans être porté, quoique perdant beaucoup de sang. Il étoit question de le coucher et d'un chirurgien. Il n'y avoit personne de ses officiers. M. de La Martinière, son premier chirurgien, n'y étoit pas. On a été prendre des draps chez madame Dufour, nourrice de M. le Dauphin, et on a trouvé M. Henin, premier chirurgien de madame la Dauphine, qui a mis le premier appareil.

L'arme dont ce scélérat étoit armé étoit, suivant la *Gazette de France,* un couteau à deux lames : l'une ordinaire et l'autre en forme de canif, dont il a donné le coup ; mais ce canif avoit cinq ou six lignes de largeur et quatre pouces de longueur, ce qui fait un vrai poignard ; et quoique le Roi eût plusieurs habits, à cause du grand froid, le fer est entré d'environ quatre travers de doigt entre la quatrième et la cinquième côte du côté droit ; mais comme le coup a été porté du bas en haut, il a glissé dans les chairs et il n'a pas pénétré jusqu'à la poitrine ; en sorte qu'on a reconnu tout de suite que le coup n'étoit ni mortel, ni même dangereux. On a fait prendre au Roi du contre–poison, crainte que l'instrument ne fût empoisonné ; mais il ne l'étoit pas (...)

Pour Paris, la nouvelle ayant été publique le jeudi matin, la consternation a été générale, et il y avoit peu de personnes qui n'aient répandu des larmes. Le mandement de M. l'archevêque de Paris a été envoyé dans toutes les églises de Paris, à Notre–Dame, pour les prières de quarante heures, et les prêtres et les moines, suffoqués par la douleur, à peine pouvoient entonner le *Salvum fac regem* ; les assistants étoient de même. Le grand froid a empêché que tout Paris ne se soit trouvé rassemblé à la fois dans les églises et dans les rues, pour savoir des nouvelles du Roi et pour attendre les courriers de côté et d'autre. Mais on alloit ou on envoyoit au Palais, à l'Hôtel de Ville et à la Poste (j'y ai envoyé quatre fois dans la journée), et l'on apprenoit toujours des nouvelles consolantes. Un officier de madame la Dauphine me dit le soir, à son retour à Versailles, que M. Hénin, chirurgien, lui avoit dit dans l'après-midi, non-seulement qu'il n'y avoit aucun danger, mais que, si c'étoit un particulier, il lui auroit permis de vaquer, demain vendredi, à ses affaires, et que dimanche il seroit sûrement levé. »

*

* *

LE PARLEMENT REFUSE D'ENREGISTRER DES ÉDITS FISCAUX (21 JUILLET 1761)

Remontrances du parlement de Paris au XVIIIe siècle, pub. par Jules Flammermont et Emile Tourneux, t.2 (1755-1768), 1895, pp.296-301.

« Sera en outre, M. le Premier Président, chargé de représenter très humblement et très respectueusement audit seigneur Roi :

« Que son parlement ne se serait pas porté à implorer en faveur des peuples les sentiments de bonté qui caractérisent le coeur dudit seigneur Roi, si, témoin de plus près d'un épuisement que ledit seigneur Roi ne peut apercevoir, il n'eût été indispensablement obligé de supplier ledit seigneur Roi de ne point regarder comme une ressource possible, dans les besoins de l'Etat, la prorogation d'une imposition dont la rigueur excède ce qu'ont jamais exigé même les guerres les plus longues et les plus intéressantes que l'Etat ait eu à soutenir.

Que depuis nombre d'années le zèle commun de son parlement et de tous les Français pour la gloire des armes dudit seigneur Roi ne cesse de faire prévaloir la sensibilité aux besoins de l'Etat sur l'exacte proportion des forces des citoyens ; qu'aujourd'hui de nouveaux secours demandés trouvent des peuples animés de la même fidélité, mais de plus en plus épuisés ; qu'il est des sacrifices si extrêmes et si pénibles, que les efforts mêmes accordés un instant à la nécessité, au zèle et à l'espérance ne peuvent conduire à en exiger la continuation, quelle que puisse être celle des besoins (...)

Que si, pour mettre ledit seigneur Roi en état d'attendre les fruits prochains du rétablissement du bon ordre dans l'administration des finances, ledit seigneur Roi eût jugé encore indispensable un secours subit, son parlement se serait abandonné à la juste confiance que ledit seigneur Roi voudra bien employer efficacement les ressources qui viennent de lui être indiquées comme les seules capables de prévenir la ruine entière de l'Etat ; que, par cette considération, son parlement se serait encore déterminé à céder à la nécessité urgente et aux ordres dudit seigneur Roi, si la déclaration soutenait au moins le courage des peuples en leur faisant envisager comme un dernier effort la prestation de l'imposition pour la seule année 1762 et en leur accordant les soulagements relatifs à l'ordre de la répartition, à la forme de perception et à la sûreté de la destination, que ledit seigneur Roi ne peut refuser à la bonté et à la protection qu'il accorde à ses sujets.

Que dans de telles circonstances, s'il plaît audit seigneur Roi d'user de toute sa puissance, son parlement, en respectant l'autorité, ne peut néanmoins se départir des représentations que lui inspire sa fidélité.

Arrête en outre que toutes les Chambres seront assemblées mercredi 22 du présent mois, 10 heures du matin, à l'effet d'aviser sur toutes les mesures que l'état de ladite Cour, son devoir, son zèle et sa fidélité pourront exiger. »

*

* *

LA SÉANCE DE LA FLAGELLATION, 3 MARS 1766

Remontrances du parlement de Paris au XVIIIe siècle, pub. par Jules Flammermont et Emile Tourneux, t.2, 1895, p.556.

« Ce qui s'est passé dans mes parlements de Pau et de Rennes ne regarde pas mes autres parlements ; j'en ai usé à l'égard de ces deux cours comme il importait à mon autorité, et je n'en dois compte à personne.

Je n'aurais pas d'autre réponse à faire à tant de remontrances qui m'ont été faites à ce sujet, si leur réunion, l'indécence du style, la témérité des principes les plus erronés et l'affectation d'expressions nouvelles pour les caractériser, ne manifestaient les conséquences pernicieuses de ce système d'unité que j'ai déjà proscrit et qu'on voudrait établir en principe, en même temps qu'on ose le mettre en pratique.

Je ne souffrirai pas qu'il se forme dans mon royaume une association qui ferait dégénérer en une confédération de résistance le lien naturel des mêmes devoirs et des obligations communes, ni qu'il s'introduise dans la Monarchie un corps imaginaire qui ne pourrait qu'en troubler l'harmonie ; la magistrature ne forme point un corps, ni un ordre séparé des trois ordres du Royaume ; les magistrats sont mes officiers chargés de m'acquitter du devoir vraiment royal de rendre la justice à mes sujets, fonction qui les attache à ma personne et qui les rendra toujours recommandables à mes yeux. Je connais l'importance de leurs services : c'est donc une illusion, qui ne tend qu'à ébranler la confiance par de fausses alarmes, que d'imaginer un projet formé d'anéantir la magistrature et de lui supposer des ennemis auprès du trône ; ses seuls, ses vrais ennemis sont ceux qui, dans son propre sein, lui font tenir un langage opposé à ses principes ; qui lui font dire que tous les parlements ne font qu'un seul et même corps, distribué en plusieurs classes ; que ce corps, nécessairement indivisible, est de l'essence de la Monarchie et qu'il lui sert de base ; qu'il est le siège, le tribunal, l'organe de la Nation ; qu'il est le protecteur et le dépositaire essentiel de sa liberté, de ses intérêts, de ses droits ; qu'il lui répond de ce dépôt, et serait criminel envers elle s'il l'abandonnait ; qu'il est comptable de toutes les parties du bien public, non seulement au Roi, mais aussi à la Nation ; qu'il est juge entre le Roi et son peuple ; que, gardien respectif, il maintient l'équilibre du gouvernement, en réprimant également l'excès de la liberté et l'abus du pouvoir ; que les parlements coopèrent avec la puissance souveraine dans l'établissement des lois ; qu'ils peuvent quelquefois par leur seul effort s'affranchir d'une loi enregistrée et la regarder à juste titre comme non existante ; qu'ils doivent opposer une barrière insurmontable aux décisions qu'ils attribuent à l'autorité arbitraire et qu'ils appellent des actes illégaux, ainsi qu'aux ordres qu'ils prétendent surpris, et que, s'il en résulte un combat d'autorité, il est de leur devoir d'abandonner leurs fonctions et de se démettre de leurs offices, sans que leurs démissions puissent être reçues. Entreprendre d'ériger en principe des nouveautés si pernicieuses, c'est faire injure à la magistrature, démentir son institution, trahir ses intérêts et méconnaître les véritables lois fondamentales de l'Etat ; comme s'il était permis d'oublier que c'est en ma personne seule que réside la puissance souveraine, dont le caractère propre est l'esprit de conseil, de justice et de raison ; que c'est de moi seul que mes cours tiennent leur existence et leur autorité ; que la plénitude de cette autorité, qu'elles n'exercent qu'en mon nom, demeure toujours en moi, et que l'usage n'en peut jamais être tourné contre moi ; que c'est à moi seul qu'appartient le pouvoir législatif sans dépendance et sans partage ; que c'est par ma seule autorité que les officiers de mes cours procèdent, non à la formation, mais à l'enregistrement, à la publication, à l'exécution de la loi, et qu'il leur est permis de me remontrer ce qui est du devoir de bons et utiles conseillers ; que l'ordre public tout entier émane de moi et que les droits et les intérêts de la Nation, dont on ose faire un corps séparé du Monarque, sont nécessairement unis avec les miens et ne reposent qu'en mes mains (...)

Les principes que vous venez d'entendre doivent être ceux de tous mes sujets et je ne souffrirai pas qu'on s'en écarte ; quant aux affaires de Pau et de Rennes, je maintiendrai de toute mon autorité tout ce qui s'est fait par mes ordres. »

Ensuite, adressant la parole au greffier : « Apportez-moi la minute de l'arrêté du 11 février dernier. »

Sur quoi le greffier s'étant avancé avec ladite minute l'a remise au comte de Saint-Florentin, lequel, s'étant approché du Roi, ayant mis un genou à terre, l'a remis audit seigneur Roi. Alors le Roi a dit :

« J'ai annulé dans mon conseil cet arrêté et j'en ai ordonné la radiation », et adressant de nouveau la parole au greffier, après lui avoir fait rendre cette minute : « Rayez cette minute, écrivez qu'elle l'a été par mon ordre et en ma présence, signez. » Ce qui a été exécuté sur-le-champ...»

UNE RÉVOLTE PARISIENNE : LES ENLEVEMENTS D'ENFANTS

Barbier (Edmond), *Chronique de la Régence et du règne de Louis XV...*, Paris, 8 vol., 1857 ; t.4, pp.401– 429. Novembre 1749, mai 1750.

« Depuis un mois, on enlève du monde dans Paris, filles et garçons. Cela se fait à la chute du jour ; un exempt déguisé et trois ou quatre hommes se saisissent principalement de filles, comme servantes ou filles qui rôdent dans les rues. Ils ont à quelques pas d'eux un fiacre ; on les met dedans ; on les mène cependant chez le commissaire qui a ses ordres de la police, et on les conduit à la prison de Saint–Martin ou à l'hôpital de Saint–Louis, que l'on a apparemment préparé.

Ce bruit s'est répandu dans tous les quartiers, et a mis l'alarme ; en sorte que les servantes n'osent plus trop sortir seules. On dit même qu'on a pris ainsi quelques filles d'artisans ou de bourgeois, mais je ne crois pas trop cela, ou du moins l'exempt peut avoir passé ses ordres. Ce qui seroit contre le droit des gens.

Il est vrai que la grande recrue s'est faite par des visites de nuit des commissaires dans tous les quartiers. On a enlevé beaucoup de p...... dans les mauvais lieux, de filles qui viennent à Paris pour servir chez des femmes qui logent et des domestiques sans condition, des gens sans aveu, dans de petites auberges, et tous les pauvres, dans les rues, dans les maisons des faubourgs, où ils se retirent, et dans les hôpitaux. Cela s'entend des jeunes gens et qui se portent bien. L'objet de ces recrues, que l'on fait apparemment de même sur les grands chemins pour les vagabonds et dans les autres villes du royaume, est pour envoyer au pays de Mississipi pour peupler. On engage aussi volontairement de toutes sortes d'ouvriers à qui on fait un bon parti (...)

Depuis huit jours, on dit que, dans Paris, des exempts de la police, déguisés, rôdent dans différents quartiers et enlèvent des enfants, filles et garçons, depuis cinq ou six ans jusqu'à dix ans et plus, les mettent dans des carrosses de fiacre qu'ils ont tout prêts ; ce sont des petits enfants d'artisans et autres qu'on laisse aller dans le voisinage, qu'on envoie à l'église ou chercher quelque chose. Comme ces exempts sont en habits bourgeois et qu'ils tournent dans différents quartiers, cela n'a pas fait d'abord grand bruit.

Mais aujourd'hui, samedi matin 16 de ce mois, on a pris et voulu prendre, dans le quartier de la rue de Fourcy et du port aux Veaux, un enfant ; c'est dans la rue des Nonaindières et la rue Tiron ; l'enfant, qu'on jetoit dans le fiacre, a crié, quelque commère est survenue, a crié aussi, le peuple est sorti des boutiques, et dans Paris en plein jour, sur les dix ou onze heures du matin, l'assemblée devient bientôt considérable. Cette sorte d'enlèvement, qui blesse la nature et le droit des gens, a révolté le peuple avec raison ; comme on ne sait jamais au juste les choses qui se passent, les uns disent qu'on vouloit enlever l'enfant d'un artisan des bras de la mère qui le conduisoit, d'autres qu'on en avoit déjà mis plusieurs dans le fiacre et que le peuple voulant les tirer avec violence, il y en avoit deux d'étouffés. Quoi qu'il en soit, le peuple, les gens du port, les laquais se sont assemblés en fureur, les exempts et archers ont voulu fuir ; quelques-uns sont entrés dans des maisons, on les a poursuivis, on les a maltraités et estropiés ; cette émeute populaire est devenue plus générale pour la poursuite des archers et elle s'est répandue dans tout le quartier Saint-Antoine jusqu'à la porte, et cela s'est ensuite dissipé.

Cette nouvelle s'est bientôt répandue dans toute la ville, ce qui a occasionné les discours du peuple, et il s'est débité que l'objet de ces enlèvements d'enfants étoit qu'il y avoit un prince ladre, pour la guérison duquel il falloit un bain ou des bains de sang humain, et que n'en n'ayant point de plus pur que celui des enfants, on en prenoit pour les saigner des quatre membres et pour les sacrifier, ce qui révolte encore plus le peuple.

On ne sait sur quoi sont fondés de pareils contes ; on a proposé ce remède-là du temps de Constantin, empereur, qui ne voulut pas s'en servir. Mais ici nous n'avons aucun prince ladre, et, quand il y en auroit, on n'emploieroit jamais une pareille cruauté pour remède.

Le plus vraisemblable est qu'on peut avoir besoin de petits enfants pour envoyer à Mississipi, dans l'Amérique, pour travailler aux établissements de vers à soie qu'on veut y faire ; mais, malgré cela, il n'est pas à présumer qu'il y ait aucun ordre du ministère pour enlever ici des enfants à leurs pères et mères ; on peut avoir dit à quelques exempts que s'ils trouvoient des enfants sans père ni mère ou abandonnés, ils pouvoient s'en saisir ; il se peut qu'on leur ait promis une récompense, et qu'ils aient abusé de cet ordre, comme ils ont déjà fait quand il a été question de prendre tous les vagabonds et gens sans aveu, dont il étoit avantageux de purger Paris.

Vendredi, 22 de ce mois, il y a eu une émeute considérable dans quatre différents quartiers de Paris.

Le premier tapage du matin a été dans le cloître de Saint-Jean-de-Latran, mais sans grand fracas.

Le second, à la porte Saint-Denis, qui a été plus tumultueux ; il y a eu quelque archer maltraité. Cette émotion est venue jusque dans la rue de Cléry, où demeure le commissaire Desnoyers, et où apparemment un de ces gens de la police s'étoit réfugié ; sa maison a été saccagée par le peuple à coups de pierre.

La troisième, à la place de la Croix-Rouge, faubourg Saint-Germain. On dit qu'on a voulu prendre le fils d'un cocher qui étoit à une porte ; deux hommes l'ont attiré et emmené, l'enfant a crié, le père a couru après avec des domestiques de la maison ; ils ont appelé le peuple à leur secours, et ensuite la livrée qui y est venue. Un des archers s'est réfugié dans la boutique d'un gros rôtisseur qu'il connoissoit ; on ne sait même s'il ne demeuroit pas dans la maison. On a voulu entrer pour le suivre ; un garçon rôtisseur s'est opposé et a pris une broche : cela a animé tellement le peuple, qui s'étoit amassé en grand nombre, qu'on a pillé et saccagé la maison du rôtisseur, depuis la cave jusqu'au grenier ; on a jeté dans la rue toute la batterie de cuisine, la viande, sa vaisselle d'argent, ses meubles ; on a enfoncé deux pièces de vin, on a cassé toutes les vitres. On dit qu'il y a eu deux hommes de tués dans les caves ; le guet y est venu et n'a osé rien tenter pour faire cesser ce tumulte, qui a duré jusqu'à dix heures du soir ; le peuple arrêtoit les carrosses qui passoient avec des flambeaux, pour en avoir et s'éclairer ; ils en ont pris même chez un épicier. On dit que ce rôtisseur perdra considérablement, d'autant plus que dans ces émeutes il se mêle quantité de voleurs qui sont charmés de l'occasion pour piller impunément, et qui sont même capables d'exciter l'émeute. On dit cependant qu'on a rapporté à ce rôtisseur quelques pièces de sa vaisselle qui avoient été jetées dans la rue.

Le même soir, on dit qu'on a voulu prendre exprès un écolier des Quatre–Nations, sur le quai des Morfondus, rue du Harlai ; les écoliers ont suivi et ont fait attrouper un peuple infini ; un des archers déguisés s'est sauvé dans la maison du commissaire Delafosse, rue de la Calandre, près le Palais. Le peuple a tendu les chaînes de cette petite rue pour empêcher apparemment le guet à cheval d'y entrer ; toutes les boutiques ont été fermées, ainsi que dans le faubourg Saint–Germain, et à la porte Saint–Denis, et le long de la rue et des environs, car c'est la première chose que fait le bourgeois ; tout le quartier du Palais étoit rempli d'un peuple innombrable. La maison du commissaire assiégée, on a cassé toutes les vitres du haut en bas ; un guet à pied, qui étoit entré dans la maison, a tiré quelques coups de feu par les fenêtres, qui n'ont fait qu'animer ; ils avoient préparé du bois devant la maison pour y mettre le feu ; cela a duré jusqu'à près de onze heures du soir. Ils courroient pour enfoncer la porte d'un fourbisseur pour avoir des armes. Le guet à cheval, qui est survenu, a pourtant dissipé un peu ce tumulte, sans tirer et en agissant le plus prudemment pour les apaiser. Il y a eu quelques archers de tués, car ce jour–là, on en a porté deux à la morgue du Châtelet, où il y a eu, le jour et le lendemain, un peuple considérable pour les aller voir. »

*

* *

UNE RÉVOLTE À ROUEN, 28 MARS 1768

Hardy (S.–P.), *Mes loisirs,* éd. Maurice Tourneux et Maurice Vitrac, t.1, 1912, pp.89–90, 28 mars 1768.

« On apprend qu'il y avait eu à Rouen le mardi précédent et le jeudi 24, par continuation, une révolte assez considérable, occasionnée par la cherté du pain qui s'y vendait 4 sols la livre, que la plus grande partie des manufactures étaient fermées et les ouvriers ne travaillant pas et manquant de pain et d'argent pour s'en procurer, s'étaient livrés à différents excés ; qu'ils avaient enfoncé les portes du couvent des Cordeliers, qu'ils avaient pillé, ainsi que d'autres endroits où ils soupçonnaient qu'il pouvait y avoir du blé, que le Parlement s'étant assemblé avait rendu un arrêt pour enjoindre à la bourgeoisie de prendre les armes qu'on lui avait ôtées il y a quelques années, que les boutiques étaient demeurées fermées pendant plusieurs jours, qu'on avait envoyé au Hâvre pour demander des secours, qu'au Hâvre on avait fait réponse qu'on avait besoin des troupes qui y étaient. On avait ensuite pris le parti de rassembler toutes les maréchaussées des environs qui étaient tombées sur la populace à coups de sabres, qu'il y avait plusieurs personnes de tuées de part et d'autres et nombre de blessés, que l'on avait arrêté 22 des plus mutins, ce qui n'avait pas encore calmé tout-à-fait cette émotion ; qu'on avait écrit en Cour pour demander des troupes. On rapporta aussi qu'un curé du diocèse et des environs de la ville de Rouen, dont les paroissiens soulevés et pleins de fureur s'étaient rassemblés dans le cimetière et étaient prêts à partir pour aller piller ou mettre à contribution les monastères les plus voisins, était parvenu à les calmer. Pour appuyer ses remontrances et les rendre plus efficaces, il avait eu la générosité de les faire passer tous devant lui et de leur distribuer des écus de 6 livres, de 10 en 10, ce qui faisait 10 sols pour chacun, ce qui lui revint à la somme de 400 livres. »

*

* *

L'OPPOSITION POLITIQUE À LOUIS XVI : MÉPRIS ET CRITIQUES GÉNÉRALISÉES

Correspondance politique secrète, pub. par l'Association Louis XVI, 1992, pp.196–197.

Du 4 mars (1776)

« Monsieur de Malesherbes va se mettre dans les cas des autres Ministres, faire clabauder bien des gens. Il se propose la suppression d'une moitié de tous les officiers de la Maison commensale du Roi, conséquemment de deux des 4 capitaines des Gardes, deux des 4 premiers Gentilhommes de la Chambre, des valets de chambre, etc...

Le Directeur de la Guerre n'est pas du goût des militaires qui même lui refusent la capacité ordinaire ; on espère que Monsieur de Saint Germain, bien traicté par son médecin, sera bientôt rétabli, mais il est vieux et son tempérament très affoibli.

Les partisans de Monsieur Turgot ont sonné le tocsin contre le Parlement, l'avocat général Séguier à cause de son réquisition sur les édits ; nous avons eu les oreilles rebattues ici de toutes leurs plaintes ; depuis 10 jours l'incompétence que le Parlement se reconnoit pour autoriser l'édit des Corvées et la proposition de convoquer les Etats Généraux du Royaume présentent, il faut l'avouer, aux Economistes un obstacle inattendu et difficile à vaincre, car un acte de force de la part du Roi ne consommeroit point l'affaire ou ne le feroit que pour le moment. Au reste, il... (semble) que quand Monsieur Turgot et son parti crient pour la liberté, ce n'est que pour eux qu'ils la veulent, car ils viennent de faire supprimer tous les mémoires des corps d'Arts et Métiers et ils imposent silence, autant qu'ils peuvent, à tous leurs antagonistes. En attendant, le Roi continue d'aimer le Contrôleur général et au point qu'il disoit hier : « Il n'y a que lui et moi qui voulions réellement le bien du peuple ». Vous en serez sans doute étonné, et moi autant que vous. Pour que le Parlement ne doute en aucune façon du crédit du Contrôleur général, on lui a adressé un ordre particulier du Roi qui lui défend de faire la moindre poursuite contre l'auteur de la brochure brûlée sur les droits féodaux.

On fait des préparatives à la Cour pour de grands voyages à faire au printemps. Le Roi doit aller à Brest, la Reine aux Eaux de Forges, Monsieur et Madame à celles de Barrèges, les Princesses Tantes à la terre de Louvois qu'elles ont acheté pour 950 mille livres.

Le crédit souffre de la crise actuelle car l'emprunt de 15 millions sur les Etats de Languedoc ne se remplit point.

Je vous ai comme promis, sur la foi des chirurgiens, que l'opération faite ou refaite au Roi auroit le succès le plus heureux ; on avoit même publié, quoique à l'oreille, que la Reine en avoit éprouvé d'heureux effets ; aujourd'hui les Esculapes avouent que ce qu'on a fait n'a rien produit, qu'il n'y a pas d'érection et que ce qu'il y auroit à faire pour tâcher d'en procurer pourroit amener de tels accidens qu'on n'oseroit les tenter ; mais il faut attendre de Dieu ce qu'on ne peut obtenir des hommes.

Voici une plaisanterie de Cour :

Monsieur de Malesherbes sait tout
Monsieur de Sartine doute de tout
Monsieur de Turgot brouille tout
Monsieur de Saint Germain renverse tout
Monsieur de Maurepas rit de tout. »

12

L'OPINION PUBLIQUE

UN PLAGIAT DE LA BRUYERE EN 1765 : LA FRANCE EXANGUE

Goudar (Ange), *L'Espion chinois, ou l'Envoyé de la cour de Pékin, pour examiner l'état présent de l'Europe...*, Cologne, 3 vol., 1765 ; t.1, pp.9–11.

« Nous sortîmes avant–hier de l'Orient dans une voiture publique, pour nous rendre dans la capitale du monde européen.

A mesure que nous avancions dans le Continent, nous cherchions partout la France, et ne la trouvions nulle part. Au lieu d'un Pays fertile et abondant, tel que nous nous l'étions représenté, il ne s'offrait à nos regards que des terres arides et des déserts.

Nous ne découvrîmes nulle part aucune trace de cette belle agriculture Chinoise, qui rend notre empire un des plus fertiles de l'univers.

La France est telle aujourd'hui qu'elle sortit autrefois des mains de la nature : quelques vieux chênes prêts à crouler, des champs mal sillonnés, des prairies peu arrosées, des vergers qui portent quelques fruits précoces, formant toute l'agriculture nationale.

Nous demandions cependant à voir la Monarchie : à cela, on nous dit que tout le royaume était dans Paris.

Ne pouvant rencontrer le Pays, nous cherchions les habitants ; mais nous ne découvrîmes que quelques sauvages dispersés çà et là.

On voit dans les campagnes de la France des animaux qui marchent sur deux pieds, qu'on appelle des hommes, mais qui ont à peine la figure humaine. Ils ont des corps diaphanes et exténués. La nature chez eux est prête à tomber en défaillance, faute d'aliments.

Ces malheureux, qui ne sont ni nourris, ni vêtus, habitent des espèces de tombeaux creusés dans la terre, qu'en langage du pays, on appelle maisons.

La culture des arts et des sciences leur est entièrement inconnue ; toutes leurs connaissances et leur savoir se réduisent à une sorte d'instinct, qui ne diffère presque en rien de celui des bêtes. Ces sauvages Français ne parlent aucune langue ; ils sifflent un jargon que personne n'entend qu'eux.

Leur industrie se réduit à gratter la terre, d'où ils tirent une subsistance maigre et stérile.

La plupart vivent de racines et de glands, et n'ont d'autre nourriture que celle des animaux. Le pain qu'ils mangent, est couvert de larmes et de sueur : condamnés par leur état à un travail dur et pénible, ils ne voient rien au-delà de leurs peines.

Ces peuples ne connaissent aucune des commodités qui adoucissent les amertumes de la vie. Ils ne savent point si la patrie a un père commun, ou si le hasard seul conduit la République ; et ils ignoreraient totalement qu'ils sont gouvernés par un roi, si on ne leur signifiait tous les jours des arrêts, par lesquels il leur ordonne de lui remettre leur argent.

Imagine-toi le portrait de l'indigence, le tableau de la pauvreté, et le spectacle naturel de la misère. Chaque village Français est une infirmerie ; chaque hameau est un hôpital. Depuis notre départ nous avons toujours voyagé en grande compagnie. Notre carrosse a été escorté pendant toute la route par une foule de mendiants, qui nous obsédaient. Avant-hier notre voiture s'étant arrêtée pour dîner à un bourg dont j'ai oublié le nom, je vis un spectacle qui me toucha ; et je suis persuadé que tu ne pourras en lire le récit sans émotion. Notre postillon qui avait peut-être remarqué en moi une âme compatissante, me conduisit dans une chaumière qui avait plutôt l'air d'un sépulcre que d'une habitation humaine. Là je vis, étendue sur de la paille à moitié pourrie, une femme d'environ trente ans, entourée de quatre petits enfants, dont l'un venait de mourir à ses côtés faute d'aliments, et les autres trois allaient expirer avec leur mère, qui n'en pouvait plus à force d'avoir allaité ces quatre créatures. Ce tableau touchant me fit verser des larmes ; je pleurai sur la nature humaine, en la voyant réduite à ces extrémités. J'assistai cette infortunée, et sortis de ce tombeau, me félicitant en moi-même d'être né sous un gouvernement qui met ses peuples à l'abri de pareilles détresses. Ces misères affreuses ne sont pas ici des exemples particuliers, mais des cas généraux. J'ai appris qu'il y a actuellement dans cette Monarchie deux millions de sujets qui n'ont ni feu ni lieu : on en compte trois millions d'autres qui ne meurent pas tout à fait de faim, mais qui, faute d'une subsistance suffisante, ne font que traîner une vie mourante.

Je finis ce tableau qui dégrade l'humanité, et déshonore le gouvernement civil. Tu comprendras par cette ébauche, que le plus puissant monarque d'Europe est le Roi des Gueux. »

*

* *

LA RICHESSE DU ROYAUME

Véri (Abbé de), *Journal*, pub. par Jehan de Witte, 2 vol., 1928 ; t.1, pp.167-169, 346-347. Août 1771, août-septembre 1775.

« La France en a les deux nerfs principaux : richesse et population. Nul pays sur le globe de cette étendue n'a autant d'hommes, de richesses et de denrées d'industrie, en manufactures, de circulation intérieure et de commerce au dehors. Je prie le lecteur qui jettera les yeux sur l'Angleterre pour l'industrie, et sur la Chine pour la population, de faire attention que je me borne à dire qu'il n'y a sur le globe nulle étendue de terrain réuni, égale à la France, où il y ait même population, même richesse naturelle et même industrie.

Un dénombrement fait depuis un an porte à vingt-quatre millions le nombre des habitants. A la Chine il ne roule que sur soixante millions et son étendue est le quadruple de celle de la France. La population française est fort augmentée depuis vingt ans. C'est ce que j'appris l'année dernière par les évêques, les curés et les subdélégués des intendants dans les trois quarts des provinces que je parcourus. J'y trouvai nombre de villages que je n'avais pas vus depuis quinze ans, rebâtis à neuf par moitié. J'y trouvai les maisons de paysan aisé plus commodes que les anciennes des bourgeois. J'y appris l'augmentation graduelle des denrées et des baux à prix d'argent. J'y vis un mobilier plus abondant. Mon voyage fut de Paris jusqu'en Provence, de là à Bordeaux par le Languedoc et de Bordeaux à Paris par Nantes.

Mais les hommes et l'argent ne font un nerf efficace que par la manière de les bien diriger. La finance a été mal conduite par les folies des guerres et des subsides, par les dépenses ridicules de faste à la Cour et dans les principaux emplois, par la profusion des pensions et des dons, par le gaspillage des départements [ministériels] dans leur administration. Elle est, en conséquence, écrasée de dettes portant intérêt. La dépense annuelle est encore au-dessus de la recette fixe. De sorte que toute dépense imprévue et même la dépense journalière forcent annuellement à recourir à de nouveaux emprunts ou, ce qui est plus défectueux, à de nouveaux expédients.

Quant à la population, il faut aussi qu'une sage direction donne de la force au nombre de soldats que la finance permet de soudoyer. Par les changements pour la discipline et l'exercice depuis 1763, nos régiments ont plus d'ensemble, plus d'ordre et plus d'apparence qu'ils n'en montraient autrefois. Je laisse aux militaires à se débattre entre eux si les méthodes nouvelles augmentent ou diminuent la bravoure du soldat et la force des armées. Tout changement, dans quelque genre que ce soit, occasionne toujours de pareilles disputes (...)

Ainsi la finance embarrassée, le corps de la marine non formé, les armées en risque d'être mal conduites et un roi sans talent ni goût militaire : voilà qui me ferait redouter la guerre, malgré la richesse et la population du royaume. J'espère que la politique arrêtera les causes qui nous la procureraient (...)

La France n'a jamais été si riche, si peuplée et si industrieuse qu'elle l'est à présent. Les registres de paroisses font foi de la population augmentée. La seule vue des bâtiments neufs ou embellis, dans Paris, dans les grandes villes, dans les villages et jusque dans le manoir des cultivateurs, prouve sa richesse. Quelle différence sur ce point du temps actuel à celui de mon enfance ! Et certainement on n'embellit son habitation qu'après que le nécessaire est satisfait.

Ce que je dis ici n'est pas conforme à nombre d'écrits qui ne parlent que de la misère du peuple. Je sais que toutes les bouches sont remplies de plaintes. Aussi je crois que la qualité la plus caractéristique de l'homme est celle d'une âme plaintive. Je ne vois presque personne depuis le trône jusqu'à la houlette qui ne se plaigne de son sort. L'homme n'est donc point ce que disaient les philosophes de l'Ecole, un animal raisonnable, mais un animal plaintif.

Quant à l'industrie, je ne crois pas qu'il y ait sur terre un local de deux cents lieues de diamètre qui approche de celle de la France. Il suffit pour en être convaincu d'avoir parcouru ceux qui ont le plus de réputation et d'examiner, depuis Antibes jusqu'à Dunkerque, le produit des terres et le zèle des agriculteurs, l'augmentation des baux, la foule des manufactures, le change au-dessus du pair avec tous les étrangers, le ton de la mode donné sur tous les points de l'Europe entière et la masse d'argent qui circule dans le royaume. »

*

* *

FRANC-MAÇONNERIE ET SUBVERSION

Montbarey (Prince de), *Mémoires autographes...*, Paris, 3 vol., 1826-1827 ; t.3, pp.100-102.

« Dès la fin du ministère du cardinal de Fleury, les sociétés des Francs-Maçons avaient pris naissance, et, sous les apparences de la fraternité et de l'égalité, puisque tous ceux qui se faisaient initier à ces mystères emblématiques se regardaient entre eux comme égaux, abstraction faite totalement des titres, des rangs et des richesses qui pouvaient, hors de la loge, mettre des distinctions entre les frères, ces associations avaient des lois, des règles, des connaissances annoncées comme sublimes, mais si énigmatiques qu'elles pouvaient prêter à toutes les interprétations. Les femmes en étaient exclues, dans le principe, et n'y furent admises, dans la suite, que par la crainte qu'elles entreprissent la destruction de ces sociétés, à cause de leur exclusion. Mais en les admettant aux fêtes et banquets dont elles devaient faire l'agrément, on eut soin de leur cacher les connaissances sublimes qui, selon les adeptes, formaient la base et le caractère distinctif de l'ordre.

Les Français, toujours imitateurs et toujours extrêmes dans leur imitation, accueillirent ces rêveries avec enthousiasme, s'y firent initier, et, malgré la guerre de 1741 qui occupait essentiellement la nation, chacun s'empressa, dans tous les états, dans tous les rangs, de s'enrôler sous les drapeaux de la franc–maçonnerie.

A l'exemple et à l'invitation de cette association, il s'en forma d'autres sous des noms plus simples, qui, n'affichant rien d'aussi mystérieux, n'eurent que la vogue du moment, et s'éteignirent insensiblement comme elles s'étaient formées. Peut–être la police de Paris, dont avec raison les nations étrangères ont admiré et imité l'exactitude et les ressorts secrets, ne fit–elle pas, dans le temps, une attention assez sérieuse aux inconvénients qui pourraient résulter, pour le gouvernement, de l'existence de ces associations clandestines (...) ces associations et ces conciliabules secrets n'en subsistèrent pas moins, et prêtèrent leur ombre à ceux qui, sourdement, tramaient la destruction éventuelle de l'empire. Ils furent des prétextes de rassemblement et des occasions de propager les principes destructeurs de toute autorité. »

*

* *

VOUS VOUS ÊTES DONNÉ LA PEINE DE NAÎTRE, ET RIEN DE PLUS...

Beaumarchais, « Le mariage de Figaro » (1784), éd. La Pléiade, *Théâtre*, 1957, pp.345–347.

« FIGARO, *seul, se promenant dans l'obscurité, dit du ton le plus sombre :*

O Femme ! femme ! femme ! créature faible et décevante !... nul animal créé ne peut manquer à son instinct ; le tien est–il donc de tromper ?... Après m'avoir obstinément refusé quand je l'en pressais devant sa maîtresse ; à l'instant qu'elle me donne sa parole ; au milieu même de la cérémonie... Il riait en lisant, le perfide ! et moi comme un benêt !... Non, Monsieur le Comte, vous ne l'aurez pas... vous ne l'aurez pas. Parce que vous êtes un grand Seigneur, vous vous croyez un grand génie !... noblesse, fortune, un rang, des places ; tout cela rend si fier ! Qu'avez-vous fait pour tant de biens ? vous vous êtes donné la peine de naître, et rien de plus. Du reste, homme assez ordinaire ! tandis que moi, morbleu ! perdu dans la foule obscure, il m'a fallu déployer plus de science et de calculs pour subsister seulement, qu'on n'en a mis depuis cent ans à gouverner toutes les Espagnes ; et vous voulez jouter... On vient... c'est elle... ce n'est personne. – La nuit est noire en diable, et me voilà faisant le sot métier de mari, quoique je ne le sois qu'à moitié ! *(Il s'assied sur un banc.)* Est-il rien de plus bizarre que ma destinée ! fils de je ne sais qui ; volé par des bandits, élevé dans leurs moeurs, je m'en dégoûte et veux courir une carrière honnête ; et partout je suis repoussé ! J'apprends la Chimie, la Pharmacie, la Chirurgie, et tout le crédit d'un grand Seigneur peut à peine me mettre à la main une lancette vétérinaire ! – Las d'assister des bêtes malades, et pour faire un métier contraire, je me jette à corps perdu dans le Théâtre ; me fussé-je mis une pierre au cou ! Je broche une comédie dans les moeurs du sérail ; auteur espagnol, je crois pouvoir y fronder Mahomet sans scrupule : à l'instant un Envoyé... de je ne sais où se plaint que j'offense dans mes vers la Sublime Porte, la Perse, une partie de la Presqu'île de l'Inde, toute l'Egypte, les royaumes de Barca, de Tripoli, de Tunis, d'Alger et de Maroc : et voilà ma comédie flambée, pour plaire aux princes mahométans, dont pas un, je crois, ne sait lire, et qui nous meurtrissent l'omoplate, en nous disant : *chiens de chrétiens !* – Ne pouvant avilir l'esprit, on se venge en le maltraitant. – Mes joues creusaient ; mon terme était échu ; je voyais de loin arriver l'affreux recors, la plume fichée dans sa perruque ; en frémissant je m'évertue. Il s'élève une question sur la nature des richesses ; et comme il n'est pas nécessaire de tenir les choses pour en raisonner, n'ayant pas un sol, j'écris sur la valeur de l'argent et sur son produit net ; sitôt je vois, du fond d'un fiacre, baiser pour moi le pont d'un château fort, à l'entrée duquel je laissai l'espérance et la liberté. *(Il se lève.)* Que je voudrais bien tenir un de ces Puissants de quatre jours, si légers sur le mal qu'ils ordonnent, quand une bonne disgrâce a cuvé son orgueil ! je lui dirais... que les sottises imprimées n'ont d'importance qu'aux lieux où l'on en gêne le cours ; que sans la liberté de blâmer, il n'est point d'éloge flatteur ; et qu'il n'y a que les petits hommes qui redoutent les petits écrits. *(Il se rassied.)* Las de nourrir un obscur pensionnaire, on me met un jour dans la rue ; et comme il faut dîner, quoiqu'on ne soit plus en prison, je taille encore ma plume, et demande à chacun de quoi il est question : on me dit que, pendant ma retraite économique, il s'est établi dans Madrid un système de liberté sur la vente des productions, qui s'étend même à celles de la presse ; et que, pourvu que je ne parle en mes écrits, ni de l'autorité, ni du culte, ni de la politique, ni de la morale, ni des gens en place, ni des corps en crédit, ni de l'Opéra, ni des autres spectacles, ni de personne qui tienne à quelque chose, je puis tout imprimer librement, sous l'inspection de deux ou trois Censeurs. Pour profiter de cette douce liberté, j'annonce un écrit périodique, et croyant n'aller sur les brisées d'aucun autre, je le nomme *Journal inutile.* Pou–ou ! je vois s'élever contre moi mille pauvres diables à la feuille ; on me supprime ; et me voilà derechef sans emploi ! – Le désespoir m'allait saisir ; on pense à moi pour une place, mais par malheur j'y étais propre : il fallait un calculateur, ce fut un danseur qui l'obtint. Il ne me restait plus qu'à voler ; je me fais banquier de pharaon : alors, bonnes gens ! je soupe en ville, et les personnes dites *comme il faut* m'ouvrent poliment leur maison, en retenant pour elles les trois quarts du profit. »

*

* *

L'ESPRIT PUBLIC À LA FIN DE L'ANCIEN RÉGIME

Frénilly (François, baron de), *Souvenirs*, pub. par A. Chuquet, 1908, pp.39–41.

« Vers l'époque dont je parle, Paris était dans une espèce de convulsion. *Le Mariage de Figaro* venait de forcer les portes de la Comédie–Française malgré la police, malgré l'archevêque de Paris, malgré le Roi. Tout le monde proclamait l'ouvrage scandaleux, dangereux et révolutionnaire : c'était le bon ton. Tout le monde y courait : c'était encore le bon ton. Je me rappelle une séance de l'Académie où M. Bailly, je crois, fit une éloquente sortie contre cette pièce ; chacun applaudit, mais chacun regardait à sa montre, car c'était l'heure d'aller au théâtre. Beaumarchais fut mis à Saint–Lazare, ce qui était au reste fort ridicule, et on applaudit. Il sortit : le prince de Conti l'alla voir, ce qui était plus ridicule encore, et on applaudit derechef. Paris était un enfant malade. Il avait de vieilles moeurs et de nouvelles passions. Les symptômes étaient clairs, la crise prochaine. Beaumarchais fit école.

L'esprit public allait changer de principes et de direction. Tout Français prenait alors un vif intérêt à la chose publique : l'artisan comme le marchand, le bourgeois comme le grand seigneur, s'informaient, se souciaient des événements, des guerres, des alliances ; mais ce n'était pas cette agitation égoïste qui s'occupe de la chose publique pour redescendre d'elle à la chose privée et consulter l'intérêt de l'Etat comme le thermomètre de l'intérêt de sa boutique : c'était un sentiment inverse qui allait de soi–même à la France. Nul ne s'inquiétait de sa paix domestique enracinée depuis deux siècles. Il ne restait donc à chacun d'intérêt et d'alarmes que pour la France même et ses vicissitudes extérieures : aussi était–ce alors l'ère des nouvellistes. Telle société voulait être mieux informée qu'une autre, et je me rappelle un certain abbé Le Monnier, qui ne devait son siège aux augustes samedis de mon aïeule qu'à sa réputation d'être une gazette irréfragable. Qui n'a pas connu ou vu au moins l'illustre M. Métra ? Je le vois encore trônant chaque matin aux Tuileries, sous le fameux arbre de Cracovie, avec son tricorne bordé d'or, sa redingote écarlate à brandebourgs d'or, et son triple nez plus écarlate encore et festonné de huit ou dix nez subalternes, qui représentait au naturel une grosse truffe du plus beau rouge. Il siégeait là, entouré d'une troupe respectueuse qui attendait religieusement ses oracles, et je ne veux pas y omettre le célèbre abbé *Trente mille hommes*, qui faisait marcher à sa volonté nos généraux, l'empereur, le stathouder et toutes les puissances de l'Europe, toujours à la tête de 30,000 hommes. J'avais quinze ans quand la guerre d'Amérique prit fin. Il y avait donc encore un grand esprit national en France, et après avoir entendu conter à des témoins l'enthousiasme que provoqua la bataille de Fontenoy et la douleur qu'inspira la maladie de Louis XV, j'ai été témoin de la stupeur que causa la défaite du comte de Grasse. C'était un serrement de coeur, un chagrin universel, et de là sortit spontanément une effusion de dons et d'offrandes, non pas seulement des provinces, des villes, mais des moindres particuliers. C'était un touchant spectacle ; il m'émut, me tira ces larmes que la sensibilité obtenait rarem ment de moi. Quel beau germe, quelle féconde semence que la Révolution vint épuiser et stériliser pour jamais ! C'est que Paris ne suivait que ses propres impulsions et, depuis Louis XIV, n'en recevait aucune de la cour. La vertu, la piété, la bonté étaient sur le trône sans doute, mais non la force, l'éclat, le jugement, l'esprit, même le goût, le tact et la mesure. Comment la signature de la paix fut-elle connue à Paris ? A toute heure on attendait la nouvelle ; à Versailles, chacun avait un courrier prêt, des chevaux sellés. Rien ne transpirait cependant. Le petit coucher fut le révélateur. »

Achevé d'imprimer par Corlet, Imprimeur, S.A., 14110 Condé-sur-Noireau (France)
N° d'Éditeur : 1385 - N° d'Imprimeur : 6793 - Dépôt légal : novembre 1992
Imprimé en C.E.E.